KB169392

비고츠키 선집 8

비고츠키 아동학 강의 Ⅲ
의식과 숙달

• 표지 그림

이 그림을 책이나 악보를 읽듯이 왼쪽에서 오른쪽으로 읽어 나간다면 다섯 명의 어린이들을 이 책의 5개 장에 비유할 수 있을 것이다. 어린이들의 얼굴을 보면 비언어적 지각에서 언어적 지각으로의 위기로 점철된 이행(초기 유년기), 부정성과 비난(3세의 위기), 서사와 문해, 일반적으로는 반응적 학습에 대한 개방성(전학령기), 지성화되고 다소 인위적 행동(7세의 위기) 그리고 의식적 파악과 숙달(학령기)을 읽을 수 있다. 이 여정은 5개의 사회적 위기라는 장애물을 5개의 의사소통과 공동일반화의 발달 노선을 통해 이겨 내고 환경에 대한 의식적 파악과 숙달이라는 5개의 신형성에 이르는 것으로 그려질 수 있다. 노래에서 가사와 선율이 항상 함께하듯이 이 여정에서 감정은 없어서는 안 될 스푸트니크(спутник, 길동무)이다.

비고츠키 선집 8
비고츠키 아동학 강의 Ⅲ
의식과 숙달

초판 1쇄 인쇄 2017년 1월 4일
초판 1쇄 발행 2017년 1월 11일

지은이 L. S. 비고츠키
옮긴이 비고츠키 연구회
펴낸이 김승희
펴낸곳 도서출판 살림터

기획 정광일
편집 조현주
북디자인 꼬리별

인쇄·제본 (주)현문
종이 월드페이퍼(주)

주소 서울시 영등포구 양평로21가길 19 선유도 우림라이온스밸리 1차 B동 512호
전화 02-3141-6553
팩스 02-3141-6555
출판등록 2008년 3월 18일 제313-1990-12호
이메일 gwang80@hanmail.net
블로그 http://blog.naver.com/dkffk1020

ISBN 979-11-5930-029-5 93370

비고츠키 선집 8

비고츠키 아동학 강의 Ⅲ

의식과 숙달

살림터

비고츠키 마지막 강의에서의
사회적 상황, 발달 노선, 신형성
나중 된 자 먼저 되고
먼저 된 자 나중 되리라(마 20:16)

어린이에게 '생분해성'과 같은 개념을 가르치려 한다고 생각해 보자. 이를 일상적 대인관계적 의사소통을 통해 가르칠 수 있을 것이다.

> 엄마 (운전하며) 주스 팩 창밖으로 버리지 마.
> 아이 왜요? 엄마는 지금 막 사과 먹고 남은 부분 창밖으로 버렸잖아요.
> 엄마 그건 달라. 사과는 '생분해성'이 있거든.

위 상황에서 우리는 '생분해성'이 시각장 및 즉각적 행위와 직접 연결되어 있음을 보게 된다. 여기서 이 개념은 쓰레기를 창밖으로 버리는 시각적 결과, 즉각적 결과의 원인이 된다.

그러나 이를 교실 속 공동일반화의 일부로 가르칠 수도 있을 것이다. 공동일반화는 위계적인 과학적 개념 체계를 형성하는 일련의 전체적인 일반화의 집합 내에서 합의된 일반화이다.

> "생분해성은 생화학적 과정에 의해 나타나는, 구조상의 기계적 혹은 물리적 붕괴 가능성, 즉 물질이 미생물에 의해서 분해되는 성질을 뜻한다."

이 상황에서 우리는 '생분해성'과 같은 개념이 자연과학 지식이라는 거대한 나무의 일부임을 보게 된다. 이 개념은 하나의 나뭇잎처럼 생화학적 개념이라는 잔가지에 붙어 있으며 이 생화학적 개념은 화학적 개념이라는 커다란 가지로부터 뻗어 나온 것이다. 그리고 이 화학적 개념조차 역학이나 물리학에 뿌리를 두고 뻗어 나온 줄기이다.

일상적 의사소통과 교실의 공동일반화의 차이는 단순히 낱말의 차이가 아니다. 진정한 차이는 생각의 양식이다. 그러나 두 생각의 양식, 즉 일상적이고 대인관계적 의사소통과 교실의 학문적 공동일반화는 모두 강점과 약점을 가지고 있다.

일상적 양식은 선명성, 즉각성을 지니며 실천적, 구체적 사용에 적합하다. 그러나 '생분해성'을 설명하는 엄마는 일상적 양식이 쉽게 공동일반화되지 않는다는 점을 느끼게 될 것이다. 아마도 아이는 단순히 '생분해성'을 '먹다 남은 사과 부분은 뭔가 특별하다'는 의미라고 생각할 것이며 엄마는 스티로폼 컵과 땅콩 껍질, 비닐봉지와 오렌지 껍질 등에 대해서도 같은 대화를 반복해야 할 것이다.

과학적 방법은 생물학 개념과 분해라는 개념을 광범위한 지식 영역에 걸쳐 일반화하므로 이후 생분해성 개념은 다양한 대상에 대해 관련성과 중요성을 획득하게 된다. 그러나 이는 실천적, 구체적, 즉각적 유용성에 있어서 빈약하며, 심지어 어린이가 과학 시간에 이 개념을 배운 후에도 왜 주스 팩은 재활용 상자에 넣고 사과 나머지는 쓰레기 봉지에 넣어야 하는지 설명해 줄 수 없다. 사과 나머지가 생분해성을 갖는다면 오히려 재활용 상자에 넣어야 하는 것이 아니냐고 묻는 어린이가 있을 수도 있다.

이 두 생각 유형의 강점과 약점은 서로 보완적인 것으로 보인다. 이들을 결합할 수 있는 방법은 없을까? 교과서를 살펴보면 그러한 시도를 종종 발견할 수 있지만 흔히 이는 강점이 아닌 약점을 결합하는 시도로 나타난다. 학생들은 과학적으로 들리는 의사소통을 통해 일상적 공동일반화만을 얻는 것이다. 예컨대 우리는 '생분해성'이나 '재활용'과 같은 개념을 가르치면서 이 개념들이 환경 재앙과 지구온난화가 마치 학생들 때문인 양 다루는 모습을 발견할 것이다. 이러한 오묘한 과학적 의사소통으로 인해 어른들은 설명할 내용을 뒤죽박죽 제시하고는 어린이들이 이를 정리하여 이해하도록 내버려 두게 되는 것이다.

이를 반대로 뒤집으면 어떨까? 즉 일상적 말의 선명성과 직접성, 실천성을 과학적 의사소통의 공동일반화 가능성과 결합하는 것이다. 관찰력 있는 교사는 어린이들의 행동과 게임이 나름의 의사소통과 공동일반화 형태를 가지고 있음을 발견할 것이다. 어린이들을 주의 깊게 보고 그들이 어떻게 의사소통하고 그들이 무엇을 일반화할 수 있는지 관찰함으로써, 그리고 우리가 관찰하는 것에 대한 고등 수준의 이론적 일반화를 함으로써 어린이가 파악할 수 있는 개념의 범위를 발견할 것이다.

그러나 그렇게 한다고 해도 우리는 어린이들이 이미 알고 있는 개념의 범위를 명료히 하도록 가르치는 것일 뿐이다. 사실 새로운 개념을 도입한다 해도 대부분의 어린이들은 단순히 그 개념을 그들의 다음발달영역으로부터 편안한 영역으로, 그들의 실제발달영역으로 번역할 가능성이 높다. 어린이 개개인으로는 파악하기 어렵지만 그럼에도 그 어린이의 연령 집단에게는 접근 가능한 개념을 정확히 언제 가르쳐야 하는지 이해하기 위해서 우리는 스스로 과학적 공동일반화를 해 볼 필요가 있다. 우리가 관찰한 사실을 다른 교사들과 의사소통할 필요가 있다. 그러나 또한 우리는 교실 안 사회적 상황을 연령기의 고유한 특성에 비추어 정확히 이해하고 어떤 종류의 학습이 발달을 이끌 수 있는 힘을 가지는지 이해할 필요가 있다.

이것이 바로 이 책에 실려 있는 강의의 목적이다. 우리는 비고츠키가 생애 마지막에 한 강의들을 모아 비고츠키 아동학 강의 III을 출간하게 되었다. 다른 아동학 강의 시리즈와 마찬가지로 이 책 역시 완전하지 않다. 이 책을 읽는 즐거움의 일부는 비고츠키가 자신에게 핵심적이었던 '발달의 사회적 상황'을 확립하기 위해 사실적 자료들을 검토하고 고심하던 과정을 함께 밟아 나아갈 수 있다는 데 있다. 발달의 사회적 상황은 어린이와 환경이 어떤 발달 시기에 어떤 식으로든 극복해야 하는 핵심적인 모순이다. 예컨대 유아는 생리적으로 엄마와 분리되지만 사회적으로는 의존적이며 아직 말을 가지고 있지 않다. 엄마가 달라고 하면 유아는 주스 팩을 줄 수 있겠지만 유아가 그것을 버리기를 기대할 수 없으며 재활용하기는 더더욱 기대할 수 없다. 수년 안에 어린이는 말을 하게 되고 사회적으로 독립적이 되지만 심리적으로는 의존적이며 의지가 결여되어 있다. 엄마는 이제 어린이에게 주스 팩을 창밖으로 버리지 말라고 말할 수 있지만 어린이가 그 이유를 정확히 이해하기를 기대하기는 어렵다. 수년 후에 유치원 어린이는 심리적으로 독립하지만 '자기-존중'과 같은 안정적인 개념을 형성하지는 못한다. 유치원 교사는 어린이와 놀이를 할 수 있지만 어린이가 놀이로부터 명확한 개념을 도출해 다른 이들이 없을 때에도 혼자 그 개념을 가지고 있으리라고 기대할 수 없다. 어린이가 약간의 '비계'를 통해 다음발달영역으로 곧장 옮겨 간다면 이는 다음발달영역이 아니라 실제발달영역일 뿐이다.

발달의 사회적 상황을 확립하면서 비고츠키는 이제 중심적 발달 노선과 주변적 발달 노선을 구분할 수 있다. 예컨대 유아는 신생아와 별반 다름없이 먹고 울며 잠을 잔다. 그러나 유아는 또한 걷거나 몸짓을 사용하는 법, 음률과 음절을 소리 내며 다른 이들과 주의를 조응하는 법을 배운다. 이와 유사하게 초기 유년기 어린이는 아직 걷는 법을 배우고 있고, 억양과 단음절로 의사소통하며, 여전히 타인과 주의를 공유하지만, 이와 동시에 공동일반화를 통해 안정되고 상황 독립적인 낱말 가치를 배운다. 전학령기 어린이도 낱말을 배우지만 이들은 이제 역할 놀이에서 기억된 상황을 창조하기 위해, 이전에 경험했거나 경험하기를 희망하는 것을 그리거나 만들기 위해, 그리고 흔히 기억에 토대한 간단한 이야기를 하기 위해 낱말의 의미를 사용한다. 학령기에 접어들면 이 모두는 어린이의 과거가 되며 생각하는 능력은 더 이상 지각, 주의, 기억과 밀접히 연결되지 않는다. 바로 이 때문에 학령기의 중심 발달 노선은 체육, 국어, 외국어, 혹은 '생분해성'과 같은 사회, 자연과학 개념을 포함하는 생각이 된다.

의사소통과 공동일반화가 출생과 유아기 이후 모든 발달 노선에 있어 거의 예외 없이 중심이라면 왜 비고츠키는 『연령과 위기』(2-2-4)에서 베틀에서 씨실과 날실이 교차하듯 중심적 발달 노선과 주변적 발달 노선이 자리를 바꾼다고 말한 것일까? 발달을 매우 고유한 중심적 신형성의 집합으로 이해하는 한, 그리고 한 시기에 새로운 것이 다른 시기에는 낡은 것이라는 것을 이해하는 한, 어째서 한 시기에 중심적 발달 노선이었던 것이 다른 시기에는 주변적인 것이 되고 또한 주변적인 것이 중심적으로 되는지 알 수 있다. 예를 들어 유아기는 말하기나 생각하기가 아닌 행동하기의 시기이다. 어떤 의미로든 유아가 말이나 생각을 한다 해도 이 기능은 신체적 활동, 몸짓, 가리키기, 기기 그리고 무엇보다 응시하기와 관찰하기에 의존한다. 그러나 초기 유년기에는 이 관계가 역전된다. 말은 새로운 중심이 되며 어린이의 행동과 생각은 말을 배우는 핵심 과업의 통합적 부분이 된다. 이와 유사하게 전학령기 어린이와 특히 학령기 어린이에게 생각 형태들이 중심이 되고 말조차도 이 형태들에 종속된다.

이 책의 강의와 『마인드 인 소사이어티』, 『생각과 말』의 일부 자료를 이용하면 우리는 모든 안정적 시기와 위기적 시기, 발달의 사회적 상황, 발달 노선, 신형성을 다음과 같은 표로 요약할 수 있다.

표 1. 초기 유년기부터 학령기까지 안정적 연령기와 위기적 연령기,
발달의 사회적 상황, 중심적 발달 노선과 주변적 발달 노선, 신형성

연령기	발달의 사회적 상황	중심적 발달 노선과 주변적 발달 노선	신형성
초기 유년기 (12~36개월)	주변 낱말을 통해 사회적으로 독립(대상을 요구하고 획득할 수 있음) 하지만 즉각적 환경에 심리적으로 의존적임(비현재적 상황, 새로운 낱말은 어린이에게 매우 어려움)(1-11~1-29, 2-1-23)	행동하기: 공동일반화, 안정적 지각, 유사놀이(1-38~1-47) 말하기: 안정적 발음, 명명하기, 지각을 기반으로 한 지시적 말(1-10, 1-78~1-85) 생각하기: '나'를 포함하는 일반적인 지각적 표상을 기반으로 한 의미(1-30~1-37)	언어화된 지각(1-86~1-108) 말(1-47~1-85) 체계적(선택을 기반으로 함), 의미론적(의미를 기반으로 함)인 실천적 의식(1-37, 1-108~1-120)
3세의 위기 (30~42개월)	낱말 덕분에 심리적으로 독립되었으나 이는 오직 반응적, 부정적인 독립임. 이제 어린이는 욕망과 갈등을 겪음. 의지는 행동을 추동하는 대신 마비시킴. 원시적 의지는 의지의 직계 조상이라기보다는 의지의 대척점임(2-1-19~2-1-23)	행동하기: 하이포불리아, 분노 폭발(2-2-58) 말하기: 부정성, 완고함, 고집, 자기 본위, 항의-반항, 비난, 독재/질투('칠성좌', 2-1-4~2-1-18) 생각하기: 감정과 의지의 분화(어린이는 어떤 것을 원하면서도 다른 일을 함)(2-2-60)	혼자서 하기(2-1-23~2-1-25) 부정하기, 욕하기, 비꼬기(2-1-12~2-1-17) 원시적 의지: 대상이나 상황이 아닌 사회적 관계를 지향하는 행동(2-1-28~2-1-29)
전학령기 (3세~7세)	즉각적으로 만족될 수 없으며 놀이를 통해 만족될 수 있는 욕망의 출현(『마인드 인 소사이어티』 7장) 자발적 학습 형태와 반응적 학습 형태의 갈등(3-11~3-16)	행동하기: 그리기, 자발적 학습 형태, 놀이(3-9~3-10) 말하기: 상상 놀이, 윤리적 판단(3-28~3-48) 생각하기: 개념이 아닌 일반화된 표상을 통한 생각(3-23~3-26)	반응적 학습 형태(3-33~3-34) 문해, 서사(3-40~3-46) 기억. 시각적이 아니며 종종 감정적인 의미적 공동일반화(3-27)
7세의 위기 (6세 6개월~7세 6개월)	지각은 이미 의미화되었으나 체험은 아직 의미화와 공동일반화의 과정을 겪는 중임(4-9~4-19) 내적 느낌과 외적 행동 사이의 직접적, '순진한' 일치성의 상실, 어린이다운 즉각성의 상실(4-4)	행동하기: 으쓱대며 걷기와 같이 동기 없는 행동(4-1~4-5) 말하기: 오리처럼 꽥꽥대며 말하기와 같은 서투른 모방적 말(4-4) 생각하기: 자기보다 나이 든 척 혹은 어린 척 행동하기(4-4), 원시적 자아와 관련된 의미화된 체험의 노선에 따른 욕구와 욕망의 재구조화(4-39)	지성화된 행동(4-6) 지성화된 말, 체험의 공동일반화(4-17~4-21) 원시적 자아: 외적 인격과 내적 자아 사이에 인지적 층 삽입. 자기애의 시작
학령기 (7세~13세)	지각, 주의, 기억과 같은 기능들은 모두 지성화됨. 그러나 생각 자체는 지성화되지 않음. 어린이는 생각을 통해 마음대로 보고, 주의를 기울이고 기억할 수 있으나 자신의 생각 자체를 객관화하여 관찰할 수 없음.	행동하기: 추상적 규칙에 따른 신체적 경쟁(?) 말하기: 글말, 서사, 대화가 포함된 서사(?) 생각하기: 잠재적 개념, 의사개념, 전개념(5-1-123~5-1-131)	신체적 활동에 대한 의식적 파악과 숙달(?) 철자법, 문법, 외국어에 대한 의식적 파악과 숙달(『생각과 말』 6장) 산술 개념, 자연과학, 사회과학 개념에 대한 의식적 파악과 숙달(5-2-47~5-2-49)

물론 이 표는 도식적이다. 비고츠키가 완성된 그림을 남겼다면 이 책 자체가 불필요했을 것이다. 그럼에도 서문에서 덧붙일 만한 가치가 있는 것이 세 가지 있다. 이 세 가지 모두는 발달 노선의 '계기'들이다. 즉, 이들은 하나의 연속된 과정에서 원인인 동시에 결과이다.

첫째, 위에서 지적했듯 발달 노선의 중심은 계속 바뀐다. 이는 각 연령기에서 한 기능이 다른 기능보다 빨리 발달하며 다른 기능들을 그에 종속시키는 고유한 심리기능체계를 가지고 있기 때문이다. 이에 따라 '최적의 성장기'가 나타난다. 예컨대 유아기 후기와 초기 유년기 초기에는 말을 통해 안정화된 정서적 지각이 빠르게 발달한다. 그러나 전학령기에 이르면 말은 이미 중심적 기능의 위치를 거쳤고 정서적 지각은 그에 종속되었다. 이제 가장 빠르게 발달하는 기능은 기억이다. 어린이의 상상 놀이와 그리기조차도 대부분 기억을 기반으로 하며 초기 유년기에 흔히 관찰되는 정서적 지각을 기반으로 한 직접적이고 상황적인 의사소통적 말은 배경으로 물러난다. 학령기에 말은 다시 한 번 전경으로 나서지만 이 말은 생각에 종속된 매우 다른 종류의 말이다.

둘째, 표에서 볼 수 있듯 발달 노선은 구불구불하게 방향과 위치를 바꾸지만 이러한 전환은 단절을 통해 일어나는 것은 아니다. 행동하기, 말하기, 생각하기는 비록 이들이 어린이와 환경이라는 축 위의 다양한 위치에 놓인다는 사실로 인해 어린이가 대인관계적 환경에 주도권을 쟁취하고 스스로의 인격에 대한 통찰을 획득함에 따라 상대적인 중요성이 바뀌기는 하지만 그럼에도 기저에 놓인 하나의 발달 과정의 징후들이다. 이는 단지 어린이가 기존의 행동, 말, 생각 위에 새로운 행동, 말, 생각을 쌓아 올린다는 것을 의미하는 것이 아니다. 이는 어린이가 말에 따라 행동할 수 있으며 생각을 말로 표현할 수 있고 심지어 새로운 행동 형태를 고안하기 위해 생각을 이용할 수 있다는 것을 의미한다. 예컨대 초기 유년기의 언어화된 지각은 전학령기 상상 놀이의 재료가 되며, 전학령기의 역할극은 학령기 활동의 추상적 규칙이 된다.

셋째, 그 결과 비고츠키는 새로운 기능이 단순히 기존 기능을 대체하고 그 자리를 채운다고 생각해서는 안 된다고 경고한다. 새로운 기능들은 빠르게 발달하지만 여전히 미발달 상태이다. 기존 기능들은 더 천천히 발달하지만 이들은 이미 커다란 장악력을 확보하고 있다. 비고츠키는 격랑의 시대를 살았다. 소비에트 역시 우리나라와 마찬가지로 한 정부에서 다른 정부로의 정권 이양이 협상과 합의를 통해 평화적으로 이루어진 경우는 거의 없었다. 따라서 안정적 시기로 돌입하기 위한 다음 발달영역이 위기적 시기인 것은 그리 놀라울 것이 없다.

우리는 이를 먼저 출생과 1세의 위기에서 발견한다. 각 경우 어린이는 아직 성숙하지 못한 자기-해방과 연관된다. 어린이는 아직 획득할 준비가 되지 않은 독립적 지위를 먼저 차지하고 위기의 과정을 통해 비로소 준비가 된다. 그러나 우리는 즉각적 욕망에 독립적인 원시적 의지를 획득하는 3세의 위기와, 타인의 즉각적인 반응에 의존하지 않는 원시적 자아를 획득하는 7세의 위기도 관찰한다. 각 경우 어린이는 단순히 환경과 투쟁하는 것이 아니다. 어린이의 투쟁은 이전 연령기의 심리체계를 무너뜨리고, 이전의 중심적 발달 노선을 주변화하며, 새로운 발달의 사회적 상황을 창조하는 내적 투쟁이기도 하다. 각 신형성의 등장은 기존 심리체계를 숙달하려는 투쟁이며 따라서 혁명적인 위기이다.

이러한 이유로 우리는 이 책의 제목을 '의사소통과 공동일반화'가 아닌 학령기 신형성의 명칭을 따서 『의식과 숙달』로 정했다. 그러나 여기에는 다른 이유도 있다. 첫째, 앞에서 보았듯 의사소통과 공동일반화가 이 책에서 다루는 연령기들에만 고유한 것은 아니다. 이는 유아기에도 이미 존재한다. 아기는 엄마와 의사소통을 하고 감정적으로 공동일반화한다. 사실 이는 모든 연령기의 일부이다. 이와는 달리 의식적 파악과 숙달은 이 책의 마지막 장인 학령기의 결정적인 신형성이다. 둘째, 비고 츠키가 이 책의 제일 첫 문단에서 다음과 같이 말한다.

신형성은 발달 시기에 일어난 것들의 결과를 드러내며 각 연령기의 끝에서 출현합니다. 분석 과업은 첫째 신형성의 발생적 경로를 추적하고, 둘째 이 신형성들을 기술하며, 셋째 신형성과 후속 발달 단계 간의 연결을 확립하는 것입니다.

비고츠키는 의사소통과 공동일반화가 이 신형성을 발생시키는 길 즉 그 발달 노선이라고 말한다. 그러나 발생 경로를 추적하는 것은 비고츠키 분석 과정의 첫 부분일 뿐이다. 신형성 자체와 그 미래에 대한 분석은 과업의 둘째와 셋째 부분이다. 셋째, 우리는 아동학 강의 시리즈의 제목에 어린이와 환경을 잇는 축의 두 계기를 포함하고자 했다(유기체적 성장과 기능적 분화, 어린이가 환경에 적응하는 안정적 연령기와 판을 뒤집어 이제는 환경을 스스로에게 적응시키고자 하는 위기). 의사소통과 공동일반화는 모두 사회-문화적 환경에 근원을 두고 있기 때문에 이러한 두 계기와 어울리지 않는다. 이 책에서 이 두 계기는 학령기 말에 나타나는 환경 속 행동 유도성의 숙달과 어린이 스스로의 생각 과정에 대한 의식적 파악으로 대변된다.

이 미완의 저작을 작업하면서 우리는 비고츠키가 본질적 사회적 모순의 징후를 나타내는 사실적 자료를 분석하고, 발달의 주요 노선들을 도출하며, 의식적 파악과 숙달을 향한 어린이의 투쟁의 결과 영광스럽게 빛나는 고유하고도 새로운 심리적 구조를 추출해 내는 과정을 함께 하는 즐거움을 공유했다. 아슬아슬한 긴장감은 이 책의 마지막 장에서 최고조에 달한다. 여기서 우리는 생각 자체를 숙달하는 것이 대체 무엇인지 궁금증에 휩싸이게 된다. 어린이가 어떻게 생각 자체를 생각의 대상으로 만드는지, 그리고 이 과정이 왜 그렇게 오래 걸리는지에 대한 비고츠키의 설명은 과학적일 뿐 아니라 예술적이다.

그러나 우리는 한편으로 단절과 누락으로 가득하며 다른 한편으로 반복으로 점철된 저작을 읽으면서 느끼게 될 필연적인 고통과 좌절도 지적해야 한다. 예컨대 독자들은 전학령기에 대한 3장이 비고츠키가 『연령과 위기』에서 약속했던 도식과 정확히 맞지 않는다는 사실을 발견하게 될 것이다. 이는 3장이 비고츠키가 같은 해 유치원 교육학회에서 발표한 보고서이기 때문이다. 유사하게, 독자들은 7세의 위기에 대한 4장이 3세의 위기와 7세의 위기를 비교한 2장 2절을 상당 부분 반복함을 발견할 것이다. 또한 이 책 전반에 걸쳐 독자들은 내용상의 단절과 누락을 발견할 것이다. 역자들은 이 누락을 글상자와 장별 요약 미주로 보충하고자 노력하였다. 내용 자체에 대한 수정이나 첨가가 한국어 역자에 의해 이루어진 경우 (-K)로 표시하였다. 비고츠키는 이제 역사의 일부이며 우리는 원문을 어떤 식으로든 바꿀 권리를 갖고 있지 않다.

그러나 우리에게는 역사를 이어 나가고 이를 우리의 것으로 만들 권리가 있다. 서문 처음에 제시한 문제, 즉 어린이에게 '생분해성'이라는 개념을 가르치는 문제로 돌아가 보자. 우리는 과학적 의사소통의 낱말을 이용하여 일상적인 공동일반화를 가르치는 것이 가능하다는 것을 보았다. 사실, 우리가 어린이들에게 과학 교과서를 그냥 던져 주면 아마도 어린이들은 그런 식으로 교과서를 해석할 것이다. 그러나 그 반대를 시도한다고 상상해 보자. 다시 말해 다음과 같이 일상적 의사소통의 언어로 과학적 공동일반화를 이용하는 것이다.

선생님   (오른손으로 집게손가락과 가운뎃손가락을 편다) 이건 토끼야. (왼손가락 다섯 개를 모두 편다) 이건 풀이야. 토끼는 풀을 먹지. 그렇다면 토끼가 풀을 만났을 때 누가 이길까?

학생들 토끼가 이겨요.

선생님 왜?

학생들 토끼가 풀을 먹으니까요.

선생님 맞아. (한 손을 지면과 나란히 하고 손가락을 편다. 다른 손
        손가락을 펴서 아래로부터 손가락 사이에 끼운다). 자, 이건
        땅이야. 풀은 땅을 먹지. 그런 풀이 땅을 만났을 때 누가 이
        길까?

학생들 풀이 이겨요.

교사는 이유를 물을 수 있다. 또한 교사는 풀이 이빨, 입, 목구멍, 위
가 없는데 어떻게 땅을 '먹는지' 물을 수 있다. 그러나 교사는 또한 게
임을 계속해 나갈 수도 있다.

선생님 자, 이제 진짜 어려운 부분이야. 토끼는 죽었어. 그럼 썩게 되
        겠지. 부패한다는 말이야. 그럼 땅은 토끼를 먹지. 어떻게 그
        럴까?

학생들 !!!

교사는 이제 가위바위보와 유사한 '토끼, 풀, 땅' 게임을 할 수 있게
되었다. 하지만 더 중요한 것은 교사가 개념 체계를 가진다는 것이다.
이 개념들은 아직 전문적인 용어로 표현되지 않는다. 어린이들은 '생분
해성'이라는 낱말을 아직 모른다. 그러나 어린이들은 여기서 '먹는다'는
낱말의 의미가 우리의 일상적 낱말 의미와는 다르다는 것을 이미 안다.
아직 개념들은 위계적으로 조직되지 않았다. 토끼, 풀, 땅은 비고츠키가
이 책 5장에서 소개하는 일반성의 정도에서 구체적 대상과 추상적 수

사이에 동일한 경도선 상에 놓여 있는 것이다. 그러나 비고츠키가 『생각과 말』 6장의 가장 마지막에서 말하듯이 '개념이 준비되면 낱말은 거의 언제나 준비되어 있다'. 위 게임에서 '먹는다'는 낱말은 '생분해성'의 비유적 의미를 취할 준비가 완료되어 있다.

　물론 이 게임 역시 강점과 약점을 동시에 지니고 있다. 어떤 어린이들에게 이 게임은 여전히 일상적 경험과 멀리 떨어져 있을 것이다. 장거리 여행 도중 자동차 뒷좌석에서 '토끼, 풀, 땅' 게임을 하며, 이긴 사람이 초코파이 먹기 내기를 하는 어린이들은 포장지를 차창 밖으로 던질 수도 있다. 다른 어린이들에게 이 놀이는 과학적 개념과 너무 멀리 떨어져 있을 수 있다. 예컨대 이 어린이들은 풀이 왜 땅뿐 아니라 빛과 물도 필요로 하는지 궁금해하고, 또한 죽은 토끼가 없는 땅에서 땅은 무엇을 먹는지 질문을 할 수도 있다. 거의 모든 어린이들에게 이 게임은 가상 상황과 추상적 규칙을 기반으로 한 어린이 자신의 놀이 형태와 상당히 멀리 떨어져 있다. 수업이 끝나고 피구를 하러 운동장으로 뛰어간 어린이들은 공격팀을 정하기 위해서 '가위바위보'를 하지 '토끼, 풀, 땅' 게임을 하지는 않을 것이다.

　그러나 개념 체계들 간의 연동(얽힘과 짜임)이라는 아이디어는 그대로 남는다. 이는 결국 바로 '가위바위보'에 포함되어 있으며, 토끼의 간 이야기나 텔레비전 드라마의 삼각관계 이야기에서와 같이 어린이가 자라면서 듣는 많은 이야기 속에도 존재할 것이다. 어린이가 청소년이 되고 어른이 되면서 그들의 연동된 개념 체계는 비고츠키의 일반성의 정도의 축을 따라 올라가, 각 개념은 경도선에서 이전보다 높은 지점에 위치한다. 토끼, 풀, 땅은 비유적이 되고 이후에는 완전히 추상적이 된다.

　이 어른이 비고츠키의 난해한 책을 만나게 되면 땅, 풀, 토끼가 발달의 사회적 상황, 발달 노선, 중심적 신형성이라는, 서로 순차적으로 일어나며 이후의 것이 이전 것을 완전히 재구성하는 연동된 개념에 대한 비유라는 것을 알게 되는 것도 가능하다. 먼저 된 자가 나중 되고 나중 된 자가 먼저 되는 것이다.

2016년 12월

비고츠키 연구회 일동

옮긴이 주─────
1. 본문의 문단 번호는 원문에 없으며 옮긴이들이 편의상 붙인 것이다.
2. 글상자 속 내용은 옮긴이들이 첨부한 것이다.
3. 본문 중 (-K)로 표시된 부분은 한국어 번역자의 첨가라는 의미이다. 그 외의 본문의 괄호와 진하게 강조된 부분은 모두 원문의 것이다.
4. 각 장의 끝에는 옮긴이들이 첨부한 요약 미주가 자리 잡고 있다. 미주가 제시하는 본문 구성과 재조직은 독자들의 이해를 돕기 위해 옮긴이들이 임의로 채택한 방식에 따랐다.

차례

제1장
초기 유년기

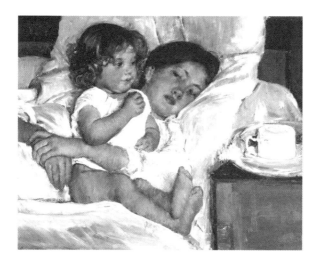

침대에서의 아침식사(1897), M. 카사트(Mary Cassatt, 1844~1926).

카사트는 E. 드가와 매우 가까운 친구였으며 여러 인상주의 화가들과 비평을 교류했다. 대부분의 인상파 화가와는 달리 그녀는 실내의 여성과 작은 어린이가 있는 그림을 선호했으며 흰색과 검은색을 주로 사용했다. 그녀는 자녀가 없었기 때문에 이 그림 속의 아이는 아마도 그녀의 사촌과 그의 두 살 된 딸인 앤일 것이다. 그림 속 아이의 시선은 아침식사에 고정되어 있지만 엄마는 침대에서 아이의 등을 안고 있는 것에 주목하자. 어린이는 이제 사회적으로 독립적이지만 여전히 심리적으로는 종속적이다. 아이는 자유로이 이동할 수 있고 스스로 물체를 집을 수도 있지만, 대상의 의미를 이해하기 위해서는 여전히 타인에게 의존한다. 예컨대 어린이는 커피 컵이 두 살배기의 것이 아니라는 것을 모른다.

초기 유년기는 안정적 시기이다. 비고츠키는 이 시기 동안 지각은 어린이의 행동, 말, 의미와 같이 '안정화'되고 '헌법화(혹은 자기 동일화)'된다고 말한다. 초기 유년기의 결과인 신형성은 체계적(체계 혹은 선택지로부터의 선택에 토대하기 때문에)이고 의미론적(어린이가 보는 것만큼이나 알고 있는 것에 토대하기 때문에)인 실천적 의식이다.

1-1] 초기 유년기를 포함해서 각각의 연령기 연구에 접근하면서 무엇보다 먼저 어떤 연령기에 어떤 신형성이 출현하는지, 다시 말해 특정 단계의 발달 과정에서 이전 단계에 포함되었던 것이 아닌 새롭게 만들어지는 것이 무엇인지 물어야 할 것입니다. 왜냐하면 발달의 과정 자체가 명백히 과정의 각 단계에서 만들어지는 신형성으로 주로 구성되기 때문입니다. 신형성은 발달 시기에 일어난 것들의 결과를 드러내며 각 연령기의 끝에서 출현합니다. 분석 과업은 첫째 신형성의 발생적 경로를 추적하고, 둘째 이 신형성들을 기술하며, 셋째 신형성과 후속 발달 단계 간의 연결을 확립하는 것입니다.

1-2] 초기 유년기의 중심적 신형성은 무엇일까요? 다시 말해서, 발달에서 무엇이 세워지며 이렇게 하여 후속 발달의 기초로 놓이는 것은 무엇일까요? 이것은 핵심적인 질문입니다. 이 질문의 답에 접근하기 위해서 나는 우선 알려진 모든 자료를 모으고자 합니다. 즉 그것을 통해 결론을 얻기 위해 이 질문이 지닌 몇몇 중요한 문제를 고찰하고자 합니다. 자료를 하나하나 살펴보고, 그런 다음 몇몇 일반화로 나아가야 할 것입니다.

비고츠키는 일반화(обобщения)와 의사소통(общения, 접촉, 상호작용을 의미하기도 함)을 대비시킨다. 이 용어들을 각각 일반화와 의사소통으로 번역하면 이들이 공통어근인 общения를 가지고 있다는 사실을 나타내기 어렵다. 러시아어 접두사 об는 '~에 대해' 혹은 '~의'를 뜻한다. 결국 일반화는 '의사소통에 대한 것' 혹은 '메타 의사소통'이라고 할 수 있다. 그러나 이는 일반화의 사회적, 상호작용적 측면은 드러낼 수 있지만 심리적, 개인 내적 측면은 나타내기 어렵다. 어린이는 언어 공동체 속에서 공유된 낱말의 의미를 이용한 개인 간 의사소통 과정을 통해 개인 간 일반화를 도출한다. 이러한 '공동체 일반화' 혹은 '공통적 일반화', 줄여서 공동일반화는 언어공동체 내의 공유된 낱말의 의미를 통해 가능해진다. 최초에 어린이는 이 의미의 극히 일부만을 공유할 뿐이다. 비고츠키의 강의에서 이 용어는 매우 중요한 지점이므로 이 책에서는 일반화와 공동일반화라는 용어를 번갈아 가면서 번역했다. 공동일반화는 언어공동체 내에서 어린이가 공유된 낱말의 일반화를 구성하는 과정을 통해 이루어진 일반화에 대한 일반화를 의미한다.

1-3] 우선 어린이가 외적 현실, 외적 환경과 맺는 관계에 대해 생각해 봅시다. 이 관계 속에는 이 발달 단계의 어린이가 외적 현실과 맺는 관계를 파악하기 위해 설명되어야 할 많은 측면들이 존재합니다. 상황에 대한 어린이의 행위와 활동 측면에서 어린이가 상황과 맺는 독특한 관계를 보여 주기 위해서 우리는 한 좋은 실험에 의존할 수 있을 듯합니다.

1-4] 나는 유명한 독일의 구조주의 심리학자인 K. 레빈이 이러한 관계를 그 누구보다도 실험적으로 잘 나타냈다고 생각합니다. 그 덕분에 우리는 이 측면을 설명해 주는 최고의 연구를 보게 됩니다. 그는 또한 초기 유년기 어린이가 외적 상황에서 보이는 고유한 행동에 대한 이론을 제공하고자 했습니다.

1-5] 어린이 행동을 특징짓는 주요 특성들은 무엇일까요? 나는 중요한 것들을 도식적으로 지적할 것입니다. 이들은 '지투아치온스게분트하이트Situationsgebundheit'(상황 종속성-K)와 '펠드매시흐카이트Feldmässigkeit'(장 종속성-K), 즉 특정 상황 자체에 대한 연결성입니다. 어린이가 상황으로 들어오면 전체로서의 그의 행동은 상황에 의해 규정되고 그 상황의 역동적 일부가 됩니다. '펠드매시흐카이트'라 말할 때 레빈은 구조주의 심리학에서 인간 활동의 장으로 간주되는 모든 상황을 염두에 두고 있으며, 인간 활동은 그 장의 구조와 연결되어 생각됩니다. 레빈의 관점에서 볼 때 이 발달 단계의 어린이 행위는 그 전체로 하나의 절대적인 행위의 '장'입니다. 다시 말해 어린이의 행위는 어린이의 지각에서 지금 일어나고 있는 행위가 속한 그 장의 구조에 전적으로 종속됩니다.

> 지투아치온스게분트하이트(Situationsgebundheit, 상황 종속성)는 어린이와 상황을 묶는 구속력을 뜻한다. 어린이는 과거의 기억이나 미래의 소망에 따라 행동하기보다는 항상 상황의 일부로서 행동한다. 펠드매시흐카이트(Feldmässigkeit, 장 종속성)는 사실 전투복을 가리키는 군대용어이다. 심미적인 의장복과는 달리 전장에서는 전투 상황에 따라 무기, 말, 복장 등이 결정된다. 이처럼 어린이는 상황에 종속된다. 예를 들어 큰 바위를 본 어린이는 앉거나 올라서고 싶어 할 것이며, 그렇게 할 것이다. 비고츠키가 다음 문단에서 말하듯, 그 바위는 어린이로 하여금 앉게 할 수 있으며, 이것이 후에 깁슨이 말한 유도성이다. 어린이는 앉을 기회가 있으면 거의 필연적으로 앉을 것이며, 이것이 상황 종속성이다. 그러나 앉으려고 몸을 돌리자마자 바위가 시야에서 사라져 버리기 때문에 어린이는 잘 앉지 못한다. 따라서 어린이의 행동은 이 새로운 상황에 적합해져야 한다. 예를 들어 어린이는 어깨 너머나 다리 사이로 바위를 보거나, 심지어 손으로 바위를 만지면서 앉는다. 이것이 장 종속성이다.

1-6] 그 실험은 다음을 보여 줍니다. 각 물체는 어린이에게 동기를 불러일으켜 끌어당기거나 밀어내는 특정한 감정을 지니게 합니다. 각 물체는 어린이를 '끌어당겨', 어린이로 하여금 만지거나 집어 들고 느끼게 하거나, 반대로 아예 손도 대지 않게 하기도 합니다. 그 물체는 레빈이 말한 아우퍼더룽스카락타Aufforderungscharakter(유인성-K), 즉 어떤 강제적 특징을 획득합니다. 모든 물체에는 어떤 감정이 내재되어 있으며, 이는 너무도 강력하여 어린이에게 어떤 '강제적' 감정의 특징을 띠게 합니다. 따라서 이 연령기의 어린이는 마치 역장力場에서처럼 물체와 대상의 세계에 이끌립니다. 거기서 그는 항상 그를 끌어당기거나 밀어내는 물체의 작용을 받습니다. 어린이에게 있어 주변 물체에 대한 무관심하거나 '사심 없는' 관계는 없습니다. 레빈이 생생하게 표현하듯, 계단이 어린이에게 손짓하여 어린이가 그 계단을 오르게 하고, 문이 열고 닫게 하며, 종이 울리게 하고, 상자가 열고 닫게 하며, 공이 어린이로 하여금 굴리게 합니다. 한마디로 이 상황에서 모든 물체는 어린이에 의해 감정적 이끌림이나 밀어냄, 감정적 유발성으로 채워지고 이에 따라 어린이의 행동을 일으킵니다. 즉 어린이를 이끄는 것입니다.

1-7] 초기 유년기 어린이가 다양한 상황에서 어떻게 행동하는지 이해하기 위해서, 우리는 상황의 영향하에 처했을 때 우리 자신은 어떻게 행동할 것인가 하는 먼 비유를 사용할 수 있습니다. 이미 우리에게는 이런 상황이 드뭅니다. 레빈은 이것을 실험으로 수행했습니다. 즉 실험 대상을 실험실에 초대하여 실험을 하기 위해 준비할 것이 있다는 핑계를 대고 실험 대상을 몇 분간 혼자 있게 했습니다. 실험 대상은 새로운 환경 속에 남겨지게 되었습니다. 거기서 그는 10~15분간 기다렸습니다. 이런 상황에서 실험 대상은 종종 방을 탐색하기 시작합니다. 그 안에 시계가 있으면 그는 시간을 보았고, 봉투가 있으면 그 안에 뭐가 있는지 아니면 비었는지 살펴보았습니다. 이러한 상태에 처해 있으면서 모

든 행동이 자신이 보는 것들에 의해 결정되는 이 사람은 초기 유년기 어린이 행동의 먼 비유가 될 수 있습니다.

1-8] 이와 같이 어린이는 전적으로 현재 상황에만 연결되어 있습니다. 초기 유년기 어린이는 후속 연령기와 반대로 다른 가능한 물체에 대한 지식을 이 상황으로 가져올 수 없습니다. 일반적으로 어린이는 상황의 무대 뒤에 기다리고 있는 모든 것들, 레빈의 표현에 따르면 상황을 변화시킬 수 있는 어느 것에도 사로잡히지 않습니다. 이 때문에 그처럼 큰 역할이 상황 속의 사물들 자체, 구체적 물체에 부여됩니다.

1-9] K. 레빈은 2세 어린이에게 그의 시각장 밖에 있는 대상 위에 앉는 과업이 얼마나 어려운지 보여 주는 실험을 기술했습니다. 이 실험은 큰 바위를 이용했는데, 어린이는 이 바위 주변을 돌면서 모든 측면을 관찰한 후 등을 돌리고서 그 위에 앉으려 했습니다. 그러나 등을 돌리자마자 그는 시야에서 바위를 잃게 됩니다. 이제 어린이는 바위를 붙잡은 채 앉기 위해 등을 돌립니다. 마침내, 영상으로 촬영된 한 어린이는(이는 레빈의 책에 소개됩니다)(K. Lewin, 1926) 어려움을 독특한 방식으로 벗어납니다. 그는 바위에 등을 돌린 채 서면서도 시각장 내에 바위를 두기 위해 몸을 숙여 다리 사이로 (바위를-K) 봅니다. 그런 후에 그는 앉을 수 있게 됩니다. 몇몇 어린이들은 그들의 손을 돌 위에 놓음으로써 도움을 받았습니다. 다른 경우 실험자가 직접 어린이의 손을 돌 위에 올리도록 하고 어린이가 자신의 손 위에 앉습니다. 어린이는 손을 올려놓은 돌 부분 이외에 바위가 통째로 있다는 것을 느낄 수 없기 때문입니다. 어린이와 시각장 사이의 이러한 연결은 이러한 상황에서 어린이 의식의 고유한 활동을 명백히 나타냅니다.

1-10] 이를 설명하기 위해 우리 실험을 예시로 인용해 볼 것입니다. 나의 동료인 Л.С. 슬라비나에게는 자유로운 상황에 있는 어린이가 언어적으로 이른바 '날아갈' 수 있는지, 즉 눈앞에 보는 것을 말하지 않

을 수 있는지 관찰하는 과업이 주어졌습니다. 이를 위해 우리는 병원에서 널리 발달된, 명제를 따라 하는 방법을 사용했습니다. 두 살 된 어린이는 "닭이 간다", "꼬꼬가 간다", "개가 뛴다"와 같은 구절을 아무 어려움 없이 반복합니다. 그러나 타냐가 어린이 바로 앞 의자에 앉아 있을 때 "타냐가 간다"라는 말은 하지 못합니다. 이 구절은 "타냐가 앉아 있다"라는 반응을 이끕니다. 40명의 모든 어린이들은 어린이가 상황에 주의를 기울였던 이러한 경우에 세 번의 모든 시도에서 올바르지 못한 반응들을 보였습니다. 어린이는 앉아 있는 타냐를 보고 "타냐가 간다"라고 말하는 것을 어려워합니다. 어린이가 보는 것이 그에게 대단히 강하게 작용하며 따라서 그의 말이 현실에서 해방될 수 없습니다. 이는 오랫동안 연구자들의 주의를 끌어온 사실들 중 하나를 설명합니다. 이는 초기 유년기에는 어린이들이 거의 거짓말을 하지 못한다는 것입니다. 초기 유년기의 마지막에 가까워서야 어린이에게 사실이 아닌 것을 말할 수 있는 가장 기초적인 능력이 생겨납니다. 그는 아직까지 허구를 만들 수 없습니다. 최근 잘 연구된 한 간단한 예시 또한 우리에게 이를 말해 주고 있습니다. 어린이가 아플 때, 격심한 통증의 순간에 어린이는 울음과 변덕스러움으로 감정적으로 반응합니다. 반면 그가 위독할 수는 있지만 직접적인 고통을 느끼지 않는다면, 병에 대한 의식으로 괴로워하지는 않을 것입니다. 따라서 이 연령의 어린이는 바로 눈앞에 있는 것이나 귀에 들리는 것 외의 다른 것에 대해서는 말할 수 없습니다.

*Л. С. 슬라비나(Лия Соломоновна Славина, 1906~1988)는 비고츠키가 태어났던 동네인 벨로루시의 고멜에서 태어났다. 유태 가정에서 태어난 그녀는 1920년대에 모스크바 대학에 다녔고, 비고츠키의 다섯 제자들인 '피야토르카(5인회)' 중 한 명이었다. 그녀는 전쟁 후 초기 유년기 스토리텔링에 관

1-11] 무엇이 이런 특징적 행동을 야기할까요?

1-12] 첫째, 어린이의 의식을 특징짓는 것은 감각 기능과 운동 기능의 통합의 출현입니다. 어린이는 무엇을 보든지 그것을 손으로 만지고 싶어 합니다. 혼자 남겨진 두 살 난 어린이를 관찰함으로써 그 어린이가 끊임없이 움직이고 끊임없이 부스럭대지만 오직 구체적 상황에서만 그러함을 알 수 있습니다. 다시 말해 그는 자기 주변의 물건들이 부추기는 행동만을 합니다.

1-13] 전에는 이 감각-운동 통합이 단순한 생리적 반사로부터 나타난다고 믿어졌지만, 이는 유아기에서조차 그렇지 않습니다. 배내옷을 입은 아기가 때론 조용히 관찰하며 몇 시간이고 보낼 수 있지만, 초기 유년기는 모든 지각 뒤에 행동이 분명 뒤따른다는 것으로 특징지어집니다. 이는 유아기의 마지막 국면에 이르기 전까지는 일어나지 않습니다. 이 마지막 국면에서야 초기 유년기에 고유한 감각-운동 통합이 나타납니다.

1-14] 라이프치히 학파는 어린이의 최초 지각이 감정적으로 채색된 지각이라는 사실, 즉 어린이가 지각하는 각각의 대상이 제각각의 감정적 색채를 지니고 있다는 사실에 주목했습니다. 다른 말로 하면 지각과 느낌은 불가분의 통합체로 나타나는 것입니다. 우리는 대상과 그것이 불러일으키는 직접적 정서를 구분하고, 여러 대상에 민감한 흥미를 나타내지 않으며 대상을 바라보는 법을 배웁니다. 그러나 초기 유년기의

어린이에게 이것은 불가능합니다. 지각과 감정은 아직 분화되어 있지 않습니다. 그들은 서로 직접적이고 밀접하게 연결되어 있습니다. F. 크뤼거와 H. 폴켈트의 실험은 지각의 느낌적 색조가 인간과 동물 모두에게 남아 있음을 보여 주었습니다. 예컨대 파란색과 노란색은 우리에게 춥고 따뜻한 느낌적 색조를 불러일으킵니다. 지각의 어떤 느낌적 색조는 우리의 표상에 수반되며 이는 이들이 발생적으로 서로 연결되어 있음을 보여 줍니다.

*F. 크뤼거(Felix Krueger, 1874~1948)는 딜타이와 철학을, 분트와는 심리학을 연구했다. 비고츠키가 말하듯 크뤼거는 라이프치히 학파의 일원이었으며, 라이프치히 대학의 교수였다가 나중에 총장이 되었다. 그는 딜타이의 인본주의, 분트의 기계주의와 결별하고 '독일인의 정신'을 숭배하는 낭만주의 나치 심리학의 옹호자가 되었다. 그는 건강한 성인들에게조차 일종의 '지각과 행동의 통합'이 존재한다 주장했다(나치는 지나친 성찰이 사람을 나약하고 우유부단하게 만든다고 믿었다). 비고츠키는 『파시즘과 심리신경학』에서 크뤼거를 통렬하게 비판했다. 비고츠키에게 있어 어린이에게서 볼 수 있는 충동성은 언어와 성찰을 통해 극복되는 것이다. 크뤼거는 강경한 보수주의자로서 나치에게 충성을 다했다. 하지만 그는 반유대정책에 찬성하지 않았고 교수로서 유대인 학생들을 계속 지도했다. 그는 한 강의에서 유대인 시인을 긍정적으로 언급했는데, 나치는 이 일을 빌미로 한 학기 동안 강의를 금지시켰으며 결국 그를 총장직에서 물러나게 만들었다.

*H. 폴켈트(Hans Volkelt, 1886~1964)는 독일 심리학자로 1912년 F. 크뤼거의 지도하에 동물심리학 박사 학위를 취득한 후 아동심리학자가 되었고, 교사 양성자가 되었다. 전직 동물심리학자로서 그의 연구는 강력하게 자연주의적이며 생물학적이었다. 크뤼거처럼 그 역시 1939년에 열렬한 나치 당원이 되었다. 그는 인종 심리학 유형 이론들을 개발했고, 그 이론들은 나치의 유대인과 정신 장애인 학살을 뒷받침하는 데 사용되었다.

1-15] 이 감정적 계기와 수용적 계기의 통합은 초기 유년기 의식의 특징인 상황 속 행위의 세 번째 계기를 제공합니다. 우리는 지각이 행위와 직접적으로 연결되어 있는 독특한 의식 체계를 다루고 있습니다. 따라서 의식 체계를 초기 연령기에 함께 작동하는 중요한 기능들이라는 관점에서 특징짓는다면, 그것은 감정적 지각, 감정, 행동의 통합이라고 말해야 합니다. 이러한 상황은 레빈의 실험으로 훌륭하게 설명됩니다.

1-16] 사물에는 끌어당기는 힘, 즉 모든 물체에는 본질적으로 어린이를 끌어당기는 원천인 감정적 유발성이 있습니다. 다시 말해 이 특정 연령기의 고유한 감각-운동 통합(레빈의 실험적 연구에 의해 확립된 것으로 간주할 수 있는)의 특성은 다음과 같습니다. 이는 일차적 반사 연결이 아니라 감정을 통한 연결입니다. 바로 이 지각의 감정적 특성이 그러한 통합을 이끕니다. 이처럼 여기서 우리는 현실과의 완전히 고유한 관계를 다룹니다.

1-17] 일반적으로 초기 연령기 어린이의 의식이라 함은 아직 주의, 기억, 생각의 도움으로 지각하거나 인식하는 것을 의미하지는 않습니다. 그러한 기능들은 아직 분화되지 않았으며, 그 기능들이 지각 과정에 참여하는 한, 지각에 종속된 채 의식 속에서 전체적으로 작용합니다.

1-18] 우리 모두는 초기 유년기 어린이의 기억이 언제나 능동적 지각, 즉 인식을 통해 나타난다는 것을 단순한 관찰로부터 알고 있습니다. 이 연령기에는 생각이 전적으로 시각-도식적인 방식으로 나타난다는 것을 모두 알 것입니다. 즉 연결을 재확립할 수 있지만 이는 주어진 상황을 시각-도식적으로 재확립하는 기능인 것입니다. 또한 이 연령기 어린이의 감정이 감정의 이끌림을 받는 물체의 시각-도식적 지각의 계기에서 지배적으로 나타남을 알고 있습니다. 이 연령기의 어린이에게 있어 생각은 아직 지적 활동을 발현할 정도까지의 기억을 의미하는 것

이 아닙니다. 오로지 전학령기 어린이에게서만 이러한 종류의 생각, 즉 자신의 이전 경험에 의존하는 기억이 존재합니다.

1-19] 기억상실이라고 불리는 현상이 있습니다. 우리 모두는 유아기를 기억하지 못합니다. 만일 톨스토이 같은 천재들이 배내옷에 싸여 숨 막혔던 느낌이나 따뜻한 목욕물과 비누의 감각을 기억한다고 주장한다면 이 경우 우리는 확실히 복잡한 회상의 사례를 만나게 됩니다. 우리들 각자의 의식에 관한 한, 유아기는 대체로 잊으며 초기 유년기도 잇습니다. 단편적, 예외적 인상이나 종종 이해 불가한 파편적 인상을 제외하면 (주변 사람의 이야기가 아닌) 세 살 이전의 본인의 유년기를 명확하게 기억하는 이는 거의 없습니다.

1-20] 초기 유년기 시절의 연결된 기억들은 대개 의식 속에 있지 않습니다. 기억의 조직은 너무 특이해서 의식 활동에 거의 참여하지 않는 것입니다. 기억은 후속 연령기들에서 첫 국면으로 이동합니다. 초기 유년기 어린이들의 생각이라 함은 감정적으로 채색된 어떤 연결들을 자세히 살펴보고 외적으로 지각된 상황에 상응하는 독특한 행동을 취하는 것이라고 말함이 옳을 것입니다. 이 연령기에서는 시각-도식적, 감정적으로 채색된 지각들이 곧장 행동 규칙으로 전환됩니다.

1-21] 지각 자체는 두 가지 특징으로 구별되는데, 이를 생각해 봅시다. 첫째 특징은 지각의 감정적 특성입니다. И. М. 세체노프는 지각의 열성을 초기 유년기 어린이의 가장 중요한 특징으로 간주합니다. 이 초기 연령기의 모든 지각은 열렬합니다. 누군가 새로운 물건을 쳐다보는 어린이를 관찰한다면 우리의 지각과는 근본적으로 다른 지각을 보게 될 것입니다.

*И. М. 세체노프(Иван Михáйлович Сéченов, 1829~1905)는 러시아 심리학을 확립하고 뇌 신호의 전기화학적 성질을 발견했다. 독일의 H.

헬름홀츠 아래에서 공부했으며 친분이 있던 가난한 작가를 대상으로 실험을 수행하여 알코올 중독에 대한 심리학 박사학위를 받았다. 그의 후기 연구는 베흐테레프의 반사학과 파블로프의 조건 반사의 토대가 되었다. 한편 탁월한 화학자이기도 했던 세체노프는 기체의 용해도를 결정하는 법칙(세체노프의 공식으로 알려져 있다)을 발견했으며 (주기율표를 만든) 멘델레예프의 연구소에서 일하기도 했다.

1-22] (모든 후속 발달을 위한 일반적 법칙이 되는) 두 번째 특성은 다음과 같습니다. 지각이 의식의 지배적 기능일 때는 지각이 최대로 유리한 발달 조건에 놓인다는 뜻입니다. 모든 의식은 오직 지각의 토대에서만 유효하므로 지각은 다른 기능들보다 먼저 발달합니다. 이것은 내가 여러분에게 상기시켜 주고 싶은 어린이 발달의 두 가지 기본 법칙과 관련되어 있습니다. 첫 번째 법칙은 기능들이 신체의 일부와 같이, 비례 혹은 균등하게 발달하는 것이 아니라 각각의 연령기마다 지배적 기능이 존재한다는 것입니다

1-23] 두 번째 법칙은 다음과 같습니다. 처음부터 필요하며 다른 기능들의 토대가 되는 가장 근본적인 기능들이 먼저 발달합니다. 이 때문에 어린이의 심리적 기능 발달이 지각 발달과 함께 시작되는 것은 놀라울 것이 없습니다. 만일 모든 의식이 지각에 유리하게 작용하고, 지각이 주어진 연령기에 새로운 것이라면, 어린이가 획득하는 최고의 성취는 분명 기억 분야가 아닌 지각 분야에서 일어날 것입니다.

1-24] 이와 관련해서 아직까지 아동기 자폐성에 관한 의문이 존재합니다. 두 가지 관점이 있습니다(그리고 이 둘은 개연성의 측면에서 크게 차

이 나기 때문에 이 중 하나가 진실에 더 가까울 것입니다). 한 관점에 따르면 꿈의 논리가 어린이 생각 발달의 출발점이라는 것입니다. 생각은 자폐적이며 전적으로 욕구 충족에 집중되어 있습니다. 이러한 관점에 의하면 이것은 비교적 후기 발달 단계에서 나타나는 현실적 생각은 아닙니다. 이는 루스트프린치프Lustprinzip, 즉 S. 프로이트의 쾌락 원칙입니다.

1-25] E. 블로일러는 이것이 사실상 완전히 틀렸음을 이미 보여 주었습니다. 동물의 세계에서는 생각의 자폐적 기능, 다시 말해 행동과 분리된 생각은 발견되지 않습니다. 유아가 배타적으로 쾌락 원칙만을 따르는 의식을 통해 욕구, 열망, 끌림을 실현하는 그런 의식 상태에 있다고 하는 것은 순전히 논리상의 구성일 뿐입니다. 초기 연령기의 유아들에게 쾌락은 실제 음식 공급, 즉 실제 자극 등과 연결됩니다.

1-26] E. 블로일러는 다음에 주목했습니다. 프로이트의 관점이 맞는 것이라면 어린이의 자폐적 특성은 어린이의 발달에 비례해서 감소되어야 합니다. 블로일러는 한 살 반 이후, 즉 첫 단어 습득 후에 자폐적 생각이 성장한다는 것에 처음으로 주목했습니다.

1-27] 지금 우리에게는 생각이 상위 수준으로 올라갈 때, 즉 3세와 개념 형성과 관련된 13세에 자폐적 생각이 증가한다는 것을 드러낸 가브리엘의 연구가 있습니다. 이는 이해할 만합니다. 결국 말은 상황과 직접 연결되지 않은 생각의 발달을 위한 가장 강력한 도구 중 하나입니다. 말은 언제나 상황에 직접 포함되지 않은 어떤 것을 그 속으로 도입할 수 있게 해 주며, 우리는 언제나 주어진 상황과 유리된 것을 낱말을 통해 말할 수 있습니다. 따라서 말로 하는 생각은 어린이의 자폐적 생각의 출현과 연결되어 있습니다.

1-28] 초기 발달 단계에서 자폐적 생각은 어린이와 현실의 관계를 설명하는 그리 중요한 특징이 아닙니다. 그것은 생애 첫 3년 동안 거의 대부분 배아적 상태로 남아 있습니다. 가브리엘이 보여 주었듯이 우리

는 여기서 자폐적 생각의 싹에 대해서만 다루고 있는 것입니다.

1-29] 구심리학의 관점에서 이 연령기의 어린이에게 상상은 존재하지 않는다고 말할 수 있습니다. 즉 어린이에게는 직접적으로 주어진 상황과는 구분되는 시각적 상황을 생각과 상상으로 구성하는 능력이 없는 것입니다. 어린이가 외부 현실과 맺는 관계를 볼 때, 이 어린이는 상황과 연결되어 있고 자신 앞에 바로 지금 존재하는 물체의 지배하에 전적으로 놓여 있다는 점에서 후기 연령기 어린이와는 뚜렷이 구분되는, 가장 고도의 현실주의적 존재로 우리 앞에 모습을 드러냄을 볼 수 있습니다. 우리는 여기서 자폐적 생각의 기저를 이루는 현실로부터의 분리가 아직 일어나지 않았음을 봅니다.

1-30] 이제 어린이가 타인과 맺는 관계를 생각해 봅시다. 이 상황의 외적 측면은 지금 폭넓게 연구되고 있습니다. 그동안 나타난 체계적 관찰 경로를 통한 실험적 범주의 연구들은 어린이와 타인 사이의 비교적 발달된 관계가 유년기부터 존재한다는 것을 보여 주었습니다. 이 관계들은 단지 성인의 관점에서 볼 때 원시적으로 보일 뿐입니다. 이 관계들이 연령기가 전개됨에 따라 점차 복잡해지기 때문에 적지 않은 연구자들은 초기 유년기의 중심적 신형성이 사람 대 사람 관계의 기초의 발달, 즉 사회적 관계의 토대의 발달이라고 공언합니다.

1-31] 이 점에 관해서 모종의 이론을 제공하려는 시도들이 있어 왔고, 그중에서 실험을 통해 더 자세히 설명하기 시작한 한 이론이 옳은 것처럼 보입니다. 그 이론에 따르면 어린이의 사회적 관계의 독특함은 다음과 같습니다. (익숙한 표현을 빌리자면) 출생 시와 유아기 어린이는 어머니로부터 생리적으로 분리되지만 생물적으로는 분리되지 않습니다. 아기는 스스로 자리를 옮기거나 스스로 먹지 못하는 것입니다. 걸음마를 시작한 어린이는 어머니로부터 생물적으로는 이미 분리되었으나 심리적으로는 아직 분리되지 않습니다. 어린이는 다른 사람들과

늘 함께 지내는 구체적 상황 밖에 별도로 존재하는 자기 자신에 대한 표상이 없는 것입니다.

1-32] 어린이가 자신의 존재에 대하여 갖게 되는 최초의 표상은 개별성 혹은 고유성(타인으로부터 자신을 구별한다는 의미에서가 아니라 자신이 조작하는 사물로부터 스스로를 구별한다는 의미에서, 타인과 엮여 있는 사회적 상황에서 자신으로부터 사물을 구별한다는 의미에서)의 표상입니다.

1-33] 독일 연구자들은 초기 유년기를 두 단계로 나누어 다음과 같은 방식으로 윤곽을 그릴 수 있다고 믿습니다. 첫째, '원시적 우리(Ur-wir)' 단계, 즉 '나'의 이해에 선행하며 '나'를 구분하는 것으로 진행되는 '큰 우리'라는 의식이 존재합니다. 실제로, 어린이는 자신이 얼마나 이해하고 다른 사람들이 얼마나 이해하는지 알지 못한다는 것을 알려 주는 수많은 사실들이 있습니다. J. 피아제가 정확하게 언급한 것처럼, 어린이가 보기에 어른들은 자신이 원하는 모든 것을 알고 있는 듯합니다. 어린이의 두 낱말로 된 말의 출현에 관한 연구가 있습니다. 그것은 하나의 낱말이 어린이에게 충분하지 않을 때 생겨납니다. 대부분의 한 낱말들이 너무 많은 의미를 지니기 때문입니다. 어린이의 낱말은 다양한 것을 전달하며, 상황에 따라 그 의미는 달라집니다. 가브리엘은 계속되는 이 오해를 잘 설명했습니다. 그에 따르면, 연구자들은 어른들이 이제 말을 시작한 어린이들을 이해하는 데 어려움을 겪는다는 것을 간과함으로써 많은 시간을 허비해 왔습니다.

1-34] 내가 이미 다른 곳에서 언급했던 가브리엘의 실험을 한 예로 들어 보겠습니다. 여러 임상 관찰을 포함하는 실험 조건하에 어린이를 두고, 어른들이 어린이의 낱말을 잘 이해하지 못하는 상황을 특별히 연출했습니다. 어린이는 무언가를 요구하지만 어른들이 이해하지 못하자 화를 내기 시작합니다. 그리고 상황은 어른들이 어린이가 원하는 것이 무엇인지 알아내기 위해 질문을 하는 것으로 이어집니다.

1-35] 우리가 다루는 주제와 관련하여 여기서 흥미로운 것은 무엇일까요? 내가 보기에 어린이가 생각하는 것을 자기만 알지 어른은 모를 수도 있다는 것을 그가 모른다는 데 있습니다. 어린이 입장에서 보면 어른이 자기를 이해하는 데 전혀 문제가 없습니다. "푸-후"라고 말하면 자신이 요구하는 것을 얻게 되는 것처럼 보입니다. 사실이 그러한데, 이는 어른이 어린이의 희망을 추측하기 위해 부단히 그 행동을 해석하기 때문입니다. 이런 이유로, 피아제가 옳게 말했듯이 어린이는 어른 자신의 희망을 정확히 이해할 것이라는 느낌이 있으며, 자신의 의식에 있는 것과 어른의 의식에 있는 것이 구분되지 않습니다. 그렇기 때문에 일차적 의식은 '큰 우리'로 이루어져 있으며, 어린이는 그로부터 그 자신의 표상을 아주 천천히 분리하게 됩니다.

1-36] '나 혼자'라는 표현은 초기 유년기의 둘째 단계에서 나타납니다. 저자들은 이 둘째 단계를 "'우리' 속에 놓인 외적 '나'의 단계"라고 부르며, 이 단계가 바로 어린이가 어른과 공유된 행동에 대해 자신의 독립적 행동으로 맞서는 시기입니다. 예컨대 어린이는 먹여 주는 것을 거부하고 스스로 숟가락을 잡고 먹고 싶어 합니다. 그러나 어린이는 그의 의식과 그에 대한 어른들의 이해, 과정의 내적 측면에 관한 한, '큰 우리' 단계에 얽힌 채 남아 있습니다.

1-37] 논의된 이론이 문제를 옳게 해결했든 그렇지 않든, 여하튼 이 이론은 어린이가 주변 사람들과 맺는 관계의 독특성과 '어린이-어른'의 통합으로부터 어린이 자신의 '나'의 분리를 옳게 지적하는 듯 보입니다. 어린이의 '나 자신'은 비교적 나중에 나타납니다. 한 연구에서 이 단계는 어린이가 말할 수 있는 것보다 훨씬 더 많이 이해하는 시기로 잘 기술되어 있습니다. 어린이는 자신의 생각이나 표상의 경로에 스스로 개입할 수 없습니다. 나는 다음과 같이 말하고자 합니다. 외적 상황의 경우에 사물이 어린이를 통제했던 것과 마찬가지로, 어린이가 상황과 능

동적으로 관련을 맺는 경우에도 이는 타인의 개입, 어른을 향한 호소와 연결됩니다.

1-38] 이제 초기 유년기 단계에 있는 어린이의 기본적 활동 유형에 대해 생각해 봅시다. 이것은 내가 보기엔 가장 어려운, 이론적으로 거의 연구되지 않은 것으로 보이는 문제들 중의 하나입니다. 놀이에 대한 오래된 정의는 결과를 추구하지 않는 모든 어린이 활동을 놀이라 하며 이러한 유형의 모든 어린이 활동을 서로 동등한 것으로 여깁니다. 어른의 관점에서 보면 어린이가 문을 여닫는 것과(막대기로-K) 말타기 놀이를 하는 것이 둘 다 심각하거나 다른 무언가를 얻기 위한 것이 아닌 오락거리, 놀이로 간주됩니다.

1-39] 다른 많은 저자들도 이 질문을 명확히 밝히고자 했음을 지적해야 할 것입니다. 첫 번째로 K. 그로스는 어린이 놀이를 분류하고자 했고 그에 대해 새로운 접근을 했습니다. 그는 실험적 놀이는, 어린이가 말이나 사냥꾼 등이 된다고 상상할 때의 상징적 놀이가 어린이의 생각 및 그의 미래의 목적 지향적인 비非놀이적 활동과 맺는 관계와는 다른 관계에 놓인다고 지적했습니다. 그로스의 제자 중 하나였던 A. 바이스는 다른 유형의 놀이 활동들은 서로 대단히 멀리 떨어져 있다는 것을, 그의 표현에 따르면, 심리적 관계에서 공통점이 거의 없다는 것을 보여주고자 했습니다. 그는 이런 모든 유형의 활동들을 '놀이'라는 하나의 단어로 칭할 수 있을까라는 질문을 갖게 됩니다.

'1세의 위기'(『연령과 위기』 5장 참조)에서 비고츠키는 기기와 걷기의 관계는 원시적 말과 진정한 말의 관계와 다르다고 지적한다. 여기서 비고츠키는 유사한 주장을 편다. 실험적 놀이와 진정한 놀이의 관계는 역할 놀이와 규칙기반 놀이의 관계와 다르다는 것이다. 피아제에 대한 논박(『생각과 말』 2장 참조)에서 비고츠키는 가상 상황이 기원적이고 일차적이라는 주장에 반대한다. 여기서 우리는 그 증거를 본다. 소위 실험적 놀이에서 어린이의 주요 관심사는 현실적이다. 상상의 상황을 포함하는 진정한 놀이는 나중에야 비로소 나타난다. 역할 놀이가 현실로부터 멀어지는, 가상 상황의 방향으로의 '지그'라면 규칙기반 놀이는 목적 지향적이고 경쟁적인 행동 방향으로 회귀하는 '재그'의 움직임이다. 우리가 어린이에게 팔굽혀펴기를 하라고 한다든가 구구단을 암기시키든가 혹은 '듣고 따라 하기' 활동을 시킬 때 이는 어린이에게 놀이를 하도록 하는 것일까? 대부분의 어린이들은 '그렇지 않다'고 대답할 것이다. 비고츠키도 이에 동의한다.

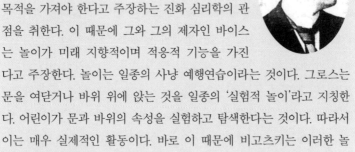

＊K. 그로스(Karl Groos, 1861-1946)는 바젤 대학교 철학교수였으며 두 권의 중요한 저서 『The Play of Animals』와 『The Play of Man』의 저자이다. 이 제목이 암시하는 바와 같이 그는 놀이가 진화적 목적을 가져야 한다고 주장하는 진화 심리학의 관점을 취한다. 이 때문에 그와 그의 제자인 바이스는 놀이가 미래 지향적이며 적응적 기능을 가진다고 주장한다. 놀이는 일종의 사냥 예행연습이라는 것이다. 그로스는 문을 여닫거나 바위 위에 앉는 것을 일종의 '실험적 놀이'라고 지칭한다. 어린이가 문과 바위의 속성을 실험하고 탐색한다는 것이다. 따라서 이는 매우 실제적인 활동이다. 바로 이 때문에 비고츠키는 이러한 놀이를 진정한 놀이로 간주하지 않는다. 거기에는 가상 상황이 포함되어 있지 않기 때문이다.

1-40] П. П. 블론스키는 놀이가 단지 어린이의 다양한 활동에 대한 공통용어일 뿐이라고 믿습니다. 내가 아는 한 블론스키는 이 진술을 극단으로 가져간 것처럼 보입니다. 그는 '일반적인 놀이'란 존재하지 않으며 이 개념에 딱 떨어지는 유형의 활동은 존재하지 않는다고 생각하는 경향이 있습니다. 왜냐하면 '놀이'의 개념은 어른의 개념이고, 어린이에게 있어서는 모든 것이 진지하기 때문입니다. 그리하여 이 개념은 심

리학에서 방출되어야 했습니다. 블론스키는 다음과 같은 일화를 기술합니다. 백과사전의 표제항을 위해 어떤 심리학자에게 놀이에 대한 글을 의뢰하는 것이 필요했을 때, 그는 '놀이'는 그 뒤에 숨겨진 것이 전혀 없는 낱말이며 심리학에서 추방되어야 한다고 대답했습니다.

> 여기에서 블론스키와 비고츠키는 '놀이'가 행동을 분석하는 유용한 개념인가에 대해 의견이 서로 다르다. 소비에트의 백과사전 표제항을 위한 글 작성을 요청받았던 아동학자는 바로 블론스키 자신이었을 가능성이 높다. 이것이 블론스키 특유의 관점이기 때문이다. 비고츠키는 '어떤' 심리학자라 말함으로써 블론스키를 보호한다.
>
> *П. П. 블론스키(П. П. Blonsky, 1884~1991)는 비고츠키의 동료이자 논쟁을 좋아하는 친한 친구 들 중 한 명이었다. 그는 원래 플라톤학과 철학자였다가 후에 극단적 행동주의자(그의 아동 연령기 구분은 치아 상태에 토대했고, 수면 주기를 바탕으로 생애를 나누었다)가 되었다. 다른 아동학자와는 달리 그는 심리 검사를 통해 유전적 능력 차이를 측정할 수 있다고 굳게 믿었고 그로 인해 신랄한 비판을 받았다.

1-41] '놀이' 개념을 분해하는 것과 관련하여 가장 생산적인 생각은 내가 레닌그라드에서 Д. Б. 엘코닌에게 들었던 것이라고 생각합니다. 놀이는 완전히 고유한 활동으로 간주되어야 하며 모든 종류의 어린이 활동, 특히 그로스가 실험적 놀이라고 부른 것을 합치는 혼합적 개념으로 간주되어서는 안 됩니다. 예컨대 어린이는 상자를 열고 닫는 행동을 연거푸 반복하기도 하고, 물건을 한 곳에서 다른 곳으로 옮기기도 합니다. 이 모두는 진정한 의미에서 놀이가 아닙니다. 우리는 이러한 활동 형태들 사이의 관계가 옹알이와 말의 관계와 같지 않은지 물을 수 있지만, 어떤 경우에도 이들은 놀이가 아닙니다.

*Д. Б. 엘코닌(Даниил Борисович Эль-конин, 1904~1984)은 비고츠키와 함께 헤르첸 교육대학교에서 교편을 잡았다. 하리코프에서 발달한 '활동이론' 그룹과는 달리 레닌그라드 그룹은 아동 교육학에 더욱 큰 관심을 가졌다. 그러나 그들이 제시한 아동 발달상의 '선도적 활동'의 일정 속에는 비고츠키의 연령과 위기에 대한 도식이 포함되지 않았으며, 따라서 심리적 신형성과 위기도 포함되지 않았으므로 비고츠키로서는 이를 수용하기 어려웠을 것이다. 엘코닌은 동료인 다비도프와 함께 단위로의 분석에 토대하여 '배아세포'이론을 발전시켰으며 유치원 교육을 전공한 엘

코닌의 입장에서는 놀이가 일종의 배아세포였다(다비도프는 학교교육과 개념 형성에 주요 관심을 두었다). 엘코닌은 한 음소를 하나의 빈칸에 채워 넣도록 함으로써 파닉스를 지도하는 방법을 고안했는데 이는 '엘코닌 상자'로 널리 알려져 있다.

1-42] 내가 보기에 가장 생산적이고 사태의 본질에 부합하는 것은, 이 생각이 전면으로 내세우는 놀이의 긍정적 정의인 것 같습니다. 놀이는 무엇일까요? 놀이는 현실과 맺는 독특한 관계이며, 상상 상황을 창조하거나 한 대상의 속성이 다른 대상으로 이동하는 것으로 특징지어집니다. 이것은 초기 유년기 놀이의 문제를 바르게 해결할 수 있도록 해 줍니다. 이 관점에서 유아기를 특징짓는 놀이의 전적인 부재가 초기 유년기에는 해당되지 않습니다. 초기 유년기에 우리는 놀이를 만납니다. 이 연령기의 어린이가 인형에게 밥을 주거나 보살피고 빈 컵으로 마시는 등의 행동을 한다는 것에 모두 동의할 것입니다. 그러나 내가 보기에, 이 '놀이'와 상상 상황의 창조를 수반하는 전학령기의 진정한 의

미의 놀이 사이의 중요한 차이점을 보지 못하는 것은 위험합니다. 초기 유년기의 막바지 즈음에야 의미의 전환 및 상상 상황을 수반하는 놀이가 그저 배아적 형태로 나타날 뿐임을 연구들은 보여 줍니다. 3세가 되어서야 상황의 상상적 요소와 연관된 놀이가 나타납니다. 더욱이 이 '놀이'는 매우 미약하게 발현되며 레빈이 기술한, 상황 자체에서 직접 도출되는 활동이라는 드넓은 바다에 가라앉고 맙니다.

1-43] 이미 레빈에게는 어린이 행동에 대한 자신의 기술이 진정한 의미에서의 놀이 상황 창조와 거리가 멀다는 생각이 나타났습니다. 결국 현재 대상에 너무도 밀접히 연결되어 돌에 앉기 위해서는 다리 사이로 돌을 봐야 하는 어린이에게 상상의 상황을 창조하는 것은 매우 어렵습니다.

1-44] 마침내 마지막으로 가장 중요한 것입니다. 연구는 엄밀한 의미에서 상상적 상황의 창조가 초기 유년기에는 존재하지 않음을 보여 주었습니다. 나는 간단한 예를 통해 이를 분명히 하고 싶습니다. 두 살 어린이는 완전히 자유자재로 인형을 어르며, 인형에게 엄마나 유모와 똑같이 해 줍니다. 인형을 눕히고 먹이고 심지어 유아용 변기에 앉히기도 합니다. 그러나 어린이에게 이 인형이 딸이고 자신이 유모나 엄마라는 생각이 없다는 것이 흥미롭습니다. 어린이는 곰인형이 마치 곰인 것처럼, 인형이 그저 인형인 것처럼 돌봅니다. 즉 이것은 어른의 관점에서 놀이이지만 어린이 스스로가 역할을 수행하거나 물체 역시 역할을 수행하는 좀 더 큰 어린이의 놀이와는 뚜렷한 대조를 이룹니다. 이때에는 인형이 실로 어린 소녀가 되고, 어린이는 부모 중 하나가 됩니다. 하지만 인형은 여전히, 예컨대 둥근 공이 굴려지도록 어린이를 유도하는 것처럼, 어린이가 인형을 유아용 변기에 앉히게 하고 음식을 먹이도록 변함없이 감정적으로 유도합니다. 어린이가 자신과는 구분된 역할을 수행하거나 사물을 그 자체의 특성과 구분하여 변화시키는 확장된 상상적

상황은 존재하지 않습니다. 예를 들어 한 실험은 초기 연령기의 어린이에게 모든 것이 인형이 될 수는 없음을 보여 주었습니다. 인형이나 곰을 안고 놀 수 있는 두 살 어린이는(엄마로서 아기에게 먹이는-K) 젖병 사용을 매우 어렵게 느끼고 이를 다른 방식으로 이용합니다. 따라서 흔히 그러하듯, 만일 놀이를 어떤 것이나 아무것이 될 수 있는 것으로 특징 짓는다면, 이는 초기 연령기 어린이의 놀이를 특징짓지 못합니다. 이처럼 우리는 여기서 놀이와 같은 무언가를 가지고 있지만 어린이 자신은 아직 이를 의식하지 못하고 있습니다.

어린이는 어떻게 다리 사이로 바위를 보아야만 바위 위에 앉을 수 있는 존재로부터 인형이 딸이 될 수도 있고, 곰인형이 애완동물이 될 수 있다고 생각할 수 있는 존재가 되는 것일까? 이러한 이행은 어떻게 일어나는 것일까? 이 이행은 유아기 어린이에게서는 가능하지 않다. 유아는 인형이나 곰인형이 노는 것이지 먹는 것이 아니라는 것을 아직 이해하지 못한다. 그렇기 때문에 유아는 종종 인형이나 곰인형을 자신의 입안에 넣곤 한다. 초기 유년기 어린이에게서는 이 이행이 완전히 일어난 것처럼 보일 수 있다. 그러나 이는 반드시 그런 것은 아니다. 바위가 걸터앉는 물체이듯, 어린이는 인형을 단순히 안아 줘야 하는 물체로 믿고 있을 수도 있는 것이다. 만일 어린이에게 병을 주면, 그 병을 마시는 용도로만 생각할 것이고 인형을 먹이는 용도로는 생각하지 못할 것이다. 왜냐하면 어린이는 여전히 현실적인 경향이 있기 때문이다. 초기 유년기에는 병은 병이고, 인형은 단지 인형일 뿐이다. 이를 다른 식으로 표현한다면 초기 유년기의 놀이는 대타적 놀이이지 대자적 놀이가 아니라고 말할 수 있다. 가상 상황은 타인이 볼 때에만 존재할 뿐, 어린이에게 존재하는 것은 실제 상황이다. 어린이가 인형을 인형으로 보지 딸이라 여기지 않는다는 말은 바로 이런 뜻이다. 이처럼 놀이는 몸짓과 말처럼 다른 의미적 매개 행위와 같은 식으로 헤겔의 논리에 따라 발달한다. 비고츠키는 『역사와 발달』 5장과 『연령과 위기』 5장에서 이를 제시한 바 있다.

헤겔의 논리	몸짓 (유아기-1세의 위기) 『역사와 발달』 5-51~5-54 참조	말 (1세의 위기-초기 유년기) 『연령과 위기』 5-107 참조	놀이 (초기 유년기 -전학령기)
즉자적	유아에 의해 만들어지는 무작위적 움직임.	유아가 만들어 내는 무작위적 소리.	어린이에게 인형을 주어도 놀잇감으로서의 그 기능을 인식하지 못함.
대타적	유아가 손을 뻗는 움직임은 가리키기로 해석됨.	무작위적 소리는 '이거', '저거', '저기'의 의미로서 물체에 대한 요구 또는 저기로 데려가 달라는 요구로 해석됨.	어린이는 인형을 안고 돌볼 수 있으나 그 인형에 딸이나 애완동물과 같은 가상의 역할은 부여하지 못함.
대자적	유아는 타인을 통해 자신이 원하거나 조종하고 싶은 것을 가리킬 수 있음.	초기 유년기 어린이는 물체를 달라거나 데려가 달라는 요구를 할 수 있음.	어린이는 거의 모든 물체들을 '딸'이나 '애완동물'이라 여길 수 있음.

1-45] 이 이론은 나에게 언제나 대단히 매력적이었고 지금은 매우 특별한 중요성을 갖고 있습니다. W. 스턴은 에른쉬트쉬피엘Ernstspiel(진심 어린 놀이)의 개념을 심리학에 도입하여 사춘기 연령에 적용했으며, 이러한 놀이가 놀이와 현실과의 진지한 관계 사이의 이행적 특징을 가지며 특별한 활동 유형을 구성한다는 것을 지적합니다. A. 홈부르거와 그의 제자들이 지적했던 대로 진심 어린 놀이라는 개념은 초기 유년기에 관찰되는 것에 훨씬 더 적합합니다. 여기서 우리는 어린이의 의식에서 놀이 상황이 현실 상황과 분화되지 않은 놀이를 다룹니다. 전학령기 어린이는 아빠나 엄마가 되어, 기차가 되어 놀이를 할 때, 스스로가 놀이 상황의 측면에서 어떻게 구분적으로 행동해야 하는지 알고 있습니다. 즉 항상 그들은 발달 중인 상황의 논리에 따라서 행동합니다. 레빈이 표현한 방식으로 비유하자면 전학령기 어린이에게는 어떤 폐쇄적 장이 발달하지만 동시에 사물들의 실제 가치에 대한 관념을 잃지 않습니다. 놀이 중 의자─말馬─를 한 장소에서 다른 곳으로 옮겨야 한다면,

비록 말을 팔에 걸치고 이동시킬 수는 없지만 이것이 어린이가 의자를 옮기는 것에 어떠한 방해도 되지 않습니다. 후속 연령기의 어린이 놀이는 의미적 장과 시각적 장 모두가 존재하는 것으로 특징지어집니다.

> *A. 홈부르거(August Homburger, 1873~1930)는 하이델베르크의 어린이 정신과 의사로서 1927년 어린이와 청소년을 위한 상담 체계를 최초로 확립했다. 1926년 그는 『어린이 정신병리학』이라는 선구적인 책을 썼다. 이 책은 어린이 정신병이 환경적 요소와 생물적 요소의 결합이라는 게젤의 견해를 취한 것이다.

1-46] 초기 유년기에 우리는 유사놀이 혹은 '즉자적 놀이'를 만납니다. 객관적으로 이것은 이미 놀이지만 어린이에게 있어서는 아직 놀이가 아닙니다. 특히 도메의 실험은 대단히 흥미로운데, 이는 어린이가 초기 유년기에 예를 들면 인형으로 일련의 행동들을 반복하지만, 이는 아직 이 인형을 데리고 어딘가로 간다든가 의사에게 방문 검진을 요청하는 등의 한 가지 상황과만 연결되지 않는다는 것을 보여 주기 때문입니다. 일관된 이야기가 없으며 어린이의 행동으로 실현되는 이야기도 없고 엄밀한 의미에서의 극화가 없으며 어린이 자신이 만들어 낸 이 상황의 국면 속에는 규정된 행동도 없습니다.

1-47] 우리가 언급한 신형성, 특히 말을 살펴봅시다. 말 습득이라는 현상은 지금까지 내가 초기 유년기를 특징지으면서 말한 모든 것들과 극명한 대비를 이룹니다. 다시 말해서 말은 감각 운동 통합의 장악을 즉각 느슨하게 만들고 어린이의 상황 종속성을 분리하기 시작하는 것입니다. 어린이가 발달함에 따라 그가 환경의 새로운 요소뿐 아니라 옛 요소들과 맺는 관계까지도 변화합니다. 그것들이 어린이에게 미치는 영향의 특성도 변화하기 때문입니다. 연령기 초기에 존재했던 발달의 사회적 상황이 변화했습니다. 이제 어린이는 사뭇 다릅니다. 오래된 발달

의 사회적 상황은 사라지고 새로운 연령기가 시작됩니다.

1-48] 초기 유년기에 어린이와 환경의 관계에서 새로운 것이 무엇인지 이해하는 것은 어린이 말 발달의 분석에 비추어 가능합니다. 의사소통 수단으로서, 타인의 말을 이해하는 수단으로서의 어린이 말 발달은 이 연령기 어린이의 중심 발달 노선이며 어린이와 주변 환경의 관계를 본질적으로 변화시키기 때문입니다.

1-49] 농아 어린이에 대한 연구는 이러한 중심적 신형성—의사소통적 기능으로서의 말—이 그들에게 출현하지 않는다는 것을 보여 주었습니다.

1-50] 말은 의사소통적 기능에서 나타나며 대화의 형태로, 즉 외적이며 협력적으로 사람들과 연결하는 활동으로서 나타납니다. 말이 의사소통적 기능을 나타낼 때 그것은 음성으로 실현되는 발음과 발화에 연결됩니다.

1-51] 소리, 즉 말의 외적 측면에 대한 연구는 오래전에 시작되었습니다. 그에 대한 자료는 매우 풍부합니다. 제시된 이론들도 적지 않습니다. 그러나 이제 말은 뜻이라는 관점에서 복합적으로 연구되기 시작했기 때문에 그 외적 측면을 고찰하는 관점에도 변화가 있었습니다. 말의 소리 측면의 발달은 대개, 말이 낱낱의 소리 요소로 구성된다는 식으로 상상되었습니다. 이러한 요소들은 쓰기에서 가장 쉽게 상징화됩니다. 어떤 점에서 이 이론은 반론의 여지가 없습니다. 왜냐하면 모든 음성적 말은 규정된 양적 요소들로 구성되어 있기 때문입니다. 어린이는 처음에는 제한된 양적 요소들만을 숙달합니다. 즉, 말의 소리 요소들을 모두 가지는 것이 아니며, 모종의 왜곡 현상 즉 우리가 알고 있는 이른바 생리적 조음 왜곡이 일어납니다. 이는 병리적 조음 왜곡과는 다른, 나이와 관련된 조음기관의 저발달입니다. 이후의 발달은 요소들의 분화로 이루어지며, 초기 유년기의 끝인 2년 6개월쯤이면 어린이는 소리의

짐들을 전부 다룰 수 있게 됩니다. 요소들을 숙달하는 정도에 따라 소리 조합의 숙달이 일어납니다. 사태는 다음과 같이 나타납니다. 개별 소리를 발음할 수 있게 되면 이후 어린이는 다양한 소리 조합을 숙달합니다(W. 스턴과 C. 스턴의 연구).

> 이 문단에서 비고츠키는 '짐(бараж)'이라는 표현을 쓴다. 그가 농담을 하고 있다고 생각할 수도 있지만 비유를 하고 있다고 생각할 수도 있다. '짐'이라는 비유를 통해 그는 2세 어린이가 모든 말소리를 숙달할 수 있다는 것은 틀렸음을 지적하려 했을지 모른다. 사실 2세 어린이의 발음 중(평균적으로) 50%는 알아듣기 힘들고, 심지어 8세 어린이들도 보통 /s/, /dʒ/, /tʃ/, /ts/ 소리를 발음하는 데 어려움을 겪는다.

1-52] 말 발달에 대한 이러한 견해는 의심을 받아 왔는데 이는 많은 모순적 명제들로 이끌기 때문입니다. 그중 몇몇을 살펴봅시다.

1-53] 1. 만일 어린이가 모든 소리를 숙달했다면, 이제 그는 모든 조합을 숙달해야 합니다. 즉 어린이는 규정된 소리들을 숙달함으로써 어려움 없이 새로운 낱말들을 습득할 수 있어야만 합니다. 이처럼 발달은 오직 어휘의 양적인 증가로만 이루어집니다.

1-54] 말의 소리 측면의 발달 경로와 글말 습득의 경로는 서로 비교되어 왔습니다. 이는 사실 요소들의 숙달에 따라 일어나지만, 개별 낱말이 아닌 쓰기의 원리 자체의 숙달을 나타냅니다. 입말의 경우는 그 모습이 다릅니다. 이 입말과 글말 간 비유에 반대하여 옛 저자들은 입말 요소들과 그 결합의 숙달은 외국어 교수-학습과 비교되어야 한다고 말했습니다. 어린이는 소리의 복합체로 낱말을 숙달하기 때문에, 마치 우리가 외국어를 배울 때처럼 새로운 것을 매번 각각 기억해야 합니다.

우리는 **1-41**에서 엘코닌이 실험적 놀이를 배제하여 '놀이'를 규정함을 보았다. 동시에 그는 입말을 소리 요소들(c, a, t)로 분석하는 '엘코닌 상자'를 고안했다. 여기에 연결성이 존재하는가? 그렇기도 하고 아니기도 하다. 실험적 놀이는 행동 요소들이 더해지면서 합쳐지는 것이다. 어린이는 문을 열고 닫는다. 그 후 이를 반복한다. 어린이는 책을 집어 올렸다가 내려놓는다. 어린이는 이를 다시 반복한다. 마지막 행동에 새로운 행동이 더해진 다음 그 순서가 반복된다. 입말 발달에 대한 오래된 묘사는 이와 같은 것이었다. 어린이는 소리를 듣고 이를 말한다. 그 후 또 다른 소리를 듣고 또 그것을 말하며, 이런 식으로 더해지면서 계속 반복된다. 스턴 부부는 자신들의 세 자녀가, 마치 외국어의 소리 요소를 습득하듯이, 모국어 소리들의 '짐'을 바로 이런 식으로 습득했다고 묘사한다. 그러나 모국어를 배우는 것은 이와 같지 않다고 비고츠키는 말한다. 어린이는 소리 요소로 시작하지 않고 낱말로 시작한다. 어린이는 낱말들을 서로 비교함으로써 요소를 분별하기 시작한다. 예컨대, 어린이는 '물'과 '불'을 비교함으로써 /ㅁ/ 소리를 분별하고, '물'과 '말'을 비교함으로써 /ㅜ/ 소리를 분별하며, '물'과 '문'을 비교함으로써 /ㄹ/ 소리를 분별한다. 따라서 비고츠키는 글말이 어린이의 입말 소리의 지식에 영향을 받는다고 말한다. 그러나 어린이의 글말은 어린이의 입말과 전혀 비슷하지 않고 오히려 그림에 훨씬 더 가까워 보인다. 글말은 말이 그려질 수 있다는 원칙의 갑작스러운 숙달을 표상한다고 비고츠키는 말한다.

1-55] 그러나 내가 영어 알파벳을 숙달했다고 해서 이것이 영어를 숙달했음을 뜻하는 것은 아닙니다. 어린이가 이런 식으로 모국어 낱말을 숙달하는 것은 아닌 것으로 보입니다. 모국어 숙달은 글말의 발달과 외국어 숙달 사이의 중간 지점에서 일어납니다. 말의 소리 측면의 숙달이 요소 즉 알파벳으로부터 온다면 두 가지 숙달 경로, 즉 외국어의 경우에서와 같이 매번 새로운 조합의 점진적 학습을 통하는 경로나, 글말 발달의 경우와 같이 어떤 조합이든 생성할 수 있게 하며 말을 곧바

로 숙달하게 하는 요소의 숙달이라는 경로만 존재할 것입니다. 입말 발달에서 한편으로 우리는 글말에 존재하는 요소를 발견합니다. 이러저러한 낱말이 곧바로 숙달되면, 즉 구조가 숙달되면 어린이는 마치 모든 낱말의 숙달 가능성을 획득한 것과 같습니다. 다른 한편으로 외국어 낱말의 숙달에서와 같이 각 낱말은 감각의 측면으로부터 능동적 암기의 경로로 이행해야 합니다. 말의 소리적 측면을 숙달함에 따라 어린이는 낱말(의 발음-K)을 외울 필요는 없지만 각각의 새로운 낱말은 따로따로 숙달해야 합니다.

1-56] 2. 글말에서, 어린이가 알파벳을 습득하고 쓰기를 알게 되면 요소를 구별하는 것이 더 쉽습니다. 어린이에게는 낱말을 쓰는 것보다 낱자를 쓰는 것이 더 쉽지만 입말에서 요소를 구별해 내기란 더 어렵습니다. 어린이는 전체 구절이나 낱말을 잘 발음하지만 그것을 구성하고 있는 음절을 구별해 내지 못하며, 심지어 낱소리들을 구분하기란 더욱 어렵습니다

1-57] 말 발달의 음성적 측면과 글말 사이의 비유가 옳다 하더라도, 이것이 반드시 그럴 필요는 없는 것입니다.

1-58] 3. 만약 말 발달이 소리로부터 (소리-K) 복합체로의 이동 경로를 취한다면 어린이가 분석 과업에서 마주치는 어려움은 매우 클 것입니다. 실제로 말을 할 때 어린이는 결코 개별 소리를 듣는 것이 아니라 연결된 말을 듣습니다.

비고츠키는 블론스키에게는 관대하지만 스턴에게는 냉정하다. 블론스키는 비록 행동주의에 가까운 속류 유물론자였으나 그래도 일원론자였다. 그러나 스턴은 관념론자였다. 그는 어린이가 이미 말이라는 개념을 처음부터 가지고 시작한다고 믿었다. 비고츠키는 이것이 반-발달적임을 정확히 간파한다. 비고츠키가 단지 어린이 발달에서 말이 핵심적인 위치를 차지한다고 믿은 사실로 인해 관념주의자라 비판받은 것

은 매우 역설적이다. 이 문단에서 우리는 말 발달에 대한 그의 전체 접근법이 얼마나 반-관념론적인지 볼 수 있다. 스턴이 옳다면 어린이의 모국어 입말 발달은 어린이의 글말 학습과 같아야 할 것이다. 일단 일반 원칙을 숙달하면 그 후에는 들은 소리를 글자로 옮기기만 하면 된다는 것이다.

〈-----------입말 / 글말------------외국어------------〉
　　　　(일반 원칙의 숙달)　　　　(의미 목록 학습)

그러나 이는 사실이 아니다. 오히려 모국어 학습은 일반 원칙의 갑작스러운 숙달과 외국어 어휘의 점진적 숙달의 중간 지점 어딘가에 위치한다.

〈---------글말---------모국어---------외국어---------〉
　(일반원칙 숙달) (원칙 일부, 낱말 일부) (의미 목록 학습)

모국어를 배울 때 우리는 일반화를 한다. 여기에는 수, 시제, 전치사, 경어 사용 등이 포함된다. 그러나 다른 한편으로 외국어 학습과 마찬가지로 수없이 많은 듣기, 이해, 기억 또한 필요하다. 비고츠키는 스턴이 옳다면 한 낱말을 통째로 말하는 것보다 낱소리를 발음하는 것이 더 쉬울 것이라고 말한다. 스턴에 의하면 하나의 낱말을 쓰는 것보다는 낱자 하나를 쓰는 것이 더 쉽기 때문이다. 그러나 이는 사실이 아니다. 사실, 한 낱말을 말하는 것이 하나의 낱자를 말하는 것보다 훨씬 쉽다. 다음의 초기 쓰기 사례를 보자. 어린이는 낱자들로 전체 낱말을 표현하고자 한다. 쓰기가 말과 같이 조직되어 있다고 믿고 있기 때문이다.

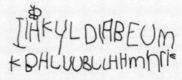

마지막으로, 말 발달이 단순 소리에서 복잡한 구절로 발달한다면 어린이는 '간식 먹자'와 같은 문장을 이해하는 데 엄청난 분석적 과업을 수행해야 할 것이다. '간식'은 끼니 사이에 먹는 가벼운 음식이라는 추상적인 낱말이므로 어린이는 '먹자'의 의미에는 손도 대기 어려울 것이다. 그러나 어린이는 사실상 이러한 문제에 별 신경을 쓰지 않는 것으로 보인다. 물론 스턴이 생각한 바와 같이 어린이도 관념을 가지고 있다. 그러나 이는 결코 추상적 개념이 아니다. 스턴의 생각과는 달리 어린이는 부분적 관념으로부터 전체로 나아가지 않는다. 반대로 어린이는 '간식 먹자'라는 전체적, 구체적 관념으로부터 여러 구성 부분으로 나아간다. 비고츠키가 어린이 발달에서 말을 중심적인 위치에 둔 것은 사실이다. 이는 인간의 문화와 역사에서 언어가 중심적인 위치를 차지하는 것과 마찬가지이다. 그러나 비고츠키는 관념론자나 이원론자가 아니라 철저한 유물론자이자 일원론자였다.

1-59] 이 의견들의 관점에 따르면 어린이는 분석가로서, 낱낱의 소리, 낱낱의 철자를 포착해서 자신만의 철자를 창조해야 합니다. 즉 그는 자신의 실제 발달 수준이 나타내는 사실과 모순되는 일반화라는 힘든 작업을 수행해야 하는 것입니다. 이 모든 것이 1년 6개월 된 어린이로부터 나온다고 말하는 것은 말이 되지 않을 것입니다. 게다가 이러한 문제 해석은 말의 소리 측면과 의미 측면의 연결을 잃어버립니다. 왜냐하면 소리 그 자체는 의미가 없기 때문입니다.

1-60] 이런 식으로 오래된 이론들은 말의 소리와 의미 측면 사이의 완전한 분리로 이끌 뿐만 아니라, 황당한 명제로 이끌기도 합니다. 낱말을 음성학적으로 연구하려면 어린이는 그것을 무의미하게 취급해야 하며, 반대로 의미론적 관점에서 보면 어린이는 소리 측면에서 형태 없는 복합체를 만들어야 합니다. 다시 말해, 의미 측면의 발달을 설명하기 위해 소리를 와해시키기를 제안하며 그 반대도 마찬가지입니다. 오래된

이론들은 말 발달, 다시 말해 말 의사소통을 규정하는 실제 조건을 무시합니다.

1-61] 1928년경부터 여러 다른 분야의 교차 연구 덕분에 이 문제에 대한 새로운 관점들이 출현했습니다. 말소리 측면의 발달에 대한 오래된 입장을 수정하려는 열망이 언어학, 교육학, 언어심리학, 언어병리학 등의 분야들을 휩쓸었습니다.

1-62] 오래된 개념의 관점에서 볼 때 말의 음성적 측면은 수많은 요소들과 그 조합으로 구성되어 있습니다. 옛 음성학은 말의 생리적 본성, 조음 등에 의존했습니다. 말 발달은 조음 운동의 미세한 움직임의 발달이라는 프리즘을 통해 고찰되었습니다. 즉 이러저러한 소리의 숙달을 위해서 어떤 미세한 운동이 요구되는지 밝혀졌습니다. 예를 들어 /r/ 소리의 숙달을 위해서는 /b/ 소리보다 좀 더 미묘한 조음 움직임을 익혀야 합니다. 움직임 발달은 발달을 측정하는 유일한 근원으로 생각되었습니다.

1-63] 새로운 이론(음운론—옛 이름인 음성학과 다름)은 인간 말의 개별 소리가 갖는 실제 기능적 가치가 그 생리적 자질과 직접 연결되어 있지 않다는 것을 지적하면서 시작되었습니다. 생리적(조음적) 자질과 기능적 가치는 비례하지 않습니다. 어린이 말의 소리 측면 발달의 후반기 막바지에 이르면 소리의 음성적 특성들은 평행하게 나아가지 않고 인간 말소리의 기능적 가치의 정도에 의존합니다. '/b/—/p/', '/v/—/f/', '/g/—/k/'와 같은 소리들은 음성적으로 유성음과 무성음들입니다. 이는 이 일련의 모든 소리들이 지니고 있는 공통적 자질입니다. 말에서 이들이 가지는 기능적 가치는 그 음성적 자질과 상응하지 않습니다.

> 초기 유년기 후반부 막바지에 이르면 어린이의 조음과 소리의 음성적 자질 사이에는 아무런 연관성이 없다. 발음하기 어려운 소리라 해

서 어린이로부터 배척당하지 않는 것이다. 어린이는 의자에 앉고 싶으면 '의자'라고 발음하려 하지, '엄마'라고 발음하려 하지는 않는다. 이는 어린이의 조음이 언어의 음성적 자질이 아니라 기능적 측면에 의존하고 있음을 보여 준다.

1-64] 다음과 같은 세 가지 일련의 현상이 있습니다. 1) 어린이 말의 소리 측면의 발달, 2) 신체적, 생리적 난관, 3) 기능적 의미의 발달.

1-65] 이렇게 말할 수 있습니다. 어린이의 말 발달은 생리적, 신체적 난관의 복잡성 증가에 달려 있는 것이 아니라, 말의 기능적 의미의 발달에 연결되어 있습니다. 만약 말 발달이 여전히 생리적 특성에 의존적이라면, 이는 그 생리적 특성 자체가 기능적 의미와 연결되어 있기 때문입니다.

1-66] 말 발달에서 소리의 기능적 의미는 어떻게 규정되는 것일까요? 이 질문은 방법론적 문제와 맞닿아 있습니다. 다시 말해 분석은 전체적 형성을 연구하는 과학에 어떻게 적용되어야 하는 것일까요? 여기서 분석은 필요합니다. 그러나 분석은 전체를 연구해야 함에도 이를 해체합니다.

1-67] 두 가지 유형의 분석을 구분하는 것이 필요합니다. 첫 번째(요소로의 분해)는 전체로서의 특성을 파괴하는, 그 자체로는 불충분한 유형의 분석입니다. 두 번째 유형은, 전체를 더 이상 분해될 수 없는 단위로 분해하여, 전체로서의 모든 특성을 유지하는 세포를 연구합니다. 말의 연구에서 우리는 (환경이 어린이에게 미치는 영향의 문제를 연구했던 것과 동일한 방식으로) 단위로의 분석을 수행해야만 합니다. 이 분석 유형은 말을 낱낱의 소리 요소들로 분해하기를 거부합니다. 인간의 말소리는 규정된 가치를 지닙니다. 이것이 바로 인간의 말을 인간의 말답게 특징짓는 우선적이자 가장 기본적인 것입니다. 말을 요소들로 분해하면

말의 가치가 상실되고 분석하려던 말의 특성을 상실합니다. 이것은 이미 부분으로의 분석이 아니라 일반으로의 고양입니다. 새로운 음성학(음운론)에서는 분석 단위가 변했으며, 음소가 인간 말의 단위이자 어린이 말 발달의 단위로 제시되었습니다. 새로운 음성학의 관점에서 보면 어린이 말 발달은 개별적 소리들의 축적이 아니라 음소 체계의 발달을 통해 일어납니다.

비고츠키가 뜻하는 '음소'는 오늘날 우리가 사용하는 것과 다소 다르다. 이 문단에서 그는 기능적 의미를 가지고 있는 소리를 음소라고 지칭하고 있다. 앞에서 비고츠키는 어린이 말에서 소리와 기능이 비례하지 않는다고 지적했다. /ㅂ/ 와 /ㅃ/ 그리고 /ㄷ/ 와 /ㄸ/ 사이에는 어떠한 비례성도 존재하지 않는다. 연음으로 시작하는 낱말이 항상 약한 대상을 나타내는 것은 아니며, 경음으로 시작하는 낱말이 항상 강한 것을 의미하지도 않는다. 그러나 실제로 비례성을 가지고 있는 소리들도 있다. 예컨대 무언가를 명령할 때 우리는 /-라/ 소리를 이용하고, 무언가 과거에 일어났음을 표시하고자 할 때에는 /-었-/ 소리를 이용한다. 이와 같이 기능적 의미를 지닌 소리를 오늘날에는 형태소라 일컫는다. 대부분의 형태소들은 단일 음소보다 크다. 오늘날 음소는 한 형태소를 다른 형태소와 구분 짓는 소리로 정의된다. 예컨대 /ㅂ/는 음소인데 이는 '방'과 '빵'을 구분 지어 주는 소리이기 때문이다. 대부분의 형태소들은 단음절 이상의 길이를 가진다. 예컨대 '고양이'는 세 개의 음절로 이루어진 하나의 형태소이다.

1-68] 음소, 이것은 단지 소리가 아니라 유의미한 소리, 뜻을 잃지 않는 소리, 전체로서의 말에 속하는 최소한의 기본적 속성을 가지고 있다고 알려진 단위입니다. 소리는 그 자체가 아니라 의미의 관점에서 발달합니다. 기능적 가치는 뜻 가치의 발달에 의존합니다. 오직 소리와 뜻의 통합이 보존될 때에만 우리는 인간의 말 발달을 말할 수 있습

니다.

1-69] 언어 발달에서 절대적 의미의 음소는 존재하지 않고, 오직 다른 음소들을 배경으로 한 상대적 고찰만이 존재할 뿐입니다. 음소의 숙달은 다른 음소들을 지각하는 조건하에, 그들 사이의 관계에서 일어납니다. 음소 지각의 기본 법칙, 즉 말의 음성적 측면의 지각 법칙은 모든 지각 법칙과 마찬가지로 무언가를 배경으로 어떤 것을 지각하는 것입니다(배경 속 형상). 모든 음소는 음소들을 배경으로 하여 하나의 음소로 지각되거나 재생됩니다. 즉 음소들의 지각은 오직 인간 말이라는 배경 속에서만 발생하는 것입니다.

1-70] 어린이 입말 발달을 특징지으면서 이것이 글말의 유형에 따라 일어나거나 외국어 학습의 유형에 따라 일어나지 않으며, 이 두 가지 유형 사이의 중간노선에 따라 일어난다는 것을 지적할 필요가 있습니다. 이제 이 노선에 대해 밝혀 보겠습니다. 성인의 말을 듣는 덕분에 어린이는 스스로 구사할 수 있는 '형상'보다 훨씬 광범위한 말의 배경을 가지게 됩니다. 음소가 배경을 바탕으로 나타나자마자 유사한 구조가 나타납니다. 즉, 지각이 구조적으로 일어납니다.

1-71] 한 특정한 경우에 구조 즉 음소와 배경의 관계를 숙달함으로써 어린이는 구조를 전체로서 숙달합니다. 예를 들어 한 동사의 활용은 활용 법칙의 숙달로 이끕니다. К. И. 추코프스키와 마르클레프스카는 말 배경과 말의 의미론적 구조가 소리 발달에 미치는 영향을 강조했습니다.

> *К. И. 추코프스키(Корней Иванович Чуковский, 1882~1969)는 아마도 러시아에서 가장 유명한 아동문학가일 것이다. 초기 비고츠키는 엉뚱함, 말하는 동물, 소리를 인지하고 반복하는 것과 같은 저차적 심리 기능이 강조된 그의 작품들을 좋아하지 않았다. 그러나 이 문단에서는 그보다는 호의적인 관점을 취하는 듯하다.

*Z. 마르클레프스카(Zofia Marchlewska, 1898~1983)는 언론인이자 번역가였고 후에 소비에트 작가 협회의 요직을 수행했다.

왼쪽_I.르핀이 그린 추코프스키 (1910)
오른쪽_마르클레프스카의 초상 (1922), 독일 출신 화가이자 철학자인 남편 H. 보겔러의 작품

1-72] 요약해 봅시다.

1-73] 1. 어린이 말의 음성적 측면은 어린이 말의 뜻 측면에 직접적이고 기능적으로 의존하여, 즉 그것에 종속되어 발달됩니다.

1-74] 2. 말의 음성적 측면은 음운론적 관계 법칙에 따라 기능합니다. 즉 한 낱말은 다른 낱말들을 배경으로 인식될 수 있습니다. 초기 유년기 어린이에게 배경이란 들을 수 있는 말, 즉 그 주변 사람들의 말입니다.

1-75] 3. 말의 성장과 발달은 의미의 분화와 연결되어 있습니다.

1-76] 4. 말 발달 경로는 말의 요소를 발달시키는 경로가 아닙니다. 모든 언어에는 다양한 체계가 존재하는데 이 체계에 따라 유의미한 소리 단위들 간의 관계 유형이 세워집니다. 어린이는 이 유형을 구축하는 체계를 습득합니다. 체계 속에서 어린이는 서로 다른 관계의 유형들을 숙달하고 곧 구조를 숙달합니다. 급격한 어린이 말 발달은 이로써 설명됩니다. 다중언어 사용에 관한 문제 역시 이점에서 조명될 수 있을 것입니다. 동시에 두 언어를 배우는 어린이에게 있어 한 언어가 다른 언어의 발달을 침해할 것이라는 오래된 주장은 새로운 관점에 의하여 반박됩니다. 어린이가 숙달하는 두 언어가 폐쇄 구조이고 두 발달 경로가

서로 만나지 않는 한, 이 둘은 서로 방해하지 않음이 밝혀졌습니다. 파블로비치와 일리야셰비치의 실험에서 어머니가 하나의 언어를 가르치고 아버지는 또 다른 언어를 가르칩니다. 그러면서 이 부모는 아이에게 결코 상대방의 언어를 사용해서 말하지 않았습니다. 이 실험은 이들이 협동적인 형태로 폐쇄적 언어 구조를 형성했으며, 발달상 성숙 지체 영향이 전혀 없었음을 보여 주었습니다. 이는 실험의 결정적 요인으로 역할을 했던 협동적인 조건하에서 언어 발달이 이루어져야 한다는 제안을 이끌어 냅니다.

1-77] 이와 같이 말소리의 출현이 말뜻에 종속된다는 것이 여기서 다시 한 번 강조됩니다.

1-78] 그렇다면 말의 뜻 측면의 출현 경로는 무엇일까요? 이 경로는 '사물-이름' 간의 연결이라고 여겨졌으며, 의사소통 그 자체는 무시되었습니다. 따라서 W. 스턴에 따르면 1.5세 어린이는 낱말을 발견합니다. 그러나 이것은 7세의 어린이도 할 수 없는 것입니다. 스턴은 개념이 그 자체로부터 생겨나 돌고 돈다고 했는데, S. 베른펠트는 이 주장을 비판하면서 여기에 스턴의 오류가 있음을 보여 줍니다.

> 물론 어린이들은 이름을 계속 물어 가며 이름과 사물들 간의 관계를 확립하려고 무던히 애쓴다. 그리고 부모들은 이름으로 의사소통을 한다. 그렇다면 비고츠키는 왜 스턴의 견해에서 의사소통이 무시되었다고 말하는 것일까? 스턴이 지적하는 것은 오직 언어의 내용적 측면으로 이는 성인들이 언어를 통해 대상에 대해 말하고 반추하는 데 유용한 표상적 기능만을 나타낼 뿐이다. 그러나 어린이에게 언어는 좀 더 직접적인 기능이다. 언어는 어린이가 먹고, 쉬고, 잠잘 수 있는 유일한 방식인 대인 관계를 확립한다. 따라서 어린이에게 낱말의 의미는 대상에 대한 음성적 지시인 동시에 대상의 속성을 차지하는 일부이다. 바로 이 때문에 베른펠트는 스턴에 따르면 개념이 그저 사물 자체로부터 생겨난다고 말했던 것이다. 스턴은 1.5세의 어린이가 낱말이 사물

이 아닌 개념을 뜻한다는 것을 이미 안다고 말하지만, 비고츠키는 이 것을 7세의 어린이도 알지 못한다고 말한다. 비고츠키의 관점은 일반 화가 언제나 '공동일반화'라는 것이다. 그것은 의사소통의 최종 산물이 다. 따라서 언어의 관념적 기능이 아닌 대인 관계적 기능이 발달을 이 끄는 것이다. 이는 왜 감정(정서)이 어린이 말의 영원한 반려자인지 설 명해 주며, 또한 어떻게 말 발달이 다른 종류의 발달과 다른지 설명해 준다. 개체발생에서는 언제나 우리를 이끌어 주는 타인, 즉 부모님, 형 제자매, 선생님, 친구가 존재한다.

1-79] 첫 혼합적 공동일반화가 어떻게 구성되는지 설명하기 위해서 는 실제 발달 상황, 협력적 상황에 주의를 기울여야 합니다. K. 뷜러와 K. 코프카는 어린이가 발견하는 것은 낱말이다, 즉 어린이가 구조적 관 계를 발견한다는 잘못된 입장을 고수했습니다. 이들의 오류는 사회적 의사소통이 부정되었다는 데 있습니다. 그러나 사물을 조작하는 데서 이름은 중요하지 않습니다. 이름은 의사소통이 기능한 결과입니다.

비고츠키가 말한 '공동일반화'란 무엇일까? 다음을 상상해 보자.

아기는 오늘 배가 고프지만 우유를 먹고 싶지는 않다. 엄마 아빠가 먹고 있는 것을 먹고 싶다. 엄마 아빠는 오늘 아침에 팬케이크를 먹고 있다.

엄마: 참 맛있어! 더 없을까?
아빠: 당연히 있지. 내가 팬 가져올게….
아기: 엄마… 팬!

우리는 아기가 원하는 것이 팬케이크를 달라는 것인지 엄마가 가서 팬을 가져오라는 것인지 알 수 없지만, 다음 세 가지를 알 수 있다. 첫 째, 의미적 측면에서 살펴보자. 어린이는 사물을 명명하는 것을 배웠 다. 하지만 이름이 가리키는 것이 일반적 이름임을 알고 있는 것은 아니다. 즉 '팬'이 요리도구로서 모든 팬을 가리키고, '엄마'가 일반적인 모든 엄마를 가리키는 낱말임을 아는 것은 아니다. 아기에게 있어 이름은 마치 팬의 손잡이처럼 구체적 사물의 일부이다. 지금 여기에 존재하는 실제 사물을 얻고 다루는 방식인 것이다. 아기가 '엄마… 팬!'이라고 말할 때, '팬'은 내가 먹고 싶은 팬케이크의 팬을 말하는 것이지 다른 사물을 말하는 것이 아니다. '엄마'는 아기 자신의 엄마를 말하는 것이지 다른 사람은 아니다. 그러나 '팬'은 어느 정도 일반화된 이름이라고 할 수 있다. 다른 시간, 다른 위치, 다른 상황에서도 같은 이 팬을 의미하기 때문이다. 이와 유사하게 '엄마'도 들어오든 나가든, 머물러 있든 아기 자신의 엄마를 의미하기 때문에 어느 정도 일반화된 이름인 것이다. 그렇다면 어떻게 이 일반화가 성인의 일반화가 될 수 있을까? 즉 어떻게 어린이가 '팬'이 모든 팬임을, '엄마'가 모든 엄마를 의미한다는 것을 알게 될까? 이 모든 것은 혼합주의, 즉 불변적인 지각과 변덕스러운 지각 대상 사이의 불일치에서 시작되어 천천히 이루어진다. 둘째, 낱말적 측면에서 살펴보자. 스턴은 형태주의자의 주장이 틀렸다고 말하며, 어린이가 개념에 관해 모두 알고 있다고 주장한다. 형태주의자들은 스턴이 틀렸다고 말하며, 어린이가 알고 있는 것은 개념(예, 엄마-모성)이 아니라 지각적 구조(예, 형상-배경, 전경-배경)라고 말한다. 비고츠키는 양쪽 모두 맞는다고 말한다. 둘 모두 틀렸기 때문이다. 어린이는 개념에 대해 알지 못한다. 어린이가 알고 있는 지각적 구조는 동물도 가지고 있는 것이다. 어린이가 진짜로 알고 있는 것은 일반화이다. 어린이는 '팬'과 '엄마'라는 낱말이 나가든 들어오든 머물러 있든 똑같이 팬과 엄마에 적용된다는 사실을 알고 있다. 그러나 어린이의 일반화는 너무 크거나 너무 작다. 어린이는 '팬'이 팬에만 적용되는 낱말일 뿐 팬케이크에는 적용될 수 없다는 것을 아직까지 알지 못하기에, 너무 큰 일반화이다. 반면 어린이가 '팬'이 요리 도구인 모든 팬에 적용된다는 점을 아직까지 알지 못하기에, 너무 작은 일반화이다. 이와 유사하게 '엄마' 역시 너무 크거나 너무 작은 일반화이다. 자신이 부르는 엄마를 아빠도 엄마라 부를 수 있다고 생각하거나, 모든 어린이에게 엄마가 있고 각자 다른 엄마라는 것을 아직까지 알지 못하기 때문이다. 셋째, 음성적 측면에서 생각해 보자. '오보브셰니야(обобщение)'는 두 부분으로 이루어져 있다. '옵(об)'은 '~에 대해서'와 같은 의미이고, '오브셰니야(общение)'는 '공통성', '의사소통'과 같은 의미이다. 따라서 공통성에 대한 의사소통, 즉 메타-일반화이다. 하지만 비고츠키가 말한 것처럼 이 메타-일반화는 실제로는 전적으로 낱말에 의존하는 것이 아니라 엄마, 아빠, 아기 사이의 의사소통에 의존한다. 이것이 이를 '공동일반화'라 부르게 된 이유이다.

1-80] 말은 사회적 의사소통의 수단입니다. 말은 의사소통 수단에 대한 필요로부터 생겨납니다. 어린이에게 저절로 나타나는 것은 옹알이뿐입니다. 의사소통의 모든 특징은 그것이 공동일반화 없이는 불가능하다는 데 있습니다. 공동일반화 없이 할 수 있는 유일한 의사소통은 지시적(가리키는) 몸짓뿐입니다. 어린이가 어른과 공유하거나 어른으로부터 얻는 언어의 모든 요소들은 비록 매우 원시적이고 불완전할지언정 공동일반화입니다. 초기 단계에서 그것은 시각-도식적 심상을 가지고 있는 어린이에게만 가능합니다. 어린이는 부재한 대상에 대해 공동일반화를 할 수 없으며, 부재한 대상에 대해 말할 수 없습니다.

1-81] 의사소통 행위의 발달을 위해서 공동일반화가 요구됩니다. 능동적 말에 대한 수동적 말의 우세는 유년기 내내 지속됩니다. 어린이는 공동일반화를 이루는 것보다 말을 이해하는 것을 먼저 배웁니다. 이와 같이 말을 배우는 것은 어린이가 낱말을 발명하는 문제가 아니라 성인말의 왜곡과 변형에 대한, 다시 말해 어린이가 성인의 말을 변형시켜 이해하는 것에 대한 문제입니다. 이는 어린이가 사회적 전체로서, 사회적 존재로서 발달한다는 의미입니다. 그러나 어린이의 각 연령 수준에서 낱말의 의미는 다르며, 따라서 어린이와 성인의 적절한 의사소통 수준은 각 연령에서 변화합니다. 공동일반화의 유형은 다시 어린이와 성인

간의 가능한 의사소통 유형을 규정합니다. 사회적 상황은 낱말의 여러 가지 뜻을 낳고, 그 뜻은 발달합니다. 이것이 초기 유년기의 '원시적 우리'입니다. 미분화된 의사소통은 나뉘고 공동일반화의 유형은 변화합니다. 따라서 이전의 의사소통 상황은 소진됩니다. 새로운 유형의 공동일반화는 새로운 유형의 의사소통을 필요로 합니다. 전에 공동일반화의 지시적 기능의 사례로 제시된 자율적 말에서의 공동일반화의 사례(푸-후)는 그러한 말로 가능한 의사소통의 한계를 가리킵니다. 공동일반화가 특정한 발달 수준에 도달하면 이전의 의사소통 상황 자체는 무효화되며, 우리는 위기적 연령기를 다루게 됩니다. 위에 언급된 명제들은 우리로 하여금 어린이 말 발달에서의 어린이와 환경 사이의 내적 관계를 좀 더 깊이 이해하도록 해 줍니다. 안정적 연령기 동안 사회적 상황(의사소통)은 변하지 않습니다. 공동일반화에서는 단지 섬세하고, 보이지 않는 미소한 변화만 발생할 뿐이며 이것이 축적되어 발달과 위기를 가져옵니다. 일상적인 이전 발달 상황으로 되돌아가는 것은 불가능해집니다. 새로운 의사소통 유형에 대한 요구가 발생하며 실현됩니다.

1-82] 초기 유년기의 기본 신형성은 말과 연결되어 있으며, 그 덕분에 어린이는 사회적 환경에 대하여 유아 때 획득한 관계와는 다른 새로운 관계를 맺습니다. 즉, 어린이 자신이 일부로 속한 사회적 단위와 맺는 관계가 변화한 것입니다.

1-83] 지난 몇 년간 어린이 말 발달에 대한 기본적 입장이 수정되어 왔습니다. 그 기본적 원리에 따라 어린이 말 발달 분석이 재구성되고 있는 중입니다. 이 분석은 (소리의-K) 배경과 연결되어 있으며 이상적 형태 즉 발달된 성인 말에 밀접히 의존합니다. 오래된 언어 이론은 언어적 의미를 다룰 때 소통의 수단으로서의 기능을 간과했습니다. 말은 사회적 기능 밖에서 어린이의 개별 활동으로 여겨졌습니다. 말의 분야에서 축적된 풍부한 자료가 말의 진단법을 확대시키는 가능성을

우리에게 열어 주었으나, 발달적 원인의 원리는 아직 밝혀지지 않았습니다.

> 위 문단에서 '소리'로 번역된 러시아 말 폰$_{фон}$에는 '소리를 통한 음운의 실현'과 '배경'이라는 두 가지 의미가 있다. 비고츠키가 의미한 것은 어느 것일까? 둘 모두이다. 우리가 약속에 늦는 두 명의 친구를 기다린다고 상상해 보자. 한 명이 나타나면 우리는 두 가지로 반응할 수 있다. 하나는 /ㅏ/, 즉 '아!' 라고 말할 수 있는데 친구를 만나게 되어 기쁘다는 의미이고, 두 번째는 /ㅓ/, 즉 '어'라고 말할 수 있는데, 둘 중 아직 한 명만 도착한 것에 실망한 의미이다. 서로 다른 두 음소를 동시에 말할 수 없으며, 반드시 하나를 선택해야 한다. 하나를 선택하면 그것이 전경이 되고 다른 것은 배경이 된다. 사실 전체 언어 체계가 이와 같다. 예를 들어 '빵'대신 '방'을 선택하여 말하면, '방'은 다른 배경들에 대한 전경이다. 어린아이가 '엄마'를 배운다고 하면 '엄마'라는 말은 다른 무수한 말이라는 배경에 대한 전경이 되는 것이다. 배경 중에서 어느 것을 전경으로 선택할지는 어린이의 자발적 선택에 달려 있다.

1-84] 어린이 말은 어린이의 사적인 활동이 아니며 그것이 이상적 형태 즉 어른의 말과 단절되어 있다는 생각은 커다란 오류입니다. 각각의 말을 대화, 협동, 의사소통의 일부로 검토하는 것만이 그 변화를 이해하는 열쇠를 제공합니다. 어떠한 문제(문법, 두 낱말 명제 등에 대한)도 이 측면을 벗어나 설명될 수 없습니다. 가장 원시적인 어린이 말은 전체의 일부이며 그 안에서 이상적 형태와 상호작용합니다. 이 이상적 형태가 어린이 말 발달의 근원입니다.

1-85] 이것이 어린이 말 발달의 발생입니다. 우리는 신형성의 원천이 어린이와 어른의 관계 즉 서로와의 협동과 밀접하게 연결되어 있다는 것을 알고 있습니다. 바로 이것이 일반화의 새로운 길, 말의 숙달 등을 이끕니다. 말의 숙달은 전체 의식 구조의 재구조화를 이끕니다.

1-86] 우리의 결론을 뒷받침하는 또 다른 근거를 제시하기 위해, 이제 지각과 사물의 관계라는 문제를 살펴봅시다.

1-87] 인간의 지각은 매우 복잡한 원리로 조직되어 있습니다. 첫째 원리는 항등성, 즉 지각의 안정성에 있습니다. 인간 지각의 속성을 연구하면 일련의 측면들의 발달에서 이 하나의 특징적 면모를 보게 됩니다. 만약 내 눈에서 일정 거리만큼 떨어져 있는 성냥을 보고 그것을 10배 먼 거리로 이동시키면, 그 성냥의 크기는 10배 작게 보일 것입니다. 왜냐하면 망막의 상은 눈과 물체의 거리에 엄격히 비례하여 변하기 때문입니다. 물 잔이 물병보다 작다는 것을 어떻게 알 수 있을까요? 오직 망막에 맺힌 상이 다르기 때문입니다.

1-88] 그 성냥처럼, 열 배 멀리 치워진 물체는 내게 이전과 똑같이 여겨집니다. 이처럼 물체는 거리에 상관없이, 서로 다른 망막의 특성에도 불구하고, 그 가치를 일정하게 유지합니다. 이 항등성의 생물적 가치는 매우 광대합니다. 어머니가 열 걸음 떨어지면 아기의 눈에서 차츰 사라지고, 다시 아기 곁으로 다가오면 열 배로 확장됩니다. 여러분도 이런 종류의 감각을 느껴 보면 이것이 어떤 느낌일지 알 수 있을 것입니다. 방을 이리저리 걸어 보면 물체들이 커졌다 작아졌다 하는 것이 보입니다.

1-89] 공간 속 물체의 위치도 똑같습니다. 우리는 고정되어 움직이지 않는 물체와 움직이는 물체를 어떻게 구별하는 것일까요? 움직이는 물체는 개별 순간들의 일련의 흔적들을 우리 눈의 망막에 남깁니다. 나는 이런 방식으로 어떤 물체의 움직임을 아는 것입니다. 이를 토대로 나는 기차의 창가에 서 있을 때 모든 것들이 나를 지나쳐 움직이는 것 같은 환상을 경험합니다. 물리학의 기초법칙의 관점에 의하면, 모든 것들은 다음과 같은 방식으로 일어납니다. 내가 오른쪽으로 고개를 돌리면 내 오른쪽에 놓인 모든 물체들은 내 망막에서 그 자리를 이동해야

만 합니다. 내가 왼쪽으로 고개를 돌리면 내 왼쪽에 놓인 물체들에게 동일한 일이 생깁니다. 엄밀히 말해 이러한 과정이 발생하는 것입니다. 그러나 우리는 이것을 다르게 지각합니다.

1-90] 그리고 또한 색에 대해서도 다음과 같이 말할 수 있습니다. E. 헤링은 대낮에 석탄 한 조각이 심야에 한 무더기 분필이 내는 만큼의 백색광을 방출할 것이라고 추정했습니다. 이 계기는 매우 흥미롭습니다. 그러나 석탄이나 분필 색에 대한 지각은 지각의 조건에 따라 결정되지 않습니다. 여기서 우리는 색의 항등성을 다루고 있습니다.

*K. E. K. 헤링(Karl Ewald Konstantin Hering, 1834~1918)은 주로 색 지각에 관해 연구한 생리학자이다. 그는 주요 삼원색의 감지를 기반으로 한 뉴턴의 색 지각 이론을 거부하고, 현재 인쇄 기술의 기초이지만 인간의 색 지각에 대해서는 적용되지 않는 색채 대립에 바탕을 둔 색 지각 이론을 주장했다.

1-91] 끝으로 형태의 항등성입니다. 우리는 항상 어떤 각도에서 사물을 봅니다. 이제 이 탁자의 표면은 내게 직사각형으로 보이지 않습니다. 나는 매시간마다 다른 시각으로 이 탁자를 볼 것이며, 완전히 다른 형태의 기하학적 형태가 나의 망막에 맺히게 될 것입니다. 그러나 나는 이것을 여전히 일정한 형태의 사물로 지각합니다.

1-92] 대상의 크기, 색깔, 형태, 공간 상 위치에 대한 지각, 이 모두는 발달 경로에서 관찰 조건과 별개로 일정해져야 합니다. 많은 연구자들이 이 항등성을 지각의 특성 자체로부터 기인하는 것으로 설명하려고 노력했습니다. 망막과 대뇌 피질을 연결하는 신경망은 근접하는 동시에 멀어지는 경로, 구심적이자 원심적인 경로를 가지며, 이 경로들은 운동 작용이 아니라 지각 작용에 참여합니다. 즉 망막은 내적, 외적으로 흥분됩니다(O. 푀츨). 자극은 뇌로 들어가 거기서 다시 망막에 이르

게 되는 것입니다.

칸트는 크기, 색, 형태, 위치에 대해 인간이 가지는 범주가 선험적이며, 사물이 어떤 식으로 지각되는 이유는 인간이 가지고 있는 범주가 그렇게 지각하도록 하기 때문이라고 믿었다. 그러나 스턴과 비고츠키를 포함한 많은 심리학자들은 어린이가 크기, 색, 형태, 위치에 대한 안정적인 지각 없이 태어난다고 믿었다. 그렇다면 이러한 지각은 어떻게 발달하는 것일까? 쾨츨을 비롯한 독일 과학자들은 지각이 뇌와 감각기관 간의 모종의 '대화'를 통해 발달한다고 확신했다. 이 대화로 뇌는 망막에 거꾸로 맺힌 이미지를 똑바로 인식할 수 있는 것이다. 뇌가 원거리에 놓인 물체의 작은 이미지를 보고 실제 크기를 올바로 파악하거나, 어두운 곳에서 보이는 물체의 원래 색깔을 파악할 수 있는 것도 이 때문이다. 따라서 망막과 뇌 사이에는 두 개의 경로가 존재한다. 하나는 자극을 뇌로 전달하는 구심적 경로이고 다른 하나는 뇌로부터 자극을 내보내는 원심적 경로이다. 현대에 이르러 시각 경로에 대한 설명이 복잡해졌고 몇 년 지나지 않아 더 복잡해지겠지만, 그럼에도 불구하고 위의 설명은 모두 사실이다. 그림에서 알 수 있듯이 망막 신경 영역에서 대뇌 시각 영역 간에는 하나 이상의 경로가 존재하고 이 중 몇몇은 매우 간접적이다. 그러나 아기들이 상당히 안정적인 지각을 가지고 태어난다는 것도 사실이다. 안정적이지 않은 것이 있다면 그것은 보이는 것들에 붙일 이름이며, 이것이 바로 아기가 유년기에 풀어야 할 중요한 문제들 중 하나이다.

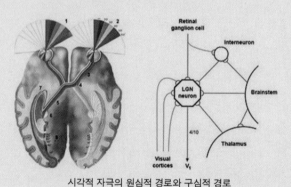

시각적 자극의 원심적 경로와 구심적 경로

*O. 푀츨(Otto Pötzl, 1877~1962)은 크라프트-에빙의 제자였으며 성공적인 신경학자이자 정신과 의사였다. 그는 프로이트를 존경했으며 비엔나 정신분석회에서 활발히 활동했다. 그는 나치였음에도, 정신병이 있는 사람들을 죽이는 정책에 반대한 것으로 보인다. 그는 정신 질환이 있는 사람들이 신체적으로 건강하지 않았음을 증명함으로써 이 정책이 잘못되었음을 밝히고자 했다. 푀츨증후군은 그의 이름을 딴 것으로서, 글자를 읽지 못하거나 심지어 자신의 팔, 다리를 죽은 사람이나 괴물, 악마의 것으로 생각하기도 하는 심리적 시각장애 현상을 가리킨다. 극단적인 경우 환자는 자신의 팔다리가 자기 것이 아니라고 믿기 때문에 스스로 사지를 절단하기도 한다(한 환자는 "이건 공산주의자야!"라고 말하기도 했다). 비고츠키는 이 현상을 뇌와 사지 간의 이중 경로의 결핍으로 설명할 것이다. 뇌는 자신의 팔다리로부터의 신호를, 마치 자신과 동떨어진 존재로부터의 신호처럼 받는 것이다.

1-93] 다수의 지각 장애는 원심적 경로들은 남아 있지만 구심적 경로가 파괴되어 신경계의 조절이 붕괴된 것으로 설명될 수 있습니다. 따라서 환자는 마치 지각이 온통 말초적 기관들에 의해서만 작동하는 것처럼 지각하기 시작합니다.

1-94] 이는 항등성을 설명합니다. 망막은 안쪽에서부터 불이 켜집니다. 우리는 이 감각을 중추의 흥분으로 체험합니다. 원심적 경로들은 구심적 경로들보다 나중에 수초화되며, 그 결과 완전한 지각은 발달 과정에서 얻어집니다. 그러나 이는, 표면의 색깔과 기하학적 형태를 따로따로 지각한 다음 거기에 우리의 지식을 더해서 나는 사람 혹은 물체를 본다는 식으로 나아가는 것이 아닙니다. 이 방에서 나는 등을 보고, 문을 보고 사람을 봅니다. 이것은 당연히 의미적 지각입니다. 의미적 지

각이 처음부터 우리에게 주어졌다는 가정은 잘못된 것입니다. 유아는 우리가 하는 식으로 보고 지각하지 않습니다. 어린이의 지각은 3년이 지나야 어른의 지각에 최대로 근접합니다. 이 근접은 의미적 지각, 혹은 객관적 지각에 의해서 공동 창조된 것입니다. 이 입장은 여러 가지 함의를 지니고 있습니다. 특히 우리가 전학령기, 놀이 등을 다룰 때 이 함의들을 마주하게 될 것이므로, 이들 각각을 잠시 살펴보도록 하겠습니다.

1-95] 예를 들어 봅시다. 특정한 뇌 질환인 실인증 즉 의미적 지각의 상실로 고통받는 환자들이 존재합니다. 그들은 물체를 보지만 그것들을 인식하지 못하고 이름을 부를 수 없습니다. 그 환자는 그것은 하얗다, 차갑다, 미끄럽다, 둥글다라고 말하면서도 그것이 시계인지는 알지 못합니다. 반면 우리의 지각은 전체의 부분들을 볼 수 없고, 항상 사물의 일반적 의미를 봅니다.

때로 의사들은 실인증 환자에게 그림을 따라 그리게 한다. 만일 환자가 그 물체가 무엇인지 안다면 그는 그림을 통해 보여 줄 수 있을 것이다. 그러나 만일 그 환자가 그 물체가 무엇인지 알 수 없다면 그것을 그려 낼 수도 없을 것이며 그 그림은 단지 흔적을 재현하는 시도에 불과할 것이다. 다음 그림들이 그 예이다.

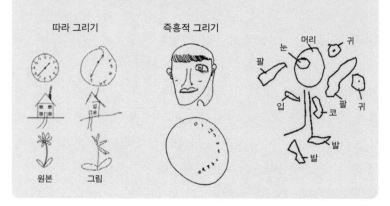

이 실인증은 때로는 부분들을 제대로 그리기도 하지만 전체의 의미를 파악하지는 못한다. 오른쪽 그림에서 환자는 팔, 눈, 머리, 귀 등을 그려 낼 수 있지만 전체적인 사람의 형태로 배치할 수 없어 보인다.

1-96] 나에게 있어 이 방은 낱낱의 물체들에 대한 지각으로 환원될 수 있습니다. 나는 개개의 물체들을 봅니다. 그러나 내가 먼저 보는 것은 무엇일까요? 일반적 특징일까요, 아니면 개별 물체들인가요? 나는 이것은 등, 저것은 책장이라고 말합니다. 그리고 동시에 나는 이것이 등이라고 지각했습니다. 이는 지각이 일반화된 지각이 되었음을 의미합니다. 이것이 손목시계라는 것을 보았을 때, 이것은 여러분이 단지 색깔, 음영, 형태를 지각하는 것뿐 아니라 어떤 물체를 특징짓는 일반적 특성을 식별한다는 것을 의미합니다. 이것이 의미적 지각이며 일반화된 지각입니다. 이는 어떤 물체를 특정한 유형의 물체로 규정하는 것입니다.

1-97] 오랫동안, 구조 심리학 연구 이전에는 이 행위(의미적 지각-K)가 전적으로 분명하지 않았지만 이제 아주 간단하고 확실해 보입니다. 인간 지각의 기본 법칙은 우리의 지각이 나중에 합쳐지는 여러 가지 요소로 구성되는 것이 아니라 전체라는 것을 주장합니다. 이 법칙의 관점에 따라 우리는 공동일반화된 지각을 이야기할 것입니다. 일반적 지각 법칙은 객관적으로 지각된 속성이 따로 떨어지는 경우는 없으며 항상 어떤 전체의 일부로 지각된다고 주장합니다. 지각은 지각되는 부분을 포함하는 전체의 특징으로 완전히 규정됩니다.

1-98] 일반화만을 본다는 것은 무슨 의미일까요? 이는 사물이 주어진 구조(시각장-K)의 일부가 아니라 의미적 구조로만 지각된다는 것을 의미합니다. 유아의 지각을 연구해 보면, 유아에게 두 물체를 나란히 놓고 보여 주면 그에 대한 지각은 전적으로 대상들이 놓인 구조에 의해 규정된다는 것이 드러납니다. H. 폴켈트의 다음 실험이 이것을 보여 줌

니다. 작은 고리와 큰 고리를 함께 두었을 때, 주어진 대상이 얼마나 가깝게 놓여 있느냐에 따라 유아의 지각이 매번 달라집니다. 따라서 어떤 물체에 대한 지각이 시각장에 의존하는 것은 당연합니다.

> 폴켈트는 유아가 더 큰 고리를 집도록 조건화하려고 했던 것으로 보인다. 그러나 유아는 '크다, 작다'의 개념이 없이 오직 가까이 있는 고리만을 집으려는 반응을 보인다. 베른펠트의 저서 『The Psychology of the Infant』(1929, p. 289)에서도 스턴이 수행한 유사한 실험이 제시된다. 스턴은 8개월 된 자녀에게 젖병모형을 가까이 두었다. 모형은 실제 젖병의 1/15의 크기밖에 되지 않았지만 배가 고픈 아기는 손을 뻗어 젖병을 빨아 먹으려 했다. 스턴은 유아의 지각에 크기 항등성 Grössenkonstanz이 없다는 결론을 도출한다.

1-99] 지각의 항등성은 일련의 어린이 활동들과 연결되어 출현합니다. 실험들이 보여 주듯 3세는 외적 상황에 의존하지 않는 지속 가능한 의미적 지각이 출현하는 연령입니다. 이와 관련하여 우리는, 예컨대, 어린이의 최초 질문을 이해할 필요가 있습니다. 가장 인상적인 것은 어린이가 갑자기 질문을 시작한다는 것입니다. **갑자기**—이는 우리가 실제로 다소 결정적인 도약과 마주했다는 것을 의미합니다. 어린이는 질문하기 시작합니다. "이게 뭐예요? 이건 누구예요?"

1-100] 의미적 지각은 공동일반화된 지각입니다. 다시 말해, 보다 복잡한 구조의 일부를 구성하고 구조의 모든 기본 법칙에 종속되는 지각입니다. 그러나 의미적 지각은 직접적인 시각 구조의 부분을 구성하는 반면, 그와 동시에 의미 구조의 일부이기도 합니다. 따라서 이 의미적 지각은 마비되거나 방해받기 쉽습니다.

1-101] 예를 들어 보겠습니다. 여러분 앞에 복잡한 그림이 있습니다. 여러분은 사자 혹은 호랑이를 찾아야 합니다. 하지만 잘 찾을 수 없습

니다. 왜냐하면 그림 속에서 호랑이의 몸을 구성하는 부분들이 동시에 다른 형태의 부분들을 구성하기 때문입니다. 그렇기 때문에 여러분이 그것을 보기가 어려운 것입니다. 이 법칙은 최근에 군대 위장에 성공적으로 사용됩니다. 한 독일 과학자가 군사적 목적으로 어떤 무기 혹은 다른 것을 땅 색으로 칠하는 것뿐 아니라 그것을 배열하여 다른 구조의 부분이 되게 하는 것 또한 중요하다는 사실에 근거하여 위장 체계를 만들어 냈습니다. 이것은 최고의 위장전술입니다. 내가 이 예를 인용한 것은 어떻게 사물이 다른 구조 속에서 지각 가능하며 이에 따라 다른 관점에서 어떻게 나타나는지를 보여 주기 위해서입니다.

우리는 비고츠키가 청중에게 실제로 보여 준 그림이 무엇인지는 알 수 없지만 일반적 생각은 다음과 같다. 위에 보이는 그림은 네 마리의 호랑이이다. 그러나 호랑이를 닮았지만 동시에 돌이나, 식물 혹은 나뭇가지를 닮은 여러 개의 사물들이 존재한다. 이 유사-호랑이들은 다른 구조들의 부분이며 따라서 즉각 호랑이로 식별되지 않는다. 이 퍼즐은 의미적 의미와 시각적 의미가 어떻게 연결될 수 있는지 보여 주며, 따라서 서로를 방해할 수 있다는 것을 보여 준다. 정신은 호랑이를 찾지만 눈은 다른 구조를 찾는다. 다음 그림은 이 둘이 서로 전혀 방해하지 않는 사례이다. '숨겨진 호랑이'를 찾을 수 있는가?

아마도 찾을 수 없을 것이다. 이 그림 속에는 어떤 호랑이도 숨겨져 있지 않기 때문이다. 그러나 호랑이의 몸에 있는 줄무늬를 보면 어떤 영어 낱말(the hidden tiger)을 볼 수도 있다. 이런 식으로 우리는 의미적 의미와 시각적 의미를 분명하게 구별할 수 있다.

1-102] 공동일반화하는 구조는 공동일반화의 구조 안으로 들어가는 구조입니다. 우리는 시각적 구조를 인식하기 때문에 의미적 지각을 가지게 됩니다(즉 시각적 구조를 의미 있는 전체로 지각하는 것입니다).

1-103] 새로운 연구들이 지적하듯이, 어린이의 최초 질문은 실제에 대한 의미적 지각 발달과 직접적으로 연결되어 있으며, 어린이에게 규정된 의미를 가진 사물로 이루어진 세계로의 발달과 연결되어 있는 것으로 보입니다. 그렇다면 사물은 어떻게 인간 말의 도움으로 의미를 획득할 수 있을까요? 의미적 지각은 어떻게 나타날까요? 이 질문에 대해서는 낱말의 의미 발달을 연구하는 현대 심리학이 잘 대답해 줄 것입니다.

1-104] 이 낱말의 의미란 무엇일까요? 우리는 이 질문에 대해 연합 심리학, 구조 심리학, 인격주의 심리학이 제시한 다양한 답에 대해 이미 언급한 바 있습니다. 현대 심리학도 이 질문에 대해 다양한 답을 제시할지 모르지만 두 가지 명제는 잘 확립된 것으로 간주될 수 있을 것입니다. 첫째, 낱말의 의미는 발달합니다. 즉 말의 의미론적 측면은 발달합니다. 둘째, 단순한 연합적 연결은 존재하지 않습니다. 낱말의 의미는 더 복잡한 심리 과정으로 이루어집니다. 이들 과정은 무엇일까요? 모든 낱말의 의미는 공동일반화라고, 즉 각 낱말의 의미에는 공동일반화와 추상화가 놓여 있다고 말함으로써 이들을 지칭할 수 있을 것입니다. 어째서 그럴까요? T. 홉스조차 우리가 하나의 낱말로 여러 사물들을 명명한다고 말했습니다. 낱말보다 사물의 수가 더 많으므로 어린이는 좋

든 싫든 하나의 낱말로 여러 가지 사물을 가리켜야 합니다. 다시 말해서 모든 낱말 의미는 그 안에 공동일반화, 추상화를 가지고 있어야 합니다. 결국 1.5세 어린이와 성인의 공동일반화는 같을 수 없다는 것이 처음부터 명백합니다. 따라서 비록 어린이의 낱말이 의미를 획득하고 어린이가 우리와 동일한 낱말로 사물을 명명하지만, 그럼에도 불구하고 이 사물에 대한 어린이의 공동일반화의 경로, 즉 공동일반화의 구조는 다릅니다.

우리는 위 문단에서 비고츠키의 강의를 직접 듣고 있는 듯한 느낌을 받는다. 그는 청중과 대화를 나누듯이 강연하고 있다. 강의를 듣는 사람들이 너무 많았기 때문에 비고츠키는 질문하고 스스로 대답한다. 그는 각각의 질문에 두 가지 답을 주고 있다.

질문: 이러한 낱말의 의미는 무엇일까요?
답변 1: 그것은 발달하는 것입니다. 이제 막 걷기 시작하는 어린이는 시각-청각적 의미, 감각적 의미로 시작하지만 곧 낱말의 숨겨진 측면 또한 알게 됩니다.
답변 2: 이러한 낱말 의미의 숨겨진 측면은 단순한 시각-청각적 과정이 아니라 복잡한 심리 과정을 수반합니다. 예를 들어 문법(낱말배열의 법칙)을 수반하며, 이 문법은 사실 상호 간의 심리 과정입니다.
질문: 어떤 종류의 상호 심리과정일까요?
답변 1: 공동일반화입니다.
답변 2: 추상화입니다.
질문: 왜 그럴까요?
답변 1: T. 홉스가 말하듯, 이름보다는 사물이 훨씬 더 많기 때문입니다. 따라서 한 이름이 여러 사물들을 나타내야 합니다(예: '김씨'는 김이라는 성을 가진 모두를 가리키는 이름이다).
답변 2: 이름이 너무 많을 경우에 우리는 이름들을 추상적 범주(예: 사람)로 분류합니다. 우리는 '사람'과 같은 추상적 범주가 개개인의 이름만큼 풍부하지 않다고 생각할 수 있습니다. 사실 내 친구 '김철수'는 그릴 수 있지만 '김씨'를 그릴 수는 없습니다.

하지만 다음 문단에서 비고츠키는 개개인보다는 전체 가족이, 전체 가족보다는 공동체가, 공동체보다는 국가가 더욱 풍부한 것처럼, 추상적 범주들이 실제로 더욱 풍부하다고 주장한다.

*T. 홉스(Thomas Hobbes, 1588~1679)는 영국 작가이자 사상가로 셰익스피어와 밀턴의 동시대인이다. 그는 인간의 자연적 삶이 '추잡하고, 잔인하고 짧기' 때문에 만인의 만인에 대한 투쟁을 피하기 위해서 인간에게는 국가, 사회, 언어(이 역시 사회적 합의의 한 형태이다)가 필요하다고 믿었다. 한편으로 홉스는 강력한 군주제를 신봉했으므로 영국 시민혁명 동안 왕을 지지했고 찰스1세와 함께 망명 생활을 하며 여생의 대부분을 보냈다. 다른 한편 홉스는 인간의 평등, 개인의 자유, (사업적 거래의 연장에 있는)사회적 계약을 믿었다. 따라서 홉스의 신조는 근대 자본주의 정치사상의 중요한 근원이다. 언어에 대한 그의 생각은 덜 알려져 있으나 여러 측면에서 정치사상보다 훨씬 더 앞서 나간 것이었다. 그는 언어는 인간이 만든 것이라는 생각을 처음으로 제안한 사람이었다. 그는 아담이 신과 논쟁했을 때의 의사소통은 순수한 생각으로 이루어졌을 것이라고 주장했다. 비고츠키가 말하듯 홉스는 세상의 사물들보다 이름의 수가 적으므로 모든 이름은 추상화로서 기능해야 한다는 것을 보여 주었다. 한편으로 이 추상화는 물론 일종의 사회적 합의, 사회적 계약이므로 홉스의 생각은 소쉬르의 저작을 미리 보여 주었다고 할 수 있다. 다른 한편으로 이름은 실제 대상을 지칭하므로 이들은 본질적으로 보편적 기호이다. 즉 기호 자체가 변하더라도 그 의미는 영속하는 것이다.

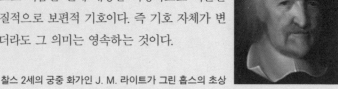

찰스 2세의 궁중 화가인 J. M. 라이트가 그린 홉스의 초상

1-105] 말 숙달에서 공동일반화의 출현은 사물들을 단지 서로 간의

상황적 관계 속에서가 아니라 낱말의 이면에 놓인 공동일반화 속에서 바라보기 시작하도록 이끕니다. 여기서 우리는 무엇보다도 추상 과정에 대한 변증법적 이해의 정확성을 분명히 확인하게 됩니다. 추상화와 공동일반화 과정 자체는 특징의 고립이나 대상의 빈곤화가 아니며, 오히려 공동일반화 속에서 대상과 일련의 다른 사물들 간의 연결이 확립됩니다. 이로 인해 추상화는 훨씬 풍부해집니다. 즉 우리가 단순히 대상을 지각할 때보다 대상에 대한 더 많은 연결과 더 많은 표상이 낱말 속에 포함됩니다.

1-106] 연구자들은 어린이 지각 발달 역사를 통해 추상화 과정이 증상과 특성의 빈곤화 과정이 아니라 풍부화 과정이라는 것을 알 수 있다고 말합니다. 그러면 이러한 의미적 지각은 무엇일까요? 의미적 지각을 통해 나는 직접적 시각 작용이 포함하는 것 이상의 것을 대상에서 봅니다. 대상을 지각한다는 것은 이미 어느 정도의 추상화이며 지각은 결국 공동일반화를 담고 있습니다.

1-107] 나는 이미 모든 공동일반화가 의사소통과 직접적으로 연결되어 있으며, 오직 공동일반화할 수 있는 정도까지만 의사소통할 수 있다는 생각을 제기한 바 있습니다. 현대 심리학은 K.마르크스가 표현한, 인간에게 있어 사물은 사회적 사물로 존재한다는 입장을 수용해 왔습니다. 내가 이런저런 사물에 대해 말하는 것은 단순히 사물의 물리적 특성을 보는 것일 뿐 아니라 그 사회적 목적에 따라 대상을 공동일반화하는 것입니다.

러시아어판 비고츠키 선집은 『포이어바흐에 관한 테제』를 길게 인용하고 있으나, 정확한 출처는 『포이어바흐에 관한 테제』가 아니라 마르크스의 『경제학 철학 수고』(1844년)이다. 거기서 마르크스는 다음과 같이 말하고 있다.

1-108] 마침내 끝으로, 어린이가 주변 사람들에 대한 흥미를 발달시키는 정도까지 어린이의 사회적 의사소통 또한 그렇게 발달합니다. 한 가지 가장 흥미로운 현상이 출현합니다. 주어진 상황에서 방향을 잡지 못하는 어린이에 관해 전에 제시했던 사례에서 나는 다음과 같이 말했습니다. 바위에 앉으려고 할 때 어린이는 바위를 볼 수 없기 때문에 혼자서 할 수 없습니다. 이것은 어린이가 자신의 눈앞에 있는 직접적인 대상들에 관해서만 행동할 수 있다는 사실과 연결되어 있습니다. 헤겔은 유사한 주장을 하는데, 그 의미는 동물들이 사람과 달리 시각장의 노예이며, 오로지 눈을 사로잡는 것만을 볼 수 있다는 것으로 요약될

수 있습니다. 동물들은 눈을 끌지 않는 어떤 세부사항이나 부분을 선택할 수 없습니다. 초기 유년기 어린이들 또한 시각장의 노예로 보일 수 있습니다. 방 한 구석에 빛이 매우 강한 램프를, 다른 쪽에는 빛이 약한 램프를 놓아 이들 램프 모두가 어린이의 시각장 안에 놓이게 하고, 어린이의 주의를 빛이 약한 램프로 끌고자 해도 유아는 결코 그렇게 하지 못합니다. 초기 유년기만 해도 어린이는 벌써 빛이 약한 램프 쪽을 볼 수 있습니다. 이처럼 초기 유년기 어린이는 시각적 구조를 지각하지만 이미 의미적 구조로 지각하는 것입니다.

1-109] 오직 이 연령의 어린이에게서 말의 도움으로 최초로 분석되어 정돈된 대상들의 관계로 이루어진 안정된 세계의 모습이 창조된다는 것은 흥미롭습니다. 초기 유년기 어린이 앞에 눈 가리기 놀이에서와 같이 유아에게 주어진 특정한 장에 의해 구조화된 세계 대신 특정 의미를 가진 대상적 형태로 구조화된 세계가 출현합니다. 이 시기는 어린이의 대상 구조화된 세계가 막 출현했을 때이기 때문에 어린이는 그가 본 것의 의미에 대해 질문합니다. 이 때문에 어린이는 낱말을 다른 대상으로 전이하는 데 어려움을 겪습니다. 초기 유년기에는 낱말이 그것이 가리키는 대상과 어느 정도 분리될 수 없기 때문에 어린이는 동일한 대상을 서로 다른 낱말, 즉 의자나 말 등으로 지칭하지 못합니다.

두 명의 아이를 양육한다고 상상해 보자. 한 아이는 1세 이하의 유아이고 또 한 아이는 2~3세 사이의 초기 유년기의 아이이다. 목욕 시간이 되어, "목욕할 시간이야"라고 말했지만, 유아는 알아듣지 못한다. 유아를 안아 올려 욕조에 넣고 물을 틀면 아기는 젖는 느낌을 느낀다. 하지만 실제로 무슨 일이 일어나고 있는지 알지는 못한다. 마치 '눈 가리기 놀이'처럼, 유아에게 목욕의 의미는 느낌들의 모음이다. 초기 유년기의 아이는 이해한다. 아이는 달려가 거품 목욕제와 수건을 가져온다. 아마 가지고 놀 장난감 배와 목욕 놀잇감도 가져올지 모른다. 아이에게는 (시각적으로, 또한 이름을 붙임으로서 주어지는) 거품 목욕제 한 병, 비누 한 개, 고무 오리와 같은 실재적인 형태들로 구성된 세계가 나타난다. 이 물건들은 밤 목욕이라는 반복적 일상과 그것과 관련된 물건들에 대한 명명의식에 의해 의미를 부여받는다. 바로 이것이 공동일반화에 의한 의미 부여이다. 유아에게는 '엄마, 우유' 등 명명할 수 있는 물건이 몇 개 없다. 각각의 물건에는 오직 단 하나의 이름뿐이며, 그조차도 몇 개가 되지 않는다. 초기 유년기 아이는 유아용 식탁 의자에 앉아서 눈앞에 있는 음식과 그렇지 않은 음식을 모두 말할 수 있다. 유아에게는 음식을 명명하는 것이 근접발달영역이다. 초기 유년기 아이에게는 모든 것에 하나가 아닌 수많은 이름들이 가능하며 하나의 의미가 아닌 수많은 의미가 가능하다는 것을 배우는 것이 근접발달영역이다. 하지만 그것은 상상 놀이에서 이루어질 문제이다.

1-110] 여기서 나의 동료인 Н. Г. 모로조바의 연구를 인용하겠습니다. 그녀는 3세 이하의 어린이가 대상의 명칭을 바꾸는 실험을 수행하지 못한다는 것을 보여 주었습니다. 예컨대 3세 어린이에게 시계, 병, 연필을 주고 그 이름을 바꾼 후에 바뀐 이름을 이용하여 대상을 가리키거나 집으라고 요구합니다. 전학령기 어린이에게 신나는 이 놀이가 초기 유년기 어린이에게는 불가능합니다. 이처럼 실험자는 어린이가 지시를 이해하지 못하는 모습을 마주하게 되며, 실험자가 시범을 보여 주어도 실험은 전혀 성공하지 못합니다.

* Н. Г. 모로조바(Наталья Григорьевна Морозова, 1906~1989)는 비고츠키회의 초기 멤버였으며 어린이에 대한 연구와 의학적 연구에 관심이 깊었다. 1925년 사범대를 졸업한 후 교육인민위원회에서 크룹스카야의 지도 아래 비고츠키와 함께 어린이 연구를 수행했다. 『역사와 발달』 1권과 『도구와 기호』에서 제시된 '복합적 선택 반응'과 관련한 대부분의 실험들은 그녀의 연구에 기초를 두었다. 비고츠키 프로젝트

에서 그녀의 연구가 중심적이었음에도 불구하고, 그녀는 '가면증후군(자신이 이뤄 낸 업적을 스스로 받아들이지 못하는 심리적 현상으로 남성보다 여성이 고통받는 경우가 많다)'으로 고통받았다. 비고츠키는 우울증으로 괴로워하는 그녀를 염려하여 그녀의 연구의 중요성과 업적을 강조하는 편지를 보내 안심시키고자 했다. 사실상 그녀는 '5인회(비고츠키가 종종 장난스럽게 불렀던 5명의 가까운 제자들)'의 멤버였다. 비고츠키 사후 그녀는 손상학 연구소의 교수가 되었다.

1-111] 우리는 눈앞에서 벌어진 상징 놀이를 이해하는 어린이의 능력과 놀이에 참여하고 놀이를 공유하는 능력을 연구했습니다. 우리는 이 연필은 환자, 이것은 집, 이것은 정원, 이것은 마부 등이라 하자고 (다양한 대상들에 조건적으로 이러한 이름들을 부여하면서) 어린이와 합의한 후에, 어떠한 말도 하지 않고 해당하는 상황을 보여 주었습니다. 3세까지의 어린이에게 이 실험은 불가능합니다. 이 실험을 분명하게 수행하기 시작하는 것은 3세 8개월 무렵이며, 물론 더 쉬운 실험에서는 때때로 그 이전에도 가능하지만 초기 유년기에는 결코 가능하지 않습니다.

1-112] 대개 대상의 이름을 다시 붙이는 이 실험(전학령기 어린이에게 쉬운 과업)에서 보이는 어린이들의 능동적 참여가 이 연령에서는 수행 가능하지 않습니다. 이처럼 이 연령기는 대상 구조화된 세계의 의미가 출현하고 다져지는 때이지, 초기 유년기 어린이가 전학령기 어린이처럼 가치를 마음대로 다루고 그것을 전이하는 연령이 아닙니다.

1-113] 지금 내가 말한 것은 다음을 보여 줍니다. 말의 출현과 더불어 후속 연령기에서 인간의 의식에 관한 가장 중요하고 긍정적인 흔적으로 생각되는 것, 다시 말해 체계적이고 의미론적인 의식의 구성이 말

의 출현과 더불어 초기 유년기에서 처음으로 발견됩니다. 어린이에게 있어 주변 환경에 대한 이해와 의식은 무엇보다 먼저 말과 함께 시작됩니다. 지각에 관해 내가 말한 것은 이 생각을 잘 보여 줍니다. 한편으로 기하학적 도형에 대한 지각과 다른 한편으로 알고 있는 대상을 표현한 그림에 대한 지각은 서로 다른 뿌리를 갖습니다. 신(Sinn, 뜻)의 지각은 순수한 구조적 특성의 후속 발달로부터 발현하는 것이 아니라, 말과 직접적으로 연결되며, 말이 없이는 불가능합니다.

1-114] 나는 의식의 체계적 구조화를 서로 다른 기능들 간의 특정한 관계로 이해해야 한다고 생각합니다. 즉 각각의 연령기에서 특정한 기능들은 서로 모종의 관계를 맺으며, 특정한 의식 체계를 형성합니다.

1-115] 초기 유년기는 지각을 정서적으로 채색하는 개별 기능들 간의 상호 의존성으로 특징지어집니다. 따라서 감정을 통해 행동이 일어나고 감정이 지배적이 되며, 구조의 중심에 위치하여 그것을 중심으로 모든 나머지 의식 기능들이 작동합니다. 전학령기에는 기억이 그러하며, 다른 연령기에는 다른 기능들이 그러합니다. 이처럼 여기에서 다양한 교차 기능적 관계가 나타납니다.

1-116] 의식의 체계적 구조화는 잠정적으로 의식의 외적 구조화라고 부를 수 있습니다. 반면 공동일반화를 특징짓는 의미론적 구조화는 내적 구조화라고 부를 수 있습니다. 공동일반화는 의식의 모든 기능들을 굴절시키는 프리즘입니다. 공동일반화를 의사소통과 연결하면서 우리는 공동일반화가 단지 생각 기능뿐 아니라 전체로서의 의식의 기능으로 나타남을 봅니다. 의식의 모든 작용은 공동일반화입니다. 이것이 의식의 미시적 구조입니다. 일반적 테제의 형태로 다음과 같이 말할 수 있습니다. 기능들 상호 간의 관계 체계의 변화는 바로 낱말 의미와 직접적이고 매우 밀접하게 연결되어 있으며 따라서 낱말 의미는 심리 과정을 매개하기 시작합니다. 이 연령기 어린이의 낱말 의미를 보면 어린

이 낱말 의미 뒤에는 공동일반화된 지각, 즉 주어진 대상이 속한 대상들 무리의 구조가 숨어 있음을 알 수 있습니다(이는 모든 대상 혹은 거의 모든 대상과 연결되는 지시적 몸짓과 구별됩니다). 어린이는 주로 공동일반화된 지각을 통해 생각합니다. 즉, 여기서 대상에 대한 일반적 지각은 어린이 낱말 의미 구조를 일차적으로 구성하며 이는 다음의 매우 중요한 결론으로 이끕니다. 이 연령기에서 어린이는 이미 말을 하며 3세 막바지에 이르면 말을 잘합니다. 그는 풍부한 내용의 재료로 말할 수 있으며 더 이상 시각적 상황에만 좌우되지 않습니다. 그러나 이 재료는 아직 구체적 재료로 남아 있습니다. 어린이의 어휘 목록에 구체적 의미가 없는 낱말은 매우 드뭅니다. 따라서 서로 다른 두 상황에서 어린이의 낱말은 하나의 동일한 사물 혹은 유사하게 지각된 사물이나 대상과 연결됩니다.

1-117] 피아제의 관찰과 실험에서 나온 간단한 사례를 제시하겠습니다.

1-118] 어린이에게 낱말이 가진 의미는 무엇일까요?

1-119] J. 피아제는 이 연령기의 어린이에게 있어 동일한 말이 가지는 각 의미의 유형들이 아직 충분히 분화되지 않았음을 보여 줍니다. 예를 들면 '~할 수 없다'라는 말이 있습니다. 성냥은 두 번 켤 수 없으며, 저녁식사 시간에 이야기할 수 없고, 엄마에게 거짓말을 할 수 없습니다. 다시 말해 모든 물리적, 윤리적, 그 밖의 '할 수 없다'라는 표현은 하나로 합쳐져 금지 행위의 무리에 속하게 됩니다. 이는 '할 수 없다'의 의미가 내적으로 분화되지 않았음을 뜻합니다. 이 예는 어린이가 이러저러한 대상의 지각을 얼마나 이해하는지 보여 줍니다. 속으로 말하는 생각은 아직 잘 조직되어 있지 않습니다. 어린이는 개별 낱말에 대한 느낌을 가지고 있지 않습니다. 속으로 말하는 생각의 조직은 낱말로 표현되는 사물들로 제한되는데, 이는 어린이의 낱말들이 그것이 가리키는 구

체적 대상 외에 그 어떤 것에도 연결되지 않기 때문입니다. 어린이에게 소는 왜 '소'라고 불리냐고 물어본다면, 어린이는 '왜냐하면 뿔이 있기 때문에요' 혹은 '왜냐하면 우유를 주니까요'라고 대답합니다. 만일 소를 다른 무언가로 부를 수 있는지 물어본다면 어린이는 그럴 수 없다고 대답합니다. 만일 어린이에게 해를 '소'라고 부를 수 있을지 묻는다면, 어린이는 해는 노랗지만 소는 뿔이 있기 때문에 안 된다고 대답합니다.

1-120] 이처럼 어린이의 낱말은 대상 자체나 그것과 분리하기 어려운 대상의 특성을 가리킵니다. 이것이 바로 어린이의 왜곡된 낱말 형성이 이 연령기 즉 세 살까지 나타나는 이유입니다. 이는 어린이들이 이러저러한 낱말들을 말하기 어렵거나 따라 하기가 어렵기 때문이 아니라 오히려 그 낱말들이 이해되는 방식 때문입니다. 어린이 말에서 (바셀린 대신) '마젤린', (컴프레스 대신) '모크리(모크레스-K)'와 같은 낱말들은 그 기저에 지시적인 특성을 지닙니다. 낱말은 몇몇 다른 유도하는 낱말 ('모크리+컴프레스' 혹은 '바젤린+마자츠')과 함께 이해되는데 이는 그것이 동일한 대상과 연관되기 때문입니다. 이 시기의 어린이는 당연히 낱말을 말하지만, 낱말 자체를 알지는 못합니다. 어린이에게 있어 낱말은 투명한 유리입니다. 어린이는 그 유리 너머에 놓여 있는 것을 보지만 그 유리 자체를 볼 수는 없습니다. 따라서 말의 조직화에 지극히 어려움을 겪습니다. 이 연령기 어린이의 모든 말은 완전히 비의식적입니다. 어린이는 말하지만 자신이 어떻게 말하는지 의식하지 못하고, 필요한 낱말이나 소리를 의도적으로 선택할 수 없습니다. 예를 들어 어린이는 '모스크바와 레닌그라드'와 같은 어구를 쉽게 말하지만 어린이에게 '스크' 혹은 '그라'와 같은 소리 조합을 말해 보라고 하면 세 살 이하의 어린이는 이 과제를 수행할 수 없습니다. 비록 그 소리들이 어린이가 체계적으로 발음할 수 있는 일반적인 낱말들의 구조에 속하기 때문에 어린이에게 어렵지 않더라도 말입니다.

『역사와 발달』 6-52에서 비고츠키는 동일한 사례를 제시한다. 어린이들은 '컴프레스(습포)' 대신 모크레스(мокресс), '바셀린' 대신 마젤린(мазелин)과 같은 말을 사용한다. 이런 변형은 소리 구조와 낱말 가치를 연결하려는 시도로부터 나온다. 습포는 '젖어 있는(모크리, мокрый)'이라는 관념과 연관되어 있고, 바셀린은 '문질러 바른다(마자츠, мазать)'는 것과 연관되어 있다. 컴프레스 대신 모크리라는 낱말을 사용한다고 기술된 것은 속기사의 오류로 보인다.

1-121] 어린이가 그런 낱말 자체를 얼마나 아는지 규정하고자 하면, 말에서 언급된 대상만이 낱말 뒤에 놓여 있으며 낱말과 대상의 분화가 이후의 연령에서만큼 이루어지지 않았음을 관찰할 수 있습니다.

1-122] 의식 구조의 변화는 어떤 결과를 낳을까요? 초기 유년기에는 일차적 공동일반화가 나타나며 이는 기능들 간 특정한 관계를 나타내는 특정한 유형의 공동일반화로 인도합니다. 어떻게 어린이가 외적 세계를 지각하여 그에 따라 행동하게 될까요? 이 연령기의 기본 기능이 되는 지각은 일찍이 성숙합니다. 여기에 지각의 가장 중요한 변화가 일어납니다. 바로 내적 체험이 분화되고, 크기, 형태 등의 상대적 항등성이 나타납니다. 일반적 정신 발달 법칙은 이 연령기에 지배적인 기능들이 최대로 유리한 조건에 놓인다고 말합니다. 이는 지각에서 일어나는 모든 변화들을 설명합니다.

『성장과 분화』와 이 책에 따르면 지각은 초기 유년기의 지배적 기능이다. 비고츠키는 왜 그렇게 말하는 것일까? 초기 유년기는 결국 말 발달의 연령기이며, 비고츠키는 『연령과 위기』의 말미(5-118)에서 후속하는 모든 신형성들은 말과 의식에 연결되어 있다고 말한 바 있다. 지각은 실로 좋은 예이다. 첫째, 지각은 이 연령기에서 우리가 발견하는 비-지적 의식의 뚜렷한 예이다. 그것은 한편으로 진정한 독립적 의식이며, 다른 한편으로는 확실히 저차적 심리 기능들과 연결되었다고 간주할 수 있는 의식의 유형이다. 둘째, 그것은 어떻게 말이 저차적 수준의 심리 기능에 토대한 기능들조차 변형시키는지를 보여 주는 명확한 예이다. 말은 아직 지각에서 독립하지 못했다. 어린이는 낱말 의미를 지각에 의존한다. 이것이 바로 『생각과 말』 5장에서 비고츠키가 언급하는 복합체인 일반화된 지각이다. 이 기간 동안 낱말의 의미는 아직 일반화된 지각으로부터 자유롭지 못하다. 언어화된 지각은 사실상 신형성이며, 그것은 다른 신형성들과 마찬가지로 연령기의 마지막, 즉 초기 유년기 말에 생겨난다.

1-123] 가장 본질적인 것은 의식의 의미와 체계적 구조 사이의 상관관계입니다. 지각의 지배는 다른 모든 기능들이 지각에 대한 모종의 비-독립성, 의존성을 갖는다는 것을 함의합니다.

1-124] 앞서 말한 것에 비추어 볼 때 우리가 앞에서 언급한 기능들의 상관관계는 명확합니다. 기억은 능동적 지각(인식)으로 실현됩니다. 기억은 지각 작용 자체에서 특정한 계기로 작용하며, 지각의 연장과 발달을 나타냅니다. 주의 또한 지각의 프리즘을 통과해야 합니다.

1-125] 생각은 이 시각적-실제적인 상황의 재구조화, 즉 지각장 자체의 재구조화를 나타냅니다. 무엇보다 생각은 공동일반화 속에서 발달됩니다. 이 기간을 거치면서 어린이는 말을 하고 자신이 보는 것에 대해 다른 사람이 말하는 것을 듣습니다. 어린이가 물건 앞에 서서 이름을 말하면, 그 순간 관련된 대상과의 연결이 생겨납니다. 지각 자체와 관련해 볼 때, 이로부터 따라 나오는 결론은 무엇일까요? 우리는 의미적 지각이 생각 활동, 즉 공동일반화 활동을 지각에 단순히 결합하는 것이 아님을 보여 주었습니다. 생각과 새로운 관계를 맺게 된 지각은 더 이상 레빈이 말했던 것과 같은 감정-운동 국면에 존재하지 않습니다.

1-126] 후속 발달에서 그것은 변합니다. 후속 연령기의 지각은 기억, 요약 등을 포함할 것입니다. 여기에서 지각에 따른 기억의 수정(그 사물의 왜곡되지 않는 특성)(색, 크기 형태 등의 항등성-K), 기능적 주의와 범주적 지각, 즉 그 해석 덕분에 구조와 장을 이동시킬 수 있는 능력이 나타날 것입니다. 기능으로서의 지각은 후속 변화와 더불어 복잡한 체계로 변형되지만 기본적 특성들은 여기서 획득됩니다. 의식의 체계적 구조화는 안정적인 모습의 세계의 출현을 설명합니다. 한 무리의 사물의 대표로서의 사물에 대한 지각인 범주적 지각은 두 번째 특징인 공동일반화의 특징입니다.

오른쪽 그림을 보자. 왜 우리는 이 사람을 거인이라고 생각하지 않을까? 이는 사람에 대한 기억이 우리의 지각을 교정하기 때문이다. 이것이 위 문단에서 뜻하는 '왜곡되지 않은(ортоскопичность) 특성'이다. 뷜러, 폴켈트와 형태주의자들과는 달리 비고츠키는 이러한 능력이 선천적이라고 보지 않는다.

1-127] 비언어적 지각은 점차적으로 언어적 지각에 자리를 내어 줍니다. 대상들을 명명하는 것과 더불어 대상적 지각이 출현합니다. 한 공간의 대상들은 유아와 초기 유년기 어린이에게 다르게 보입니다. 어린이가 무언의 지각에서 언어화된 지각으로 이동한다는 사실은 지각 자체에 본질적 변화를 초래합니다. 이전에는 말의 기능이 대상들을 대체하는 것이라고 가정되었습니다. 연구들은 이것이 나중에 출현하는 기능임을, 그리고 말의 출현은 다른 의미를 가짐을 밝혔습니다. 말의 도래는 다른 방식의 보기를 출현하게 합니다. 즉 배경에 대하여 형상을 다르게 선택하는 것입니다. 공동일반화 덕분에 말은 지각의 구조를 변형

시킵니다. 말은 복잡한 논리적 처리, 즉 대상과 행동, 특성 등의 분리를 나타내며 지각을 분석하고, 지각을 범주들로 분류합니다.

1-128] 이러한 의식 체계가 내적 지각, 내관에 관해 의미하는 바는 무엇일까요? 어린이가 만들어 낸 공동-일반화는 지각의 공동일반화입니다. 내적인 세계에서 어린이가 가장 잘 아는 것은 자기 자신의 지각입니다. 어린이는 시각적, 청각적 지각("나는 본다", "나는 잘 들리지 않는다")의 측면에서 상당히 풍부한 내관을 가집니다. 그것은 내적인 적극성("내가 가서 볼게")으로 특징지어집니다. 지각 활동을 향한 능동적 지향성과 자발적 충동, 이것이 내적 활동이 취하는 의지적인 형태입니다. 여기에서 자발적 기억과 생각은 아직 나타나지 않습니다.

1-129] 따라서 체계적인 의식 구조는 현실 지각, 그 안에서의 활동, 자신과의 관계를 밝혀 줍니다. 3세 어린이는 이미 감정을 지니고 있으며 이전의 발달의 사회적 상황은 불만족스러운 것으로 드러납니다. 그리고 어린이는 새로운 의사소통 상황을 만들면서 3세의 위기로 들어갑니다.

1-130] 나는 내가 말한 이 의식 체계의 출현을 의식의 중심적이고 특징적인 계기로 간주하고자 합니다. 인간에게 본질적인 것은 바로 그가 단순히 세계를 지각하는 것이 아니라 이해한다는 것이며, 이는 그의 의식이 언제나 모종의 의미론적 측면에서 움직이기 때문입니다.

1-131] 인간이 의식하에 행동한다고 말하는 것과 의도적으로 행동한다고 말하는 것은 동일한 것이 아닙니다. 이는 나에게 초기 유년기의 중심적 신형성이 바로 진정한 의미에서의 의식의 출현에 있다고 제안할 수 있는 근거를 제공합니다. 나는 여기서 우리가 처음으로 인간을 동물의 정신생활이나 덜 의식적이고 충분히 형성되지 않은 인간 정신 상태와 구분하는 의식의 특징적 계기들과 분명히 마주했다고 믿습니다. 나는 여러분에게 이 관점을 입증하는 것이 아니라 폭넓은 이론적 이해라는 맥락 속으로 들어가기 위해 의식 그리고 의식과 말의 연결에 대한

K. 마르크스의 말을 상기시키고자 합니다. 언어를 실천적 의식이라고 명명했을 때 마르크스가 염두에 두었던 의식의 측면 즉 타인에 대해, 그리고 자신에 대해 존재하는 의식, 그가 역사적 산물이라 불렀던 바로 이 의식은 사실상 말과 함께 출현합니다. 즉 어린이가 말을 통해 대상과 자신의 활동을 의미화하기 시작하고, 유아기에 존재했던 직접적인 사회적 의사소통이 아닌 타인과의 의식적 의사소통이 가능하게 된 모든 경우에 출현하는 것입니다.

> 왜 비고츠키는 의식적 행동이 의미를 지닌 행동과 다르다는 것일까? 세 가지 예를 살펴보자. 첫째, 비고츠키가 이 문단에서도 말하듯이, 유아는 '까꿍' 놀이를 하거나 식사를 하거나 책을 볼 때 주의, 지각, 의식을 엄마와 공유한다. 어린이의 행위는 의미를 지니며 의식적이기도 하다. 그러나 이 의식은 엄마와 공유된 것이기 때문에 아직 완전한 어린이 자신만의 온전한 의식이 아니다. 둘째, 비고츠키가 『역사와 발달』 5장 가리키는 몸짓의 형성에 대한 논의에서, 어린이가 몸짓을 하면 엄마는 어린이가 어떤 물건을 가리킨다고 생각하고 그 물건을 가져다준다. 이때 어린이의 행위는 의미를 지닌다고 할 수 있지만 이것 역시 엄마에게 의미가 있는 것이며, 어린이가 온전한 의미에서 자신만의 의식을 가지고 행동했다고 말할 수는 없다. 셋째, 훨씬 큰 어린이들이 외국어 수업이나 과학 수업에서 교사가 말하는 것을 모두 이해하는 듯한 상황을 종종 보게 된다. 그러나 어린이들은 비고츠키가 앞서 말한 능동적 방향성과 주도성을 완전히 결여하고 있다. 이 모든 사례들을 통해 우리는 사회적으로 공유된 의미를 본다. 하지만 이를 진정 심리적으로 개인화된 의식이나 온전한 어린이 자신의 능동적, 주도적, 통제적 기능으로서 의식이라 볼 수 없다. 그렇다면 왜 비고츠키는 마르크스가 의식에서 말의 역할을 강조한 것이 이를 입증하는 것이 아니라 폭넓은 맥락 속에 도입할 뿐임을 강조하는 것일까? 비고츠키는 마르크스주의자이지만, 마르크스가 말했다고 해서 모든 것이 진실이라고 생각하지는 않았다. 오히려 비고츠키는 마르크스주의자가 아

니면서도 마르크스가 말했다는 이유만으로 그것이 진실이라고 생각하는 학생과 교수들에 둘러싸여 있었다. 비고츠키는 마르크스를 인용함으로써 그의 권위를 통해 자신이 말하는 것을 인정받으려는 것이 아니라, 개인화에서 발견된 것은 사회적 공유 속에서도 발견될 수 있다는 것을 보여 주려는 것뿐이다. 사회학에서 인간 의식은 추상적인 것이 아니라 타인과의 관계의 총체이다. 심리학에서 타인과 맺는 고등한 관계는 물론이고 자신과 맺는 관계도 말을 통해 이루어진다. 이는 하리코프 그룹(레온티에프와 진첸코 그리고 잠시지만 루리야도 여기에 속했다)이 말하는 것과 매우 다르다. 그들은 고등한 관계가 공동 활동에 의해 실현됨으로써 동기화되며, 따라서 개인화는 실제로 사회적 공유로 환원할 수 있다고 말한다. 비고츠키에게 있어 공동 활동은 유아 의식에 상응할 뿐, 개인화된 인격 의식이 아니다.

1-132] 다시 말해, 나는 초기 유년기가 의미적, 체계적 의식이 일어나는 단계이며, 타인에 대해 존재하다가 어린이 자신에 대해 존재하는 역사적 인간 의식이 나타나는 단계라고 믿습니다. 바로 이 영역을 토대로 우리는 어린이와 외적 상황을 관계 짓는 모든 실적인 특징을 이해할 수 있으며, 또한 여기서 만난 독특한 유형의 활동뿐 아니라 어린이가 다른 사람과 맺는 관계를 이해할 수 있습니다. 달리 말하자면, 의식과 의식 체계 확립의 사실적 토대를 기반으로 한 이 가설이 내가 제기하려 했던 모든 문제들을 매우 잘 설명하는 것으로 보입니다.

1-133] 결론적으로 다음과 같이 말할 수 있습니다. 그 중심에 지각이 놓이는 규정된 구조에서의 개별적 기능들의 분화된 체계가 최초로 발현되기 때문에, 그리고 지각의 토대가 공동일반화이며 인간 의식의 가장 기본적인 특성의 출현을 객관적으로 다루고 있기 때문에, 이것(의미적, 체계적 의식-K)은 이 연령기에 최초로 나타나는 신형성 중 하나로 간주되어야 합니다.

● 초기 유년기

이 책은 미완의 책이다. 비고츠키가 말하듯이, 그는 『연령과 위기』 2장 2절에서 처음으로 윤곽을 그린 발달의 도식(5개의 안정기와 6개의 위기로 구성)을 연구하고 있다. 그 도식에서 각 시기는 이전 시기에 대한 '다음' 즉 '근접' 발달영역이 된다. 각 시기들은 발달의 사회적 상황(연령마다 고유한 환경과 어린이 간의 관계로 각 연령기 말에 소멸한다)에 의해 구별되지만, 또한 발달의 중심노선과 주변노선(각 연령기에 기능들 간의 관계를 변화시키는 맹락, 틀, 행동의 형태)에 의해 연결되며, 신형성(각 연령기의 새로운 내용, 이는 궁극적으로 낡은 발달의 사회적 상황을 새로운 발달의 사회적 상황으로 대체할 힘이 있다)에서 정점을 이룬다. 강의 자체가 완성된 것이 아니었고 속기록에도 많은 공백이 있기 때문에, 핵심적 이정표가 언제나 분명히 드러나지는 않으며, 이 미주의 가장 중요한 과업은 그 공백들을 메우고 독자에게 더욱 분명한 이정표를 세우는 것이다.

비고츠키는 발달의 사회적 상황이 '각 연령기에 고유한, 어린이와 현실(주로 어린이를 둘러싼 사회적 현실) 사이의 완전히 새롭고 독창적이며 단일한 관계'라고 말하면서(『연령과 위기』 2-2-10), 그것이 우리가 연령기 동안 보게 되는 모든 변화들의 궁극적 원천이라고 생각한다. 그것은 어린이와 환경 사이의 관계이기 때문에, 반드시 특정한 모순을 포함한다. 예를 들어, 출생 시 어린이는 생리적으로는 분리되지만 여전히 생물적으로는 의존적이다. 유아기 동안 어린이는 다른 이를 통하여 생물적으로 독립하지만 말의 완전한 결핍으로 인해 여전히 사회적으로는 의존적이다. 1세의 위기에서 어린이는 상황을 역전시켜 자신만의 원시적 말을 만들어 내지만, 이는 소리와 의미를 연결시키는 문법을 결여한 소리와 의미의 체계일 뿐이다. 초기 유년기 발달의 사회적 상황은 다른 이의 구문(문법, 어휘)을 발견하지만 아직 그것들을 기반으로 한 '공동일반화'를 숙달하지 못했다는 것이다.

비고츠키는 중심적 발달 노선이 그 연령기의 중심적 신형성으로 이끄는 변화 과정인 반면, 주변적 발달 노선은 중심적 신형성에 종속된 주변적 신형성을 이끄는 변화들이라고 말한다. 예를 들면 공유된 주의는 유아기의 중심적 발달 노선이며, 인식이 단순하게 공유된 원시적 우리(Ur Wir)로 발달 한다. 그러나 신형성이 성취된 후, 어린이가 의미적 지각을 숙달하고 스스로 주의의 대상을 선택하는 법을 배움에 따라, 이 공유된 주의는 초기 유년기에 주변적 발달 노선이 된다. 반대로 의사소통적 말은 유아기의 중심적 발달 노선도 아니고(유아는 말이 없이도 생각과 느낌을 공유한다), 학령기의 중심적 발달 노선도 아니다(의사소통적 말은 말로 하는 생각 발달에 종속된다). 그러나 의사소통적 말은 초기 유년기에 중심적 발달 노선(『연령과 위기』 2-2-5)이 된다. 초기 유년기 동안 지각의 심상도 다시 만들어진다.

이 장의 처음에 비고츠키는 3가지 과업을 제시한다. 초기 유년기의 주요 신형성들의 발달 경로를 추적하고, 그것들을 기술하고, 이 신형성들과 근접발달영역 사이의 연결을 확립하는 것이다. 따라서 이 강의의 첫 부분(1-2~1-46)은 초기 유년기의 생각(느낌과 무엇보다 지각도 포함)과 행동(비非놀이와 유사놀이 포함)을 통해 의미적, 체계적 공동일반화의 발달 경로를 추적한다. 그다음 부분(1-47~1-107)은 말로 얻을 수 있는 공동일반화에 의해 가능해지는 신형성(의미적, 체계적 의식)을 기술한다. 마지막 부분(1-108~1-133)에서는 이 신형성을 전학령기의 다음 발달영역(상상, 놀이, 무엇보다 말을 통하여 즉각적으로 지각 가능한 세계에서 벗어날 수 있는 능력)과 연결한다.

A. 신형성의 발달 경로 추적(1-3~1-46). 비고츠키는 초기 유년기가 시작될 때의 발달의 사회적 상황에 초점을 맞춘다. 그것은 어린이의 환경과의 주로 비언어적인 관계이다. 비고츠키는 말을 중심으로 나타나는 신형성의 발달 경로를 추적하기 위해, 말이 아닌 과정, 즉 물질적 과정(신체적 행위)과 정신적 과정(생각과 느낌)에 대해 논의한다.

    i. 첫째, 비고츠키는 주변 환경과의 지각적 관계에 대한 어린이의 의존성을 K. 레빈의 간단한 실험(레빈의 모스크바 방문 기간 동안 비고츠키가 본 영상)을 통해 설명한다. 실험 영상 속 어린이들은 바위에 앉는 것을 어려워한다. 앉기 위해 등을 돌리는 순간 바위가 지각장에서 사라져버리기 때문이다. 비고츠키는 레빈과 함께 어린이와 주변 환경과의 관계는 말이 아닌 지각을 통해 수행되는, 시각장과 그에 맞는 적절한 행동의 긴밀한 연결로 결정된다고 결론짓는다(1-3~1-9, 1-108). 다음으로 비고츠키는 슬라비나의 문장 따라 하기 연구를 예로 든다. 이는 말이 여전히 시각장과의 연결에 종속적이며 심지어 시각장에 맞게 이루어져야 한다는 것을 보여 준다. 어린이가 사실과 다른 문장을 따라 말하는 것은 불가능하다. 어린이는 타냐가 바로 앞에 앉아 있을 때 '타냐가 간다'라는 말을 하지 못한다(1-10).

    ii. 비고츠키는 이제 무엇이 어린이를 시각장의 노예로 만드는지 묻는다(1-11). 그는 이것이 '반사궁'의 단순한 '감각-운동적 통합'이라는 생각을 일축한다. 이는 이미 유아에게도 적용되지 않는다. 유아는 조용히 몇 시간을 관찰할 수 있으며, 젖 먹는 일은 마음대로 중단하기도 한다. 대신 비고츠키는 심지어 유아기에도 감각 운동적 행위가 직접적 반사가 아닌 감정을 통해 연결되는 것을 보여 주는 라이프치히 학파의 증거를 제시한다(1-12~1-16). 그는 주의, 기억, 생각 모두가 결정적으로 지각에 종속적이지만, 모든 경우 이 종속은 감정을 통하여 일어난다는 것을 보여 준다(1-17~1-23).

    iii. 이는 지배적 기능이 지각이 아니라 감정이 아닐까라는 질문을 떠오르게 한다. 어린이는 욕망, 희망, 바람에 따라 행동하는가? 아니면 시각, 소리, 감각에 따라 행동하는가? 전자의 이론에는 '자폐성'이라는 이름이 붙으며, 여기서 자폐증이란 오늘날 '자폐증'이라 부르는 신경 발달적 장애가 아니라, 프로이트의 쾌락 원칙과 초기 피아제의 자아중심성과 같은 상상, 공상, 비현실적 경향을 지칭한다(1-24). 비현실적 생각이 말과 연결되어 늦게 출현함을 보여 준 블로일러와 가브리엘을 언급하며, 비고츠키는 1세의 유아가 그 어떤 종류의 비현실적 생각도 거의 갖고 있지 않고 아직 '자아'라 불릴 만한 것도 없다고 결론짓는다(1-25~1-29). 초기 유년기의 초기 단계에서 어린이는, 보는 것과 들리는 것처럼 욕망, 희망, 바람이 타인과 직접적으로 공유된 '원시적 우리'를 여전히 믿는다. 즉 어린이는 사회적 상황에서 자신과 대상을 구분하지만, 자신의 의식을 타인의 의식과 동일시한다. 초기 유년기의 후기 단계가 되어서야 어린이는 '나'에 대해 말하기 시작하며, 감각이 타인과 공유되지 않는다는 것을 이해하기 시작하고, 감각장으로부터 벗어나기 시작한다. 이것은 말과 놀이와 연결되어 일어난다(1-30~1-37).

iv. 이제 비고츠키는 어린이의 신체 활동으로 돌아가 이를 놀이의 맥락에서 다룬다. 그러나 여기서의 놀이는 어떤 종류의 가상의 역할도 포함하지 않는 기계적 행위로 이루어진 '유사 놀이'이다. 비고츠키는 어린이의 모든 행동은 일과 달리 목적을 추구하지 않기 때문에 모두 놀이라고 말하는 일반적 관점을 거부하며 시작한다(1-38). 그런 다음 놀이에 관한 일반적이지 않은 세 가지 관점을 제시한다.

a. 그로스에게 있어 모든 것은 놀이이다. 심지어 대상의 속성을 탐험하는 기계적 행위조차 '실험적 놀이'로 간주되어야 한다(1-39).

b. 블론스키에게 놀이란 존재하지 않는다. 어린이는 모든 것에 진지하기 때문이다(1-40).

c. 엘코닌에게 있어 어린이의 활동은 세 가지로 나눌 수 있다. 기계적 행위를 반복하는 비非놀이, 놀이 대상은 있지만 가상의 상황이 없고 대상의 가치를 변화시키지 않는 유사놀이, 시각장으로부터 벗어나 한 대상의 가치를 다른 대상으로 바꿀 수 있는 진정한 놀이(막대기로 말타기)로 구분할 수 있다(1-41). 비고츠키는 초기 유년기에는 진정한 놀이가 드물다고 말한다. 어린이는 인형과 놀 때조차 종종 인형을 가상의 아기가 아닌 하나의 물체로 다룬다. 그는 초기 유년기의 끝에 이르러서야 의자를 들고 와서는 '말타기' 놀이를 할 수 있게 된다고 말한다(1-42~1-45). 비고츠키는 진정한 놀이가 의미적 장과 시각적 장이 동시에 존재할 때에만 나타날 수 있지만, 의미적 장은 나중에 출현한다고 결론짓는다. 이는 이 연령기의 중심적 신형성의 출현을 이끈다(1-47).

B. 신형성의 기술. 비고츠키는 '말 발음(조음)'과 '의미적-체계적 지각(시계를 물리적 대상이 아닌 의미를 가진 범주로 지각하기)'이라는 두 개의 신형성을 기술한다. 두 경우 모두 비고츠키는 점진적이고 종합적인 상향식의 생물학적 서술을 거부하고 의미적이고 체계적인 하향식의 기능적 서술을 채택한다.

i. 마침내 비고츠키는 말에 대해 다루면서(1-47), 의사소통은 중심적 발달 노선이라고 선언한다(1-48). 농아에게서 표면적으로 말이 부재한 것으로 보인다는 점을 짧게 언급하면서(1-49), 그는 공유된 주의가 유아에게 했던 것과 같은 역할을 의사소통이 수행해야 한다고 제안한다. 즉 의사소통이 연령기 단계의 중심적 신형성을 불러일으켜야 한다는 것이다(1-50). 언제나처럼 비고츠키는 당대

의 이론에 대한 비판을 통해 부정적으로 시작한다. 특히 스턴의 점진주의적, 종합적, 생물학적 이론이 그 대상이 된다(1-51). 기존 이론의 세 가지 측면이 비고츠키에게 의심스럽다.

a. 기존 이론은 점진주의적이다. 한편 그것은 어린이에게 주어진 '말로 하는 생각'이라는 일반적 원칙으로 시작하여 어린이 발달 과정을 소리와 소리 조합의 점진적 증대로 제시한다. 이는 쓰기를 배우는 과정과 너무 유사하다. 우리는 쓰기를 배울 때 먼저 '글말'의 일반적 원칙을 습득하고 난 후 철자 쓰기 과정을 배운다. 다른 한편으로 옛 저자들이 어린이 발달을 단지 소리내기 원칙으로부터 시작하여 말소리의 기저에 놓인 생각을 배우는 과정으로 제시한 것 역시 오류이다. 이는 외국어 습득의 과정과 너무 유사하다. 그러한 종합적 모형들은 비고츠키에게 그릇된 것으로 보인다(1-53~1-55).

b. 기존 이론은 종합적이다. 비고츠키는 종합적 접근법이 옳다면 소리 요소를 추출하여 재생하는 것이 낱말을 통째로 재생하는 것보다 훨씬 쉬울 것이라고 말한다. 이는 읽고 쓰기를 배우는 어린이가 낱말 전체보다 낱자를 더 쉽게 배우며 전체 문장보다 낱말을 더 쉽게 배우는 것과 같은 원리이다. 그러나 말의 경우 상황은 반대이다. 한 낱말을 말하는 것이 소리 요소를 추출하여 말하는 것보다 훨씬 쉽다(1-56~1-57). 더욱이 스턴의 이론은 (발달을 소리 요소와 그 조합의 점진적 증가 과정으로 설명한다는 점에서) 종합적이지만, 흘러가는 말 속에서 물리적 소리 요소를 추출하는 것은 거의 불가능하다(1-58~1-59). 더욱 큰 문제는 말의 흐름 속에서 물리적 소리 요소를 추출하는 방법은 어린이에게 의미를 무시하도록 요구한다. 이는 의미가 완전히 숙달될 때까지 소리를 무시하도록 하는 것만큼이나 불가능하다(1-60).

c. 기존 이론은 '상향식' 즉 생물학적이다. 비고츠키는 생물학적 접근이 옳다면 소리 요소 습득의 순서가 구강 근육의 점진적인 숙달로 설명될 수 있을 것이라고 말한다(1-62). 즉, /r/ 발음이 /b/ 발음보다 미세한 운동 조작을 요한다면 /r/ 발음이 /b/ 발음보다 더 늦게 습득될 것이다. 이를 증명하는 근거는 없다.

물론 소리를 완전히 무시하는 것은 불가능하다. 그러나 아마 의미를 통해 소리의 분절을 설명하는 하향식 방식이 더욱 적합할 것이다.

ii. 이제 비고츠키는 의미론적, 체계적, 하향식의 기능적 이론을 제시한다. 이는 야콥슨과 트루베츠코이의 모스크바/프라하 학파의 연구에 토대한 것으로 보인다(정치적인 이유 때문인지 비고츠키는 자신이 제시하는 새로운 이론의 원천을 밝히지 않는다).

a. 새로운 이론은 의미론적이다. 비고츠키는 새로운 이론이 기능적 가치(즉 의미)를 음향적, 조음적 자질과 직접 연결하려 하지 않는다고 말한다. 낱말의 의미는 소리 자체나 발성 난이도와 관계없다는 것이다. 대신 음향적, 조음적 구별은 구분 가능한 구조, 즉 형태-음소morpho-phonemes의 일부를 형성하는 데 이 구조가 기능적 가치를 지닌다(1-63, 1-68). 따라서 어린이 말의 소리 발

달은 뜻 발달에 종속되는 것이다(1-73, 1-75).

b. 새로운 이론은 체계적이다. 형태-음소는 절대적, 물리적으로 존재하지 않고 다른 여러 가능한 형태-음소를 배경으로만 나타날 수 있기 때문이다(1-69, 1-74). 따라서 어린이가 발달시켜야 하는 것은 소리의 집합이 아니라 선택 가능한 형태-음소 체계이다(1-67). 이 체계는 전체 언어 수준에서도 나타난다. 부모가 다른 언어를 사용하는 환경에서 자라서 이중 언어를 사용하는 어린이는 누구와 대화하는가에 따라 언어를 선택하는 것을 배운다(1-76).

c. 새로운 이론은 '하향식'이다. 즉, 형태는 기능을 따르며 말소리 발달은 낱말 가치 발달에 종속된다(1-77). 이는 발달의 원동력이 다시 한 번 환경에서 발견된다는 것을 뜻한다. 즉 소리 발달의 원동력은 공동일반화를 수단으로 하는 사회적 의사소통이다. 공동일반화는 어린이가 만 공동게로부터 획득된 낱말을 사용할 때마다 공유하는 일반화이다(1-78~1-85).

비고츠키의 다음 과업은 이러한 외적, 사회적 과정이 어떻게 내적, 심리적 과정으로 내면화되는지를 보여 주는 것이다. 이를 위해 그는 지각을 예로 들어 여기서도 의미론적, 체계적, '하향식'으로 볼 때 발달을 더 잘 이해할 수 있다고 주장한다.

iii. 비고츠키는 이 부분에서 지각이 인간의 지각으로 되는 과정, 즉 지각이 대상의 크기, 위치, 색, 형태에서 어떻게 항상성을 획득하는지 보여 준다. 그는 여기서도 어린이가 획득하는 것은 일련의 감각 능력이 아니라 일련의 구조이며, 이 구조들은 의미와 연결되어 있다고 주장한다.

a. 인간은 대상의 크기에 대한 감각을 지니고 있으며 대상이 가까워지거나 멀어진다고 해서 크기가 변한다고 생각하지 않는다(1-87~1-88).

b 인간은 공간에서의 대상 위치에 대한 감각을 지니고 있으며 자신이 고개를 돌린다고 해서 대상이 움직인다고 생각하거나, 혹은 기차를 타고 이동하는 중에 풍경이 움직인다고 생각하지 않는다(1-89).

c. 인간은 색에 대한 감각을 가지고 있으며 환경에 따라 색 지각에 영향을 받지 않는다. 한낮의 햇빛 아래에서 석탄 조각은 한 밤중의 분필보다 더 많은 백색을 반사하지만 우리는 석탄이 희고 분필이 검다고 생각하지 않는다(1-90).

d. 인간은 어떤 각도에서 보더라도 물체가 안정된 형태를 갖는다고 믿는다. 사각 책상은 사다리꼴로 보여도 항상 사각 형태를 유지한다(1-91).

비고츠키는 이러한 관찰을 병리발생학적 증거, 즉 의미적 지각이 붕괴된 실인증 환자를 통해 확증한다. '마음의 맹인'과 자신의 사지가 자신의 것이 아니라고 믿는 극단적 형태의 정신병에 관심이 있던 푀츨의 연구를 이용하여 비고츠키는 지각이 항상성을 유지하고 의미를 가지기 위해서는 뇌와 감각 기관과의 교통이 양방향적이어야 한다고 주장한다(1-92~1-97). 비고츠키는 그런 후 뇌가 지각에 기여하는 것은 바로 그 의미론적 구조라고 대담하게 제안한다. 우리가 사회적 의사소통과 공동일반화를 통해 도출하는 바로 그 구조이다.

iv. 비고츠키는 지각의 안정성이 스턴이 말한 '질문의 시기', 사람과 사물에 명칭을 붙이는 것에 대한 어린이의 관심과 더불어 나타나는 것에 주목한다(1-99). 비고츠키는 지각이 의미화되기 때문에 또한 체계적이 된다고 말한다. 즉 생물학적으로 타고난 감각 기관을 이용하여 시각-도식적으로 보는 것에 더해서, 사회적으로 획득한 공동일반화를 통해 의미론적으로 볼 수 있는 선택을 할 수 있게 된 것이다(1-98). 시각적으로, 어떤 형태를 호랑이로 볼지 나뭇잎의 패턴으로 볼지는 우리가 그것을 지각하는 도식적 구조에 이미 의존한다(1-100~1-101). 의미론적으로, 우리가 호랑이를 위협으로 볼지 장난감으로 볼지는 우리가 그것을 포함시키는 역사-문화적 범주에 의존한다(1-102~1-103). 이는 우리에게 선택의 가능성, 즉 체계를 부여한다. 이 강의의 놀이에 대한 부분에서 우리는 이미 의자가 시각-도식적 구조에 포함되어 팔로 들어 옮겨질 수도 있지만 또한 의미론적 범주에 포함되어 우리가 그 위에 말처럼 올라탈 수 있음을 보았다. 대상을 시각-도식적 심상이나 공동일반화된 의미로 다룰 수 있는 이러한 능력은 또 다른 의미에서 새로운 체계를 나타낸다. 이 심리적 체계 속에서 주의, 기억, 생각과 같은 기능은 낱말의 의미 덕분에 다르게 연결될 수 있으며(1-104~1-108), 이 새로운 의식 체계와 이 체계의 새로운 발달 가능성은 비고츠키 강의의 마지막 부분으로 우리를 이끈다.

C. 신형성과 다음발달영역의 연결. 비고츠키는 초기 유년기의 신형성이 다음발달영역과 어떻게 연결되는지 보여 주겠다고 약속했다. 이 마지막 부분에서 그는 약속을 지키고 더 나아가, 어린이에게 의미론적이고 체계적인 의식이 나타나면서 처음으로 인간고유의 무언가가 존재하게 된다고 주장한다(1-131~1-133).

    i. 비고츠키는 초기 유년기가 시작하는 시점에서 어린이는 시각-도식적 지각의 노예이며, 밝은 빛을 쳐다볼 것이라고 지적한다. 초기 유년기 후반이 되면 이러한 상황은 적어도 부분적으로 변한다. 어린이는 원한다면 어둠침침한 방구석을 바라볼 수 있다(1-108). 물체들이 새로운 의미를 가질 수 있듯이 하나의 물체는 하나 이상의 이름을 가질 수 있다(1-109). 이처럼 초기 유년기 의식의 의미적/체계적 구조는 가상의 상황과 '가치의 전이'(의자를 말로 사용하는 것)를 가진 진정한 놀이에 참여하는 어린이의 능력과 직접적으로 연결되어 있다. Н. Г. 모로조바는 나이가 더 많은 어린이를 대상으로 이를 실험적으로 연구하여(1-111), 이것이 어린이의 다음발달영역임을 보여 주었다. 사실상 시각-도식적 구조와 의미적 구조는 서로 다른 뿌리를 갖는다. 비고츠키는 시각-도식적으로 그림을 그리려는 어린이의 시도를 순수하게 논리적인 기하학적 형태를 인식하는 능력과 비교하며 이를 설명했다. 하지만 그것들은 낱말 가치를 통해 연결되기 때문에 이제 서로에게 영향을 줄 가능성을 갖게 된다(1-112~1-113).

    ii. 비고츠키는 어린이 의식의 이 두 측면(의미론적 본성과 체계적 본성)이 서로 연결되어 있다고 말한다. 체계 내의 다양한 기능들의 종속에 의존하는 체계적 구조는 그것에 외적 구조를 부여한다. 예컨대 지각의 지배는 전학령기와 반대로 초기 유년기를 고유하게 특징짓는다(1-114~1-115). 낱말 가치를 수단으로 한 공동일반화에 의존하는 의미론적 구조는 의식의 '내적' 구조를 부여한다. 예컨대 그것은 전학령기에 주의, 기억, 생각과 같은 개별 기능들의 재종속을 가능하게 만든다(1-116). 그러나 비고츠키는 잔존하는 지각의 지배성은 대부분의 어린이 의미론이 본성상 구체적임을 의미한다는 데 주목한다. 대상들은 그 속성에 따라 이름이 부여되며, 따라서 대상의 이름을 바꾸는 것은 불가능하다(어린이는 태양을 '소'라 부를 수 없다. 태양은 노란색이지만 소는 뿔이 있기 때문이다).

iii. 이러한 의미론적 의미의 구체성, 일반화는 하면서도 추상화는 할 수 없는 특성은 몬데그린 현상(Mondegreen, 어린이들이 말소리의 흐름을 적절한 낱말로 분절하지 못하고 나름의 낱말을 만들어 내는 현상)을 설명해 준다. 비고츠키는 어린이가 스스로 만든 이 모든 낱말들이 뚜렷한 구체적인 특성을 갖는다고 말한다(1-120). 스턴 부부가 믿는 것과 반대로 어린이는 '모스크바'와 같은 낱말을 개별 소리로 분석하거나 마음대로 결합시킬 수 없다(즉 어린이는 '모스크바'를 말할 수 있지만 /스크/와 같은 조합을 분리하거나 말할 수 없다). 지각은 최대로 발달하고 말이 명명 능력을 제공하므로 대상 세계는 안정화된다. 초기 유년기 말에 어린이는 바위에 등을 돌려서 앉을 수 있다. 하지만 바로 그 이유로 어린이는 대상의 이름을 바꾸어 말하지 않는다.

iv. 비고츠키는 이 모든 것이 곧 변할 것임을 상기시킨다(1-126). 그리고 언어적 지각이 비언어적 지각을 대체함에 따라 어린이는 시각-도식적 세계인 전경과 의미인 배경을 순서 짓는 새로운 방식을 배울 것이다. 상상 놀이에서 전경과 배경의 역할은 역전되어 의미가 시각적 지각보다 앞으로 나올 것이다. 그러나 이 일이 일어나기 전, 어린이는 주도권을 쥐려고 할 것이며, 단순히 공동일반화가 일어나는 장소가 아닌 그 원천이 되고자 시도할 것이다. 비고츠키가 말하듯 3세가 되면 어린이는 감정을 통제하는 법을 배워 이를 전략적으로 사용할 수 있게 된다. 감정과 의지의 이러한 분리는 3세의 위기를 연다(1-128).

제2장

3세의 위기

첫걸음, 부분, V. 고흐(Vincent Van Gogh, 1853~1890).
동생 테오의 첫 아기 출생을 얼마 앞두고 자살하기 몇 달 전에 완성되었다. 이 작품은 밀레 (Jean-François Millet, 1814~1875)의 '첫걸음'의 일부를 모사한 것으로 밀레의 작품에서는 전경에서 아버지가 아이를 향해 두 팔을 뻗고 있으며 아기는 그 행동을 모방하는 상황이 묘사된다. 여기서는 아기가 마치 양육자로부터 벗어나 혼자 걸어가려고 하는 모습인 것처럼 나타난다. 이 장에서 비고츠키는 의지와 욕구가 매우 다른 것이라고 주장한다. 3세 어린이에게는 욕구가 대상을 향하지만 의지는 거의 언제나 사회적 관계를 향한다. 이 때문에 어린이의 원시적 의지는 욕구와 상충하게 되고 심지어 욕구를 마비시키기도 한다.
3세의 위기는 안정적 시기가 아니다. 비고츠키가 지적하듯이 이 시기 발달 노선은 지속되지 않는다. 부정성, 고집, 완고함, 자기 본위, 저항-반항, 비난, 독재-질투는 모두 타인을 향하지만 어린이는 모든 것을 혼자 하려는 의지를 갖기 때문이다. 그럼에도 이 불안정한 시기의 불안정한 신형성은 전학령기의 성취 특히 놀이를 가능하게 한다.

이 장은 두 절로 이루어져 있다. 이들은 내용이 서로 다르고 따로 출판되었지만 모두 3세의 위기와 관련되므로 우리는 이들을 '3세의 위기'라는 장으로 엮는다. 이 장의 첫째 절(2-1)은 러시아 선집에서 가져온 것이다. 러시아 편집 주석은 이것이 비고츠키의 생애 마지막 해인 1933~1934 학년도에 레닌그라드의 헤르첸 교육대학교에서 강연된 강의 원고라고 말한다. 그러나 이 강의 원고는 단지 위기의 징후에 대한 분석이며, 대체로 독일 문헌으로부터의 부차적인 자료들과 설명으로 이루어진 단편적인 것이다. 말미에는 두 가지 사례 연구들에 대한 언급이 나오지만 그중 하나에 대해서만 설명이 제시되며, 도출된 결론은 그 사례들이나 처음에 주어진 개요와 연결되지 않는다. 우리는 이 절을 2-1로 표기했다. 이 장의 둘째 절(2-2)은 코로타예바의 원고에서 가져온 것이다. 주석에 따르면 이 또한 헤르첸 교육대학교에서 1933년 4월에 이루어진 강의이다. 비록 이 강의가 연대기적으로는 먼저이지만, 우리는 다음의 세 가지 이유에서 이를 둘째 절에 배치한다. 첫째, 이 강의가 첫째 절의 자료를 다시 언급한다. 둘째, 이 강의가 첫째 절의 개요를 완성한다. 셋째, 이 강의가 후속 발달에 관한 자료, 특히 7세의 위기를 포함한다. 따라서 우리는 보다 완전한 이 자료를 2-2로 표기했다. 비록 2-1절이 러시아 위키피디아에 등재될 정도로 러시아에서 폭넓게 사용되지만, 비고츠키가 제시한 개요(『연령과 위기』 2장 참조)를 충족시키기에는 다소 단편적이다. 우리는 아직까지 번역된 적이 없는 2-2를 추가하여, 발달의 사회적 상황, 발달의 중심적 노선, 3세의 신형성을 좀 더 전체적으로 이해하고자 했다.

2-1 3세의 위기(의 징후들-K)

2-1-1] 우리는 세 가지 관점의 도움으로 3세의 위기를 분석할 것입니다.

1장도 초기 유년기에 관한 세 가지 과제, 즉 신형성 출현 경로의 추적, 그 경로의 설명, 신형성과 이후 발달 영역 간의 연결로 시작했다. 출생과 유아기에 관한 장에서도 유사하게 나타났다. 이는 비고츠키가 어린이 발달에 관한 그의 저서에서 주로 사용한 짜임이다.

2-1-2] 첫째, 우리는 위기 연령기에서 나타나는 모든 변형과 사건들이 이행적 형태의 모종의 신형성을 중심으로 모인다고 가정해야 합니다. 따라서 위기의 징후들을 분석할 때 우리는 그 특정한 시기에 일어나는 새로운 것이 무엇이며, 이후 사라지는 이러한 신형성의 운명은 무엇인가 하는 질문에 비록 가설적으로나마 대답해야 합니다. 그런 다음 우리는 중심적, 주변적 발달 노선이 어떻게 펼쳐지는지 고찰해야 합니다. 마지막으로 위기적 연령기를 그 근접발달영역의 관점에서, 즉 그것

과 후속 연령기의 관계라는 관점에서 평가해야 합니다.

2-1-3] 3세의 위기를 고찰하는 데 있어 이론적 도식만 가지고 접근하는 것은 불가능합니다. 사실적 자료를 분석해야만 이 자료를 설명하기 위해 제시된 기본 이론들을 이해할 수 있습니다. 3세 연령기에 무슨 일이 일어나는지 이해하기 위해서는 무엇보다도 위기가 발생하는 내적, 외적 발달 상황을 고찰할 필요가 있으며, 그 고찰은 연령기의 징후들로 시작해야 합니다. 가장 두드러지게 나타난 위기의 징후들은 문헌들에서 3세 위기의 첫 번째 징후대 또는 칠성좌라 불립니다. 이들은 모두 일상적 이해를 바탕으로 쓰인 것이며, 엄밀한 과학적 의미를 획득하기 위해서는 분석이 필요합니다.

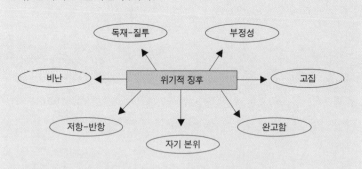

비고츠키가 본문에서 칠성좌로 비유한 위기적 징후들은 그림과 같으며, 순서대로 논의할 것이다.

'Terrible Twos'나 'Threenagers'(삼춘기)라는 말에서도 알 수 있듯이 거의 모든 문화에서 미운 세 살에 관한 이야기를 찾아볼 수 있다. 이 시기는 '어려운 유년기'로, 비고츠키는 이를 좀 더 과학적으로 '3세의 위기'라고 부른다. 이는 그 자체로 위기의 내적이자 필수적인 특징을 보여 주는 강력한 증거가 된다. 또한 흥미롭게도 거의 모든 문화들에서 일곱 개의 별에 관한 옛날이야기가 전해 온다. 우리나라에서도 '북두칠성이 된 일곱 형제들'이라는 옛이야기가 있다. 이것은 때로 국자와 연관되기도 하고, 때로 일곱 부처님과 연관되기도 한다. 러시아에서는 황소자리의 플레이아데스 성단과 연관이 있다. 비고츠키는 '일곱 개의 별'을 그가 분석할 '사실적 자료'를 지칭하는 데 사용한다. 그는 징후의 민속적인 부정적 의미를 과학적이고 긍정적으로 분석한다. 예를 들어 '3세의 위기'의 징후 중 부정성은 민속적으로는 단지 반항을 의미할 뿐이지만, 과학적으로는 사회적 관계의 재구조화를 의미한다. 마찬가지로 민속적 의미의 고집은 억지, 완고함일 뿐이지만, 과학적 의미의 고집은 심리적 관계의 재구조화, 즉 자기 인식에 관한 시도이다. 각각의 경우에서 비고츠키는 그 징후들이 어린이가 외적 목표나 즉각적 영향으로부터 자유로워지는 것과 관련이 있음을 보여 준다. 이와 같이 이 모든 징후들은 환경과 인격의 연속선상에서 어린이 쪽에 더 가까이 놓여 있으며, 환경에 대해 주도권을 쥐려는 어린이의 시도를 나타낸다. 단순히 발달의 현장이 되는 것이 아니라 어린이의 환경에 대한 '역습'의 기회이자 원천이 된다는 것을 표현하게 된다. 이때 어린이는 발달의 원천이 되고 환경이 발달의 장소가 된다.

2-1-4] 위기의 시작을 특징짓는 첫째 징후는 부정성의 출현입니다. 지금 말한 것을 잘 이해해야 합니다. 어린이의 부정성에 대해 말할 때 이는 보통의 불복종과는 구별되어야 합니다. 부정성은 어린이가 모든 것을 어른이 요구한 것에 반하여 행동하는 것입니다. 어린이가 싫어하는 것을 하고 싶어 하지 않는다면(예를 들어 어린이가 놀고 있는 데 가서 자라고 하면 이 어린이는 자고 싶지 않을 것입니다), 이는 부정성이 아닙니다. 어린이는 자신이 좋아하는 것을 하고 싶어 합니다. 자기가 원하지만 금지된 것을 그래도 하는 것은 부정성이 아닙니다. 이것은 어른의 요구에 대한 반작용일 것이며, 이 작용은 어린이의 강한 욕구에 의해 추동됩니다.

2-1-5] 우리는 오로지 어린이가 단지 어른의 제안이라는 이유로 무언가를 하고 싶어 하지 않을 때 나타나는 행동들을 부정성이라 일컬을

것입니다. 즉 이는 행위의 내용이 아니라 어른의 제안에 대한 반응입니다. 부정성은 어린이가 **요구된 것이라는 이유로 무언가를 하지 않는다**는 점에서 보통의 불복종과는 구별되는 특성을 포함합니다. 마당에서 놀고 있는 어린이는 집 안으로 들어가고 싶어 하지 않습니다. 어린이는 졸리지만 엄마의 요구를 따르지 않고 무시합니다. 그러나 친구가 제안한다면, 이 어린이는 자신이 원하는 일을 할 것입니다. 어린이의 부정성적 반응은 바로 그것이 요구되었기 때문에 하지 않는 것입니다. 여기서 동기의 고유한 전환점이 존재합니다.

2-1-6] 이런 행동의 전형적인 예를 우리 진료소 관찰에서 들어 보겠습니다. 3세의 위기가 연장되어 부정성을 분명히 표현하는 4세의 여아가 어린이들에 대해 논의하는 회의에 자신을 데려가기를 소망합니다. 그 여아는 갈 준비를 다 마쳤습니다. 나는 아이에게 가자고 하지만 내가 아이에게 요청했기 때문에 아이는 가지 않을 것입니다. 아이는 계속 투정을 부립니다. "그럼 너 혼자 가." 아이는 가지 않습니다. "자, 어서 여기로 오너라." 아이는 오지 않습니다. 우리가 아이를 혼자 남겨 두면 아이는 훌쩍이기 시작합니다. 아이는 우리가 자신을 데려가지 않아서 슬퍼합니다. 이처럼 부정성은 어린이가 자신의 감정적 끌림과는 반대로 행동하도록 이끕니다. 아이는 가기를 원하지만 우리가 이를 제안했기 때문에 가는 것에 결코 동의하지 않을 것입니다.

2-1-7] 가장 심한 형태의 부정성은 권위적인 어조로 건네지는 모든 제안들에 대해 반대의 대답을 내놓습니다. 수많은 작가들이 비슷한 실험들을 멋지게 묘사했습니다. 예를 들어 한 어른이 아이에게 다가가서 권위적인 어조로 "이 옷들은 검정색이야"라고 말한다면 "아니야, 하얀색이야"라는 대답을 얻을 것입니다. 그러나 어른들이 "이건 하얀색이야"이라고 말하면 아이는 "아니야, 검정색이야"라고 대답합니다. 반박하고자 하는 의도, 무슨 이야기를 듣던 반대로 행동하고자 하는 의도, 이

것이 진정한 의미에서의 부정성입니다.

2-1-8] 부정성 반응은 본질적인 두 계기에서 보통의 불복종과는 다릅니다. 첫째, 여기서 타인과의 관계인 사회적 연결이 전면에 나옵니다. 이 경우, 어린이가 요구받은 것을 원하든 원하지 않든, 어린이의 행동을 규정하는 반응은 상황 자체의 내용으로 동기화되지 않습니다. 부정성은 사회적 특성을 지닌 행위입니다. 이는 무엇보다도 사람에 대한 것이지, 어린이에게 요구되는 내용에 대한 것이 아닙니다. 두 번째 본질적 세기는 어린이와 자신의 감정과의 새로운 연결입니다. 어린이는 감정의 직접적 영향하에 행동하지 않고, 자신이 끌리는 것과는 반대로 행동합니다. 이러한 감정들과의 연결을 고려하면서 3세의 위기 직전의 초기 유년기에 대해 떠올려 봅시다. 모든 연구들의 관점에 따르면 초기 유년기의 가장 큰 특징은 감정과 행동의 완전한 통합입니다. 어린이는 항상 전적으로 상황에 내적인 자신의 감정이라는 법칙에 따라 나아갑니다. 전학령기 동안에도 감정으로부터 직접 생겨나는, 다른 사람과 연결된 동기가 나타납니다. 이는 다른 상황과 연결되어 있습니다. 이는 감정으로부터 직접적으로 나타나며 다른 상황과 연결됩니다. 어린이가 거절 할 동기가 상황 속에 있다면, 그가 하고 싶어 하지 않거나 다르게 하고 싶어 하기 때문에 무언가를 하지 않는다면, 이것은 부정성이 아닙니다. 부정성은 주어진 상황 밖에 동기가 놓여 있는 그러한 반응, 경향입니다.

2-1-9] 3세 위기의 두 번째 징후는 고집입니다. 부정성과 일반적인 완고함(불복종-K)을 구별해야 하듯이 고집과 집요함도 구별해야 합니다. 예컨대 어린이가 무언가를 원하여 집요하게 그것을 요구하는 것은 고집이 아닙니다. 이는 3세 이전에도 나타납니다. 예컨대 어린이가 무언가를 갖기 원하지만 그것을 곧바로 얻지 못할 때 이 물건을 얻기 위해 집요하게 노력한다면 이는 고집이 아닙니다. 고집은 어린이가 무언가를 간

절히 원하기 때문이 아니라 다만 자신이 그것을 요구했기 때문에 지속적으로 주장하는 반응입니다. 그는 스스로의 요구에 매달립니다. 예컨대 마당의 어린이가 집으로 들어오라는 소리를 들었다고 해 봅시다. 어린이는 말을 듣지 않습니다. 설득력 있는 이유를 들었다 해도 어린이는 이미 거절했기 때문에 안으로 들어가지 않습니다. 고집의 동기는 어린이가 자기의 최초 결정과 연결되어 있다는 것입니다. 오직 이것이 고집입니다.

> 첫 번째 줄의 '완고함'은 비고츠키나 속기사의 실수인 것으로 보인다. 앞에서 비고츠키는 부정성을 완고함이 아니라 일반적인 불복종(обычного непослушания)과 대비시킨 바 있다.

2-1-10] 고집과 통상적인 집요함을 구분하는 두 계기가 있습니다. 첫 번째 계기는 부정성과 같이 동기와 관련이 있습니다. 어린이가 지금 바라는 무언가를 고수한다고 해서, 그것이 고집인 것은 아닙니다. 예컨대 썰매 타기를 좋아하는 어린이는 온종일 밖에서 지낼 수 있습니다.

2-1-11] 둘째 계기입니다. 부정성이 어린이가 어른에게 들은 것과 반대되는 상반된 것을 하는 특징적인 사회적 경향이라면, 이제, 고집은 어린이 자신과 관련된 경향으로 특징지어집니다. 우리는 어린이가 한 감정으로부터 다른 감정으로 자유롭게 오간다고 말할 수 없습니다. 어린이는 그러지 못합니다. 어린이가 그렇게 행동하는 것은 단지 **자기가 그렇게 말했기** 때문이며, 그것을 고수합니다. 따라서 우리는 동기가 어린이 인격 자체와 맺는 관계가 위기가 시작되기 전과 달라졌음을 봅니다.

2-1-12] 셋째 계기는 보통 독일어로 '트로츠(Trotz, 반항)'라 일컬어집니다. 이 징후가 이 연령기의 중심적 징후로 간주되어 위기적 연령기 전체가 '트로츠알터(Trotz alter, 반항기)', 러시아어로 완고함의 시기로 불렸

습니다.

2-1-13] 셋째 징후와 첫째 징후는 어떤 점에서 다릅니까? 완고함은 사람에 대한 것이 아니라는 점에서 부정성과 구별됩니다. 부정성은 언제나 어린이가 이런저런 행동을 촉구하는 어른에게 반하도록 지향됩니다. 그러나 완고함은 오히려 어린이를 위해 확립된 문화화의 기준에 반하도록, 삶의 형태에 반하도록 지향됩니다. 그것은 '네, 네!'로 나타나는 어린이 고유의 불만으로 표현되는데, 어린이는 제안된 모든 것과 행해신 보는 것에 이 표현으로 대답합니다. 여기서 완고함의 확립은 사람과 관련 있는 것이 아니라 3세에 형성되어 온 삶의 전체 형태, 이미 정해진 기준, 전에 자신의 흥미를 끈 즐거움과 관련되어 있습니다. 완고함은 밖을 향하고 외적으로 관련된다는 점, 자신이 바라는 것에 집착하려는 욕구에 의해 야기된다는 점에서 고집과는 다릅니다.

2-1-14] 권위주의적인 부르주아 가정의 문화화에서 어째서 완고함이 3세 위기의 가장 중대한 징후로 나타나는지는 상당히 명확합니다. 이전에 어린이는 사랑스럽고 유순하며 이끄는 대로 따라왔지만, 그러다 갑자기 모든 사람을 불쾌하게 만드는 완고한 존재가 됩니다. 비단처럼 부드럽고 온화하며 순한 어린이와는 반대되는, 주변 사람들에 대해 언제나 저항하는 그런 존재입니다.

2-1-15] 어린이의 완고함은 보통의 불응과는 그 편향성에서 다릅니다. 어린이는 반항적입니다. 그의 불만스럽고 도전적인 '네, 네!'는 그가 사실 이전의 모습에 반하는 잠재된 반란으로 가득 차 있다는 의미에서 편향적입니다.

> 비고츠키의 말하고자 하는 것은 어린이가 실제로 말하는 것과 다른 것을 의미할 수 있다는 것이다. 이것을 가능하게 하는 것은 의미론적 문법, 조음과 억양, 표정의 불일치이다. 예컨대 '네, 네!'라고 말하면

ну да '네, 네!'

서 빈정대는 억양이나 표정을 짓는 것이다. 이를 위해서 어린이는 말이 지닌 다층 구조와 그에 따른 서로 다른 결과들을 명백히 이해해야 한다.

2-1-16] 아직 넷째 징후가 남아 있습니다. 독일인들은 이를 아이겐신(Eigensinn, 자기 의지), 즉 자기 본위, 독선이라고 부릅니다. 이는 독립성을 향한 어린이의 경향입니다. 이것은 이전에 없었으며, 이제 어린이는 모든 것을 혼자서 하고 싶어 합니다.

2-1-17] 우리가 분석할 위기의 징후는 아직 세 개가 더 남아 있습니다. 그러나 그것들은 부수적인 중요성을 가질 뿐입니다. 첫째는 **저항과 반항**입니다. 어린이의 모든 행동이 저마다 저항의 특성을 띠기 시작합니다. 이는 이전에는 있을 수 없었던 일입니다. 마치 어린이가 자신을 둘러싼 것들과 끊임없이 충돌하면서 전쟁을 치르고 있는 것과 같이, 모든 어린이의 행동들이 저항의 특징을 지닙니다. 부모와 어린이들 간의 잦은 다툼은 일상적입니다. 이와 연관된 징후가 비난입니다. 예를 들어, 좋은 가정의 어린이가 욕설을 하기 시작합니다. C. 뷜러는 한 어린이가 엄마에게 두라(дура, 멍청한 년)라고 부르는 것을 들었을 때 그 가족의 공포를 생생하게 묘사합니다. 이 말은 이전에는 말하지 못했습니다.

2-1-18] 어린이는 장난감을 무시하고 거부합니다. 나쁜 말이나 부정적인 용어들이 그의 어휘에 나타나, 그 자체로는 불쾌감을 불러일으키지 않는 대상들과 연결됩니다. 끝으로 여러 가정에서 나타난 여러 가지 다른 징후들을 짚어 봅시다. 외동을 키우는 한 가정에서 우리는 독재적인 소망을 만납니다. 그 어린이는 주변 사람을 독재적으로 지배하려

는 욕구를 지니고 있습니다. 어머니는 집을 떠나면 안 되고, 그가 요구한 대로 꼭 방 안에 있어야 합니다. 그는 자기가 싫은 것은 빼고, 자신이 요구한 것, 자기가 바라는 것은 모두 받아야 합니다. 이 어린이는 주변 사람들을 마음대로 하기 위한 수천 가지 방법을 찾으려 할 것입니다. 지금 이 어린이는 그의 욕구가 채워지고 자신이 상황의 주인이던 초기 유년기의 즐거웠던 상태로 돌아가려고 시도하는 중입니다. 만약 이 징후가 여러 아이를 키우는 가정에도 존재한다면, 그것은 동생이나 형을 향한 실투로 나타납니다. 여기서 독재와 권력을 향한 동일한 지배적 경향은 다른 형제를 향한 시기하는 태도의 원천입니다.

2-1-19] 이런 것이 3세의 위기에 관한 진술을 이루는 기본적 징후들입니다. 이러한 징후들을 살펴보면, 위기가 취하는 주요 형태에서 우리는 반란, 말하자면 권위주의적 문화화에 대한 반란을 확인할 수 있게 해 주는 특징을 쉽게 볼 수 있습니다. 이것은 마치 어린이가 저항적이고, 자율성을 요구하며, 초기 유년기 동안 발달되어 온 보살핌의 규준과 형태로부터 벗어나려고 하는 것과 같습니다. 그 전형적 징후들 속에서 위기는 매우 명백하게 양육자에 대한 반란의 특성을 지니며, 모든 연구자들의 시선을 사로잡습니다.

2-1-20] 징후들이 가리키듯, 어린이는 기르기 어려워집니다. 이전에는 문제나 어려움이 없었던 어린이가 이제 어른들에게 어려운 존재로 보이기 시작합니다. 이 덕분에 어린이는 갑자기 단기간에 변한 것 같은 인상을 줍니다. 그에 대한 가족 전체의 이미지가 팔에 안긴 귀여운 '강아지'에서 완고하고 고집 세며, 부정적이고 거절하는, 시샘하거나 독재적인 그런 존재로 한순간에 바뀌게 되는 것입니다.

미국질병관리본부는 2014년 10,000명 이상의 2~3살 미국어린이들이 리탈린이나 애터렐 같은 약을 주의력결핍과잉행동장애(ADHD)를 치료할 목적으로 복용했다고 밝혔다. 명백하게 이들 중 많은 부분은 제약회사의 판촉 영업의 결과이다. 제약회사는 절실한 부모들에게 약을 팔기 위해 유아용 캐릭터를 이용한다. 일부 제약회사는 조울증 치료약 리스페달(티거), 우울증 치료약 세로켈(이요르)까지 '곰돌이 푸'의 캐릭터를 이용할 계획을 세우고 있다.

2-1-21] 기술된 모든 징후들에서 어린이와 주변 사람들 간의 사회적 관계에서의 모종의 변화 또한 존재함을 보는 것은 어렵지 않습니다. 부르주아 나라들에서의 초기 유년기 문화화는 전적으로 개별 가족 문화화의 형태를 띠기 때문에 이 모든 것은 주로 가족 내 문화화에 대한 자료에 의해 확립되었습니다. 물론 지금 우리에게 다양한 취학 전 기관들이 있으며, 여러 나라들마다 장애인을 위한 사회조력기관과 자선적 문화화를 위한 형태가 존재한다는 것은 사실입니다. 그러나 학령기와는 반대로 초기 유년기에서의 부르주아 문화화의 일반적 경험의 경로는 개별적, 가족 문화화입니다. 이러한 모든 징후들은 하나같이 동일한 것을 말합니다. 즉 어린이와 감정적으로 애착된, 그 밖에서는 그의 존재 자체를 생각할 수 없는, 가까운 가족과 맺는 관계에서 무언가가 극적으로 변화한 것입니다.

2-1-22] 초기 유년기 어린이는 항상 그를 둘러싼, 그와 연결된 것들에 직접적인 정서적 관계라는 힘 속에서 자신을 발견하는 존재이다. 3세의 위기에서 그가 찾는 것은 파열이라 불릴 수 있는 것이다. 여기서 분쟁이 일어날 수 있다. 어린이는 엄마를 비난할 수도, 부적절한 순간에 건네진 장난감을 악의에 차 부술 수도 있으며, 어린이의 독립성과 능동

성의 증가를 나타내는 정서적-의지 영역의 변화가 일어날 수도 있다. 이러한 모든 징후들은 '나'와 나를 둘러싼 사람들 사이의 축을 중심으로 돈다. 이러한 징후들은 어린이와 그를 둘러싼 사람들과의 관계, 그리고 어린이와 그 자신의 인격과의 관계에서 변한 것을 말해 준다.

2-1-23] 일반적으로, 이 징후들을 모아 놓고 보면 어린이 해방이라는 인상을 받게 됩니다. 이전에는 어른이 어린이의 손을 잡아 주었다면 이제는 어린이 혼자 걸어가려는 경향이 생긴 것과 같습니다. 많은 연구자들은 이글 이 위기 시기의 특징적 부분으로 주목했습니다. 나는 찰스 다윈의 다음과 같은 생각으로 여러분의 주의를 여러 번 환기시킨 바 있습니다. 즉 출생 순간의 아기는 신체적으로 어머니와 분리되지만 어머니 없이는 먹지도 심지어 이동하지도 못합니다. 다윈은 이것이 어린이의 생물학적 독립의 결핍, 생물학적 비분리성을 표현한다고 생각합니다(유대류에게는 형태학적 적응인 주머니가 있습니다. 새끼는 출생 후 주머니 속에 자리 잡습니다). 다윈의 이 생각을 이어 나간다면 우리는 초기 유년기의 어린이가 생물학적으로는 분리되었지만 심리적으로 아직 주변 사람들과 분리되지 않았다고 말해야 합니다. 베링거는 3세 이하의 어린이가 자신의 환경과 사회적으로 분리되지 않았으며, 3세의 위기와 더불어 새로운 해방의 단계를 보게 된다고 말할 수 있는 근거를 제공합니다.

2-1-24] 이제 나는 간략하게나마 소위 이차적 증상들, 즉 기본 징후들로부터 뒤따라 나오는 징후들과 그 후속 발달에 대해 이야기하고자 합니다. 이차적 증상들은 다시 한 번 두 무리로 나뉩니다. 하나는 어린이의 독립성이 확립됨에 따라 나타나는 징후들입니다. 사회적 관계와 정서적 영역, 즉 어린이에게 가장 소중하고 가치 있으며 가장 강력하고 깊은 체험에 영향을 미치는 모든 것에서의 변화 덕분에 어린이는 전방위적인 내적 외적 충돌을 시작하며, 우리는 종종 어린이들의 신경증적 반

응을 다루게 됩니다. 이러한 반응들은 병적 특성을 수반합니다. 3세 위기의 신경병증 어린이들에게서 우리는 종종 신경증적 반응, 예컨대 야간에 소변을 자제하지 못하는 야뇨증의 출현을 보게 됩니다. 이런 측면에서 보면, 청결에 익숙했던 어린이가 위기의 불행한 흐름 속에서 종종 이전 단계로 퇴행합니다. 밤에 대한 두려움, 불안정한 수면 그리고 다른 신경병적 증상들, 때로는 극단적 언어 장애, 말 더듬기, 부정성과 고집의 격화, 이른바 과잉 발작, 즉 외적으로는 발작과 유사하지만 사실 온전한 의미에서의 병리학적 발작이 아닌 특정 유형의 발작이 존재합니다(어린이는 몸을 떨면서 마룻바닥에 벌렁 드러누워 손과 발로 바닥을 두드려 댑니다). 그것은 우리가 이미 말했던 부정성, 고집, 비난, 반항이 극단적으로 날카로워진 형태라고 할 수 있습니다.

> 2-1-3에서 비고츠키는 문헌에서 발견되는 일차적, 이차적 증상들을 언급했다. 그는 또한 내적, 외적 징후들에 대해서도 언급한 바 있다. '일차적 징후'는 7성좌와 같은 내적 징후를 지칭하고 '이차적 징후'는 여기서 언급되는 야뇨증, 말더듬기, 분노 폭발을 지칭하는 것일 수 있다. 비고츠키는 이차적 징후를 두 그룹으로 나누지만 여기서는 한 그룹에 대한 논의만 나오는 것으로 보인다. 그는 자신의 진료소에서 발견되는 일차적 징후의 극단적 형태를 논의하고 곧장 결론을 도출한다. 이는 강의 시간의 부족 때문일 수도 있다. 비고츠키는 사실 처음에 약속했던 사실적 자료들의 모음을 제공한다. 그러나 2-1-2에서 약속했던 이행적 신형성과 이를 낳는 발달 노선 그리고 이 신형성이 독립성을 잃었을 때 일어나는 일에 대한 기술은 하지 않는다. 그중 일부는 이어지는 강의에 포함되어 있다.

2-1-25] 우리의 관찰 중에서, 완벽하게 정상이면서 매우 험난한 3세 위기 과정을 겪는 어린이를 한 예로 들어 보겠습니다. 이 어린이는 4세이고 전차 운전사의 아들이었습니다. 독재가 이 어린이에게 과도한 속

도로 발현되었습니다. 그가 요구한 모든 것이 완전히 이루어져야만 했습니다. 예컨대 아이는 어머니와 길을 걷다가 도대체 아무짝에도 쓸모없는 종이 쪼가리를 주워 달라고 고집하는 것입니다. 그 아이는 발작 증세로 우리에게 보내졌습니다. 자신의 욕구가 거부되면 그는 바닥에 드러누워 손과 발을 구르면서 소리를 지르기 시작합니다. 그러나 어린이가 소리를 지르거나 손과 발을 두드릴 때 이것은 병적 발작이 아니며, 적지 않은 저자들이 유아기 반응으로의 퇴화라고 간주한 행동 형태입니다. 우리는 이 어린이에게서 난리를 피우지 않고서는 저항할 수 없는 이 시기의 무력한 분노 발작을 관찰합니다. 나는 이것을 이차적 증상을 이루는 복잡한 3세 위기의 한 예로 제시합니다. 즉 이는 이 위기의 기본적 특성에 속하지는 않지만 연속성―가정 내 어려운 문화화로부터 신경 증상 심지어 정신병적 증상을 일으키는 상태에 이르기까지―을 나타냅니다.

비고츠키는 분명 이차적 징후들에 두 무리가 있다고 말한다. 첫째 무리는 어린이의 독립성이 확립됨에 따라 나타나는 징후들이며, 이 징후들의 범위는 양육의 가벼운 문제들에서부터 '신경증'(인격 장애)이나 심지어 '정신병리증'(정신 이상)으로 보이는 징후들까지 이른다. 그렇다면 둘째 무리는 무엇일까? 둘째 무리는 사라진 듯하다. 여기에는 몇 가지 가능성이 있다. 첫 번째 가능성은 비고츠키가 첫째 무리로 양육의 어려움을 반영하되 신경증적 병리학적 징후들을 포함하지 않는 비병리학적 징후들을 의미한 것이다. 그러나 그가 이후에 이 둘 사이에 연속성이 있다고 하는 것으로 보아 이 가능성은 그리 크지 않을 것 같다. 연속성이 존재한다면 둘이 아닌 하나의 무리로 보는 것이 타당하기 때문이다. 두 번째 가능성은 비고츠키가 둘째 무리를 잊어버린 것이다. 훌륭한 강연자임에도 불구하고 비고츠키 역시 주의가 흐트러지기도 한다. 그는 종종 앞서 말한 것을 또 말하기도 하고, 때로는 하나를 말하는 동안 다른 것을 생각하면서 말해야 할 것을 잊어버리기도 한다. 우리는 이 강의가 비고츠키 생애 가장 마지막 주에 이루어졌으며, 그의 건강이 좋지 않았다는 것을 기억해야 한다. 세 번째 가능성은 비고츠키가 둘째 무리를 잊은 것이 아니라 속기사가 놓친 것이다. 분명 속기사의 기록은 완전하지 않다. 예를 들어 이 장은 논의가 한창 진행되던 중 갑자기 끝나 버려서 비고츠키가 2-1-2에서 했던 신형성, 발달 노선, 근접발달영역의 관점에서 3세의 위기를 고려해 보겠다는 약속이 지켜지지 않고 있다. 물론 비고츠키가 한 강의에서 그렇게 많은 내용을 할 시간이 없을 수도 있지만, 만일 그랬다면 다음 강의에서 그 주제들을 다루겠다는 언급이 있었을 것이다. 그러나 이 장의 마지막에는 그러한 언급이 빠져 있으며, 중간에 공백이 발견되더라도 별로 놀랍지 않을 것이다.

2-1-26] 몇 가지 이론적 결론을 도출해 봅시다. 다시 말해 어떤 종류의 사건들이 어린이 발달에서 일어나며, 이제까지 묘사된 징후들의 의미와 중요성이 무엇인지 규정해 보도록 합시다. 우리는 이를 이론적으로 제시하고자 합니다. 이것은 사실적 자료 지식, 나의 관찰(내가 연구할 수 있었던 어려운 유년기가 위기와 연관되기 때문에), 이 연령기에 대한 연구들을 비판적으로 재작업한 시도들에 근거하는 최초의 개괄적 시도가 될 것입니다. 매우 예비적이며 어느 정도 주관적인 우리의 시도가 곧 위기적 연령기 이론이 되는 것은 아닙니다.

2-1-27] 3세 위기의 징후들을 고려할 때, 우리는 이미 내적 재구조화가 사회적 관계의 축을 따라 발생한다고 언급했습니다. 우리는 세 살 어린이에게서 발생하는 부정적인 반응은 단순한 불복종과는 구별되어야 하고, 여기서 위기의 일부로 나타나는 고집 역시 어린이의 단순한 집요함과 엄밀히 구분되어야 함을 지적했습니다.

2-1-28] 1. 부정적 반응은 어린이가 여러분의 요구에 무관심하거나 심지어 요청받은 것을 하고 싶음에도 불구하고 그것을 거부할 때 나타

납니다. 거부의 동기는 요구받은 활동의 내용에 있는 것이 아니라 여러분과의 관계에 있습니다.

2-1-29] 2. 부정적 반응은 그가 수행하기를 요구받은 행동에 대한 거절에서 나타나는 것이 아니라, 바로 여러분이 그에게 요구했다는 것에서 나타납니다. 따라서 어린이의 부정적 태도의 참된 본질은 반대로 하는 것, 즉 여러분이 그에게 요구한 것에 관해 독립적인 행동으로 행위를 하는 것을 보여 주는 것입니다.

2-1-30] 고집과 관해서도 마찬가지입니다. 다루기 어려운 어린이들에 대해 하소연하면서 어머니들은 그들이 고집 세고 집요하다고 말합니다. 그러나 고집과 집요함은 다릅니다. 어린이가 무언가를 갈망하여 그것이 주어질 때까지 집요하게 매달리는 것은 고집과 전혀 상관없습니다. 고집 센 어린이는 자신이 별로 원하지 않거나 전혀 원하지 않는 것, 또는 옛날에는 원했지만 지금은 그렇지 않은 것을 요구하는데, 이는 자기의 요구를 관철시키기 위함입니다. 어린이는 욕망의 내용을 주장하는 것이 아니라 자신이 그렇게 말했기 때문에 주장합니다. 즉 여기서 사회적 동기가 나타납니다.

2-1-31] 위기의 칠성좌로 알려진 일곱 개의 징후들은 새로운 특징들이 언제나 다음과 같은 사실과 연결되어 있음을 보여 주었습니다. 즉 어린이는 상황의 내용 자체가 아니라 타인과의 관계에 의해 행동이 동기화된다는 것입니다.

2-1-32] 만약 3세 위기의 징후의 실제 모습을 공동일반화한다면, 이 위기가 본질적으로 말해 무엇보다도 어린이의 사회적 관계 속의 위기로서 일어난다고 주장한 연구자들에게 동의하지 않을 수 없습니다.

2-1-33] 위기의 시간 동안 본질적으로 재구조화되는 것은 무엇일까요? 주변인들, 어머니와 아버지의 권위와 관련한 어린이의 사회적 위치입니다. 또한 인격의 위기, 즉 '나'가 일어납니다. 다시 말해 순간적인 욕

구가 아닌 어느 정도 어린이의 인격 발현과 연관되는 일련의 행동이나 동기, 상황으로부터 분화된 동기가 나타납니다. 요컨대 위기는 어린이 인격과 그를 둘러싼 사람들 사이의 사회적 상호관계의 재구조화의 축을 따라 진행됩니다.

이 장은 매우 길 것으로 예상되었으나, 실제로는 매우 짧게 끝났다. 그 이유는 무엇일까? 우리는 앞에서 비고츠키가 3세의 위기를 세 가지 관점(신형성, 발달 노선, 근접발달영역)에서 살펴볼 것이라 약속했으나 그 약속이 지켜지지 않았음을 보았다(2-2-25 글상자 참조). 그 대신 그는 사실적 자료를 살펴보고 이로부터 사회적 발달 상황을 이끌어 내야 한다고 말한다. 러시아판 비고츠키 선집(1984) 주석에서 루리야와 레온티에프는 이 '사실적 자료'의 출처가 바로 E. 쾰러의 연구일 것이라 주장한다. 그럴 가능성도 있지만, 비고츠키에게 있어 '사실적 자료'가 반드시 출판된 연구물이었던 것은 아니다. 그는 부모나 교사의 실천적 경험을 매우 존중했으며 상식적 개념 또한 사실적 자료로 간주했다. 따라서 우리는 '위기의 칠성좌'에 대한 비고츠키의 논의와 정교화를 그 자체로 사실적 자료에 대한 논의로 간주할 수 있다. 사실적 자료에 대해 논의하면서 비고츠키는 그것을 정교화한다. 먼저 비고츠키는 칠성좌를 두 무리로 구분한다. 부정성, 고집, 완고함은 가장 중요한 징후의 무리이며 자기 본위, 비난, 저항-반항, 독재-질투는 덜 중요한 징후의 무리이다. 그런 다음 비고츠키는 첫 무리의 '그렇게 말해서'라는 요소에 주목한다. 어린이는 어른이 '그렇게 말해서' 아니라고 말하고, 어린이 자신이 '그렇게 말해서' 고집을 피우며, 환경 속 사회적인 모든 것에 대해 일반적으로 '네, 네!'라 말함으로써 완고함을 표현한다. 언어는 실천적 의식으로서 환경에 대한 어린이의 관계이며 이 일곱 개의 별들이 돌고 있는 중심축이다. 그런 다음 비고츠키는 이 모든 요소들이 발달의 사회적 상황에서의 위기적 변화를 시사한다고 말한다. 즉 사회적 환경과 어린이의 관계 속에 결정적인 변화가 생기는 것이다. 어린이는 판세를 뒤집고자 하며, 그 자신이 발달의 주체가 된다. 발달에 관한 '진보적'이고 '아동 중심적' 생각(루소, 톨스토이, 피아제, 몬테소리, 발도르프, 슈타이너와 관련된 학파들)은 항상 어린이를 발달의 주체라 규정한다. 그러나 비고츠키에게 있어 어린이의 시도는 성공이 불가능한 것이다. 어린이나 환경 그 어느 것도 결코 발달을 완전히 지배하거나 결정할 수 없다. 발달은 단순히 어린이의 잠재력과 환경이라는 원천을 중개해 주는 문제가 아니다. 발달은 어린이와 환경의 간극에 존재하며, 발달 노선은 실제 사람들(한편으로 어린이, 다른 한편으로 어린이에게 환경이 되는 사람들)에 의해 창조된다. 이전에는 존재하지 않았던 신형성이 만들어져야 한다. 위기는 채워지지 않은 간극의 명확한 표현이며, 이 장에서 우리가 얻을 수 있는 것은 이러한 간극에 대한 분명한 설명이다. 비고츠키는 이 간극을 발달의 사회적 상황이라 부른다. 그렇다면 비고츠키가 앞에서 약속했던 내용은 어디로 간 것일까? 그것은 사라졌고 저자는 우리 곁에 없다. 만약 코로타예바가 없었다면 이야기는 여기서 끝났을 것이다. 다행히도 다음 절에서 볼 수 있는 것처럼 이야기는 완전히 끝나지 않는다. 코로타예바 원고의 강의는 내용상 분명히 이 강의를 이어 가고 있지만 불행히도 동일한 강의가 아니라 거의 1년 앞서 이루어진 강의에서 나온 것이다. 다음 절이 비고츠키가 약속했던 것의 일부(예컨대 신형성에 대한 명확한 진술)를 포함하며 심지어 약속하지 않았던 것들(예컨대 3세 위기와 7세 위기 간의 명확한 연결)도 상당 부분 다루고 있지만, 여전히 누락된 내용(결정적으로 근접발달영역)이 상당 부분 남아 있다.

2-2 3세와 7세의 위기

이 절은 1933년 4월 16일 헤르첸 교육대학교에서 비고츠키가 행한 강의의 속기록이다.

2-2-1] 오늘은 우리가 시작은 했지만 마무리 짓지 못한 주제, 바로 위기적 연령기와 관련된 주제로 돌아갈까 합니다. 오늘은 전에 시작했던 3세의 위기와, 전학령기와 학령기를 나누는 7세의 위기에 대한 강의를 마무리 짓도록 하겠습니다.

2-2-2] 나는 3세의 위기를 앞으로 나올 과도기적 연령에 대한 후속 강의와 연결 짓고자 합니다.

'과도기적 연령'은 보통 청소년기를 의미하지만 이 문단에서는 연령기 전개 순서상 전학령기와 학령기 사이의 7세의 위기를 뜻하는 것으로 보인다.

2-2-3] 여러분이 기억할지 모르겠지만, 나는 3세 위기의 징후들에 대해 이야기하면서 3세의 위기에서 나타나는 모든 징후들의 일련의 매우 상세한 목록을 제시할 수 있었습니다. 우리는 고집, 완고함, 독선, 비난, 반항, 한마디로 3세 위기에 발현되는 징후들 전체에 대해 말했습니

다. 또한 이 자료들은 주로 권위주의적 가족 문화의 관점에서 3세 위기의 발달 시기에 어린이를 관찰한 부르주아 연구자들의 연구로 생산되고 기술되었습니다. 우리에게 남은 것은 어떤 이론적 결론을 이끌어 낼 필요성, 즉 어린이 발달에서 이러한 징후들의 발현을 조건화하는 사건들은 무엇인지 밝히려는 시도입니다. 이러한 징후들의 의미와 중요성은 무엇일까요?

2-2-4] 오늘 나는 7세의 위기에 관해서도 다루어야 합니다. 그래서 더 나아가기에 앞서 나는 3세와 7세의 위기적 연령 이론의 공통적인 내용을 몇 가지 이야기하고자 합니다.

2-2-5] 여러분도 잘 알다시피 아동학적 문제는 매우 초기 발달 단계에 있습니다. 우리에게는 연령기에 관해 오랫동안 연구되거나 오래전부터 밝혀진 이론이 없고, 이 연령기를 이해하기 위해 이론적으로 접근한 몇몇의 초보적 성과가 있습니다. 우리가 논의된 적이 없는 (위기적*) 연령기의 문제에 대해 이야기할 때 사태는 복잡해집니다. 유럽의 문헌들에서 이 문제를 조명하기 시작한 지 얼마 안 됐고, 안정적 연령기에 비해 밝혀진 것도 거의 없습니다.

> 비고츠키는 과정을 바탕으로 해서 역동적으로 연령기를 이해할 수 있게 해 주는 이론적 기초를 세웠다. 각 연령기는 한쪽 끝에는 어린이를, 다른 한쪽 끝에는 환경 속의 사람들 모두를 포함하는 발달의 사회적 상황으로 시작한다. 각 연령기는 발달의 노선들을 따라 나아가는데 어떤 것은 주변적이고 어떤 것은 중심적이다. 각 연령기는 신형성, 새로운 성취, '혁명'으로 끝을 맺는데, 이는 오래된 발달의 사회적 상황을 허물고 새로운 상황의 도래를 알린다. 발달의 사회적 상황, 발달의 노선들, 안정기에 대한 신형성을 그리는 것은 쉽지 않다. 더구나 최근까지 인식되지 않았고 E. 쾰러 같은 이들에 의해 이제 막 기술되기 시작했을 뿐, 아직까지 제대로 설명되지 못한 시기들을 다룰 때 사태는 좀

더 복잡해진다. 비고츠키는 이 시기들을 언급하고 있으며, 코로타예바는 그런 취지에서 원고에 '위기적*'이라는 낱말을 삽입한다. 우리는 코로타예바가 삽입한 '위기적'이라는 낱말을 그대로 두었다. 여기서 비고츠키가 의미한 '시기'는 단지 양육하기 어려운 시기나 병리적인 상태가 아니라 그 시기만의 발달의 사회적 상황, 발달 노선, 신형성을 가지는 특정한 연령기 즉 위기이다.

2-2-6] 여러분은 3세와 7세의 위기를 이론적으로 드러내려고 했던 나의 시도가 가장 시초적이고 개괄적인 것이었음을 기억할 것입니다. 이는 사실적 자료 지식, 위기가 다루기 어려운 어린이와 관련되었기에 목격하게 된 나의 관찰, 이 연령기 이론에서 제시된 것 중 일부를 비판적으로 재작업하여 내가 형성한 몇몇의 일반적 개념과 연결하려는 시도를 기반으로 했습니다.

2-2-7] 이것은 대단히 예비적인 것이며 심지어 어느 정도 주관적으로나마 이 연령기의 이론이 되지는 않습니다.

2-2-8] 따라서 나는 제시하려는 해석에서 사실적 측면의 경계를 엄격히 고수할 것입니다.

2-2-9] 3세 위기의 징후들을 보면 우리는 위기가 어린이의 내적 재구조화와 더불어 사회적 관계를 축으로 나아감을 알 수 있습니다.

2-2-10] 우리가 함께 분석했던 한두 가지 징후들을 떠올려 봅시다. 여러분이 기억할지 모르지만, 우리는 3세 어린이에게서 나타나는 부정적 반응이 어린이의 단순한 불복종과 엄격히 구분되어야 한다고 말했습니다. 즉 이 경우 위기의 전형적 특징으로 나타나는 고집 또한 어린이의 집요함과 분명히 구분되어야 합니다. 어린이가 지시대로 하기를 싫어하거나 반대로 하고 싶어 한다고 해서, 그것 자체를 어린이의 부정적 반응이라 할 수는 없습니다.

2-2-11] 예를 들어 놀이에 열중하고 있는 어린이에게 이제 그만 놀고 자라고 합니다. 그는 거부합니다. 이는 불복종이지 부정적 반응은 아닙니다.

2-2-12] 1. 부정적 반응은 어린이가 여러분이 요구한 것에 무관심하거나, 심지어 요구받은 것을 하고 싶어 함에도 불구하고 거부하는 순간부터 일어납니다. 거부 동기, 행위의 동기는 여러분이 요청한 활동 자체가 아니라, 여러분과 어린이가 맺는 관계 속에 있습니다.

2-2-13] 2. 어린이의 거부에서 반영되는 부정적 반응은 제안 받은 행동과 관련이 있는 것이 아니라 그에게 언제(누가-K) 그러한 것을 요구했는지와 관련이 있다는 것이 관찰됩니다. 따라서 어린이의 부정성 확립의 진정한 본질은 반대로 행동하는 것입니다. 즉, 누가 그것을 요구하는가에 따라 단순히 그 반대의 행동을 보이는 것입니다.

2-2-14] 고집과 관해서도 마찬가지입니다. 엄마는 종종 다루기 힘든 아이라고 불평하면서, 아이가 고집이 세고 집요하다고 말합니다.

2-2-15] 그러나 고집과 집요함은 서로 다릅니다.

2-2-16] 어린이가 무언가를 몹시 갖고 싶어 해서 집요하게 조르는 것은 고집과는 아무런 공통점이 없습니다. 고집이란, 어린이가 전혀 원하지 않거나 더 이상 필요하지 않은 무언가를 고수할 때, 자신이 고집하는 만큼 그렇게 강력하게 원하지 않을 때, 또는 어린이가 그 대상 때문이 아니라 단지 자신이 그렇게 말했다는 이유로 무언가를 고수할 때, 즉 이 노력 자체나 도전 자체에서 비롯된 순수한 동기인 사회적 동기가 나타날 때, 어린이의 반응 속에 존재하는 것입니다.

2-2-17] 생각날지 모르겠지만 우리는 전에 '칠성좌'라 불리는 위기를 자세하게 샅샅이 구분했습니다. 우리는 이 새로운 특징들이, 어린이가 특정 상황의 내용이 아닌 타인과의 관계에서 자기 행위의 동기를 찾기 시작한다는 사실과 언제나 연관되어 있음을 보았습니다.

2-2-18] 그러므로 동기는 언제나 '나'이거나 내가 다른 사람과 맺는 관계의 동기일 것입니다. 이것은 우리가 부정성이나 고집과 관련해서 살펴보았던 것입니다. 앞에서 말한 것을 반복하지는 않겠습니다.

2-2-19] 따라서 만일 3세 위기의 증상들의 사실적 모습을 요약한다면, 우리는 3세 위기가 그것을 드러내는 개별 증상들로부터 분리되어, 먼저 어린이의 사회적 관계에서의 위기로부터 흘러나온다고 주장하는 연구자들에게 동의할 수밖에 없어 보입니다. 실질적으로 이 위기의 시간 동안 구성되는 것은 무엇일까요? 주변 사람들, 누구보다 어머니의 권위, 아버지의 권위에 대한 어린이의 사회적 위치입니다. 그리고 어린이의 '나'의 위기, 즉 어린이의 인격 발현과 관련된 동기와 행위를 드러내는 노선을 통해서 (…) 간결하게 말하자면 위기는, 어린이의 인격과 주변 사람들 사이의 사회적 관계의 재구조화라는 축을 따라 돌아갑니다.

유아기, 1세, 심지어 초기 유년기에도 볼 수 있는 모순은 이제 해결되었나. 즉 어린이는 이제 말을 할 수 있다. 그러나 말이라는 해결책은 새로운 모순을 낳는다. 어린이의 의미 체계는 여전히 주로 어린이의 욕구에 의해 결정되며, 이 욕구는 언제나 당장 만족될 수 있는 것이 아니다. 따라서 3세의 위기에 어린이는 환경에서 자신으로 향하는 축을 뒤집어, 자신에게서 환경으로 향하는 축을 만들려고 하며, 여기서 위기적 신형성이 출현한다. 그렇다면 위기적 신형성이란 무엇일까? 이전 강의에서 우리는 사실적 자료들을 주의 깊게 조사했다. 즉 우리는 '칠성좌'의 모든 별들의 회전 중심인 북극성을 찾고자 했다. 비고츠키는 모든 칠성좌를 자세히 검토한 후, 우발적이고 우연적 내용(예컨대, 불복종이나 집요함과 같이 부모에게 인상적인 개별적이고 상황에 따른 내용)과 본질적이고 특징적인 내용(예컨대, '당신이 그렇게 말해서', '내가 그렇게 말해서', '네, 네!')을 구분해 낸다. 이로부터 이 중심점이 어린이의 자아, 독립성, 어른으로부터의 자율성이라고 결론 내리고 싶은 마음이들 수 있지만 이는 틀린 생각이다. 왜냐하면 3세는 위기적 시기이며 위기적 신형성은 지속되지 않기 때문이다. 그렇다면 이 중심점은 무엇일까? 이 문단의 중간에서 비고츠키는 이를 자문한다. 그러고 나서 비고츠키는 대답인 듯한 말을 하지만, 이는 답이 아니다. 물론 모든 신형성은 발달의 사회적 상황으로부터 출현한다. 이는 모든 신형성이, 어린이의 사회적 위치와 환경 속에 있는 사람들을 연결하는 축을 따라 나타난다는 것을 의미한다. 이것은 결코 답이 될 수 없다. 사실 "어린이의 '나'의 위기, 즉 어린이의 인격 발현과 관련된 동기와 행위를 드러내는 노선을 통해서(…)"라는 문장은 문법적으로도 맞지 않다. 속기록에서 코로타예바가 (…)으로 표시한 빈자리는 속기사가 기록을 멈추었거나 강의실을 떠난 것이거나, 그렇지 않다면 어떤 다른 이유가 있을 것이다. 우리의 '북극성'이 사라진 것이다.

2-2-20] 이는 거의 모든 위기에 적용되며 7세의 위기에서도 마찬가지입니다. 사태의 이러한 측면-어린이가 주위 사람들과 맺는 내적 관계-이 거의 밝혀지지 않았기 때문에, 어린이의 다른 연령기의 역사에 대해서는 위기의 이론적 분석에 앞서 이러한 위기들을 어떠한 개념으로 바라보아야 할 것인가 하는 관점에서 몇 가지 일반적인 언급을 해야 한다고 생각합니다.

2-2-21] 일반적 내용을 간략히 제시해 보겠습니다. 그 문제를 굳건한 토대 위에 세우기 위해서는, 오래전에 과학에 도입된 개념을 소개할 필요가 있는 것 같습니다. 아동학은 어린이의 사회적 발달에 대한 연구에서 이 개념을 어린이 주변 사람들을 향한 내적 관계의 의미에서, 사회적 상황 속에서 어린이의 능동적 참여의 의미에서 비교적 적게 다루어 왔습니다.

2-2-22] 우리는 언제나, 최소한 말로는, 어린이의 인격과 환경을 총체로 연구할 필요가 있음을 인식합니다. 그 본질상, 한쪽에는 인격의

영향이 있고 다른 쪽에는 환경의 영향이 있다는 식으로, 즉 두 외부적 힘이 서로 연결되어 이러저러하게 함께 흘러간다고 나타낼 수 없음은 그 자체로 명백한 입장입니다.

2-2-23] 그러나 실제로 우리는 종종 이 통합체를 연구함에서 먼저 그 구성 부분들을 나눈 후, 서로 영향을 미치는 비슷한 두 기계적 힘을 서로서로 연결하려고 합니다. 그리고 다루기 힘든 유년기에 대한 연구에서 우리는 다음과 같은 문제 진술의 범위를 벗어나지 못하게 됩니다. 어느 것이 더 큰 역할을 하는가? 기질인가, 환경적 조건인가? 유전적으로 타고나는 정신병리학적 조건인가, 발달의 외적 환경인가?

2-2-24] 내가 보기에 두 가지 기본적인 문제, 두 가지 기본적인 개념이 있으며 지금부터 이를 명확하게 하고 싶습니다. 어린이와 환경의 외적 관계를 비교해서는 3세와 7세 위기의 근원을 밝혀낼 수 없기 때문입니다. 그러므로 여기서 나는 책임을 지고 위험을 감수하며 이론적인 시도를 하고자 합니다. 일반적으로 받아들여져 왔던 자료를 설명하려면 이 시도는 더 깊이 논의되어야 합니다.

2-2-25] 첫째, 환경에 대한 실천적 이론적 연구에서 주목해야 할 주요 결점은 우리가 환경을 절대적 지표로서 연구한다는 것입니다. 아동학을 실천적으로 연구하는 사람이라면 누구나 이것을 잘 압니다. 우리는 어린이에 대한 사회적 가족 연구를 생산하고 있습니다. 여기서 반영되는 것은 주거 면적, 어린이의 독립적 수면 여부, 공중목욕탕 이용 횟수, 옷 갈아입는 횟수, 가족의 신문 구독 여부, 어머니와 아버지의 교육 수준입니다. 이러한 연구는 어린이가 한 살이든, 유아이든, 사춘기이든 모두 한결같이 어린이 자신과는 관계가 없는 연구들입니다. 우리는 환경의 어떤 절대적 지표들을 연구합니다. 이러한 환경의 절대적 지표들을 앎으로써 이 절대적 지표들이 어린이 발달에서 어떤 역할을 수행하는지 또한 바로 알 수 있다고 믿으면서 환경을 연구하는 것입니다. 이

와 관련하여 많은 소비에트 아동학자들이 환경에 관한 그들의 연구에서 이를 절대적 원칙으로 수립했으며, 여러분은 (아동학자 A. B. 잘킨트에 의해*) 발간된 교재에서 다음과 같은 입장을 볼 수 있습니다. 즉 기본적으로 어린이의 사회적 환경은 발달의 전체 지속 기간 내내 변하지 않고 남아 있다는 것입니다. 우리가 환경의 절대적 지표만을 염두에 둔다면, 어느 정도는 이것에 찬성해야만 합니다. 그러나 사실 이것은 이론적 실천적 관점에서 모두 완전한 거짓입니다. 이론적 오류는 다음과 같습니다. 어린이의 환경인 사회적 환경은 동물의 환경과는 본질적으로 다릅니다. 인간의 환경은 어린이가 생활환경의 일부라는 점에서, 즉 이 환경이 어린이에게는 결코 외적 환경이 아니라는 점에서 사회적 환경입니다. 어린이 환경이 사회적 환경이라고 말하는 것, 어린이가 사회적 존재라고 말하는 것은 어린이 자체가 이 환경의 일부라는 결론을 도출합니다. 즉 (어린이에 대한 환경의 '순수한' 영향을 기술하고자 한다면-K) 어린이 발달에 영향을 미치지만 어린이 스스로가 그 일부가 될 수 없는 그런 사회적 상황이 필요합니다. 따라서 환경에 대한 연구에서 이루어져야 할 가장 본질적 전환은 절대적 환경 지표에서 상대적 환경 지표로의 이행, 즉 환경에 대한 아동학적 연구입니다. 이는 무엇보다 먼저 이 환경이 어린이에게 무슨 의미가 있는지, 어린이가 이 환경의 서로 다른 지표들과 어떤 관련이 있는지 연구하는 것을 의미합니다. 예컨대 1세의 어린이가 말을 못하고 부모님과 주변 사람들의 말 환경은 변하지 않고 남아 있다고 해 봅시다. 1년 후에도 이 1세의 어린이 주변의 말 문화의 절대적 지표들은 거의 변하지 않은 채 남아 있습니다. 어린이가 첫 낱말을 이해하기 시작하는 순간, 처음으로 뜻을 지닌 말을 하기 시작하는 순간부터, 환경의 말 계기와 어린이가 맺는 관계 즉 말 역할이 어린이와 맺는 관계가 매우 달라진다는 것에 모두가 동의할 것이라고 생각합니다. 이 간단한 예는 이 문제가 얼마나 중요한지 보여 줍니다.

*부분은 코로타예바에 의해 삽입되었다.

이 긴 문단에서 속기사는 또다시 비고츠키의 생각의 속도에 맞춰 기록을 하지 못했다. 예를 들어 비고츠키가 어린이 자신이 환경의 일부라고 말하는 지점에서 논의의 흐름을 놓친 것으로 보인다. 비고츠키는 환경은 변화하지 않고 오직 어린이만 변화한다는 잘킨트의 결론을 도출하려면 환경이 어린이를 전혀 포함하지 않는 것으로 생각해야 한다는 것을 지적하려고 한다. 그러나 속기사가 이 부분을 놓쳤고 따라서 우리는 『성장과 분화』 4장에서의 유사한 논쟁에 맞추어 옮긴이 주를 삽입했다. 여기서 비고츠키는 위기를 분석하기 위해 밝혀야 할 두 가지 중요한 문제가 있다고 말한다. 한편으로 발달은 역동적이다. 어린이가 발달하는 것처럼 환경도 발달한다. 이는 발달하지 않는 환경 요소(집, 방, 부모의 교육 수준)만을 연구하는 잘킨트의 순수 사회학적 연구로는 밝힐 수 없다. 그러나 환경이 실제로 발달의 사회적 상황(말리노프스키와 할러데이는 어린이가 단순히 물질적 배경이 아닌 의미 있는 배경으로부터 물체를 선택한다고 말하며 이를 상황 맥락이라 부른다)이라는 것을 이해하는 순간, 환경이 실제로 발달한다는 것을 이해하게 된다. 어린이가 발달함에 따라 배경으로부터 유의미하게 선택하는 것이 달라지기 때문이다. 그러나 다른 한편으로 발달을 묘사하기 위해서, 그리고 다른 연령기의 발달과 비교하기 위해서는 역동적이지 않은 단위가 필요하다. 결국, 어린이의 키를 자신의 팔 길이나 한 뼘을 이용해 측정하면 팔 길이나 손의 크기도 변하기 때문에 어린이는 거의 성장하지 않는 것처럼 보일 것이다. 따라서 한편으로는 환경이 어린이와 더불어 변화하고 있다는 것을 인식하기 위한 상대적 단위가 필요하며, 또 다른 한편으로는 출생부터 사춘기에 이르는 전체 발달 과정을 추적할 수 있는 안정적 단위가 필요하다. 이것이 바로 비고츠키가 2-2-29에서 제시할 문제 속의 문제, 두 번째 문제이다.

2-2-26] 앞으로 나아가는 어린이의 모든 발걸음들이 그에게 미치는 환경의 영향을 변하게 한다는 것이 드러납니다. 환경과의 관계뿐 아니

라 어린이에게 미치는 환경의 영향력 또한 변하는 것입니다. 발달의 관점에서 본다면 어린이가 첫 낱말을 이해한 순간부터 환경은 완전히 다른 것이 됩니다. 한 연령기에서 다른 연령기로 건너가게 되는 것입니다.

2-2-27] 따라서 특히 환경에 관한 아동학적 가르침은 이제까지 우리가 해 왔던 실천에 비해 형태면에서 가장 근본적인 변화가 필요하다고 말할 수 있습니다. 또한 무엇보다 아동학자들이 환경을 절대적 지표가 아니라 어린이 역할에 관련하여 연구하고, 절대적 지표상으로는 동일한 환경이 1세, 3세 등의 어린이에게 완전히 다른 것이 될 수 있음을 이해하는 측면으로 변해야 한다고 말할 수 있습니다. 어린이와 환경의 관계에서의 역동적 변화들은 환경에 대한 아동학적 분석의 주요 대상이며, 이 관계가 첫 번째 국면으로 나와야 합니다.

2-2-28] 그러나 관계에 대해 말할 때 당연히 두 번째 문제가 나타납니다. 즉 이 관계는 결코 순수한 외적 관계, 즉 어린이에 대한 상세한 목록, 사회적 상황에 대한 상세한 목록이 아닙니다. 어린이 자신이 사실상 이 사회적 상황의 참여자임에도 우리는 어린이를 사회로부터 떼어 내고 나서 다시 그 관계를 정립합니다. 이는 불가능합니다. 몇 가지 새로운 개념의 도입이 필요하며 나는 이 두 번째 개념에 대해 말하고자 합니다.

2-2-29] 내 생각에 가장 중요한 방법적론 문제들 중 하나는 이론과 연구에서 통합체의 연구에 실제로 어떻게 접근하는가입니다. 인격과 환경의 통합체, 심리적 발달과 신체적 발달의 통합체, 말과 생각의 통합체에 대해 언급해야 할 때가 흔히 있습니다. 이론과 연구에서, 어떤 통합체를 그 자체의 고유한 속성을 통해서 연구한다는 것이 실제로 의미하는 것은 무엇일까요? 그것은, 내가 보기에, 언제나 연구와 이론을 통해서 통합체의 더 단순한 계기들로 환원될 수 없는 부분들을 규정하고, 누구나 다루고 연구할 수 있으며, 통합체 자체의 모든 속성과 결합되어

있는 주요 단위를 발견하는 것입니다.

2-2-30] 예컨대 생각과 말의 관계를 연구하고자 할 때, 사람들은 말을 생각에서 떼어 내고, 생각을 말로부터 떼어 낸 다음, 말이 생각에 어떻게 작용하는지, 생각은 말에 어떻게 작용하는지 질문합니다. (…)

비고츠키는 두 번째 문제, 문제 속의 문제를 제시한다. 그것은 바로, 어린이와 환경이 역동적이기 때문에 어린이와 환경의 측정 단위는 그것이 어느 쪽에서 비롯되든 안정적이지 않다는 것이다. 측정 단위가 변하는 것이다. 어떻게 항상 변하는 것을 단위로 삼아 연령기에서 연령기로의 발달, 위기에서 다음 위기로의 발달을 측정할 수 있겠는가? 비고츠키는 이 문제 옆에 나란히 해법을 제시한다. 즉 우리는 더 이상 환원되지 않고, 원하는 것을 측정할 수 있어야 하고, 설명하고자 하는 속성을 흔적의 형태로라도 모두 갖춘 그런 단위를 찾아야 한다. 물론 그러한 단위 또한 발달하겠지만, 그것이 어떻게 발달하는지 이해한다면 오히려 이득이 될 것이다. 발달을 양적으로뿐 아니라 질적으로 측정할 수 있게 될 것이기 때문이다. 비고츠키는 이 해법과 나란히 세 가지 통합체를 예로 제시한다. 이들은 인격과 환경의 통합체, 신체적 발달과 심리적 발달의 통합체, 생각과 말의 통합체로서 그가 제시한 해법대로 분석될 수 있다. 이 예들은 서로 유사하다. 먼저 생각과 말은 낱말 의미 안에서 통합되고, 이 낱말 의미는 심리적 발달의 단위가 된다. 심리적 발달과 신체적 발달은 전체 인격 안에서 통합되고, 전체 인격과 환경은 아동학적 발달 안에서 통합된다. 문제 속의 문제를 풀기 위해, 예 속의 예 속의 예가 제시된다. 그렇다면 아동학적 발달의 분석 단위는 정확히 무엇인가? 실망스럽게도 속기사는 여기서 또 공백(…)을 남긴다. 그러나 공백은 이 문단의 처음에도 존재하는 것으로 보인다. '예컨대'로 시작하는 이 문단이 무엇에 대한 예인지에 대한 언급이 빠졌기 때문이다. 사실 이 문단은 비고츠키가 제시하는 방법에 대한 예가 아니라, 오히려 그렇게 해서는 안 되는 '반대 예'이다. 그럼에도 불구하고 이 문단을 잘 읽고 이해한다면, 비고츠키가 반대 예들을 말하면서 마음속에 그렸을 진짜 해법, 요소들의 조합 이면에 숨겨진 전체적 단위를 볼 수 있을 것이다.

2-2-31] 여러분이 통합체가 어떻게 출현하는지, 어떻게 변화하며, 어떻게 어린이 발달 과정에 영향을 미치는지를 이해하고자 한다면, 그 통합체를 구성 부분으로 해체하지 않는 것이 중요합니다. 그렇게 되면 바로 이 통합체에 내재한 본질적 특징을 잃게 되기 때문입니다. 반대로 말과 생각의 관계 속에서 통합체의 단위를 취해야 합니다.

2-2-32] 최근에 우리는 말하자면 (낱말-K) 의미를 하나의 단위로 취해야 한다고 주장했습니다. 내가 보기에 의미가 없는 낱말은 낱말이 아니기 때문에, 낱말 의미는 낱말의 일부이자 말로 이루어진 형성물입니다. 모든 낱말 의미는 공동일반화이므로, 그것은 어린이의 지적 활동의 산물이며 환원될 수 없는 생각과 말의 단위입니다. 이것이 구체적인 상황에서 맞는지 틀리는지 하는 것은 여기에서 우리의 관심사가 아닙니다.

2-2-33] 나는, 후속 연구와 관찰 과정에서 확인해야겠지만, 인격과 환경의 통합체를 연구하는 하나의 단위를 제안하고자 합니다. 이 단위는 심리학과 정신병리학 모두에서 체험이라 불립니다. 내 생각에 어린이의 체험은 그렇게 단순한 하나의 단위가 아닙니다. 우리는 체험 자체가 어린이에게 미치는 환경의 영향이나 어린이 자신의 특성을 나타낸다고 말할 수는 없습니다. 왜냐하면 체험은 발달에서 인격과 환경의 통합체로 나타나기 때문입니다. 따라서 환경과 인격의 계기의 통합체의 발달에서 일어나는 것이 일련의 어린이의 체험에서 일어납니다.

2-2-34] 그러나 이를 위해서는 체험이 무엇인지에 관해 합의해야만 합니다.

2-2-35] 내가 보기에 체험은, 최근 심리학에서 정립된 바와 같이, 어

린이나 인간이 실제의 특정 계기와 맺는 내적 관계로 올바르게 이해되어야 합니다.

2-2-36] 모든 체험은 무언가에 대한 체험입니다. 무언가를 의식하는 것이 아닌 의식 활동이 없듯이, 무언가에 대한 체험이 아닌 체험은 존재하지 않습니다. 그러나 모든 체험은 나의 체험입니다. 현대의 구체 이론에서 체험은 그 자체로 의식의 기본적 속성을 모두 지닌 의식의 단위로 도입됩니다. 반면 주의와 생각은 이런 식으로 의식과 연결되어 있지 않습니다. 주의는 의식의 단위가 아니라 의식의 어떤 요소이며, 그 속에는 일련의 다른 어떤 요소가 존재하지 않습니다. 주의만으로는 의식 통합체 자체가 사라집니다. 의식을 구성하는 실제 역동적인 의식 단위는 바로 체험입니다.

비고츠키는 동시대의 '구체 심리학'에 대해 묘사하고 있다. 언제나 그렇듯이 비고츠키는 완전히 동의하지도 완전히 부정하지도 않는다. 비고츠키는 '체험'이 언제나 적어도 두 요소로 되어 있다는 데는 분명히 동의한다. 한편으로 체험은 환경 속의 무언가에 대한 경험이며, 다른 한편으로 나의 경험이다. 환경 속의 그 무언가에 대한 너 자신의 느낌을 경험하는 것이다. 이는 발달 내내 사실이다. 유아에게 체험은 우유를 마시면서 느끼는 따뜻한 느낌이다. 한편으로 그것은 우유에 대한 경험이며, 다른 한편으로 따뜻한 느낌에 대한 유아 자신의 경험이기도 하다. 청소년에게 체험은 학급 친구들과 함께한 2박 3일간의 수학여행에 대한 기억이다. 한편으로 그것은 여행 자체에 대한 경험이며, 다른 한편으로 학교로 돌아와서 반추하고 기록하는 자신의 경험인 것이다. 여기서 볼 수 있듯이 두 요소 간의 관계는 변화하며, 이로 인해 발달 단위가 발달하게 된다. 즉 발달에 대한 양적 기술과 질적 기술이 모두 가능해지는 것이다. 이는 단순히 청소년이 유아보다 더 많은 체험을 해서가 아니라, 다른 종류의 체험을 하기 때문이다. 따라서 문제 속의 문제, 즉 그 자체가 발달하는 단위를 가지고 어떻게 발달을 측정할 수 있는가라는 문제가 해결될 수 있다. 적어도 구체 이론에 따르면 주의와 생각은 이와 다르다. 즉 무언가에 주의를 기울인다고 해서 주의를 기울인다는 어떤 명확한 느낌을 갖는 것은 아니며, 무언가를 생각한다고 해서 그것에 대한 명확한 경험을 갖는 것은 아니다. 주의와 생각은 체험과 달리 환경과 관련된 요소와 자신과 관련된 요소로 나눌 수 없기 때문에 의식의 단위가 아니다. 비고츠키는 이에 동의하지 않는다. '주의'가 주의를 기울인다는 느낌을 포함하지 않고 '생각'이 생각하고 있는 대상을 포함하지 않는다면, 우리는 의식의 통합체를 잃어버리게 된다. 그러나 실제로 주의는 주의를 기울인다는 느낌을 포함하고, 생각은 생각하고 있는 대상에 대한 어떤 표상을 포함한다. 주의와 생각은 의식과 연결되어 있다. 비고츠키는 주의와 생각이 의식의 활동이라고 말하며, 의식의 활동과 그 기능을 구분하지 않는다. 따라서 주의와 생각은 체험의 한 형태이며, 한편으로는 환경과 다른 한편으로는 인격과 관련된 내적 요소를 지니고 의식과 외적으로 연결되어 있다. 이러한 내적 구조와 의식과의 연결은 한편으로 주의가 매우 초기에 발달하는 의식 활동(초기 유년기의 '정서적 지각')인 반면 생각은 나중에 발달하는(청소년기의 개념적 생각) 이유를 설명해 준다. 다른 한편으로 그것은 또한 초기 유년기에 주의가 순수한 직관적 주의에서 언어적 주의로 어떻게 발달하는지, 생각이 실행적 생각으로부터 개념적 생각으로 어떻게 발달하는지 설명해 준다.

2-2-37] 체험은 알려진 대로 생물-사회적 지향을 가지고 있습니다. 즉, 그것은 인격과 환경 사이에 놓여 있고 인격이 환경에 대해 가지는 관계를 의미하며, 환경에서의 특정한 계기가 인격에 대해 가지는 의미를 지칭합니다.

2-2-38] 체험은 환경의 이런저런 계기가 어린이 발달에 어떤 영향을 끼치는지 규정해 주는 계기입니다. 이는 다루기 힘든 어린이에 대한 모든 연구에서 하나하나 긍정적으로 확인됩니다. 다루기 힘든 어린이에

대한 각각의 분석과 문화화가 어려워지는 시기로 이끄는 발달의 변화에 대한 각각의 분석은 절대적 지표로 취해진 상황 자체가 아니라 어린이가 어떻게 상황을 체험하는가에 그 본질이 있음을 가리킵니다.

2-2-39] 문헌에서 흔히 기술되었고 나 역시 여러 예를 들어 설명했듯이, 동일한 가정의 서로 다른 어린이들에게서 발달상 서로 다른 변화들을 마주하게 됩니다. 동일한 상황이 어린이에게 다르게 체험되어 서로 다른 체험이 되기 때문입니다.

2-2-40] 따라서 나는 체험이 한편으로는 환경이 나 자신과 맺는 관계, 즉 내가 이 환경을 체험하는 방식에 의해 체험되며 다른 한편으로는 체험 속에 나의 인격 발달의 모든 특성이 반영되는 방식에 의해 경험된다는 사실을 강조하고자 합니다. 한 저자는 다음과 같이 말합니다. 체험은 (…) 어떤 이의 인격의 현재를 나타냅니다. 그가 염두에 두었던 것은 나의 특성들이 발달 과정에서 복잡화되는 정도와 특정한 순간에 참여하는 정도가 체험에 반영된다는 사실입니다. 모든 특성이 현재를 규정짓는 데 참여하는 것은 아닙니다. 무엇이 여기에 참여하는지가 중요합니다. 환경과 인격적 계기의 분해 불가한 통합체의 부분은 그들이 어린이 발달에서 이 통합체와 어떻게 엮이는가 하는 관점에서 체험에, 체험의 특성과 방법에 (반영됩니다*). 다소 일반적 형식적으로 정의하자면, 환경은 환경의 체험을 통해 어린이 발달을 규정지으며 따라서 가장 본질적인 것은 환경으로부터 인격으로든, 인격으로부터 환경으로든 절대적 지표에서 벗어나는 데 있다고 보는 것이 옳을 것 같습니다. 어린이는 사회적 상황의 일부이며 어린이로부터 환경, 환경으로부터 어린이라는 이 관계가 어린이 자신의 체험과 활동을 통해 주어지기 때문입니다. 말하자면 환경이 어린이의 체험 덕분에 안내적 가치를 획득하는 것입니다.

2-2-41] 만약 이것이 사실이고 이 명제가 특정한 이론적 중요성을

지닌다면, 이는 아동학에 어린이의 내적 체험에 대한 심오한 분석을 요구합니다. 즉 어린이가 살아가는 외적 환경에 대한 연구뿐 아니라, 어린이 자신의 내부로* 상당히 전이된 환경에 대한 연구가 필요합니다. 이러한 분석은 매우 복잡해질 것이기 때문에, 우리는 광범위한 이론적 어려움에 봉착할 것입니다. 그러나 그럼에도 불구하고, 특정한 아동학적 문제, 특성 발달, 위기적 연령, 다루기 힘든 어린이의 다양한 계기에 관한 모든 것들이 체험에 대한 분석과 연결되어 있으며, 체험들이 더 명확해질수록 더 두드러지게 될 것입니다.

코로타예바는 본문의 '내부로*'에 '속기록 표현 그대로'라는 각주를 달았다. 아마도 코로타예바는 환경이 어린이의 내부로 상당히 전이된다는 생각에 동의하지 않는 것으로 보인다. 이와 같은 것은 **2-2-40**에서도 발견된다. 비고츠키가 인격과 환경의 통합체가 체험의 방식과 특성에서 발견되는 방식에 대해 기술한 부분에 코로타예바는 '반영됩니다*'는 말을 삽입했다. 이 두 수정은 서로 연결되어 있는 것으로 보인다. 첫째, 소비에트의 철학 교사였던 코로타예바는 비고츠키가 이원론을 전개하는 것처럼 보일 때 그에 반대한다. 즉, 생각으로서의 세계가 행위로서의 세계와 완전히 구분되어 있다는 데카르트 철학의 주장으로 이해한 것이다. 둘째, 코로타예바는 거울에 상이 맺히는 것과 유사하게 환경이 인격에 반영된다고 이해하는 편을 선호한 것으로 보인다. 셋째, 코로타예바는 환경이 어린이의 '내부에' 있으며 동시에 어린이가 환경의 일부라는 식으로 표현하는 것이 철학적으로 문제가 있다고 생각한 것으로 보인다. 어린이가 환경 내에 있다면 어떻게 환경이 어린이의 내부에 있다고 말할 수 있겠는가? 그러나 이는 모순이 아니다. 첫째, 비고츠키에게 있어 '내부'는 단지 심리적인 것의 다른 표현이며 '외부'는 사회적인 것의 다른 표현일 뿐이다. 어린이는 사회적 환경으로부터 인격을 분화시키는 과정에 있으므로 이 둘은 서로 구분된다. 그러나 같은 이유로 환경과 인격은 서로 연결되기도 한다. 둘째, 어린이는 거울과 같이 환경을 반영하지 않는다. 어린이는 환경에 대해 돌아보고

숙고함으로써 반성한다. 셋째 '환경'이라는 표현 속에는 단순한 물리적 배경을 넘어 유의미한 맥락이 포함된다. 이는 지각적 상황 전체, 즉 카메라 속에 비친 모든 풍경이나 마이크가 담아낸 모든 소리가 아니다. 환경은 언제나 언어라는 공동일반화의 영향하에서 유의미한 것은 선택하고 아닌 것은 무시하는, 어린이나 어른에 의해 선택적으로 지각된 상황이다. 사실 어린이는 이 유의미한 맥락의 일부이다. 어린이의 내부로(마음속으로) 전이되는 것은 그의 물리적 배경이나 환경의 일부인 타인들이 아니라, 어린이가 환경이나 타인과 맺는 관계이며, 어린이는 이 관계의 일부이다. 어린이는 이 관계를 자신의 내부로 쉽게 전이한다. 이 관계는 물질이 아니라 의미로 이루어져 있는, 물리적 관계가 아닌 의미론적 관계이기 때문이다.

2-2-42] 위기적 연령기에 대한 연구에서 이것(체험-K)은 무엇일까요?

2-2-43] 위기적 연령기에 대한 주의 깊은 연구는 어린이의 기본적 체험, 체험의 기본적 유형에 변화가 일어난다는 것을 보여 줍니다. 여러분은 하나의 연령에서 다음 연령으로 진행합니다. 내가 보기에 3세의 위기는 무엇보다도 어린이가 하나의 체험 유형 즉 환경을 체험하는 하나의 양식으로부터 또 다른 양식으로 나아가는 이행 또는 전환의 계기를 나타냅니다. 나는 이것을 다음과 같이 설명하고자 합니다. 무엇보다도 모든 위기는 그 자체로서 말과 관련하여 앞서 제시된 사례와 유사한 체험의 변화를 예고합니다.

2-2-44] 환경 자체는 아이가 세 살이 되었다고 해서 바뀌지 않습니다. 부모들의 수입은 이전과 똑같고, 아이를 먹일 최대 최소 예산이 똑같으며, 동일한 신문을 구독하고, 속옷을 갈아입히는 횟수도 비슷하고, 생활공간의 크기도 비슷할 것입니다. 부모와 아이와의 관계도 바뀌지 않았습니다. 이렇기 때문에 위기를 연구하는 관찰자들은 매우 착하고, 순종적이며 사랑스러웠던 어린이가 어떤 외적인 이유도 없이 갑자기 변

덕스럽고, 화가 나있고, 고집스러워졌다고 말할 것입니다. 부르주아 연구자들은 모두 위기의 내적인 성격을 강조합니다. 이들 대다수는 모든 위기의 내적 성격을 생물학적 요인으로 설명합니다.

2-2-45] (13세*) 위기를 설명하는 가장 널리 퍼진 이론 중 하나는 성적 성숙과 (위기*) 간의 병렬성을 도출하여, 위기의 기저에 어린이의 생물학적 성숙이라는 내적 저당금이 놓여 있다고 보며, 거기서 발달적 변화의 원천을 발견합니다.

> 코로타예바는 본문에 '13세*'와 '위기*'라는 말을 삽입하고, 이 말들이 속기록에 빠져 있다는 각주를 달았다. 하지만 이 말들은 불필요해 보인다. 비고츠키는 프로이트 학파와 내분비샘 변화나 치아 상태와 같은 생물학적 설명을 제공하는 사람들과 같은 부르주아 연구자들이 3세와 13세의 위기 사이에 병렬성을 도출한다고 말한다. 이들의 관점에 따르면 3세의 위기는 사춘기에 이르면 모두 갚아야 할 전체 융자에 대한 첫 할부금일 뿐이다.

2-2-46] 사회적 환경의 중요성을 강조하는 부제만과 같은 저자들은 위기가 펼쳐지는 환경에 따라 그것이 완전히 달라진다는 올바른 계기를 지적합니다.

> *A. 부제만(Adolf Busemann, 1887~1967)은 슈프랑거와 가까웠던 독일의 관념주의 심리학자이다. 청소년기의 도덕적, 윤리적 생각에 대해 다수의 저술을 남겼다(그의 논의에 대해서는 영문판 비고츠키 선집 5권, pp. 173~176에서 언급되고 있다). 슈프랑거와 같이, 1933년에 나치에 입당했다.

2-2-47] 그러나 부제만의 관점은 위기를 순수한 내적 발달로 간주하는 관점과 원칙적으로 다르지 않습니다. 다른 모든 특성들과 마찬가

지로 위기는 어린이에게 내재하지만 … 그것의 … 표현은 상이한 환경에 따라 변화한다고 그는 생각합니다.

> 이 문단에서 생략된 부분(…)이 무엇인지 분명하지 않다. 코로타예바의 설명도 없다. 이전과 같이 속기사가 단순히 비고츠키의 강의 일부를 놓친 것일 수도 있고, 비고츠키가 부제만을 인용하면서 부제만의 말을 일부 생략한 것일 수도 있다.

2-2-48] 여기서 우리에게 논쟁과 토론의 대상이 될 가능성이 큰 근본적 생각이 나타나며, 내가 위기적 연령에 대해 생각할 때마다 언제나 중심적 문제가 되는 질문이 생겨납니다. 즉 부르주아 연구들에서 전체적으로 혹은 부분적으로 무엇이 잘못되었는가 하는 것입니다. 먼저 우리는 문제의 사실적 측면에서 시작합니다. 내가 보기에 부르주아 연구자들은 매우 제한된 범위의 관찰을 다루고 있습니다. 그들은 언제나 부르주아 가정의 특정 유형의 문화화 아래 있는 어린이를 관찰합니다. 소수의 연구들은 다른 문화화 조건 속에서 이것이 다르게 나타난다는 것을 보여 줍니다.

2-2-49] 어린이집을 거쳐 유치원에 온 어린이에 관한 첫 번째 연구는 그 위기의 전개가 전학령기 문화화를 처음 겪는 어린이들의 위기의 전개와는 상이하다는 것을 말해 줍니다. 그럼에도 불구하고 기본적인 사실들은 잘 강조되었습니다. 먼저, 모든 위기는 어린이 발달의 정상적 흐름에서 발생합니다. 3세와 7세는 아동학적 의미에서 언제나 발달의 전환점이 될 것이며, 여기서 언제나 다음과 같은 사실이 존재합니다. 어린이 발달의 내적 경로가 어떤 주기를 마칠 때 후속 주기로의 전환은 명확한 혁명을 포함할 것이며, 하나의 연령기는 다른 연령기로 그냥 흘러들어 가지는 않습니다.

2-2-50] 하나의 연령기는 어느 정도 변혁되고 재구조화되어 발달에

서 새로운 단계의 시작을 제공합니다. 이것이 첫째입니다. 둘째로, 이 입장에서 사실인 것은 관찰자들이 3세의 위기에 대해 가지는 가장 일반적이고 두드러진 인상, 즉 모르는 사이에 어린이가 어느 정도 갑자기 변화했다는 것입니다. 어린이는 3~5개월 만에 이전과 다른 어린이가 되며, 나는 개인적으로 위기가 내적 기원을 가지고 있어 주변 사람들이 이해하기 어려운 과정으로 나타난다(여기에 그 이해 불가성이 기인합니다)는 것을 보여 주는 사실이 옳다고 믿습니다. 왜냐하면 그 과정이 어린이 주변에서 일어나는 어떤 변화들과도 연관되어 있지 않기 때문입니다. 간단히 말해 위기는 상대적으로 중요하지 않은 외적 변화들과 더불어 나타나는 어린이의 내적 변화들의 연쇄라는 그 핵심적 특징들을 드러냅니다. 예를 들어 어린이가 학교에 가기 시작하면 학령기 동안 어린이는 해마다 변화합니다(이는 그다지 놀라운 일이 아닙니다). 왜냐하면 어린이가 성장하는 전체 상황, 즉 그 발달의 모든 분위기가 변하기 때문입니다. 어린이가 어린이집에서 유치원으로 가게 되면, 우리는 그 전학령기 어린이가 변화하는 것에 놀라지 않습니다. 여기서 어린이의 변화는 어린이 발달의 조건에서 일어난 변화와 관련이 있습니다. 모든 위기의 핵심은 내적 변화들이 외적 환경의 변화보다 엄청나게 큰 규모로 일어난다는 데 있으며, 그렇기 때문에 우리는 항상 내적 위기라는 인상을 받게 됩니다.

비고츠키는 프로이트, 스턴, 부제만 등의 부르주아 연구자들이 전적으로 혹은 대부분 틀렸다고 말했다. 첫째, 위기는 모든 어린이들에게 동일하지 않으며 양육 조건에 따라 상당히 달라진다. 따라서 위기는 생물학적 기원을 가질 수 없으므로 그들은 전적으로 틀렸다. 둘째, 내적 위기에 대한 그들의 생각은 주로 외적 변화와 내적 변화 간의 부조화에 토대한다. 누구도 어린이가, 예컨대 4학년에서 6학년으로 옮겨 감에 따라 변화한다는 것에 놀라워하지 않는다. 그러나 이것은 전혀 위기적 변화가 아니다. 3세의 위기와 7세의 위기는 실제로 주요한 외적 변화들에 앞서서 일어난다. 3세의 위기는 전학령기에 앞서 일어나며 7세의 위기는 초등학교에 입학하기 전에 일어난다. 13세의 위기는 중학교 입학 이전에 일어난다. 따라서 위기가 환경에서의 갑작스런 변화로 야기된다는 생각은 대부분 잘못된 것이다. 그러나 이것은 전적으로 틀린 것만도 아니다. 비고츠키는 위기가 본질적으로 '내적' 기원을 갖는다는 데 동의한다. 그러나 비고츠키에게 있어 위기는 생물학적이 아닌 사회-심리학적인 것이다. 이 관점은 부르주아의 관점과 일치하지 않는다. 이는 또한 위기가 어린이의 욕구와 자본주의 사회의 욕구 간의 부조화로 야기되므로 사회주의에서는 불필요하다는 주류 소비에트의 생각(A. 레온티에프, Y. 칼포프 등)과도 일치하지 않는다. 하지만 위기가 내적 기원을 갖는다는 생각은, 발달이 기능 간 관계의 발달, 즉 언어에 의해 매개된 지각, 주의, 기억 등과 같은 기능들의 관계의 발달이라는 비고츠키의 이해와 완전히 일치한다.

2-2-51] 이것은 위기적 연령기를 거론할 때마다 논쟁의 대상이 되는 것이지만 내 생각은 다음과 같습니다. 위기는 실제로 내석 원인을 가지며, 이 내적 원인은 바로 내적 특성의 변화입니다. (…)

2-2-52] 전학령기에서 학령기로의 이행 중 관찰 가능한 어린이 운명의 외적 변화는 내적 변화와 정확하게 부합하지 않습니다. 어린이는 위기를 만납니다. 외적으로 급격히 변한 것은 무엇일까요? 전혀 없습니다. 3세 어린이에게 표면적으로 변한 것은 무엇일까요? 전혀 없습니다. 어린이는 그렇게 짧은 시간 동안 왜 급격하게 변하는 걸까요? 내 생각은 바로 이렇습니다. 위기적 연령의 부르주아 이론이나 위기가 어린이 발달 과정과 심오하게 얽인 과정이라는 사실에 대해서가 아니라, 발달 과정의 가장 내적인 본성에 대한 그들의 이해에 대해서 반박할 필요가 있습니다. 발달상 내적이라는 것이 전부 생물학적으로 즉 내분비샘의 변

화로 궁극적으로 설명된다면 나는 위기적 연령기를 내적 발달 연령기라 부르지 않을 것입니다. 하지만 나는 내적 발달이 사실 항상 인격과 환경 계기의 통합체를 이루는 식으로 일어난다고 믿습니다. 즉 발달에서 새로운 모든 걸음은 이전 걸음 즉 이전 발달 단계에서 이미 형성되고 나타났던 모든 것에 의해 곧 결정됩니다. 사실 이는 발달을 연결된 과정으로 이해하는 것을 의미합니다. 즉 모든 결과가 선행된 것에 관련되어 지금 현재에 의해 작동하고, 그 현재 속에서 이전에 존재했던 인격의 특징들이 이제 발현되는 것입니다. 내가 생각하기에 내적 발달 과정의 본성을 올바르게 이해한다면, 모든 위기를 내적 위기로 이해하는 데 대한 어떠한 이론적 반대도 성립할 수 없을 것입니다. 개인적으로 나는 이것이 앞서 설명하려 했던 체험이라는 단위로 측정되는 내적 발달 과정이라고 생각합니다. 나는 각각의 체험이 환경의 실제 영향, 그 중에서도 어린이와 역동적 관계에서의 환경의 실제 영향만으로 구성된다고 생각합니다. 이 점에서 볼 때, 모든 위기의 본질은 내적 체험을 재구성하는 데 있으며 어느 모로 보나 내적 체험은 환경과 어린이의 관계를 규정하는 기본적 계기의 변화에 토대한다고 말해도 좋을 것입니다. 바꾸어 말하면 어린이의 행동을 추동하는 성향과 충동의 변화에 토대하는 것입니다. 성향과 충동에서의 성장과 변화는 그 자체가 덜 의식적이고 덜 의지적인 인격의 부분을 나타내며, 한 연령에서 다른 연령으로의 이행에서 새로운 충동, 새로운 동기가 어린이에게 출현합니다. 다시 말해 그의 행위의 추동력이 가치의 재평가를 거치는 것입니다. 어린이를 이끌어 왔던 길 즉 어린이에게 본질적으로 중요했던 것이 바로 다음 단계에서 갑자기 상대적으로만 중요하거나 중요하지 않게 됩니다. 이러한 이유로 내가 보기에 이 성향과 충동의 재구조화, 추동력의 재평가는 한 연령기로부터 다른 연령기로의 이행의 기본적 계기입니다. 그리고 연령기에서 연령기로 이행하면서 환경이 변합니다. 즉, 어린이와 환경의 관계가 변하는 것입니다. 의식을 환경에 대한 관계로 이해할 때, 어린이에게 다른 흥미가 시작되고 다른 활동들이 출현하며 어린이의 의식이 재구조화됩니다.

비고츠키는 위기는 생물적 측면이 아니라 사회-심리적 혹은 심리-사회적 측면에 근원을 두고 있음을 지적한다. 위기는 일차적으로 외적 원인보다는 내적 원인에 의해 일어나기 때문이다. 즉 심리적으로 기능 간 관계가 재배열되고, 어린이와 사회적 환경과의 관계가 재평가된다. 세 가지 예를 들어 보자. 첫째, 유아기 발달의 주요 경향은 공유된 지각, 공유된 주의 그리고 이를 통한 공유된 의식(원시적 우리)의 발달이다. 그러나 위기의 시작과 함께 이 공유된 지각은 재평가된다(기억은 지각으로부터 독립한다). 엄마가 사용하는 낱말을 아기가 이해할 수 없다면 공유된 주의는 공유된 의식과 같을 수 없으며, 엄마와 아기를 같은 길로 인도하지 못한다. 둘째, 초기 유년기 발달의 주요 경향은 말 발달을 통한 언어적 지각이다. 말은 환경이 가지는 잠재성을 체계적으로 의식할 수 있게 해 준다. 예컨대 어린이는 주변 대상의 명칭과 용도, 활용 가능성에 대해 학습하게 된다. 또한 어린이는 주변 사람들의 호칭을 알고, 그들의 의사소통 방식이나 자신이 그들과 의사소통하는 방식을 학습하게 된다. 그러나 3세의 위기의 시작과 함께 의미에 대한 이러한 체계적 의식 역시 재평가된다. 부정성과 더불어 생각은 지각과 기억으로부터 독립한다. 마찬가지로 환경과의 관계도 재평가된다. 만약 의사소통이 상황에 의해 일방적으로 통제되고 상황 자체를 통제할 가능성이 배제된 것이라면, 어린이의 의사소통 동기는 저하될 수밖에 없다. 셋째, 전학령기 발달의 주요 경향은 가상 놀이의 발달이며 이를 통해 의미는 즉각적인 환경으로부터 자유로워진다. 예컨대 역할극을 통해 어린이는 특정 명칭으로 불리는 대상이 놀이 목적에 따라 다르게 불릴 수 있음을 배우게 된다. 위기의 시작과 함께 생각, 기억, 지각의 심리적 체계는 재평가되고 자아는 이 모든 것으로부터 독립한다. 마찬가지로 가상 놀이 자체도 재평가되어야 한다. 놀이에서 사물이 원래와는 다르게 취급될 수 있다면 사람 역시 그럴 수 있다는 것이다.

역할 놀이에서 어린이는 빗자루를 다리 사이에 끼고 뛰면서 말을 타고 있다고 말한다. 행동과 의미가 달라지는 것이다. 이제 어린이는 화가 나도 웃을 수 있고 기뻐도 울 수 있다는 것을 이해한다. 겉으로 드러난 말이 생각이나 느낌과 다를 수 있다. 각각의 경우에서 우리는 어린이와 환경을 잇는 축에서 변하는 것은 환경이 아니라 어린이 쪽이라는 것을 확인할 수 있다. 객관적 관계는 변함이 없지만 그에 대한 어린이의 태도가 변화하는 것이다. 위기의 근원이 내적이라고 지적한 점에서 부르주아 이론은 옳다. 그러나 그 '내적'이라는 의미는 부르주아 이론이 간주했듯 생물학적인 것이 아니라 심리-사회적인 것이다.

2-2-53] 3세와 7세의 위기에 대해 이론적으로 설명하려 한 구체적인 시도들을 살펴보면 지금껏 논의된 모든 것들이 좀 더 명확해지고 이해 가능해질 것이라 믿습니다. 여기서 우리는 앞서 말한 것을 기억해야합니다. 내게 있어 어떤 연령기를 설명한다는 것은 그 연령기에서 일어나는 새로운 것이 무엇인지 밝히는 것을 의미합니다. 내게 있어 연령기 이론은 언제나 앞선 어린이 연령기에 전혀 존재하지 않았으면서 이 시기에 생겨난 것이 무엇인가라는 질문에 대한 대답입니다. 따라서 위기적 연령기에 대한 중심적 질문은 이제 출현할 신형성의 본성에 대한 질문입니다. 위기적 연령기에는 완전히 새로운 것이 생겨납니다. 그것은 정확히 무엇일까요? 나는 이 질문에 다음과 같이 대답합니다. 내가 보기에, 위기적 연령기가 부정적 색조를 띠며 이 연령기에는 발달 활동의 창조적 (역할)보다는 파괴적 역할이 주요 국면으로 이동한다고 주장하는 많은 부르주아 연구자들의 사실적 관찰은 (…) 그러나 동시에 내가 보기에 이들이 이행기에 생겨나는 특정 신형성에 주의를 기울이지 않는 것은 옳지 않으며 자신들이 관찰한 사실과 상충합니다. 이 신형성들은 말 뜻 그대로 신형성입니다. 즉 이전 연령기에는 없었던 새로운 것이 발달 과정에서 나타납니다. 그리고 이것이 후속 연령기로의 이행에서

필수적 계기를 구성하며 이것 없이 어린이는 후속 연령기에 도달할 수 없습니다. 그러나 이 신형성은 고유한 특성을 가집니다. 1세의 신형성은 안정적 연령기의 신형성과는 다릅니다. 안정적 연령기에서 생겨나는 신형성은 다가올 인간의 성취로 해석됩니다. 예를 들어 어린이가 걷기 시작하면 일생 동안 그렇게 걷게 될 것이며, 말하기 시작하면 말하기는 일생의 성취가 됩니다. 어린이가 글을 깨치기 시작하면 평생 동안 읽고 쓸 수 있을 것입니다. 그러나 어린이가 6개월에 첫 낱말을 말하는 것은 단순한 신형성이 아니라, 앞으로 위기적 연령과 연결될 신형성이며, 이것 없이는 후속된 안정적 연령기에 새로운 형성이 출현할 수 없습니다. 이것이 위기적 연령의 특정성입니다.

2-2-54] 이것이야말로 이 문제를 이론적으로 다루는 데 있어 사람들의 의심을 불러일으키는 것입니다.

2-2-55] 나는 이제 이론을 살펴보겠습니다. 이론이란 본질적으로 다소 비주관적이지만 나는 주관적 관점에서 상상을 시도해 볼까 합니다.

2-2-56] 나는 3세의 위기를 통해 새로 태어난 신형성의 고유한 특성은 무엇인지, 이제까지 공부한 모든 징후들에 따라 발달에 나타나는 것은 무엇인지 자문합니다. 제시된 신형성은 정당한 이유로 심리학에 이미 존재하는 하나의 낱말로 자주 표현되고 그려집니다. 그 낱말은 '하이포불리아'입니다. 크레치머는 이 개념을 발생적으로 설명하려 하면서, 어린이 발달에서 의지가 여러 단계를 거쳐 나아가며 각 단계는 이전 단계들보다 질적으로 새로운 형성을 나타낸다고 주장했습니다. 그는 어린이 의지 발달의 초기 단계를 하이포불리아라고 부를 것을 제안했습니다.

> *E. 크레치머(Ernst Kretschmer, 1888~1964)는 독일인 의사이자 정신과 의사였고 후에 마르부르크 대학의 정신병리학과 학장이 되었다. 그는

고등심리기능과 저차적 심리기능을 구별하고, 이 두 기능이 서로 다른 뇌 영역(이 영역을 가리켜 비고츠키는 '층'이라고 불렀다)과 연결되어 있다는 것을 밝혔다. 그럼에도 불구하고 신체와 고등기능들 간의 연결에 대한 그의 진술은 대부분 전前 과학적인 것이었다. 예를 들어, 그는 인간의 신체에 세 가지 유형, 즉 날씬하고 약한 유형과 근육질이며 강한 유형, 단단하고 뚱뚱한 유형이 있으며, 이 세 유형이 모두 개인적인 기질이나 정신병리학과 연결되어 있다고 믿었다. 즉 날씬한 사람은 신경질적이며 정신분열증에 걸릴 확률이 높은 반면, 뚱뚱한 사람은 쾌활하며 친화적이지만 조울증에 걸리기 쉬우며, 오직 근육질로 강하게 태어난 사람만이 정신적으로 건강하다는 것이다. 크레치머는 슈프랑거와 마찬가지로 나치에 대항해 사임했지만 후에 히틀러와 파시즘을 지지하게 된다. 그는 정신 장애인들을 말살시키는 나치의 정책에 반대하지 않는다.

2-2-57] 크레치머는 지금은 모든 사람들이 인정하는 하나의 중요한 실수를 저질렀습니다. 그것은 바로 크레치머가 두 연령, 1세의 위기적 연령과 3세의 위기적 연령을 혼동한 것입니다.

크레치머의 용어인 '하이포불리아' 또한 오류이다. 비고츠키가 말했듯 이는 어린이의 의지를 발생적으로 설명하려는 시도이다. 크레치머에 의하면 어린이는 약한 의지에서 출발한다. 약한 의지를 연습함으로써 어린이는 위기적 시기에 강한 의지를 발달시킨다. 비고츠키에게 있어 이는 오류이다. '하이포불리아'는 위기적 신형성이다. 따라서 이는 연습한다고 해서 의지로 발달되지 않으며 오히려 사그라져서 없어질 것이고, 어린이 미래의 의지에서 종속적 역할만을 수행할 것이다. 비고츠키가 나중에 말하듯, '하이포불리아'와 어린이 미래의 의지 간의 관계는 '원시적 말'과 말의 관계와 같다. 하이포불리아는 '원시적 의지'인 것이다. 비고츠키는 어째서 자신이 명백히 반대하는 이론에서 나온 부정확한 용어를 사용하는 것일까? 세 가지 답이 가능하다. 첫째, 이 용어는 비교적 불명료하다. 이 용어는 러시아어에 존재하지 않고 일상적으로도 쓰이지도 않는다. 따라서 민속 이론들의 용어를 사용하는 것보다 모호한 용어를 사용하는 편이 자신의 이론을 다른 과학적 이론들과 연결하기 용이했을 것이다. 둘째, '하이포불리아'라는 용어를 사용함으로써 그는 위기적 신형성과 다음발달영역, 즉 의지적 행동의 발달과의 연결에 관심을 집중시키고 있다. 셋째, 비고츠키는 자신의 전례를 따르고 있는 듯하다. 그는 종종 이미 사용 중인 용어의 알맹이를 빼내고, 거기에 새롭거나 심지어 정반대의 내용을 채워 넣음으로써 자신의 용어를 발달시킨다. '자율적 말'도 그 한 예이다. 자율적 말은 '자율적'이 아니며 '말'도 아니다. 같은 식으로 '하이포불리아'는 약하지(하이포) 않고 의지(불리아)도 아니다. 마치 '원시적 말'이 아직 말이 아니고, '원시적 인간'이 아직 인간이 아니며, '원시적 의지'가 아직 의지가 아닌 것처럼, 하이포불리아는 사라지고 무언가 새로운 것의 일부로 다시 나타남으로써만 진정한 의지가 될 수 있다.

2-2-58] 하이포불리아에 관한 크레치머의 입장은 1세의 위기와 관련이 있습니다. 나는 1세에 대한 오해들 중의 하나를 지적하고자 합니다. 유년기에 우리는 때로 1세의 위기를 겪는 어린이에게서 하이포불리아적 특징을 지닌 발작과 같은 모종의 성향을 발견합니다. 이 성향은 대체로 심리적으로 설명이 가능한 발작이며, 운동 에너지가 격동적으로 방출되고, 어린이가 모든 것을 거부하며, 격렬한 과잉 행동을 보이면서 외적으로 발현되는 발작입니다. 1세의 위기에 속한 어린이가 무언가 불만이 생겼을 때, 종종 바닥에 드러누워 팔다리로 바닥을 마구 두드려 댑니다. 1세의 위기에서 하이포불리아의 가장 중요한 특징은 감정과 의지의 미분화입니다. 즉 어린이의 의지적 동기가 당시 어린이를 지배하는 순간적 감정에서 비롯됩니다. 감정과 의지의 이러한 미분화 현상*을

통해 크레치머는 온전한 의미의 의지와 하이포불리아를 구분합니다. 하이포불리아적 특성과 그 심리적 특징들을 관찰할 때, 하이포불리아적 행동과 의지적 행동의 가장 중요한 차이는 하이포불리아적 행동이 자극에 의해 지배되는 반면 의지적 행동은 동기에 의해 지배되는 데 있습니다. 동인의 특성이 완전히 다릅니다.

> 코로타예바는 속기록에 나오는 '감정'이라는 낱말을 '현상*'으로 바꾸었다는 주석을 달아 놓았다. 이는 옳은 것으로 보인다.

2-2-59] 의지적 행위에는 반대 동기나 논증을 통해서 영향을 미칠 수 있습니다. 하이포불리아적(비의지적-K) 행위에는 그와 똑같은 하이포불리아적 특성을 가진 격심한 수단, 예컨대 경고나 날카로운 외침과 같이 어린이의 감정 상태를 즉각 변화시킬 수 있는 수단을 통해서 영향을 미칠 수 있습니다. 사실, 내가 3세 위기의 징후들을 통해 제시하려 했던 분석을 상기한다면 3세 위기의 가장 본질적인 면모는 감정과 의지의 분화임을 알 수 있을 것입니다. 이 모든 징후들의 가장 본질적인 면모는 그들이 특정한 모순 관계에 있다는 것입니다. 오늘 나는 여러분에게 부정적 고집의 의미를 상기시키고자 합니다. 어린이의 감정은 어린이를 특정한 측면으로 이끌지만 그것이 부정적 반응을 일으키는 것은 아닙니다. 어린이는 자신이 원하는 것과 무관하게 부정합니다. 어린이는 흔히 관찰되듯 무언가에 고집을 부리며, 어린이의 고집을 꺾으면서 여러분도 고집스럽게 됩니다. 어린이는 이렇게 해서는 아무것도 얻지 못함을 알고 그러한 입장을 벗어나게 해 줄 누군가가 있기를 바라지만 그는 … 상태에 있는 것처럼 계속 고집을 부립니다. 다루기 힘든 어린이를 아는 이라면 부정적 반응, 고집 반응이 강렬한 감정적 상태에서 나타나지 않는다는 것에 동의할 것입니다. 어떤 사람이 어린이가 부정적 상태라

고 말합니다. 여러분이 가 보니 그 어린이가 실제로 (상응하는-K) 감정적 상태에 있다면, 그것은 부정적 반응이 아니라는 것을 알 것입니다.

이 문단에 빠진 부분이 있음은 명백하다. 첫째로, 원고에 '…'로 표시된 부분이다. 여기에 무엇이 누락되었는지 알 수 없지만, 아마도 비고츠키는 일종의 마비 상태나 심리적으로 경련과 비슷한 감정적 흥분 상태를 말했을 것이다. 둘째로, 논리적으로 문단의 첫 부분은 두 번째 부분과 모순되는 것처럼 보인다. 비고츠키는 어린이가 의지적 행동을 할 때에는 종종 논리적 설명("이것 봐, 진흙이야. 여기에 새 책가방을 두면 더러워질 거야")이 반대 동기로 작용할 수 있을 것이라 말한다. 그러나 어린이가 '하이포불리아'적 행동을 할 때에는 종종 어린이의 감정을 바꾸는 행동("너, 책가방을 여기에 두면 맞을 줄 알아")이 반대 동기로 작용한다. 그러나 이어서 비고츠키는 이렇게 억누르는 방식으로는 어린이의 고집을 꺾을 수 없으며 부정적 반응은 상응하는 감정의 결과가 아니라고 말한다. 이 모순은 겉보기에만 그렇다. 비고츠키가 '하이포불리아'라는 용어를 처음 사용할 때 크레치머처럼 너무 광범위한 의미로 사용했기 때문이다. 크레치머에게는 1세의 위기와 3세의 위기, 그리고 그 사이의 거의 모든 것들이 의지 결핍으로 설명될 수 있으며 이는 지도와 훈련을 통해 극복될 수 있다. 그러나 비고츠키에게 감정은 실제로 의지적 행동의 필수적 부분이다. 우리가 이해 계에 따라 행동하는 것은 의지에 따라 행동하는 것만큼이나 감정에 따라 행동하는 것이다. 이와 같이 이익 안에 감정과 의지가 연결되어 있기 때문에 감정과 의지는 먼저 분화되고 구분되어야 한다. 우리는 원하는 것을 얻기 위해 사람들에 대해 느끼는 감정과는 별개로 행동하는 것이 가능해진다. 3세 어린이는 이렇게 할 수 없다. 3세의 위기는 감정과 의지 분화의 첫걸음이다. 어린이의 감정은 다른 사람의 영향력을 부인하라고 말하지만 사실 그가 원하는 것을 얻으려면 그들과 협력해야 한다. 의지가 성숙해야 감정과 논리가 함께 작용할 수 있을 것이다. 그러나 비고츠키가 지적한 바와 같이 어른들에게도 3세 어린이의 방식은 때때로 행동의 종속적 부분으로 잔존한다.

2-2-60] 부정적 반응의 징후는 어린이의 고집, 집요한 행동이 감정적 동기의 영향을 넘어서며 때로는 그 동기와 날카로운 모순에 빠지기도 한다는 것입니다.

2-2-61] 어린이와의 대화에 관한 카츠의 책이 있습니다. 이 책은 수년간의 전체 대화의 과정을 기록했으며, 말의 단위가 문장 속에 있는 것이 아니라 대화, 즉 연결된 전체 주제 속에 있다는 생각을 담고 있습니다. 그의 말에 따르면 이것이 동기입니다. 다음은 부모와 자식 간의 삶의 관계에서 나온 한 단편입니다. 어떤 부모가 여섯 살 난 큰아이와 배를 타고 교외로 갑니다. 작은아이는 자고 있기 때문에 데려가지 않습니다. 그들이 돌아왔을 때 그 아이는 일어났고 식구들이 자기를 빼놓고 뱃놀이 갔다는 걸 알게 되었습니다. 아이는 화가 나서 자기가 자라면 모터보트를 타고 미국에 갈 것이고, 또 다른 모터보트를 백 척을 끌고 갈 것이지만 아무도 안 데려간다고 말하기 시작합니다. 그의 어머니는 바닷가로 내려가 손수건을 흔들며 맞이하겠다고 말합니다. 그러자 아이는 미국으로 가지 않고, 미국만큼 멀리 떨어진 교외의 도시로 갈 것이라고 말하는 식입니다. 어린이는 진정되지 않습니다. 그러자 어머니는 그가 좋아하지만 평소에는 가지 못하는 동물원에 가자고 하면서 더 매혹적인 제안을 하기 시작합니다. 아이는 동물원에 가고 싶습니다. 하지만 그는 고집을 부리기 시작하면서 이 반응을 끝까지 밀고 나갑니다. 어린이는 동물원에 가고 싶습니다. 그래서 자신의 완고함에 울기 시작합니다. 그러자 큰아이도 떠나고 어머니도 떠납니다. 그러나 이 아이는, 자신이 원함에도 불구하고, 자신의 의지에 반하고 자신이 원하는 것에 반한 채 거기에 남아 자기 배를 만들기 시작합니다. 이것이 부정적 반응, 혹은 그와 유형은 다르지만 어린이의 소망에 반해 작용하는 반응에 가까운 것입니다. 어린이가 자신의 바람에 반하여 행동하는 것입니다. 어린이는 누가 자신을 잡아 일깨워 이 상황에서 꺼내 주기를 무

엇보다 바랍니다. 그것이 최선이겠지요. 그러나 그는 마치 빠져나올 수 없는 집요한 동기의 주문에 걸린 듯합니다. 이와 같이, 이제까지 우리가 말한 이런 징후들의 가장 뚜렷한 특징은 감정과 의지의 분화입니다. 이것이 진정한 의미의 하이포불리아입니다. 의지가 감정으로부터 분화되지 않으면 일반적으로 의지가 존재하지 않고 여기에는 감정, 갈망의 계기, 욕구에서 발생하는 계기, 지금 이런저런 행동을 일으키는 느낌이 존재합니다. 어린이가 어떤 것을 원하면서 동기의 영향을 받아 그 반대의 것을 하는 때가 바로 우리가 의지를 다루는 때입니다. 이것은 매우 원시적 의지이지만, 엄밀한 의미에서 의지입니다. 3세의 징후들이 자라나는 공통 근원을 충분히 이해하기 위해서는 두 계기에 초점을 맞추어야 합니다. 첫째, 우리는 이 의지적 의지가 무엇인지, 의지적이라는 낱말 이면에 놓인 것은 무엇인지 자문해야 합니다. 내가 보기에 이 분석은 명백한 답을 줍니다. 동물원에 가고 싶어 하면서도 집에 남아 모터보트를 꿰맞추려는 이 어린이는 자신의 뜻대로 할 수 없다는 것을 압니다. 왜 이러는 것일까요? 이 경우 어린이의 행동의 동기는 어머니와의 관계이며 이것이 전면에 나와 어린이와 그의 욕구의 관계를 완전히 가로막기 때문입니다.

코로타예바는 카츠(KAII)를 대문자로 표기하고 '속기록 그대로'라는 주석을 달았다. 그러나 우리는 속기사나 편집자가 카츠를 기관이나 단체의 약자로 오인하여 대문자로 표시했다는 생각이 든다. 우리가 보기에 카츠는 인명(Katz)이며, 비고츠키는 『역사와 발달』 14장과 '의식의 문제'와 같은 여러 논문에서 카츠의 어린이 말에 관한 연구를 인용하고 있다.

*D. 카츠(David Katz, 1884~1953)는 G. 뮐러의 제자였으며 철학적으로는 헤링과 후설에 가까웠다. 많은 형태주의자들처럼 그는 지각에 흥미가 있었지만, 그들과는 달리 시각뿐 아니라 촉각에 대해 연구했다. 비

고츠키가 여기서 인용한 그의 초기 연구는 아
동 심리학이었다. 히틀러가 집권했을 때 유태인
이었던 카츠는 영국으로 도피했으며 그 후 스웨
덴에서 생을 마감했다.

2-2-62] 타인과 어린이의 사회적 관계와 그 자신 즉 '나'와의 관계에
서 출현한 특정 경향의 주장이 어린이 행동의 주요 동기입니다. 요컨대
관계 자체, 타인과의 관계가 이제 어린이 활동의 동기가 되고 표면적 감
정으로부터 완전히 독립하게 됩니다. (…) 결국 어린이는 미국에 갈 수
없고 모터보트를 꿰맞추지 못할 것임을 이해합니다. 그는 어머니가 자
신을 데리고 나들이를 가지 않을 것임을 이해합니다. 따라서 어린이는
그가 처한 상황, 즉 동물원에 가고 싶지만 집에 남아 계속 그러기를 고
집하는 상황에서는 어떤 즐거움도 기대할 수 없습니다. 왜, 어떤 의미가
이 행위 속에 있을까요? 어머니와의 관계라는 영역에서 무언가를 한다
는 것, 이것은 안 된다는 것을 고의적으로 보여 주는 것, 자신도 스스
로를 표현할 수 있음을 보여 주는 것, 엄마가 자신에게 행한 대로 자신
도 엄마에게 행할 것이라는 의미가 있습니다. 한마디로 동기가 관계 자
체가 됩니다.

2-2-63] 마지막 질문에 답하는 것이 남아 있습니다. 어린이의 이러
한 하이포불리아적 행동은 무엇을 말해 주며, 전학령기 어린이의 의지
적 행동에 대해 무엇을 알려 줍니까? 어린이에게 영향을 미치는 모순적
인 입장은 어린이 자신의 행동과 관련된 다른 동기, 자신의 욕구와 유
리되어 실제로 자신의 욕구와 정반대로 행동하는 동기를 제시합니다.
요컨대 3세 위기의 본질적 내용은 감정으로부터 의지의 분화라는 역설적 현상의 발생입니다.

2-2-64] 3세의 위기는 이상한 인상을 줍니다. 이는 의지, 의지적 행동 유형의 활동이 처음 태어나는 연령기이지만 다른 한편으로 의지가 어린이를 사로잡기도 합니다. 즉, 모든 고집스러운 체험은 우리(성인-K)의 체험과 같은 성격을 수반하며, 고집을 부리는 어린이를 보면 우리는 어린이 자신이 불편한 상태, 즉 감정적으로 혼란한 상태에 있는 경우는 거의 없습니다. 연구자들은 3세 어린이의 반응에서 우리의 상태, 우리의 반응이 모두 발현된다는 것을 올바르게 발견했습니다.

2-2-65] 교활한 재미로 여러분이 말한 것을 부정하고 그 반대로 행하면서 즐거워하는 어린이를 본 적이 있는지 궁금합니다. 그 어린이는 여러분 앞에서 온갖 다른 심리적 표현을 보여 주지만, 이는 부정성이 아닙니다.

2-2-66] 이 위기적 연령의 신형성을 설명하고자 할 때, 우리는 반드시 두 가지를 설명해야만 합니다. 첫째, 새로운 현상이 무엇이며 신형성을 만드는 것이 무엇인지, 둘째, 이것이 왜 의지가 아니며 왜 일시적인 것인지 설명해야 합니다. 왜냐하면 여기서 우리가 다루는 것이 의지의 대척점을 이루는 종류의 의지이기 때문입니다. 이 의지는 어린이 자신을 지배합니다. 이는 어린이가 행동에서 모종의 자유를 얻는 데 도움이 되는 의지적인 기제가 아닙니다. 그것은 의지가 어린이를 사로잡고 어린이가 스스로의 의지를 전혀 발현하지 못하는 의지 발달의 한 단계입니다.

지리에서 대척점이란 지구상의 한 지점과 지구의 중심을 연결하는 직선의 연장선이 그 반대쪽 표면과 만나는 지점을 뜻한다. 여기서 비고츠키가 왜 '대척점'이라는 용어를 사용했는지 설명하고자 한다. 지구본에서 살펴보면 대부분 북반구에 위치한 대륙의 대척점은 대양의 어느 지점에 놓이게 된다. '원시적 의지'는 어린이가 가정에서 일상생활을 하며 평범한 결정을 내릴 때 이
용할 수 있는 의지가 아니다. 이미 보
았듯이 '원시적 의지'는 의지와 감정
의 분화를 포함한다(어린이는 하려는
것과 원하는 것이 다르다). 그러나 이러
한 의지와 감정의 분화는 어린이가 다
른 심리 기능을 수행하는 것을 도와
주지 않는다. 그것은 어린이가 목적을
달성하는 것을 돕지 않으며, 그 자체로 독립적인 심리 기능이 되지 않
는다. 따라서 그것은 어린이가 살고 있는 육지의 반대편, 즉 대부분의
대척점들과 같은 빈 바다에서 발달하는 '의지'의 형태이다.

2-2-67]　따라서 후속 발달 과정에서 위기의 쇠퇴와 함께 하이포불
리아는 그 자체로 존재하지 않고 다루기 힘든 어린이에게만 남는다는
입장에 반대할 수 있습니다. 하이포불리아적 행동들은 어린이의 의지적
행동들에 자리를 내어 주며, 전학령기에 일어나는 계기의 일부를 형성
합니다.

2-2-68]　우리가 잘 알고 있듯이, 전학령기에는 위기와 관련된 모든
것이 감정의 계기와 무관하게 일어나는 놀이 규칙에 종속됩니다. 전학
령기 어린이의 일반적 발달 경로는 어린이와 부모 간, 심지어 권위적인
양육 조건에서도 생겨나는 새로운 관계입니다. 이 모두는 무엇보다도
3세 어린이가 하이포불리아적 단계를 겪었다는 사실에 크게 기인합니
다. 위기를 결여한 발달은 의지를 결여한 발달을 이끕니다.

　　우리는 위기적 신형성이 사라지는 것이 아니라 안정적 신형성에 종
　속적 요소로 남아 있음을 알고 있다. 예를 들어 원시적 말은 사라지
　는 것이 아니라 억양과 강세의 형태로 안정적 말 속에 여전히 남아 있
　다. 억양과 강세는 말의 공동일반화된 의미적 측면에서는 종속적이지

만, 그럼에도 불구하고 대인 관계적 측면에서는 여전히 중요한 영향을 미친다. 마찬가지로 하이포불리아 역시 사라지는 것이 아니라 전학령기의 안정적 신형성인 놀이 속에 남게 된다. 비고츠키는 왜 놀이가 감정의 계기와 상관없이 일어난다고 말하는가? 첫째, 놀이가 언제나 즐거운 것은 아니다. 어린이는 지는 것이 고통스럽지만 질 것이 뻔할 때도 놀이를 한다. 둘째, 일반적으로 놀이는 의지와 감정 사이의 특정한 분리를 기반으로 한다. 놀이를 할 때 어린이의 행위는 자극에 대한 감정적 반응이 아니라 의미에 의해 규정된다. 셋째, 가장 중요한 것은 발달적 관점에서 모든 놀이가 적어도 암시적 형태로나마 규칙을 포함하며, 규칙은 감정이 아니라 논리의 산물이라는 것이다. 비고츠키는 놀이가 끼어들 여지가 없는 엄격한 권위주의적 문화화에서조차 놀이가 발달의 일부임을 지적한다. 부모 흉내를 엄격히 금지할수록 어린이들은 그것을 더욱 즐긴다. 부모에 대한 이러한 흉내 내기는 종종 놀이의 두 가지 근본적인 특성을 드러낸다. 모든 놀이는 역할, 대개는 권위주의적인 역할을 포함하며, 어떤 행동들은 허용하고 다른 행동들은 금지하는 규칙을 포함한다. 위기적 신형성이 종종 안정적 신형성의 부정적 전조이듯(원시적 말은 말의 전조이며, 원시적 의지는 의지의 전조), 안정적 신형성은 종종 위기적 신형성의 어두운 반향을 포함한다. 놀이가 언제나 어린이들을 결속시키는 것은 아니다. 어린이들은 놀이를 하면서 창피를 주거나 심지어 서로 다치게 하기도 한다.

2-2-69] 3세 위기에 대해 내가 말하고자 했던 것을 요약하자면 발달의 관점에서 다음의 사태가 일어났다고 말할 수 있을 것입니다. 각각의 위기는 어린이의 해방, 어린이 활동의 성장, 환경으로부터의 분리를 나타냅니다. 그러나 그러한 분리, 분화, 활동이 반드시 어린이의 고립을 의미하는 것은 아닙니다. 오히려 이는 어린이에게 더 복잡한 관계가 출현함을 뜻합니다.

2-2-70] 어린이가 해방될수록 어린이가 환경과 맺는 관계는 더욱 복

잡해지고 능동적이게 됩니다. 나는 어린이가 출생의 순간 신체적으로 어머니와 분리되지만 생물학적으로 분리되지 않는다는 명제를 여러 번 언급했습니다. 이것은 사실입니다. 말하기와 걷기를 시작하는 어린이는 이미 상당한 정도로 어머니와 생물학적으로 분리되지만 심리적으로는 분리되지 않습니다. 사실 3세 위기를 겪기 전까지 결코 어린이는 그 상황의 활발한 참여자임에도 불구하고 자신을 의식적으로 자각하지 못하며 주변 환경과 특정한 관계 속에 놓여 있음을 알지 못합니다. 3세 이하의 어린이는 종종 어머니에게 반항적이거나 다정하게 행동하기도 하고 어머니를 기쁘게 하거나 화나게 하기도 하지만, 이러한 행동들은 결코 의도적이거나 의식적인 것이 아닙니다. 어린이와 주변과의 관계가 분명히 존재하지만 어린이는 이 관계를 의식하지 못합니다. 3세의 위기에 있는 어린이가 어떤 순간 자신의 행동을 결정하는 즉각적인 감정의 영향으로부터 행동적으로 벗어날 때 어린이는 어느 정도의 자율성을 획득합니다. 여기서 주변 사람들과의 관계는 비록 원시적인 형태이나마 의미 있는 것이 됩니다. 그리고 나는 역할 놀이가 3세의 위기가 지난 후에 나타나는 것이 단지 우연이 아니라고 믿습니다. 그 누구도 3세 미만의 어린이가 엄마가 되었다가 잠시 후에 경찰이 되는 등의 역할 놀이를 하는 것을 본 적이 없습니다. 이를 이해하기란 쉽습니다. 어린이가 3세가 되면 어떤 것이든 외적으로 모방할 수 있기 때문에 아기를 어르는 어머니를 본 적 있는 어린이는 인형을 먹이는 등의 행동을 할 수는 있으나 이 인형은 아기가 될 수 없으며 어린이는 스스로 역할을 바꿀 수 없습니다. 그러나 어린이가 3세의 위기를 통과함과 동시에 역할과 연결된 놀이가 시작됩니다. 여기서 놀이의 핵심은 대개 외적 상황 자체가 아니라 특정한 관계와 관련된 역할에 있습니다. 어머니와 어린이 그리고 다른 구성원들의 역할을 하는 '소꿉놀이'를 발달시키기 유리한 중산층 가정의 분위기를 살펴봅시다. 이 놀이의 내용과 목적은 무엇일까요? 가장 중요한 것은 어린이가 놀이를 하면서 이전에 보았던 관계들을 능동적으로 재창조하고 발견하는 것입니다. 마치 어린이가 어머니의 말을 잘 듣듯이 놀이를 하는 어린이들은 그 어린이의 말을 잘 들을 것이며, 부모가 말하는 대로 다른 어린이에게 말할 것입니다. 놀이에서 새로운 것은 어린이가 능동적이고 의지적인 의식의 대상을 통해 새로운 상황, 환경, 관계를 만든다는 데 있습니다. 이들은 이제 어린이에게 새로워졌으며 어린이는 그들을 발견합니다.

2-2-71] 일반적으로 3세의 위기를 체험한 어린이에게 관계가 출현합니다. 어린이는 자신과 연결되어 있는 무언가가 다른 사람들과도 연결되어 있으며, 엄마와 자신과의 관계가 존재하듯이 그러한 관계를 다른 사람과도 맺을 수 있음을 발견합니다.

2-2-72] 이것을 길게 말하지는 않겠습니다만, 만약 3세 위기의 의미를 후속 연령기들에서 추적한다면, 우리는 이것이 어린이 말이라는 형성물이 후속 언어 발달에 대해 지니는 중요성과 비슷함을 알 수 있습니다. 비록 외적으로 (…) 전혀 이 말과 같지 않습니다.

각각의 연령기에서 몇 가지 새로운 성취가 나타난다. 다시 말하자면, 유아기는 협응적 주의와 원시적 우리를 성취하고, 초기 유년기는 말과 체계적 의미적 의식을 성취하며, 전학령기는 역할과 규칙을 만들고, 학령기는 교과 지식에 대한 의식과 숙달을 성취한다. 위기적 연령기 또한 연령기이다. 1세의 위기는 원시적 말, 3세의 위기는 원시적 의지를 성취하고, 7세의 위기는 일종의 원시적 자아를 만들어 낸다. 물론 원시적 말이 말과 똑같은 것은 아니다. 원시적 말에는 어휘와 문법이 없어서 큰 어린이들이 질문을 하고 대답을 기대할 때처럼 의미를 전달하는(어휘) 동시에 의미교환 양상을 조직(문법)할 수 없다. 이것이 바로 원시적 말이 독립적 형태로 지속되지 못하고 후속 성취의 일부가 되는 이유이다. 이와 같이 '하이포불리아' 즉 원시적 의지는 의지와 똑같은 것이 아니다. 원시적 의지는 욕구와 이성적 결정을 조합하여 당면한 문제를 해결하지 못한다. 택시를 타고 싶지만 그러지 못하는 전학령기 어린이는 빗자루를 말처럼 타며 욕구를 해결하지만 이는 3세 위기의 어린이에게는 불가능한 일이다. 이것 역시 독립적 형태로 지속되지 못하고 후속 성취의 일부가 된다. 마지막으로 '~척하기' 또는 원시적 자아도 자아와는 다르다. 원시적 자아 속에는 느낌, 생각, 말과 행동이 통합되어 있지 않으며 진정한 자아와는 달리 어린이가 혼자 있을 때조차 신뢰할 만한 행동의 지침을 제공하지 못한다. 이 또한 독립적 형태로 지속되지 못하고 후속 성취의 일부가 된다. 이러한 설명은 불행히도 원고에서 사라진 듯하다. 바로 속기사가 '…'로 표현한 부분이다.

2-2-73] 남은 시간 동안 7세의 위기에 관하여 간략히 말해 보겠습니다. 7세의 위기나 그 징후에 관하여 상세하게 살펴볼 시간도 없고 그럴 필요도 없습니다. 7세의 위기가 우리의 아동학과 훨씬 더 친숙하기 때문에 나는 단지 그 기본적 특성만을 설명할 것입니다. 7세의 어린이에게 일어나는 것이 무엇인지 대략적으로 이해하기 위한 몇몇 이론적 시도들을 살펴보도록 하겠습니다.

2-2-74] 3세의 위기를 체험할 때, 어린이가 환경과 맺는 관계는 급격하게 변하며 한 체험의 일련의 모든 계기가 또 다른 성격의 체험으로 변합니다. 내가 볼 때 이는 어린이에게 하나의 환경이 또 다른 환경으로 변했다는 것을 의미하며, 인격과 환경적 계기의 통합이 완전히 새로워졌음을 의미합니다. 말하자면 완전히 새로운 체험이 도래한 것이며, 기존의 체험이 위기적 연령기에는 새로운 체험으로 대체되는 것입니다. 이는 발달에서 환경과 인격 통합의 유형이 완전히 다른 유형으로 변화했음을 말합니다. 이는 발달의 새 시대의 도래로 이해되어야 합니다.

2-2-75] 7세의 위기는 다른 위기들보다 먼저 발견되고 기술되었습니다. 7세 시기의 본질적 존재 구조는 다음과 같음을 우리는 모두 알고 있습니다. 어린이의 자아가 출현하기 시작하며 이는 온갖 유기체적 특

성의 변화를 시사하면서 기계적으로 빠르게 성장합니다. 이 연령기는 변화 자체의 시기, (팔 다리의-K) 신장의 연령기로 불립니다. 사실, 어린 이는 급격히 변화하지만 이 변화는 3세의 위기에서 관찰되는 변화보다 더 심오하고 복잡한 특성을 갖습니다. 7세의 위기의 징후들은 매우 다 양하기 때문에 이들을 하나하나 나열하려면 오랜 시간이 걸릴 것입니 다. 연구자와 관찰자들이 일반적으로 제시하는 이 위기의 통상적이고 일반적인 인상을 소개하겠습니다.

2-2-76] 어린이가 7세 위기를 시작할 때 평범한 관찰자의 눈을 사로 잡는 가장 본질적이고 외적이며 즉각적인 것은 무엇일까요? 그것은 주 변에 대한 어린이의 행동이 갑자기 순진함과 자연스러움을 잃어버리는 것입니다. 어쨌든 어린이는 전처럼 그렇게 직접적이거나 순진하지 않으 며, 모든 면에서 그 모습을 이해하기란 예전처럼 쉽지 않습니다. 나는 거의 모든 7세 어린들, 특히 다루기 힘든 유년기 어린이들에게서 종 종 직면하게 되는 두 사례에 대해 설명할 것입니다. 그것은 농축된 형 태로 이 위기의 고비를 포함합니다. 이따금 어린이는 우쭐대며, 익살스 런 표정으로 말하며, 가식적이고, 터무니없고, 인위적인 무언가가 어린 이 행동에 전례 없는 방식으로 출현합니다. 이것이 한 유형입니다. 흔히 사람들은 어린이가 부적절하게, 가만있지 못하고 익살을 부리거나 바보 짓을 하면서 광대 짓을 한다고 말합니다. 7세 이전의 어린이도 익살스 런 표정을 할 수는 있으나, 누구도 그에 대해 이렇게 말하지는 않을 것 입니다. 왜 이러한 이유를 알 수 없는 행동이 눈을 사로잡는 것일까요? 어린이가 주전자에 (비친-K) 변형된 모습을 보거나 거울을 보고 찡그릴 때, 어린이는 단지 재미로 그렇게 하는 것입니다. 그러나 그 어린이가 거 들먹거리는 걸음걸이로 방으로 들어가 빽빽대는 목소리로 말할 때, 이 것은 별 동기가 없는 것이며 우리의 눈길을 끕니다. 초기 유년기의 어린 이가 터무니없는 말을 하고 우스꽝스럽게 논다고 놀라는 사람은 없습

니다. 그러나 광대 짓을 하는 어린이가 웃음이 아니라 비난을 불러일으 킨다면, 이것은 별 동기가 없다는 인상을 줄 것입니다. 이렇게 초기 연 령기의 어린이에 내재한 직접성과 순진함이 사라진다는 인상이 이 시 기에 나타납니다. 나는 7세 어린이의 실질적 본질과 외적으로 구분 짓 는 징후가 어린이의 직접성의 상실, 전혀 이해할 수 없는 기이성의 출 현, 이따금씩의 다소 우쭐대고 인위적이고 가식적이고 부자연스러운 행 동이라는 인상이 겉보기에는 맞는다고 생각합니다.

비고츠키가 말하는 두 가지 사례는 무엇인가? 때로 비고츠키는 두 가지 사례를 제시할 것이라고 말하고는 첫 번째 사례를 자세히 설명하 는 데 많은 시간을 할애한다. 따라서 우리는 그가 두 번째 사례를 제 시할 것이라는 것을 거의 잊어버릴 지경이 된다. 그러나 잘 찾아보면 대체로는 두 번째 사례가 발견된다. 하지만 노력에도 불구하고 이 문단 에서는 두 번째 사례를 발견할 수 없다. 그런데 비고츠키는 다음 단락 에서 위기의 징후에 대한 전체 분석을 갑자기 끝내고, 학생들에게 7세 에 대한 현존하는 연구를 스스로 참고해 보라고 말하고는 어린이 인격 의 안과 밖의 층 분화를 명확히 하기 위한 방법으로 언어적 지각에 대 한 설명으로 넘어간다. 두 번째 유형은 제시되지 않은 것처럼 보인다. 언어적 지각은 다루기 어려운 유년기나 심지어 위기적 신형성과도 그 리 큰 관련은 없어 보인다. 사실 비고츠키가 제시하는 언어적 지각은 논의를 명확하게 해 준다. 지각은 정신적 행동의 외적 형태이다. 왜냐 하면 지각은 환경(빛이나 소리 자극)에 매우 직접적인 방식으로 의존하 기 때문이다. 지각이 언어화될 때 우리는 정신적 행동의 내적 형태(즉 명명하기)를 덧붙이는 것이다. 예를 들어 우리가 시계가 있는 것을 보 고 '시계'라고 할 때, 그것이 무슨 색이며 어떤 재질로 만들어졌는지 기 억하지 못해도, 나중에 우리는 시계가 거기 있었고 몇 시를 가리키고 있었는지까지도 기억해 낼 수 있을 것이다. 거의 같은 식으로, 어린이 는 이제 외적 행동 형태뿐 아니라 '내적' 자아를 가지고 있다. 즉 어린 이는 이제 자신의 이름이 단지 이름표나 몸과 같은 외적 형태 이상의 내적인 '나'를 가리킨다는 것을 이해하는 것이다. 그러나 어떻게 이러한 예가 다루기 어려운 어린이들의 두 번째 행동 유형이 되느냐는 아직 명확하지 않다. 여기에는 두 가지 가능성이 있어 보인다. 하나는, 비고츠키가 다루기 어려운 유년기에 나타나는 과장된 행동의 두 유형을 언급하고 있는 것으로 이해하는 것이다. 한 유형은 인위적이고 가장된 터무니없는 것이 어린이에게 나타난다. 즉 어린이는 예컨대 7세에 자서전을 쓰려는 어린이처럼 자신보다 훨씬 나이 많은 역할을 연기하는 것이다. 다른 유형은 유치하고, 어릿광대 같고, 바보 같은 짓이 나타난다. 즉 어린이는 혀 짧은 말이나 원시적 말을 하는 아기처럼 자신의 연령을 훨씬 밑도는 역할을 연기한다. 다른 하나는 원래 7세 위기 행동 표현의 '두 번째 유형'이 존재하지만 비고츠키나 속기사가 빠뜨린 것으로 이해하는 것이다.

2-2-77] 우리는 이 인상 뒤에 숨어 있는 모든 사실적 내용들을 밝혀내기 위해 3세의 위기에 대해 했던 것처럼 징후들을 분석하는 경로를 따를 수도 있을 것입니다. 하지만 간결성을 위해 7세의 이런 행동들이 잘 알려져 있고 쉽게 떠올릴 수 있는 것이라 가정하고 곧바로 설명으로 나아가고자 합니다.

2-2-78] 내가 말하는 것을 잘 듣고 이 어린이들에 대해 실험했던 것들과 비교해 보기 바랍니다.

2-2-79] 7세 위기의 가장 핵심적 특징은 어린이 인격의 내적, 외적 국면의 분화라 불리는 것일 것입니다. 위기 이전의 어린이에게 있는 순진함과 직접성의 인상의 밑바탕에는 무엇이 있을까요? 이 순진함과 직접성은 어린이의 외면과 내면이 같다는 것을 시사합니다. 즉 내적인 것과 (외적인 발현이*) 서로 거의 분화되지 않았다는 것입니다. 하나가 부드럽게 펼쳐져 다른 하나로 넘어가고 우리는 그 다른 하나를 하나의 직접적 발현으로 읽습니다. 어떤 행동을 직접적 행동이라 부를 수 있을까

요? 유아적이고 직접성을 가지는 순진한 성인은 매우 보기 드물고 그들은 우리에게 우스꽝스러운 인상을 줍니다. 예를 들어 코미디 배우 찰리 채플린은 코미디의 주요 조건 중 하나로, 진지하게 연기하다가 갑자기 너무 직접적이고 순진하게 행동하는 상황을 사용합니다.

찰리 채플린은 단순하고 가식 없는 역할로 유명했다. 〈골드러시〉, 〈서커스〉, 〈시티 라이트〉, 〈모던 타임스〉와 같은 그의 초기작에서 그가 연기한 떠돌이 영웅은 비고츠키가 묘사한, 속이 빤히 보이는 순진한 역할이었다. 갖가지 형태의 거짓말, 부정행위, 사기로 가득 찬 세상 속에서 그는 결코 거짓말이나 부정을 행하거나 사기를 치지 않았으며, 자신만의 방식으로 코미디를 했다. 채플린의 삶은 고난으로 점철되었지만, 그는 작품에서 이를 드러내지 않은 채 항상 웃고 있었다. 비고츠키에게 친숙한 것은 무성영화인 채플린의 초기 작품들이다. 채플린은 '유성 영화'에 저항했다. 그는 삶이란 사람들에게 소리로 설명될 수 있는 것이 아니며, 관객들은 스스로 희극과 비극을 모두 볼 수 있어야 한다고 믿었다. 하지만 비고츠키가 바로 이 글을 썼던 시기에 채플린은 그의 첫 번째 '유성 영화' 작업을 시작했다. 그는 〈위대한 독재자〉라는 작품에서 콧수염 때문에 히틀러로 오인된 유태인 이발사를 연기했고, 〈살인광 시대〉에서는 아내와 아이들을 먹여 살리기 위해 돈을 노리고 부유한 여성들과 결혼한 후 살인하는 연쇄 살인범을 연기했다. 두 작품은 이전 작품들과 극적으로 구분된다. 영화는 말이 포함되었을 뿐 아니라 부정행위와 사기가 주된 것이었으며, 관객들에게 영화의 내용을 직접 길게 설명하는 것으로 끝났다. 채플린은 히틀러의 위험성을

느끼게 되었고, 자본주의의 폐해가 꼭 설명해야 할 너무나도 중요하고 복잡한 주제라고 느꼈던 것이다. 관객들은 이 영화들을 싫어했고, 채플린의 영주권을 박탈하고 추방한 미국 정부는 더더욱 싫어했다. 이 영화들은 어떤 면에서 비고츠키의 규칙을 입증한다. 채플린의 대중적 매력은 그만의 특별한 천진함과 단순 명쾌함에 있었으며, 그것이 사라지자 그는 관객들의 인기뿐 아니라 영주권 또한 잃게 되었다.

'외적인 발현이*'는 코로타예바가 삽입한 부분이다. 코로타예바는 원래 원고에 '외적인 발현' 대신 '일반적으로 만들어진', '다른 사람들과 소통하는'이라 쓰여 있었다고 말한다. '일반적으로 만들어진', '다른 사람들과 소통하는'이라 해도 가능하다. 두 경우 모두 의미는 분명하다. 위기 이전에는 행동하는 외적 자아와 생각하는 내적 자아 사이에 직접적 상관성이 있다. 하지만, 마치 채플린의 유성 영화 전과 후처럼, 위기 이후의 어린이는 결코 그전처럼 단순하거나 직접적이지 않을 것이다.

2-2-80] 이 직접성의 상실은 무엇을 의미할까요? 이것은 매우 단순한 계기, 즉 우리 행동에 지성의 계기가 도입됨을 의미합니다. 이 지적 계기가 체험과 직접적 행동 사이에 끼어듭니다. 이제 이것이 무엇인지 살펴보겠습니다. 어린이 특유의 순진하고 직접적인 행동의 정반대는 무엇일까요? 의도적 의식적 행위입니다. 이것이 곧 7세의 위기가 직접적이고 순진한 분화되지 않은 체험으로부터 이 극단으로의 전환을 의미하는 것은 아닙니다. 그러나 어린이의 모든 체험과 행동 속에 지금부터 살펴볼 어떤 지적 계기가 실제로 나타납니다. 그것은 무엇일까요? 이것은 현대 인격심리학과 정신병리학의 가장 복잡한 문제 중 하나이며, 분명 완벽하게 밝혀지기 어렵겠지만 의미적 체험이라 부를 수 있는 문제를 하나의 예로 삼아 설명해 볼 수 있을 것입니다. 우리는 좀 더 분명한 외적 지각에 대한 비유를 사용할 것입니다. 우리가 말하려던 것을 잠

시 미뤄 두고, 외적 지각에 대해 생각해 봅시다. 인간 지각의 본질적 차이는 우리의 지각이 대상에 대한 의미적 지각, 즉 외적 인상과 더불어 의식적으로 깨닫게 되는 복합적인 인상들에 대한 지각이라는 데 있다는 것을 여러분은 알 것입니다. 나는 이것을 보자마자 시계인 줄 압니다. 인간 지각의 특성을 이해하기 위해서는 반드시 신경이나 뇌 질환으로 이 능력을 상실한 환자들의 지각과 비교해 보아야 합니다. 이런 환자들의 경우, 우리가 시계를 보여 주면 놀랍니다. 이것을 보기는 하지만 무엇인지는 모릅니다. 하지만 우리가 시계태엽을 감거나 귀에 대고 소리를 듣거나 혹은 몇 시인지 들여다보기 시작하면, 그제야 그는 이것이 시계일 것이라고 말합니다. 그제야 그는 자신이 본 것이 시계임을 인식하는 것입니다. 여러분과 나에게, 보는 것과 그것이 시계라는 것은 오직 하나의 의식 행위입니다. 사물과 사물의 의미를 분석하는 것은 매우 어려우며, 이것은 언제나 우리의 지각이 시각적 생각 과정과 뗄 수 없는 부분이라는 것을 보여 줍니다.

2-2-81] 우리의 지각은 오직 헌법화될 뿐입니다. 우리에게는 시각적 생각과 대상에 대한 의미적 지칭이 통합적으로 일어납니다. 내가 이 물건이 시계라고 말할 때, 혹은 이것이 시계임을 보고 나서 탑 위에 있는 그것과 전혀 닮지 않은 어떤 것을 시계로 볼 때, 이는 내가 특정 대상을 규정된 대상 범주의 표상, 즉 공동일반화로 지각한다는 것을 의미합니다. 요컨대, 모든 지각은 공동일반화를 수반합니다. 우리의 지각이 의미적 지각이라고 말하는 것은 곧 모든 지각이 공동일반화의 지각이라고 말하는 것입니다.

> 비고츠키는 의미적 지각이 '헌법화'된다고 말한다. 이는 의미적 지각이 규칙적이고 안정적이며 확립된다는 의미이다. 의미적 지각은 기호화되고, 보증되고, 언어로 쓰인다. 이런 식으로, 그것은 어떻게 자연적 규칙과 양식이 역사적인 법칙과 규칙으로 점차 대체되는지에 대한

개체발생적인 예가 된다. 예를 들어, 어른과 어린이가 함께 장난감 가게에 간다면 어린이는 물건의 가격보다는 색깔이나 질감에 주목할 것이다. 어른들은 색깔과 질감보다는 가격에 주목할 것이다. 비슷한 예로, 지도를 볼 때 어린이는 색깔이나 양식, 그림 등은 알지만 집으로 가는 길을 알지는 못할 것이고 어른은 이와 반대일 것이다. 의미적 지각은 안정적, 통합적, 수렴적이다. 그것은 시각적으로 서로 다른 것을 결합시키고, 공간적으로 떨어져 있는 것을 한데 모은다. 예를 들어 손목시계, 탁상시계, 시계탑은 시각적으로는 공통점이 없지만, 거의 같은 의미적 가치를 가지고 있다.

2-2-82] 이것은 무엇을 의미할까요? 내가 보기에는 다음과 같이 설명할 수 있습니다. 만약 내가 공동일반화 없이, 즉 실인증 환자나 동물들이 보는 것처럼 이 방을 본다면, 나에게는 사물들의 인상이 나의 시각장에 위치한 방식으로 서로 관련지어 나타날 것입니다. 그러나 내가 이들을 공동일반화할 때 이는 시계와 나란히 놓인 대상들의 구조에서뿐 아니라 이것이 시계라는 구조, 즉 내가 그것을 보는 공동일반화의 구조에서도 지각한다는 것을 의미합니다.

2-2-83] 우리는 인간의 의미적 지각의 발달을 체스 두는 법을 모르는 어린이와 체스를 배우기 시작한 어린이의 체스 판을 보는 방식과 비교할 수 있습니다.

2-2-84] 체스를 둘 줄 모르는 어린이는 말들을 가지고 놀 것입니다. 예컨대 말들의 움직임은 검정색 말만 모으는 식으로 말들의 구조에 의해 결정될 것입니다. 체스를 배운 어린이는 다르게 행동할 것입니다. 앞의 어린이에게 검정 나이트와 흰 폰은 서로 상관이 없지만, 검정 나이트의 움직임을 아는 어린이는 적이 자신의 폰의 전진을 위협하고 있다는 것을 압니다. 이 어린이에게는 통합체가 존재합니다. 체스를 두는 어린이는 둘 줄 모르는 어린이와는 다르게 체스 판을 바라본다고 말할

수 있습니다.

2-2-85] 마찬가지로 고수는 보는 방식에서 하수와 다릅니다. 만일 지각의 본질적 특징이 구조적 지각이라면 즉 지각이 개별 원자들의 집합체가 아니라 다른 부분을 규정하는 구성 방식 자체를 나타내는 상황이라면, 체스 판에서 보이는 상관관계에 따라 내가 그것을 다르게 본다는 것을 여러분은 이해할 것입니다. 우리가 여기서 본 것과 유사한 일이 어린이 지각 발달에서 일어납니다.

2-2-86] 지각할 수 있는 모든 현실이 바로 우리에게 현실입니다. 우리는 이를 체스 선수가 체스 판을 지각하는 것처럼 지각합니다. 우리는 대상들 간의 근접성이나 평균적 배치뿐 아니라, 대상들 간의 의미적 연결과 상호 관계 또한 지각합니다. 이것이 지각의 의미적 측면에 대해 지금까지 말해 왔던 모든 것입니다.

앞의 일곱 문단(2-2-80~2-2-86)은 원래 주제인 의미적 체험에서 벗어난다. 비고츠키는 인격의 내적 측면과 외적 측면의 분화가 왜 7세의 위기의 신형성인지 설명하고자 하며, 의미적 지각을 예로 든다. 이 예는 두 가지 이유에서 조금 오해의 소지가 있다. 첫째, 의미적 지각은 7세의 신형성이 아니다. 어린이는 시계가 무엇인지 7세 이전에 이미 안다(광범위한 언어적 일반화 역시 이와 마찬가지이다). 둘째, 의미적 지각은 위기적 신형성이 아니라, 오히려 최소한 두 연령기, 즉 초기 유년기(처음으로 사물을 명명하는 것을 배움)와 전학령기(놀이를 통해 명명기능을 사물이 아닌 존재하지 않는 대상으로 일반화함)로부터의 안정적 성취이다. 7세 어린이의 문제는 지적, 언어적 지각의 문제가 아니라 좀 더 발전된 문제, 즉 일종의 지적, 언어적 '체험'이다. 체험 역시 위기적 신형성이 아니다. 위기적 신형성은 발달 과정에서 사라지는데 체험은 지속되기 때문이다. 체험은 신형성이 아니다. 체험은 출생부터 죽음에 이르기까지 발달을 거치는 동안 내내 존재하기 때문이다. 사실 체험은 인격의 분석 단위이다. 그러나 바로 그런 이유로, 비고츠키는 3세의 위기와 7세의 위기를 지적, 언어적 체험의 측면에서 중대한 비교를 한다. 이 두 연령기의 다음발달영역은 모두 지적, 언어적 유형의 체험이 될 것이다. 3세의 위기의 경우 어린이는 부정성이라는 위기적 신형성을 사용해서 존재하지 않는 상상의 대상을 만들어 낸다. 7세의 위기의 경우 어린이는 '역할 없는 역할 놀이'라는 위기적 신형성을 사용해서 존재하지 않는 국어, 수학, 과학, 혹은 각 교과의 하위 범주 등을 포함하는 상상의 대상의 전체 범주를 만들어 낸다. 무엇보다 학령기 어린이는 객관적 자아를 창조하기 위해서 의미적 지각을 자신의 몸의 느낌, 바람, 욕구, 그리고 자신이 환경과 맺고 있는 관계에 적용해야만 할 것이다. 이 객관적 자아의 토대는 바로 '과장된 행동' 즉 7세의 위기에서 보이는 가장하기, 척하기, 쓸데없어 보이는 '역할 없는 역할 놀이'이다.

2-2-87] 말로 명명되는 것이 대상의 의미만이 아니라는 것에 아마도 여러분은 동의할 것입니다. 일찍이 어린이가 대상의 의미뿐 아니라 자신의 행동, 타인의 행동, 자신의 내적 상태를 말로 나타내는 일은 매우 흔합니다. 예컨대 나는 먹고 싶다, 자고 싶다, 춥다와 같이 말입니다. 의사소통 수단으로서 말은 다음의 상황을 이끕니다. 우리는 내적 상태를 낱말과 연결하여 나타내며, 낱말과 연결한다는 것은 결코 단순한 연합적 연결을 형성하는 것이 아니라 언제나 공동일반화를 의미합니다. 사실 모든 낱말이 개별적 대상을 의미하는 것은 아닙니다. 내가 지금 춥다고 말하고 며칠 지나서 춥다고 말한다면 이는 춥다는 모든 개별적 느낌이 다른 개별적 인상들과 마찬가지로 공동일반화되었음을 의미합니다. 이와 같이 상태의 의미를 모두 흡수하는 내적 체험 과정이 나타납니다.

2-2-88] 유아에게는 의미적 지각이 존재하지 않습니다. 유아는 방을 의자나 책상과 따로 떼어 지각하지 않습니다. 유아는 배경으로부터 부각된 형태를 분별하는 (성인들과는 반대로*) 모든 것을 분리되지 않

는 전체로 지각합니다. 그렇다면 초기 유년기 어린이는 그 자신의 체험을 어떻게 지각할까요? 초기 유년기의 어린이는 기뻐하고, 화내고, 슬퍼하지만 자신이 기쁘다는 것을 알지 못합니다. 즉 마치 유아가 배가 고플 때 자신이 배가 고프다는 것을 알지 못하는 것처럼, 어린이는 기쁜 순간에 기쁘다는 것을 알지 못합니다. 배고프다는 것과 내가 배고프다는 것을 아는 것은 큰 차이가 있습니다. 초기 유년기 어린이는 자기 자신의 체험을 알지 못합니다. 그리고 7세에 우리는 의미적으로 구조화된 체험의 출현을 마주하게 되며, 그때 어린이는 나는 기쁘다, 나는 슬프다, 나는 착하다, 나는 나쁘다라고 말하는 것이 의미하는 바를 이해하기 시작합니다. 즉 어린이에게 그 자신의 체험에 대한 의미적 지향이 나타납니다. 3세 어린이가 타인과 그 자신과의 관계를 발견하는 것처럼, 7세 어린이는 자기 자신의 체험 자체를 발견합니다. 이 때문에 7세의 위기를 특징짓는 세 가지 특성이 출현합니다. 첫째, 체험이 의미를 획득한 덕분에, 화가 난 어린이는 자신이 화가 났다는 것을 자각합니다. 이 덕분에 어린이에게 의미적 체험의 출현 이전에는 가능하지 않았던 체험과 새로운 관계가 생겨납니다. 체스 판 위의 각각의 움직임마다 말들 사이에 완전히 다른 관계가 나에게 생겨나는 것처럼, 체험들이 특정한 의미를 획득할 때, 체험들 사이에 완전히 다른 관계들이 나에게 생겨납니다. 따라서 어린이가 체스 두는 법을 배우고 체스 판을 보면 체스 게임이 재구조화되는 것처럼, 이 연령기 어린이의 체험의 전체 성격이 재구조화됩니다.

2-2-89] 둘째, 더욱 중요하게 이 위기와 함께 체험의 공동일반화 또는 감정적 공동일반화, 논리적 정서가 처음으로 발생합니다. 어떤 어린이들은 심각한 정신지체로 인해 매 순간 실패를 체험합니다. 이 어린이는 아이들의 놀이를 함께 하고 싶어 하지만 거부당합니다. 어린이가 길을 걸을 때면 놀림을 당합니다. 요컨대, 매 걸음마다 그는 실패합니다.

그에게는 자신의 부족함에 대한 반응이 있을까요? 있습니다. 그러나 여러분은 그럴 때마다 그가 몇 분 지나지 않아 아무렇지 않은 것을 보게됩니다.

2-2-90] 수많은 실패가 존재하지만, 열등감이라는 일반적 느낌은 존재하지 않습니다. 그는 자신에게 그토록 여러 번 일어난 일을 일반화하지 않습니다. 성숙한 연령의 어린이에게는 느낌의 일반화가 일어납니다. 즉, 그런 일이 나에게 여러 번, 두 번, 세 번 일어났다면 나에게는 감정적 형성물, 공동일반화가 나타납니다. 이 일반화의 특성은 개별 체험과도 관련이 있습니다. 또 알려진 바와 같이 감정은 개별 지각, 회상과 관련됩니다. 예를 들어, 여러분에게 질문을 해 보겠습니다. 초기 유년기혹은 전학령기 어린이는 자신이 다양한 방식으로 말한다는 것을 파악할 수 있을까요? 파악할 수 있습니다. 그러나 그에게 진정한 자존감, 자기애는 아직까지 존재하지 않습니다. 우리가 자신, 스스로의 성취와 입지에 대해 내관하는 정도가 이 위기와 연결되어 나타납니다. 자기애란무엇일까요? 초기 유년기 어린이도 자신을 사랑합니다. 그러나 여러 상황에서 변함없이 지속되는, 자신에 대한 어떤 공동일반화된 관계로서의 자기애, 자존감 자체, 주변 사람들에 대한 공동일반화된 관계와 자신의 가치에 대한 이해는 존재하지 않습니다. 따라서 일련의 매우 복잡한 형성물이 발생하며, 이는 학령기의 시작과 함께, 전학령기에 마주치는 어려움들과는 원칙적으로 구별되는, 급격하고 근본적인 형태로 변화한 어려움의 출현을 이끕니다.

초등학교 1학년의 자존감은 전학령기 어린이에 가까울까 아니면 3~4학년 어린이에 가까울까? 비고츠키는 3~4학년에 더욱 가깝다고 말한다. 그 이유는 무엇일까? 전형적인 전학령기 어린이의 하루를 생각해 보자. 어린이는 9시에 도착하여 빵이나 우유 등 간식을 먹은 후, 밖에서 놀거나 무리지어 활동에 참여하거나, 스케치북에 그림을 그리거나, 산에 오르기도 한다. 어린이는 어떤 활동에는 능숙하고 어떤 활동에는 그렇지 않지만 성공했든 실패했든 그 감정을 일반화하지 않는다. 예를 들어 어린이는 '나는 그림이 바닥이야' 또는 '정글짐은 내가 최고지'라는 느낌을 갖지 않는다. 때로 한 어린이가 어떤 어린이와 함께 놀려고 하지 않거나 심지어 다른 많은 어린이들이 그 어린이와 놀려고 하지 않을지라도, 그 어린이는 소외라는 느낌을 경험하지 않는다. 전학령기를 담당한 교사가 아이를 심하게 꾸짖는다 해도, 어린이들은 그것을 기억하지 못하며 자기반성으로 일반화되기는 더욱 어렵다. 어린이의 내적 자존감은 긍정적인 외적 경험을 비교적 직접적으로 반영하며, 수치심이나 죄책감은 부정적인 외적 경험을 비교적 직접적으로 반영한다고 말할 수 있다. 이제 학령기 어린이의 전형적인 하루를 생각해 보자. 심지어 1학년 어린이들도 학교에 도착한 후 우유가 있다 하더라도 기다렸다가 다른 친구들과 함께 먹어야 한다. 어린이는 책을 읽으면서 수업 시작을 기다린다. 국어, 미술, 음악 등 여러 수업에서 어린이는 자신의 성취를 다른 친구들과 비교한다. 한 어린이가 어떤 어린이와 놀지 않으려 한다면 이것은 그 어린이의 하루를 망칠 수 있는 심각한 문제가 되며, 많은 어린이가 그 어린이와 놀지 않으려 한다면 이것은 그 어린이에게 트라우마로 남을 수 있다. 야단을 맞은 어린이는 다음번에는 야단을 맞지 않으려 노력하거나, 야단맞는 것을 거부하거나, 야단맞은 일을 엄마에게 이야기하거나 일기에 기록할 수도 있다. 꾸짖음은 평가로 경험되며, 어린이가 어떻게든 교정과 개선을 내면화한다면, 그것은 실패하지 않아 생긴 자존감이 아니라 실패를 극복하는 데서 얻게 된 자존감이라는, 훨씬 더 복잡한 형태의 자존감의 일부가 된다. 이와 같이 어린이의 자존감은 부정적 경험의 간접적 반영이 된다.

2-2-91] 이 위기가 창조하는 모든 것들을 짚어 보는 것이 남았습니다. 나는 계속 남게 되는 신형성이 무엇인지를 설명하고자 노력했습니다. 자기애와 자존감은 남습니다. 반면 위기적 신형성은 일시적임이 드러납니다. 내가 말한 모든 것들은 모두 이것에 근거해서 나타납니다. 바

로 내적, 외적 인격의 분화가 불러일으키는 것, 최초로 의미화된 체험이 불러일으키는 것 덕분에, 7세의 위기에는 격심한 체험의 투쟁이 나타납니다. 내적 투쟁은 이 연령기에 최초로 가능해집니다. 더 달콤한 사탕을 가져야 할지, 여러 개의 사탕을 가져야 할지 모르는 어린이는 내적 갈등 상황에 처하여 망설입니다. 내적 갈등—체험들 사이의 모순과 체험에 대한 자신의 선택—이 여기에서 가능해 집니다. 이것이 바로 우리가 전학령기에서 마주치게 되는 어려운 문화화의 전형적인 형태입니다.

> 이 문단은 4-20과 유사하지만 이 문단의 "내적 갈등 상황에 처하여 망설입니다"는 4-20과 상반된다(4-20~4-21 글상자 참조).

2-2-92] 어린이에게 갈등이나 풀리지 않는 모순, 상충되는 체험들이 나타날 때, 즉 두 개의 체험이 동시에 존재하면서 모순이 모순으로 이해될 때, 바로 이때 우리는 어린이 발달의 어떤 새로운 계기가 탄생함을 보게 됩니다. 이는 그 자체로 이행적 계기이며, 이러한 이유로 모든 7세 어린이는 (…)라는 인상을 줍니다.

> 이 문단의 뒤에는 빠진 부분이 있는 것으로 보인다. 전학령기 발달의 사회적 상황을 끝내는 것은 무엇이며, 전학령기 놀이를 통해 나타난 인격과 환경의 요소에 대해 어린이는 어떻게 주도권을 쟁취하게 되는 것일까? 비고츠키의 답이 무엇이었는지는 알 수 없으나 다음과 같은 추측은 가능하다. 아마도 '소꿉놀이'가 유치하다고 생각하는 어린이들도 여전히 부모를 흉내 내거나 풍자할 수 있을 것이다. 놀이 규칙이 너무 어렵고 추상적이라고 생각하는 어린이들은 자기만의 규칙을 만들 수 있을 것이다. 유치원에서 천자문 암송이 너무 어렵다고 느낀 어린이들은 자기 마음대로 지어 부를 수 있을 것이다. 이 모두는 새로운 발달 노선 혹은 새롭게 나타나는 이행적 신형성의 발현일 수 있다.

자기 나이보다 많거나 적은 척하는 어린이는 역할 없는 역할 놀이 혹은 규칙 없는 게임을 하고 있는 것이다. 다음 문단에서 비고츠키는 내적 체험들 사이의 이러한 새로운 갈등은, 학령기를 특징짓는 '놀이 없는 역할극(초등학교 1학년에서 배웠던 '우리들은 일학년')', '게임 없는 규칙(초등학교의 주의 집중을 위한 침묵 게임)'이 가능하게 해 준다고 주장한다.

2-2-93] 그러나 사실, 체험의 내적 분리가 가능해질 때, 체험의 내적 투쟁이 가능해질 때, 어린이가 자신의 체험을 최초로 이해할 때, 어린이에게서 (체험 간의-K) 내적 관계가 출현할 때, 거기서 체험의 변화가 일어나며 이 변화 없이 학령기는 불가능할 것입니다. 왜냐하면, 거듭 말하지만, 7세의 위기에서 전학령기 체험이 학령기 체험으로 변화된다고 말하는 것은 전학령기에 발달하는 환경적, 인격적 계기가 발생 (⋯) 소멸, 형성된다는 것과, 이 계기가 학령기에 나타나는 발달 단계를 가능하게 하는 새로운 환경적, 인격적 계기의 통합으로 변화된다는 것을 의미하기 때문입니다. 이는 또한 환경에 대한 어린이의 관계가 변했고, 환경 자체가 변했으며, 어린이의 발달 경로 자체가 변했음을, 새로운 시대로 접어들었음을 의미합니다.

• 3세의 위기

이 장은 2001년에 출판된 코로타예바의 책 『아동학 강의лекции по педологии』의 연속된 두 장이다. 이 두 장은 모두 3세의 위기를 다루고 있으며, 두 번째 장은 첫 번째 장과 연속되는 것으로 보이기 때문에 우리는 이 두 장을 하나의 장으로 엮어 출판했다. 위기의 징후(2-1)에 관한 첫 번째 장은 크레치머에 반대하여 3세의 위기의 독자성을 강조했다. 그러나 3세의 위기와 7세의 위기에 관한 두 번째 장(2-2)은 두 위기 간의 비유를 이용하여 이 둘을 다시 엮는다.

비고츠키는 발달의 사회적 상황을 연령기를 구별 짓는 데 사용했다. 따라서 발달의 사회적 상황은 시간이나 공간이 아니라, 상황적 곤경이나 발달이 풀어야 하는 관계적 문제이다. 비고츠키는 발달의 사회적 상황을 물질적 배경으로 환원시키려고 한 잘킨트의 연구를 매우 날카롭게 비판한다(2-2-25). 3세 위기의 시작에서 이 발달의 사회적 상황은 이미 말을 통해 실현되고 있다. 비고츠키는 또한 감정의 비언어적 발작으로 표출되는 1세의 위기와, 어린이가 원하는 것과 말하는 것 사이의 극명한 차이로 표출되는 3세의 위기 사이의 차이점을 완전히 무시한 크레치머의 연구를 날카롭게 비판한다. 비고츠키에게 위기의 징후인 부정성, 고집, 완고함, 자기 본위, 저항-반항, 비난, 독재/질투는 어린이와 사회적 환경 사이의 관계 속에서 발현되며 감정의 발작이 아닌 말로 발현되는 것이다.

비고츠키는 중심 발달 노선과 주변 발달 노선을 함께 연령기를 짜는 데 사용한다. 마치 씨실과 날실처럼 그 둘은 분리되지 않지만 전경과 배경으로 번갈아 나타난다. 생각, 말, 신체적 활동은 발달의 양식으로 절대 사라지지 않지만 그들의 중심적인 역할은 확실히 변화한다. 생애 첫 1년에는 신체적 활동이 중심적인 반면 생각과 말은 주변적이며 대체로 잠재적으로만 존재한다. 생후 2년에는 말이 중심 위치로 움직이며 지각조차 재구조화시킨다. 이때 신체적 활동은 지속적으로 발달하지만 더 이상 지배적이지 않으며 다른 기능들을 재구조화하지 못하며, 지각에 연결되지 않은 생각도 주변에 머문다. 전학령기와 학령기에 가장 급격하게 발달하는 기능은 각각 기억과 생각이다. 따라서 우리는 3세 위기의 주요 발달 노선이, 언어적 활동과 정신적 활동의 형태로 서로 엎치락뒤치락하며 말과 생각 사이 어딘가를 지날 것이라고 기대할 수 있다. 물론 비고츠키는 위기의 중심적 발달 노선이 어린이의 언어적 의존성과 심리적 독립성을 통과한다는 것을 발견한다. 어린이는 하고 싶은 대로 하기 위해 환경 속의 낱말을 사용하여 주도권을 쟁취하고자 혹은 자기-해방을 획득하고자 노력하는 것이다.

위기의 시기에는 안정적 시기처럼 고유한 신형성이 나타나지만 이 신형성들은 지속되지 않는다. 대신에 이 신형성들은 뒤이은 안정적 신형성의 의존적 일부가 된다. 예컨대 신생아의 본능적 정신생활은 유아기 원시적 우리(Ur Wir)에 감정으로 포함되며, 1세 위기의 원시적 말은 억양과 강세 등으로 진정한 말 속에 남아서 보존된다. 비고츠키는 각 경우마다 위기적 시기의 근접발달영역이 다음 시기의 안정적 신형성을 구성한다는 것을 보여 준다(예컨대 3세의 위기의 근접발달영역은 전학령기이며, 7세 위기의 근접발달영역은 학령기이다). 각 사례에서 이 다음발달영역은 위기적 신형성으로서 부정적으로 미리 형상화한다. 3세의 위기에서 볼 수 있는 의지와 감정의 과도기적 분리는 놀이와 연결될 수 있으며, 7세의 위기에서 볼 수 있는 내적 인격과 외적 인격의 과도기적 분리는 의식적 파악과 숙달에 연결될 수 있다. 이 부정적 형상화는 위기적 시기의 격렬한 성질과 일시적이고 의존적 일부로만 남는 위기적 신형성의 본성 모두를 설명한다. 3세의 위기적 신형성은 의지가 아니라 의지의 대척점이며, 이는 어린이의 의사결정능력을 가능하게 하는 것이 아니라 무력화시키는 것이다. 유사하게 7세의 위기적 신형성은 자아가 아니라 원시적 자아이다. 원시적 자아는 일관적 역할이 결핍된 '~척하기'와 '제멋대로 행동하기'로 나타나며, 이는 어린이가 일관성 있는 자아를 창조할 의식적 파악과 숙달에 대한 연결을 결핍하고 있기 때문이다.

I. 3세 위기의 징후들

A. 가정과 접근. 비고츠키는 위기적 시기가 안정적 시기처럼 신형성을 갖지만, 이들은 이행적 유형이라고, 다시 말해 영속적이지 않다고 가정한다(2-1-2). 그리고 그는 신형성을 규정하고, 발달 노선을 확인하고, 근접발달영역을 고찰(어떻게 신형성이 안정적이고 영속적인 다음 연령기의 신형성들과 연결되는지)하는 세 가지 과업에 접근한다(2-1-1~2-1-2). 비고츠키는 이들 모두 단순히 가정과 접근으로부터 비롯될 수 없다고 경고한다. 이들은 발달의 사회적 상황에 대한 분석으로부터 비롯되어야 한다. 발달의 사회적 상황은 인격과 환경 사이의 관계이기 때문에 내적 징후와 외적 징후 모두를 가지고 있다. 이 징후들은 민속적 개념에서 두 층위로, 즉 일차적 층위와 이차적 층위로 기록되어 왔다. 어린이 인격의 측면에 대한 '내적' 징후들은 일차적이고, 환경과의 상호작용과 관련이 있는 '외적' 징후들은 이차적으로 보는 것이 가능해 보인다. 비고츠키도 이러한 순서로 징후들을 제시한다(2-1-3~4, 2-1-24).

B. 발달의 사회적 상황: 7성좌. 비고츠키는 이제 일차적 층위에 포함되는 7개의 징후들을 열거함으로써 발달의 사회적 상황을 설명한다.
  i. 부정성: 어린이는 때때로 심지어 자신이 실제로 원하는 것임에도 불구하고 하기를 거부한다. 비고츠키는 이 모순을 설명하는 유일한 방법은 동기가 즉각적인 상황의 맥락 속에 있는 것이 아니라, 타인과의 일반화된 사회적 관계 속에 있다는 것임을 지적한다(2-1-4~2-1-8).
  ii. 고집: 어린이는 심지어 어떤 경우엔 전혀 원하지 않거나 별로 하고 싶지 않음에도 불구하고 무언가 하기를 고집한다. 이 일반화된 사회적 관계는 타인과 맺은 것이기보다는 자기 자신과 맺은 것이기 때문에 단순한 부정성의 반대가 아니다(2-1-9~2-1-11).

iii. 트로츠 알터Trotz Alter 혹은 완고함: 부정성과는 달리 완고함은 특정한 인간관계보다는 문화화의 규준을 향한 것이다. 고집과 달리 완고함은 발달 중인 어린이 인격을 주장하기보다는 환경을 부정하는 것을 향한다. 비고츠키는 "네, 네! да ну!"와 같은 표현으로 나타나는 빈정거림은 어린이가 이제 무언가를 말하면서 다른 것을 의미할 수 있게 되었다는 것을 말한다고 지적한다(2-1-12~2-1-15).

iv. 아이겐신(Eigensinn, 독선) 혹은 자기 본위: 어린이는 무언가를, 심지어 그것을 할 수 있는 능력이나 자신이 없음에도 불구하고 혼자 하기를 원한다. 완고함은 환경을 향하지만 자기 본위는 인격을 향한다(2-1-16).

v. 저항-반항: 비고츠키는 나머지 세 가지 징후들은 부차적 중요성을 가진다고 말한다. 그러나 비고츠키가 2-1-24에서 논의한 바와 같이, 이들이 이차적 층위에 속하는 것은 아니다. 저항-반항은 타인을 향한 다툼과 욕설이며 구어적 형태의 갈등이다(2-1-17).

vi. 비난: 저항-반항과 같이 비난은 구어적 형태의 갈등이다. 어린이는 거절하고, 무시하는 낱말로 대상을 비하한다. 저항-반항과는 달리 비난은 사물을 향한다(2-1-18).

vii. 독재/질투: 독재는 가족에서 특히 부모와 같은 타인을 완전히 통제하기 위한 욕구이다. 반면 질투는 보통 형제, 자매를 향한다. 비고츠키에게 이 둘 모두는 권력에 대한 지향을 나타내며, 그 차이점은 단순히 어린이가 외동인지 형제, 자매가 있는지와 관련이 있다(2-1-18).

C. 중심적 발달 노선: 자아-해방. 비고츠키는 일반화한다. 그는 자아-해방이 중심적 발달 노선이라고 말한다. 모든 징후들은 권위에 반하며, 자율성을 향한다(2-1-19). 모든 징후들은 갑작스러우며 환경에서의 변화와는 무관해 보인다(2-1-20). 그럼에도 불구하고 모든 징후들은 환경에 대한 어린이의 관계와 연결된다(2-1-21). 비고츠키는 어린이가 환경과 가지던 이전의 매개되지 않은 정서적인 관계가 변한다고 연역한다(2-1-22). 출생과 유아기가 생리적으로는 분리되지만 생물적으로는 분리되지 않음을 드러냈듯이, 1세의 위기와 초기 유년기는 사회적으로는 분리되지만 심리적으로는 분리되지 않음을 드러낸다. 따라서 3세의 위기에서 어린이는 진정한 심리적 자율성을 향한 첫 번째 걸음을 취한다(2-1-23). 비고츠키는 내적 변화보다 좀 더 외적인 것으로 나타나는 이차적 징후들에 대한 짧은 기술과 어린이의 외적 행동에 초점을 맞춘 짧은 사례 연구로 끝을 맺는다(2-1-24~2-1-25). 자아-해방은 3세의 위기에 특정한 것이 아니라 모든 위기들에 대한 일반적 발달 노선이다. 3세의 위기에 고유한 자아-해방의 형태, 즉 부정적 언어 표현을 통한 환경에 대한 주도권의 쟁취는 다음 절(2-2-69)에서 상세히 설명된다.

D. 중심적 신형성: 누락. 비고츠키는 자신의 결론이 가설적이라는 점에 양해를 구한다(2-1-26). 그는 3세의 위기에 나타나는 어린이 행동의 새로운 두 측면에 주목한다.

ⅰ. 분화되지 않는 전체로서의 상황이 아닌 상황 속 사회적 관계를 향하는 행동의 지향성(2-1-28).

ⅱ. 사물과 사람이 아닌 사실과 행위를 향한 행동의 지향성(2-1-29).

그러나 비고츠키는 위기란 사회적 관계에서의 위기라는 다른 연구자들의 지적을 확인하며 이 강의를 마무리 짓는다. 이것이 신형성과 근접발달영역에 대해 의미하는 것은 다음 절에서 상세히 설명된다(2-1-30~2-1-32).

II. 3세의 위기와 7세의 위기

A. 재검토: 비고츠키는 3세의 위기에 대한 강의를 마무리 짓고, 이를 7세의 위기와 13세의 위기까지 연관 지을 것임을 약속하며 시작한다(2-2-1~2-2-4). 그는 위기적 연령기에 대한 아동학의 이론들이 매우 예비적 상태임에 주목하며(2-2-5~2-2-7), 이론적 설명을 시도하기 전의 기술적이고 경험적인 단계에 머무를 것이라고 말한다(2-2-8). 다음으로 2-1절의 '3세 위기의 징후들'의 '칠성좌' 자료를 다시 살펴보며(2-2-9~2-2-17), 그것을 (정확히는 아니더라도) 거의 낱말 그대로 되풀이한다(예컨대 2-2-12~2-2-13은 2-1-28~2-1-29와 거의 똑같다). 그는 위기가 인격과 사회적 환경을 축으로 펼쳐진다는 이전 강의의 결론에 도달한다(2-2-18~2-2-19). 그러나 이 결론은 매우 일반적이며, 거의 모든 위기에 적용할 수 있다(2-2-20). 비고츠키는 구체적 자료를 일반화하여 매우 일반적인 결론에 도달했기에, 이전의 결론으로 돌아가는 대신 방법의 문제로 나아간다.

B. 방법의 문제: 비고츠키는 각 위기적 연령의 고유성을 이해하기 위해서는 이들을 비교할 수 있게 해 주는 분석 단위가 필요하다고 말한다. 이 단위는 인격과 환경 모두를 포함하여야 한다(2-2-22~2-2-23). 그러나 단위로의 분석은 해부와는 다르다. 감각기관과 운동 조직을 내부 장기로부터 떼어 낸 후 다시 합쳐 꿰매는 것처럼, 인격과 환경을 낱낱이 잘라서 다시 붙일 수는 없다. 단위로의 분석은 두 가지 기본적 개념을 요구한다(2-2-24).

ⅰ. 상호적 영향을 포함하는 상대적 지표. 비고츠키는 사회적 지표들(예를 들어 부모의 교육 수준, 수입 정도, 옷 갈아입는 횟수 및 공중목욕탕 이용 횟수)은 위기를 설명하지 못한다고 말한다. 이 지표들은 본질적으로 크게 변하지 않지만 어린이는 변하기 때문이다(2-2-25~2-2-26). 우리에게는 단순히 절대적이고 양적이며 쉽게 측정할 수 있는 지표가 아니라 어린이와 환경과의 관계를 포함하는 지표가 필요하다. 비고츠키는 어린이가 변화할 뿐만 아니라 어린이 역시 가족 환경의 일부이기 때문에, 어린이가 변하면 그의 환경 또한 변화한다고 말한다. 예를 들어 어린이가 말을 배울 때 어린이는 자신이 생활하는 소리 환경을 변화시킨다(2-2-26). 따라서 우리는 어린이와 환경의 상호적 영향을 포함하는 지표가 필요하다.

ⅱ. 최대의 단순성과 최소의 복잡성. 비고츠키는 단위로의 분석은 최대한 단순하면서도(세부 사항에 얽매이지 않고 비교할 수 있도록), 최소한으로 복잡한(설명하려

는 모든 특성을 포함하도록) 단위를 찾는 것으로 나아가야 한다고 말한다. 이 경우 단위는 다룰 수 있고 연구 가능한 것이어야 할 뿐 아니라, 환경에 대한 어린이의 내적 태도와 그 속에서의 능동적 참여를 모두 포함해야 한다(2-2-21, 2-2-29~2-2-32). 그는 세 가지 예시를 제시한다. 바로 생각과 말의 관계를 설명하기 위한 낱말 가치(2-2-32), 생리적 심리적 발달을 연구하기 위한 연령기(2-2-29), 어린이와 환경과의 관계를 연구하기 위한 체험 즉 페레지바니пережиBaние(2-2-33~2-2-40)이다. 비고츠키에 따르면 페레지바니는 환경과 어린이의 상호 영향을 포함하는, 최대한 단순하지만 최소한 복잡한 단위이다.

C. 환경론적 이론과 생득론적 이론. 비고츠키는 환경과 어린이 모두를 포함하면서도 사실상 어린이에 의해 '내면화'된 환경을 포함하는 방식으로 3세의 위기를 분석하는데에는 '엄청난 이론적 어려움'이 있음을 인정한다(2-2-41~2-2-44). 그러나 우리가 이를 '러시아의 환경론'과 '독일의 생득론'이라 부를 수 있는 두 방법론과 비교한다면 그 필요성을 이해할 수 있다.

   i. 러시아의 환경론. 사회적 환경을 우선으로 두고 어린이의 내적 변화를 단순한 환경의 반영으로 간주하는 '외부중심적' 방법이다. 비고츠키는 이러한 접근을 속류 마르크스주의자인 A. 잘킨트에 연관 짓는다(2-2-25).

   ii. 독일의 생득론. 어린이라는 유기체를 우선으로 두는 '내부중심적' 방법이다. 비고츠키는 이를 부제만(2-2-45~2-2-47), 크레치머(2-2-54)와 다른 나치 심리학자들과 연관 짓는다. 비고츠키는 위기가 모두 어린이로부터 나타나며 환경은 단지 현상적 차이만을 설명한다는 부제만의 주장을 비판한다(2-2-47). 그는 1세의 위기와 3세의 위기를 혼동하는 크레치머도 비판한다(2-2-57).

D. 신형성과 다음발달영역. 비고츠키는 이제 종합한다. 그는 위기가 사실상 본질적으로 내적이라 하는 독일의 생득론에 동의하지만 '내부'가 생물학적이라는 개념을 거부한다(2-2-52). 또한 그는 환경이 발달의 궁극적 원천이라는 환경론에 동의하지만, '외부'가 순전히 사회적이라는 개념을 거부한다. 따라서 환경과 어린이의 관계는 심리적으로 제시되어야 한다. 비고츠키는 크레치머로부터 하이포불리아, 즉 '약한 의지'라는 개념을 빌린다(2-2-58). 3세의 위기를 1세의 위기와 혼동한 크레치머에게 이는 강력한 감정과 빈곤한 동기의 계기이며, 이 '약한 의지'는 위기 후에 강렬하고 활발한 독일식 의지로 자라날 것이다. 하지만 비고츠키에게 3세의 위기는 1세의 위기와 완전히 다르다. 3세의 위기는 정서감정과 의지의 분화로 특징지어진다(2-2-60). 3세의 위기에서 감정은 의지를 마비시키기 때문에, 이 '원시적 의지'는 위기가 끝남에 따라 사라져야 한다(2-2-67). 따라서 비고츠키가 하이포불리아를 3세의 위기의 신형성(따라서 이 신형성으로 이끄는 특정한 자아-해방 노선만이 중심적 발달 노선이다)으로 규정하도록 하는 두 가지 특징이 하이포불리아에 있다. 이 두 가지 특징은 다음과 같다.

   i. 첫째, 이는 새롭고 고유하며 초기 유년기 이전에는 나타나지 않는다. 비고츠키는 카츠의 연구를 인용하여 이를 설명한다. 한 어린이는 엄마와 형과 함께 동

물원에 매우 가고 싶음에도 불구하고 이를 거절하는 더 큰 의지를 보여 준다(2-2-61~2-2-62). 이는 우리가 초기 유년기에 보는 상대적으로 직접적인 감정과는 매우 다르다.

ii. 둘째, 이는 이행적이고 비영구적이며 다음발달영역의 의존적 일부로만 지속된다. 그것은 온전한 의지로 성숙되지 않고(2-2-66) 오히려 어린이에게 숙달되는 것이 아니라 어린이를 지배하면서 의지의 대척점으로 나타난다. 어린이가 놀이라는 체험을 통해 의지와 감정을 숙달할 수 있게 되는 것은 오직 다음 연령기인 전학령기이다(2-2-65, 2-2-68). 전학령기 놀이의 감정과 의지를 분리하는 능력은, 3세 위기의 근접발달영역이 된다(2-2-68~2-2-72).

E. 7세의 위기. 비고츠키는 한 위기를 이해하기 위해 다른 위기를 이용한다.

i. 위기의 징후. 비고츠키가 3세의 위기에서 지적했듯이 의지와 감정의 분리는 이후 단계에 가능해지는 완전히 새로운 유형의 의지와 감정의 통합체를 만든다(2-2-74). 비고츠키는 징후를 직접 분석하기보다 학생들에게 참고문헌을 읽고 자신의 경험을 생각해 보도록 권고한다(2-2-73~2-2-78). 그러나 비고츠키는 7세 위기의 일반적인 특징은 직접 설명한다. 7세는 어린이의 인격이 '신장되는' 시기이다. 어린이는 이유 없이 광대 노릇을 하고 어른들의 경고와 심지어 체벌에도 그러한 행동을 지속한다(2-2-76). 그는 7세 이전까지는 어린이들이 비교적 순진하다고 말한다. 인격의 내면과 외면이 일치하는 것이다. 비고츠키는 채플린의 유머의 근원이 어른이 전학령기 어린이의 행동을 보이는 데 있다고 주장한다(2-2-79).

ii. 발달 노선: 비고츠키는 7세 무렵에 어린이가 외적 인격과 내적 자아 사이에 인지적 층을 삽입하게 된다고 추론한다(2-2-80). 그런 후 그는 이를 과거의 연령기와 미래의 연령기에 나타나는 유사한 구조적 변화와 비교한다.

a. 첫째, 그는 인격과 자아 사이에 나타나는 인지적 층의 출현을 초기 유년기에 시각과 이해 사이에 나타나는 공동일반화, 즉 우리가 시계를 둥근 표면에 바늘이 달린 기묘한 표시가 있는 나무나 금속 물체가 아니라 시간 측정 도구로 보게 되는 것과 비교한다(2-2-81).

b. 둘째, 그는 이러한 인지적 층의 출현을 훨씬 후에 나타나는 현상, 즉 학령기 어린이나 심지어 성인이 체스의 규칙을 배우는 것과 비교한다. 체스의 규칙이 습득되면서 말들은 색이나 형태로 분류되지 않고 위협과 공격 기회로 보이게 된다.

두 경우 모두에서 본질적으로 '내적인' 변화로부터 나타나는 체험의 근본적인 재구조화가 나타난다. 이는 어린이가 말을 배우면서 나타나는 소리의 재구조화와 동일한 유형이다.

iii. 위기적 신형성. 7세의 위기와 함께 비고츠키는 이에 필적할 만한 두 가지의 근본적인 재구조화가 나타난다고 본다.

a. 어린이는 감정이 자신의 감정임을 이해하기 시작한다. 즉, 분노, 즐거움, 절망

감 등이 단순히 어떤 활동에 수반되는 외적 분위기가 아니라 자아에게 일어나는 사건임을 아는 것이다.

b 어린이는 감정적 체험을 포함한 체험을 공동일반화하기 시작한다.

c. 다음발달영역. 비고츠키는 자주 그래왔듯 병리발생을 통해 개체발생을 설명한다. 병리발생에서 심각한 정신지체를 겪는 어린이는 매 순간 거부당하고 무시당하지만 이러한 경험을 좌절의 감정으로 일반화하지 못한다(2-2-89~2-2-90). 개체발생에서 원시적 자아, 자기도취, 자기애가 나타나며 이는 자기존중과 자신감 형성을 위한 기본적 전제 조건이 된다. 어린이가 선택할 수 있는 이러한 모순적인 체험들은 다음발달영역, 즉 학령기의 의식적 파악과 숙달의 토대가 된다(2-2-91~2-2-92).

제3장
전학령기 교수-학습과 발달

손자들에게 책을 읽어 주는 카사트 부인, M. 카사트(Mary Cassatt, 1844~1926)

1장처럼 이 그림도 카사트의 작품이다. 이 그림에는 메리의 어머니와 세 명의 조카들이 나온다(에디는 11세, 뒤에 있는 엘시는 5세, 맨 앞의 캐서린은 9세). 메리 카사트는 종종 어머니에게 조카들이 주의 깊게 자세를 취하게 하도록 요청했고, 아마 이를 위해 동화책을 가져왔을 것이다. 더 이린 조카 로비도 있지만, 로비는 독서보다는 이모의 그림에 더 관심이 있었는지 화면에 나오지 않는다. 로비는 나중에 예술가 되었다.

이 그림은 전학령기의 주요 발달 노선인 놀이를 보여 주지 않는다. 비고츠키는 놀이를 통해, 어린이가 3세의 위기 때 형성된 의지와 욕구 사이의 모순을 해결할 수 있다고 말한다. 어린이는 상상과 창조를 통해 욕구를 충족시키고 의지를 발휘할 수 있는 것이다. 따라서 그리기, 역할 놀이, 자발적 형태의 학습이 주요 발달 노선을 이루며, 이 그림에서 볼 수 있는 지시된 학습에 대한 수용성은 신형성으로 출현한다.

사진은 범러시아 전학령기 교육 총회의 한 장면이다. 여기서 비고 츠키의 전학령기 교수-학습과 발달에 관한 보고서가 처음으로 발표 되었다. 사진 왼쪽의 두 여성은 클라라 체트킨('국제 여성의 날' 제정) 과 나데즈다 크룹스카야(레닌의 부인이자 비고츠키의 상사)이다. 이 장 의 원본은 비고츠키 사후 1935년에 출판된『교수-학습 과정에서 어 린이의 정신 발달Умственное развитие детей в процессе обучения』 (잔코프, 쉬프, 엘코닌 편집)에서 가져왔다. 또 다른 판본은 레온티에프, 루리야, 기타 비고츠카야가 편집한 '심리학 연구 선집(Избранные психологические исследования, 1956)'에 포함되어 있으며, 이것은 F. 세브에 의해 프랑스어로 번역되었다. 우리는 전자를 사용하면서 내용 이 다를 경우에는 후자를 글상자에 제시했다. 프랑어판 선집의 서문

에서 J. 로쉐는 이 텍스트가 『학령기 교수-학습의 문제』(1934), 『생각과 말』 6장과 더불어 근접발달영역을 이해하는 데 필요한 세 개의 핵심 저작 중 하나라고 주장한다. 이 세 텍스트에서 비고츠키는 세 개의 비슷하지만 똑같지 않은 구분을 고찰한다.

a) 발달과 학습의 구분
b) 일상적 개념과 과학적 개념의 구분
c) 자생적 학습과 반응적 학습의 구분

3-1] 내 보고서의 과제는 전학령기 어린이의 가장 중요한 특징 중 일부를 밝히는 것입니다. 유치원 프로그램 구성과 관련하여, 나는 이 연령기 어린이들에 대한 연구와 조사 과정에서, 몇 년 동안의 작업을 통해 나와 내 동료들이 형성한 생각을 여러분과 공유하고 싶습니다. 여기서는 제기된 문제들에 대한 포괄적 설명이나, 이 보고서에서 제기된 문제에서 비롯된 실천적 문제들에 대한 어떤 완전한 해결책을 주장하지는 않을 것입니다.

3-2] 이 보고서에서 나는 실천적 (적용-K)에 대한 최종 결론이 아니라 프로그램 작업의 몇 가지 출발점에 대해 짧게 논의할 것입니다. 내가 말하는 것 중 대부분은 여전히 연구를 통해 검증되어야 합니다. 따라서 나는 여러분이 이 보고서를 있는 그대로 즉 유치원 프로그램 구성과 관련된 일련의 아동학적 의견으로 받아들여 주기를 바랍니다.

3-3] 유치원 프로그램을 구성하고자 생각하고 이 프로그램이 전학령기 어린이의 특성과 합치되기를 원할 때 우리가 마주하는 첫 번째 가장 일반적인 질문은 다음과 같습니다. 유치원에서 프로그램이 나타내는 것은 무엇인가, 그것은 학교 프로그램과 어떤 점에서 구별되는가, 그것이 유치원 교육 활동에서 차지하는 위치는 무엇인가, 이 프로그램은 어떤 종류의 어린이 활동, 어린이와 함께 하는 활동을 포함하고 발

전시키는가? 이 질문은 차례로 또 다른 질문과 연결되어 있습니다. 어린이의 고유성이라는 관점에서 이 연령기 어린이의 문화화와 교육은 어떠한 특징을 가지는가? 각 연령기는 한편으로는 문화화와 교육 활동, 그리고 다른 한편으로는 어린이 정신 발달 사이에 존재하는 상이한 관계로 특징지어집니다. 나는 전학령기의 문화화와 교육의 특성에 관한 이 질문에 간략하게 답하고자, 비교를 통해 정의하고자 합니다. 나는 유치원 프로그램과 학교 프로그램을 비교하고자 합니다.

3-4] 나는 어린이 교수-학습의 특성과 관련하여 그 발달에 양 극점이 있다고 생각합니다. 첫 번째 극점은 3세까지의 어린이 교수-학습입니다(어린이가 1.5세에서 3세 사이에 말을 교수-학습한다고 말할 때와 같이 이 낱말을 넓은 의미에서 이해한다면). 3세까지의 어린이 교수-학습의 고유성은 이 연령기 어린이가 자기 자신의 프로그램에 따라 배운다는 것입니다. 이는 말을 예로 들면 명확해집니다. 어린이가 통과하는 연쇄적 단계, 그가 머물게 되는 각 단계의 지속 기간은 어머니의 프로그램으로 결정되는 것이 아니라, 어린이 자신이 주변 환경으로부터 취하는 것을 기반으로 결정됩니다. 물론 환경이 언어적으로 충분한지 부족한지에 따라 발달은 어린이마다 다르지만, 말 학습 프로그램을 결정하는 것은 어린이 자신입니다. 이러한 교수-학습 유형을 자생적이라고 부릅니다. 이 경우 어린이는 학령기 어린이가 학교에서 산술을 배우는 방식과는 다른 방식으로 말을 배우게 됩니다.

이 문단에 대한 1935년과 1956년 판본의 편집자 주석을 서로 비교해 봄으로써 많은 시사점을 얻을 수 있다. 1935년 편집자인 잔코프와 엘코닌 그리고 쉬프는 비고츠키의 견해에 반대하며 다음과 같이 적는다.

"3세까지는 어린이가 '자기 자신만의 프로그램에 따라 학습한다'거나 '어린이가 교육과정을 스스로 설정한다'는 저자의 의견에는 결코 동의할 수 없다. 결국 저자는 주변의 언어 환경이 풍부한지 빈약한지에 따라 어린이의 프로그램이 변한다고 말한다. 따라서 어린이 개념의 범위, 즉 그 내용과 특성은 어린이 스스로에 의해 결정된 것이 아니므로, 어린이 자신의 프로그램에 대해 논의할 이유가 없다."

이 주석은 잔코프의 극단적 환경 결정론을 반영한다. 그는 어린이의 운명이 본질적으로 사회-경제적 상태에 의해 결정된다고 믿었다. 비고츠키는 환경에 대한 저술에서 이러한 관점을 비판한 바 있다(성장과 분화 4장과 이 장의 환경 결정론에 대한 비판 참조). 비고츠키에게 환경은 물질적인 상황 배경이 결코 아니다. 환경은 어린이와 환경 사이의 관계이며 따라서 환경의 체험은 어린이 스스로의 선택에 상당히 의존한다. 어떤 가정에서든지 전학령기 어린이는 스스로 숙달할 수 있는 것보다 훨씬 많은 언어적 환경에 노출될 것이다. 빈곤한 가정에서 어린이가 받는 언어적 입력의 양과 질이 다를지라도(예컨대 더 적은 책, 빈곤한 어휘 사용, 상대적으로 '여기 지금'에 고정된 대화 주제), 책을 읽고, 어휘를 기억하며, 대화 주제를 발전시키려는 선택을 하는 주체는 바로 어린이 자신이다.

1956년의 주석은 다른 입장을 나타낸다. 레온티에프와 루리야 그리고 비고츠카야는 다음과 같이 적는다.

"저자는 전학령기 프로그램에 따른 교수-학습과 '스스로의 프로그램을 따르는' 아주 어린 아이의 학습을 구분함으로써, 후자의 경우에서 어린이의 교수-학습이 학교의 프로그램화된 과업 체계가 아닌 아주 어린 아이와 주변 환경 사이의 상호적 관계 과정에서 나타나는 필수 지식, 습관 등에 의해 결정된다는 것을 의미한다. 이런 식으로 저자가 사용한 표현은 비유적인 뜻으로 이해되어야 한다."

이 설명은 비고츠키가 말을 강조했다는 사실에서 비고츠키를 본질적으로 관념론자로 간주한 레온티에프의 신념을 반영한다. 레온티에프는 말이 단순히 환경 속 활동에서 요구되는 지식, 습관, 기능의 한 형태에 불과하며, 어린이가 환경에 대한 '주도권을 쟁취'할 수 있도록 해주지 않는다고 믿는다. 그러나 어린이는 자기 나름의 목적을 위해 언어를 사용할 수 있으며 실제 그렇게 한다. 그런 의미에서 어린이는 마땅히 매 순간의 자기 언어 학습 과정을 크게 결정한다. 어린이가 말을 배우면서 선택을 할 수 있고 실제 그렇게 한다는 사실을 받아들이지 않는다면 실제 말 학습 과정에서 우리가 보게 되는 광범위한 변이에 대한 설명이 불가능해진다. 이 두 주석으로부터 매우 다른 두 입장을 구분할 수 있다. 비고츠키의 사망 직후에는 비고츠키의 관점을 고스란히 살려 낸 후 그것을 비판하려는 입장이 있었다. 22년 후인 1956년의 편집자들은 비고츠키에 대해 굳이 반대하려고 하지도 않지만 그렇다고 비고츠키의 관점을 정확히 전달하려 애쓰지도 않는다. 따라서 우리는 1935년 판본을 토대로 작업하고자 한다.

3-5] 교수-학습의 또 다른 극단적 유형은 어린이가 학교에서 교사로부터 교수-학습을 받는 경우입니다. 여기서 어린이 자신의 프로그램이 갖는 비중은 그에게 제시된 프로그램과 비교할 때 사소합니다. 이는 엄마의 프로그램이 갖는 비중이 초기 유년기 어린이 자신의 프로그램과 비교할 때 사소한 것과 똑같습니다. 이러한 유형을 반응적 유형으로 부른다면, 우리는 전학령기 어린이에게 있어 교수-학습이 첫째 유형과 둘째 유형 사이에서 이행적인 위치를 차지한다고 말할 수 있습니다. 이것은 자생적-반응적이라고 불릴 수 있을 것입니다.

3-6] 전학령기에 걸쳐 일어나는 교수-학습과 변화의 과정은 어린이가 자생적 유형에서 반응적 유형으로 이행하는 것으로 특징지어집니다. 이 발달 과정에서 어린이가 한 극단에서 다른 극단으로 이동한다고 생각해 봅시다. 이로부터 전체 경로가 두 단계로 나뉘게 됩니다. 첫 번째 이행 단계에서 그는 둘째 극점보다 첫째 극점에 더 가깝습니다. 따라서 자생적 활동과 반응적 활동의 비중은 전혀 달라집니다.

3-7] 초기 유년기 어린이는 교수-학습 과정에서 자신의 흥미에 부합하는 것만을 하지만 학령기 어린이는 교사가 원하는 것을 할 수 있다고 말한다면, 전학령기 어린이에 대해서는 그 관계를 다음과 같이 규정

할 수 있을 것입니다. 즉 그는 자신이 원하는 것을 하지만 내가 원하는 것을 원합니다.

> 비고츠키가 타계한 직후에 발행된 1935년판의 마지막 문장은 다음과 같다.
>
> но он хочет того, чего я хочу. "그러나 그는 내가 원하는 것을 원합니다."
>
> 다른 판본에는 이 문장이 다음과 같이 나타난다.
>
> но не хочет того, чего я хочу. "그러나 그는 내가 원하는 것을 원하지 않습니다."
>
> 편집자의 의견이 강하게 반영된 1950년 판을 기반으로 한 프랑스어판은 다음과 같이 기술한다.
>
> "Si l'on dit que l'enfant du premier âge peut dans le processus de l'apprentissage faire seulement ce qui coïncide avec ses intérêts mais que l'enfant d'âge scolaire, lui, peut faire ce que veut le maître, que chez l'enfant d'âge préscolaire le rapport est déterminé de telle façon qu'il fait ce qu'il veut mais qu'il veut ce que veut celui qui le guide, qu'est-ce que cela signifie?"
>
> "누군가 한 살짜리 어린이는 학습 과정에서 자신의 흥미와 일치하는 것만을 할 수 있지만 학령기 어린이는 교사가 원하는 것을 할 수 있으며, 전학령기 어린이에게 이 관계는 자신이 원하는 것을 하지만 그가 원하는 것은 그를 가르치는 이가 원하는 것에 의해 결정된다고 말한다면 이는 무엇을 의미하는 것일까?"
>
> 한국어 번역은 비고츠키 본인의 발표와 가장 가까운 1935년 판에 근거한다. 그러나 물론 전학령기 어린이는 부정성으로 점철되는 3세의 위기를 막 지나왔으므로 "그러나 그는 내가 원하는 것을 원하지 않습니다." 역시 옳을 수 있다.

3-8] 이것이 의미하는 바는 무엇일까요? 그것은 다음의 두 가지 명제를 의미하며, 나는 여러분이 그것을 출발점으로 삼기를 바랍니다.

3-9] 첫째, 3세경 모든 어린이에게 새로운 유형의 교수-학습이 가능해지는 중요한 전환점이 존재합니다.

3-10] 독일의 연구자 크로는 3세 어린이가 학령기에 포함될 수 있다고 말했습니다. 크로는 이 연령의 어린이에게 이미 학교의 교수-학습이 가능하다고 말합니다. 따라서 이 연령부터 이미 모종의 교수-학습과 문화화 프로그램이 가능해집니다. 그러나 이것은 아직 학교 프로그램이 아닙니다. 그 프로그램은 어느 정도 여전히 어린이 자신의 것이어야 합니다. 그것은 반드시 이전 연령기의 교수-학습에 기초하는 것이어야 합니다. 초기 유년기 어린이는 자기 자신의 프로그램에 따라 배웁니다. 학령기 어린이는 교사의 프로그램에 따라 배우지만 전학령기 어린이는 교사의 프로그램이 자신의 프로그램이 되는 만큼만 배울 수 있습니다. 그것은 기본적이고 보편적으로 잘 알려진 어려움입니다. 그것은 교사가 지난 반세기 동안 맞서 왔던, 가장 어려운 과업을 보여 줍니다.

*O. 크로(Oswald Kroh, 1887~1955)는 마르부르크 대학에서 수학했으며 E. R. 옌쉬의 제자였다. 이후 브라운슈바이크와 튀빙겐 대학의 교수가 되었고 나치에 협조한 대가로 빠르게 출세했다. 그는 '군대 심리학'의 창시자 중 하나였으며 훈육 시작 연령에 가장 큰 관심을 두었다. 그는 또한 비과학적이고 인종차별적인 저서인 『민족 심리학』을 저술했다.

3-11] 내 보고서의 두 번째 부분으로 넘어가기 전에 일반적 특징에 관한 질문을 하나 더 언급하겠습니다. 이른바 '교수-학습의 최적기'에 대한 질문입니다. 가장 넓은 의미에서 모든 교수-학습(특히 말의 교수-학습)은 연령과 관련이 있으며, 우리 모두는 이를 매우 잘 알고 있습니다. 그러나 보통 교수-학습 시기에 대해 말할 때 의미하는 것은 오로

지 교수-학습의 하한선입니다. 말하자면 6개월 된 유아에게 문해를 가르치는 것이 불가능하며, 3세 어린이에게도 문해를 가르치는 것이 불가능함을 우리는 이해합니다. 다시 말해 어린이가 발달 중 어느 정도 성숙해야 하고, 발달 과정에서 어떤 전제 조건을 획득해야만 특정 교과의 교수-학습이 가능해진다는 것을 누구나 이해합니다. 그러나 나는 교수-학습 최적기에 상한선도 존재한다는, 학교 문화화를 위해 가장 중요한 사실에 주목해 주기 바랍니다.

3-12] 동물, 특히 하등 무척추동물의 개체발생에 관한 연구에 참여했던 드 브리스는 자신의 실험과 관찰을 바탕으로 자칭 '발달의 민감기' 즉 민감 연령기라는 개념을 과학에 도입했습니다. 드 브리스는 발달 중인 동물이 특정 종류의 환경적 영향에 특히 예민하다고 밝혀진 개체 발달의 특정 시기를 발달의 민감기, 즉 민감 연령기라고 부릅니다. 특정 기간 동안 발달의 경로와 방향에 매우 본질적인 영향을 미친다고 알려진 바로 동일한 영향이, 이 연령기가 지났거나 아직 오지 않았을 때, 효과 면에서 때로는 중립적이거나 반대가 될 수 있음이 드러납니다. 드 브리스는 동일한 외적 영향이 유기체에 영향을 미치는 시기가 언제냐에 따라 발달 경로에 중립적, 긍정적, 혹은 부정적 영향을 미칠 수 있음을 실험적으로 보여 줄 수 있었습니다.

*H. 드 브리스(Hugo De Vries, 1848~1935)는 네덜란드의 식물학자였으며 동물학자는 아니었다. 드 브리스 연구에 관한 권위자들은 그가 동물에 관해 연구한 어떤 증거도 찾아내지 못했다. 그러나 M. 몬테소리 또한 '민감한 시기'라는 생각이 애벌레를 연구한 드 브리스에 의해 발견되었다고 말한다.

'민감한 시기'라는 생각을 창안하게 만든 애벌레와 벌에 관한 드 브리스의 연구는 그의 조국을 찢어 놓은 2차 세계 대전 중 소실되었을 가능성이 있다. 여하튼 드 브리스의 생각은 여러 가지 이유로 비고츠키에게 중요하다. 드 브리스는 멘델과는 별개로 유전자와 우성을 발견했다. 이는 그를 '수정'을 기반으로 한 다윈의 점진주의적 이론에 이른바 돌연변이라는 극적인 변이 개념을 도입하도록 이끌었다. 혁명적 위기들과 더불어 진화에 대한 이러한 '돌연변이적' 해석은 이제 일반적으로 받아들여지고 있으며, 물론 그것은 진화, 역사적 발달, 개체발생에 관한 비고츠키 생각의 토대이기도 하다.

3-13] 이 생각을 가장 일반적인 형태로 취한다면 이는 물론 그 어떤 새로운 연상을 불러일으키지 못하며 오래전부터 잘 알려진 것을 나타낼 뿐입니다. 내 생각에는 단지 이 일반적인 생각을 위해서라면 드 브리스의 옛 가르침을 부활시켜 동물의 개체발생의 영역으로부터 인간 발달 특히 전학령기 발달과 문화화의 영역으로 전이시킬 가치가 없습니다. 7세 어린이가 먹는 것을 젖먹이에게 먹인다면 한 연령기에서 유익한 것이 다른 연령기에서는 가장 위험하고 해로운 효과를 낳으리라는 것을 모르는 이가 어디 있겠습니까?

3-14] 그러나 드 브리스의 생각은 이 질문에 대해 보다 풍부하고 깊은 이해를 담고 있습니다. 많은 동물들을 연구하면서 그가 확립한 것은 단순히 예컨대, 모든 새끼의 발달에 걸쳐 언제나 일어나는 영양 섭취가 초기 연령기에 동물이 처한 발달의 특정한 단계의 특성에 맞추어져야 한다는 것은 아닙니다. 이는 드 브리스의 생각이 아닙니다. 그의 생각은 오히려 발달 방향이 어디로 향할지를 주로 결정하는 환경의 고유한 영향이 오직 특정 발달 계기를 수반할 때에만 발휘되며, 그 이전과 이후에는 그저 미미한 영향을 발휘할 따름이라는 것입니다. 자주 사용되는

드 브리스와 포르투인의 예는 만약 개체발생 시기에 있는 벌에게 특정한 종류의 먹이, 즉 로열젤리가 공급하면 여왕벌이 된다는 것입니다. 그러나 이것은 그 먹이 공급이 벌의 특정 발달 시기에 시작되어 일정기간 지속되었을 때에만 그렇습니다. 이 발달 시기를 놓치면 똑같은 먹이가 같은 결과를 도출하지 않습니다. 다른 시기에 그것은 부정적 결과를 일으키며, 새끼가 어떤 발달 지점에서 어떤 영향을 만나느냐에 따라 발달이 달라집니다.

*A. B. D. 포르투인(Aemilius Bernardus Droogleever Fortuyn, 1886~1970)은 진화 생물학자이자 인류학자이다. 그는 중국에서 활동했으며 인간 우생학과 쥐의 털색의 진화를 연구했다. 비고츠키는 『생각과 말』 6-4-48에서도 드 브리스, 포르투인, 몬테소리에 대해 언급했다.

3-15] 이것은 어떤 외적 영향에 대하여 특히 예민한 시기가 발달 자체에 존재한다는 생각으로서, 몬테소리는 전학령기 발달과 교수-학습에 대한 연구를 토대로 이를 제시했습니다. 질문은 다음과 같습니다. 어떠한 영향에 대해 전학령기는 민감하고 예민한가? 이 질문에 관해서 우리는 이렇게 말해야 합니다. 이 문제는 교수-학습 문제와 연결되어 있기에, 전학령기 이론의 한 측면으로 그것은 학교 교수-학습 영역에 대해 부르주아 저자들이 발달시킨 입장, 즉 교수-학습 최적기라는 생각과 개념의 확립과 밀접하게 연관이 있습니다. 이전부터 지금에 이르기까지 실제로 아동학에서 교수-학습의 하한선만을 사용하고 있다는 것을 우리 모두 알고 있습니다. 즉 우리는 특정 연령 미만에서는 이런저런 교과 내용을 배우는 것이 불가능하며, 이는 발달이 교수-학습을 가능하게 만드는 선행 조건들을 준비해야 하기 때문임을 알고 있습니다. 만약 이것만 알고 이를 절대적으로 받아들인다면, 우리는 필연적으

로 교수-학습을 늦게 시작할수록 더 낫다는 결론에 도달할 수밖에 없습니다. 이 선행 조건들이 더 준비되어 나타나기 때문입니다. 그러나 관찰은 지나치게 늦은 교수-학습 시기가 지나치게 이른 시기만큼이나 나쁘다는 것을 보여 줍니다. 무엇보다 바로 이 사실이 전학령기 교수-학습과 문화화에 대한 일련의 질문을 최초로 제기했으며, 아마 여기만큼 중요성을 지닌 곳은 더 없을 것입니다. 제가 설명해 보겠습니다. 우리는 대부분의 교수-학습이 일정한 성숙도와 모종의 선행 조건, 즉 기억, 주의, 운동기능 등을 포함하기에 교수-학습이 연령과 상관이 있다는 것을 모두 알고 있습니다. 그러나 이런 관점에서 본다면, 어떤 이유로 3세까지 말을 배우지 못하다가 3세에 교수-학습을 시작한 어린이가 1.5세 어린이보다 말을 더 어렵게 배운다는 사실을 어떻게 설명할 수 있을까요? 이 어린이에게 말의 교수-학습은 훨씬 오래 걸렸으며 앞의 경우에서 일어난 효과는 없었습니다. 가장 중요한 것은 이 지연된 교수-학습은 그것이 최적기에 일어날 때 수행하는 발달상의 역할을 수행하지 못한다는 것입니다. 그러나 3세 어린이의 주의, 기억, 생각이 1.5세 어린이보다 더 많이 성숙되었기에, 3세 어린이가 1.5세 어린이보다 더 쉽게 배울 것이라고 여겨질 것입니다.

3-16] 이와 같이 기본적 명제 중 하나는 모든 교수-학습에 최적기, 즉 가장 유리한 시기가 존재한다는 것입니다. 위든 아래든 그 시기를 벗어나면, 즉 너무 이르거나 너무 늦은 교수-학습은 발달의 관점에서 언제나 어린이 정신 발달 과정에 해롭다는 것이 드러납니다.* 이렇게 교수-학습에 최적기가 존재한다는 사실은 더 깊은 분석을 요하는 다음과 같은 계기로 우리를 이끕니다. 우리는 어떤 교수-학습을 시작하려면, 이미 어느 정도 성숙된, 어린이의 어떤 특성, 특질, 속성이 필요하다고 말합니다. 그러나 발달은 이미 성숙한 어린이 인격 부분에 의해서만 결정될까요, 아니면 아직 성숙하지 않고 여전히 성숙 단계를 거치고

있는 어린이의 속성이 훨씬 더 중요할까요? 연구에 따르면 모든 문화화와 교육 과정에서 가장 중요한 것은 여전히 성숙 단계에 있고 교수-학습 과정 시 미처 성숙하지 않은 것들입니다. 바로 이것이, 이미 성숙기가 지난 너무 늦은 교수-학습이 아직 성숙하지 않은 과정에 영향을 미칠 능력, 그것을 일정한 형태로 조직하고 수정할 능력 등을 잃어버리는 현상을 설명해 줍니다.

*에 대하여 1935년 판본 편집자는 다음과 같은 주석을 달았다.

"교수-학습 최적기에 대한 저자의 생각은 특정 시기에 행해진 교수-학습이 정신 발달에 더 큰 효과를 가진다는 의미에서 이해되어야 한다. 너무 이른 교수-학습은 어린이 정신 발달에 바람직하지 못한 효과를 가져올 수 있으며, 마찬가지로 너무 늦은 교수-학습, 즉 장기간의 교수-학습의 결핍은 가장 잘 알려진 어린이 정신 발달의 장애물이다."

사실 비고츠키는 하한선이 명백하고, 이론적 정당화와 경험적 확증이 요구되는 것은 상한선이라고 말했다. 예를 들어 말 학습의 하한선은 상당히 찾기 쉽다(첫 생일과 두 번째 생일 사이). 말 학습에는 어떤 상한선이 실제로 존재하며 이로 인해 외국어 학습의 어려움이 생겨나기도 한다. 그러나 사춘기가 지나서 모국어를 배우는 것이 불가능하다는 것(레넨버그의 '결정적 시기' 가설)은 아무도 입증하지 못했다. 이와 유사하게 비고츠키는 미학 교육과 우화에 관한 저서에서 너무 일찍(7세의 위기 이전) 말하는 동물을 사용하여 어린이를 가르치는 것에 반대한다. 여기서 하한선은 명백하다. 동물에 대한 일상적 개념을 충분히 발달시키지 못한 어린이는 말하는 돼지가 '돼지처럼 생긴 사람'이라고 생각할 수도 있다. 그러나 상한선은 전혀 명확하지 않다. 심지어 어른도 때로는 애완동물에게 말을 건다. 상한선은 규정하기는 어렵지만 비고츠키에게 있어 교수-학습에 더 중요한 의미를 지닌다. 비고츠키는 불평등의 감소를 원했기 때문에 교수-학습의 상한선에 관심을 가졌다. 전쟁 이후 러시아에는 700만 명이나 되는 집 없고 학교에 다닌 적 없는 거리의 어린이가 생겨났으며, 이들 대다수는 고아였으며, 그 일부는 청각

장애, 시각장애, 정신지체와 같은 장애를 지니고 있었다. 이 어린이들에게 상한선은 바로 핵심 열쇠였다. 중학교에서 읽고 쓰기를 배우게 되면 다른 정신 기능(교과 지식)을 형성하는 문해의 역할을 온전히 수행하지 못한다. 중국 어린이들은 우리나라 어린이들보다 2~3년 늦게 읽기를 배우는 경향이 있지만 결과적으로 어떤 부정적 효과도 나타나지 않는다. 전학령기에 문해는 근접(다음)발달영역이다. 따라서 취학 전 어린이를 위한 조기교육에 관심이 있는 사람들은 문해의 하한선을 알고 싶어 한다. 미국의 라보프는 취학 전 가정에서 읽고 쓰기를 배우는 백인 어린이들과 경쟁할 수 있도록 전학령기의 흑인 어린이들에게 문해를 가르쳐야 한다고 주장했다. 우리나라의 수많은 음악이나 미술 '영재'들은 부모 덕분에 일찍부터 교육받았을 뿐이다.

3-17] 현대 아동학에서 일반적으로 받아들여지듯이 우리는 어린이의 기능들이 도달한 성숙 정도를 실제 발달 수준이라 부르고, 아직 미성숙하여 성숙 단계에 있는 과정을 근접발달영역이라 부를 것입니다. 만약 그것들을 구별하고 적절한 방법의 도움을 통해 규정할 수 있다면, 우리는 각 연령기의 교수-학습과 문화화 과정이 이미 존재하고 조직되어 있으며 성숙한 어린이 특성보다는 오히려 어린이의 근접발달영역 내에 있는 특성들에 직접적으로 의존함을 볼 수 있을 것입니다.

3-18] 이로써 우리는 전학령기 교수-학습의 특성과 교수-학습의 최적기에 관한 첫 번째 고찰을 끝내고, 보고서의 두 번째 부분인 전학령기 어린이의 주요 특징들에 대한 짧은 묘사로 나아가겠습니다. 그런 다음 나는 이 보고서의 처음에 제시한 프로그램에 관한 주제로 돌아가, 그 질문과 관련한 몇 가지 결론을 약술하고자 합니다.

3-19] 내 생각에 전학령기 어린이 의식의 특징을 기술하면서 전체가 아닌 개별 부분으로 시작하거나, 어린이의 주의, 기억, 생각을 따로따로 특징지으려 시도하는 것은 별 희망이 없습니다. 연구가 보여 주고 경험

들이 가르쳐 주듯이, 어린이와 그 의식의 발달에서 가장 본질적인 것은 어린이 의식의 개별 기능들이 한 연령기에서 후속 연령기로의 이행 중에 성장하고 발달한다는 사실에 있는 것이 아닙니다. 본질적인 것은 어린이의 인격이 성장하고 발달한다는 것, 의식이 전체로서 성장하고 발달한다는 것입니다.

3-20] 의식의 성장과 발달은 무엇보다 개별 기능들 사이의 관계 변화로 나타납니다. 예컨대 3세 미만 어린이의 지각은 우리와 다릅니다. 이는 무엇보다 그것이 덜 예민하고 덜 분화되어 있다는 점에서가 아니라 3세까지의 지각이 어린이의 의식과 인격 체계에서 완전히 다른 역할을 수행한다는 점에서 그렇습니다. 그것은 초기 유년기에서 지배적이고 중심적인 역할을 합니다. 이 연령기 어린이의 모든 의식은 지각 활동으로 규정될 수 있는 만큼 존재한다고 말할 수 있을 것입니다. 이 연령기 어린이를 아는 이라면 누구나 전학령기 이전의 어린이가 주로 인식의 형태, 즉 기억 행위와 통합된 지각의 형태로 기억한다는 것에 동의할 것입니다. 어린이는 친숙한 대상을 지각하며, 눈앞에서 사라진 것이나 그것이 사라진 이유를 기억하는 일은 매우 드뭅니다. 그는 오직 자신의 지각장에 들어온 것에만 주의를 기울일 수 있습니다. 3세 미만 어린이의 생각 역시 주로 비매개적 특성을 갖습니다. 어린이는 시각적으로 지각 가능한 요소들 사이의 지적 관계를 발달시키고 확립합니다. 이 연령기 어린이의 모든 기능은 지각을 중심으로, 지각을 통해, 지각의 도움으로 나아간다고 말할 수 있을 것입니다. 이는 지각 자체를 이 연령기에서 가장 유리한 발달 조건에 놓습니다. 지각은 말하자면 어린이 활동의 모든 측면에 수반되며, 따라서 초기 유년기의 지각 기능처럼 그토록 눈부신 성장을 체험하는 기능은 없습니다. 이는 필수 기능들이 초기 유년기에 최고의 성숙, 즉 꽃피는 시기를 맞게 되고, 그 자체로 다른 기능 발달의 전제 조건이 되는 기능들이 가장 먼저 성숙한다는, 아동학

에 오래전부터 잘 알려진 사실을 확증할 뿐입니다. 따라서 지각 자체가 생각과 기억에 앞서 발달한다는 것은 놀랍지 않습니다. 지각은 기억과 생각의 전제 조건이기 때문입니다. 다른 연령기와 대조되는, 전학령기 의식 발달의 가장 중요한 특성은 어린이 발달 경로에서 완전히 새로운 기능 체계가 만들어진다는 것입니다. 문제를 단순화하기 위해 다소 도식화해 보면 무엇보다 의식의 중심에 기억이 자리 잡는 것으로 특징지을 수 있습니다. 기억은 연구가 보여 주듯 전학령기에 지배적 역할을 합니다.

3-21] 시간이 부족해서 그렇게 설명했지만 사실 그것은 그런 원시적 방식으로 일어나는 것은 아닙니다. 초기 유년기 모든 기능들이 지각에 봉사한다는 사실이, 전학령기에 기억이 지각의 위치를 차지하는 단순한 기계적 대체가 일어난다는 것을 의미하는 것은 아닙니다. 그럼에도 불구하고 전학령기 어린이의 기능 체계에서 중심적 역할을 차지하는 것이 그의 직접적 경험의 축적 및 가공과 연결된 기능, 즉 기억이라고 말한다면, 일반적으로 우리는 전학령기 어린이들을 바르게 이해한 것입니다. 이로부터 많은 중요한 결론이 따라 나오겠지만 그중 가장 중요한 것은 어린이가 생각 형태의 급격한 변화를 겪는다는 것입니다. 전학령기 이전의 어린이에게 생각이 시각적 연결에 대한 이해를 의미한다면, 전학령기 어린이에게 생각은 일반화된 표상에 대한 이해를 의미합니다. 표상은 일반화된 기억과 같은 것입니다. 이러한 일반화된 표상에 대한 생각으로 이행하면서 어린이는 처음으로 순수한 시각적 생각으로부터 벗어나게 됩니다. 일반화된 표상은, 거칠게 말한다면, 어린이들이 생각의 대상을 그것이 포함된 구체적인 시공간적 상황으로부터 떼어 낼 수 있으며 그에 따라 일반화된 표상들 사이에, 아직 어린이의 경험이 제공하지 않은, 질서의 연결을 확립할 수 있다는 사실로 가장 잘 특징지어집니다.

비고츠키는 일반화된 지각이 전학령기가 아닌 초기 유년기의 중심적 생각 형태라고 주장하고 있다. 예컨대 시계를 인식할 때 초기 유년기 어린이는 시간을 읽지 못하며, 단지 다른 시계들에 대한 이전의 지각을 상기할 뿐이다. 그러나 일반화된 표상, 즉 복합체는 초기 유년기가 아닌 전학령기의 중심적 생각 형태이다. 예를 들어 전학령기 어린이는 9시라는 말을 들었을 때, 9시에 대한 이전의 지각을 상기하는 것이 아니라 유치원에 갈 시간이라는 것을 기억한다. 초기 유년기 어린이가 가지고 있는 것은 일반화된 지각이지만, 전학령기 어린이가 가지고 있는 것은 경험의 '표상'이다. 『생각과 말』 5장에서 비고츠키는 복합체의 다섯 유형을 제시했다. 복합체란 성숙한 개념이 자리하기 이전에 어린이에게서 나타나는 생각 형태를 말한다. 이 중 연합 복합체는 본질적으로 일반화된 지각이다. 어린이는 비슷하게 생긴 두 블록을 같은 유형으로 본다. 즉 그 블록들은 어떤 일반화된 시각 도식적 특징을 공유한다. 그러나 수집 복합체는 일반화된 지각이 아니다. 어린이가 나이프, 포크, 숟가락, 접시를 함께 놓는 이유는 비슷하게 생겼기 때문이 아니다. 특히 접시는 다른 것들과 공통된 시각 도식적 특징이 전혀 없다. 어린이가 그것들을 함께 놓는 이유는 그것들이 식사 경험에 대한 일반화된 표상의 일부이기 때문이다. 마찬가지로 바지와 셔츠를 함께 놓는 것은 그것들이 서로 비슷하거나 몸처럼 보이기 때문이 아니라, 옷입기라는 경험의 일반화된 표상의 일부이기 때문이다.

3-22] 나는 전학령기 어린이들에게 기억이 중심적 위치를 차지한다는 사실에서 직접 도출되는 세 가지 계기를 설명하고자 합니다.

3-23] 매우 어려운 첫째 질문은 다음과 같습니다. 우리는 어른이 개념을 통해 생각한다고 말합니다. 어린이에게 성숙된 개념은 존재하지 않습니다. 어린이에게 개념을 대체하는 것은 무엇일까요? 전학령기 어린이는 고유하게 생각합니다. 모든 개념, 모든 낱말 의미는 공동일반화를 의미합니다. 모든 개념은 일군의 사물과 연관되어 있지만 공동일반

화는 어린이의 연령기에 따라 다르게 구성됩니다. 어린이 생각 발달에 관련한 모든 사실들 중 가장 주목할 만한 것은 다음 명제입니다. 성인과의 의사소통이 발달한 정도만큼 어린이의 공동일반화가 발달할 수 있으며, 그 반대도 마찬가지입니다.

3-24] 다른 사람과 의사소통하고 서로 생각을 주고받기 위해서 우리는 주고받는 모든 생각을 공동일반화할 수 있어야 합니다. 생각은 머리에서 머리로 직접 전달될 수 없기 때문입니다. 어린이의 엄마를 상상해 봅시다. 엄마가 웃으면, 어린이는 이해하지는 못하지만 엄마의 기분에 전염되어 어린이 역시 웃습니다. 엄마는 어린이의 웃음에 다시 전염되지는 않지만 어린이가 행복하다고 이해합니다.

3-25] 어린이의 공동일반화 정도가 의사소통 발달 단계에 엄격하게 상응한다는 것은 확립된 사실로 간주할 수 있습니다. 어린이 공동일반화의 모든 새로운 단계는 의사소통 능력에서의 새로운 단계를 의미합니다. 일반화된 표상의 존재 자체는 이미 추상적 생각의 첫 단계를 전제합니다.

3-26] 전학령기 어린이가 일반화된 표상에 대한 생각으로 이행하고 있다고 말하는 것은 어린이가 이용할 수 있는 공동일반화의 범위가 넓어지고 있다고 말하는 것과 같습니다.

3-27] 여기서 기억이 지배한다는 사실에서 비롯되는 두 번째 특징은, 어린이의 흥미와 욕구의 특성이 완전히 재구조화된다는 것입니다. 나는 여기서 그 변화가 무엇인지 일반적 용어로 이야기하고자 합니다. 실험적 연구와 관찰이 보여 주는 것처럼, 어린이의 흥미는 주어진 상황이 어린이에게 제공하는 뜻에 의해 결정되기 시작하며, 그 뜻은 상황 자체뿐 아니라 어린이가 이 상황에 부여한 의미에 의해 결정됩니다. 최초의 감정적 공동일반화가 출현하며, 흥미의 대체와 전환이 일어납니다.

예를 들어, 전학령기 어린이들에게 "9시야!"라고 말했을 때, 어린이들은 9시라는 상황뿐 아니라 9시의 의미, 즉 잠잘 시간임을 이해한다. 비슷하게 "자러 갈 시간이야!"라고 말했을 때 졸리지 않다면, 어린이는 이에 "자기 전 이야기 듣는 시간이야"라는 감정적 의미를 부여할 것이다.

3-28] 이 명제의 세 번째 결과는 이 연령의 어린이가 완전히 새로운 종류의 활동으로 넘어간다는 사실입니다. 모든 종류의 전학령기 활동에 생각과 행동의 고유한 관계, 말하자면 계획을 실행하는 능력, 상황으로부터 생각이 아닌 생각으로부터 상황으로 나아가는 능력이 출현한다는 것을 고려한다면, 이 새로운 종류의 활동을 창조적 활동으로의 이행으로 특징지어야 할 것입니다. 놀이든, 그리기든, 일이든, 그 어느 것을 택하든 우리는 어린이의 생각과 활동 사이에 나타난 완전히 새로운 관계를 다루게 될 것입니다.

3-29] 이 도식적인 설명을 마무리 짓기 위해 훗날 우리에게 매우 유용하게 될 일반적인 지침을 제공하고자 합니다. 여러분은 전학령기가 유년기 기억상실이 전혀 없는 첫 번째 연령임을 알고 있을 것입니다. 우리 중 자신의 유아기를 기억하는 이는 거의 없습니다. 사실, 톨스토이처럼 출생 후 첫 달에 관한 어떤 기억을 지니고 있다고 주장하는 사람들이 있기는 합니다. 그러나 이 강의실에서 자신의 유아기에 관한 분명한 기억을 가지고 있다고 말할 수 있는 사람들은 채 열 명이 되지 않을 것입니다. 기억상실은 유아기의 기본적 법칙입니다. 가벼운 기억상실은 3세 미만 어린이 발달의 법칙입니다. 우리는 3세 이전의 자신을 기억하지 못합니다. 기억상실이 없는 첫 연령기가 바로 전학령기입니다.

3-30] 우리는 자신의 유아기, 초기 유년기를 잊어버립니다. 이 연령기의 의식 구조는 성숙한 연령기의 의식 구조와 매우 다르기 때문에

3세 이전의 자신과 주변 현실에 대한 기억을 보존하지 못하는 것은 당연합니다. 전학령기에 이르러 사람이 사건의 순서를 기억하기 시작한다는 사실, 이것을 기존 심리학자들은 '나'의 통합성과 정체성이라고 불렀습니다.

3-31] 연구들에 따르면, 전학령기에 최초로 어린이의 내적인 윤리적 선례들이 생기고 윤리적 지침이 형태를 갖춥니다.

3-32] 마침내 여기서 어린이에게 최초로 세계관의 윤곽이라 말할 수 있는 것이 나타납니다. 여기에는 세계, 자연, 사회, 어린이 자신에 대한 일반적인 표상이 들어 있습니다. 이 사실은 전학령기에 초기 유년기 기억상실의 법칙이 처음으로 사라지는 이유를 설명해 줍니다. 다시 말해 전학령기 어린이는 연속적 연결 요소, 즉 발달상 유년기를 마친 사람의 발달된 세계관으로 이어지는 다리를 가지고 있습니다.

3-33] 이 도식을 미완성인 채로 남겨 두고 마지막 질문으로 넘어가 봅시다. 전학령기 프로그램 구성에 관해 내가 말했던 사실로부터 이끌어 낼 수 있는 결론은 무엇일까요?

3-34] 전학령기 어린이의 윤곽이 매우 짧게 도식적으로 그려지기는 했어도, 이 모두로부터 이 보고서의 초반에 제시된 유치원 프로그램의 특성에 관한 기본 정의가 이 전학령기 어린이의 특성에 의해 입증됨을 쉽게 알 수 있다고 생각합니다.

3-35] 전학령기 어린이가 일반적 표상으로 생각한다는 사실을 고려하든, 혹은 그의 정서적 관심이 그가 특정한 상황에 부여한 뜻과 의미와 관련이 있다는 사실을 고려하든, 혹은 이와 관련하여 어린이 의사소통의 범위가 확장된다는 사실을 고려하든, 어디서나 하나의 결론이 도출될 것이라고 나는 생각합니다. 그 결론은 다음과 같습니다. 전학령기 어린이는 특성상 이전까지는 할 수 없었던 어떤 새로운 교수-학습의 주기를 시작할 수 있게 됩니다. 그는 어떤 프로그램에 따라 이 교수-학

습으로 이행할 수 있지만, 동시에 이 프로그램이 그의 본성, 흥미, 생각 수준에 따라 그만의 프로그램이 되는 정도만큼만 이 프로그램을 동화합니다.

3-36] 만약 유치원 프로그램이 전학령기 어린이들의 이러한 특성과 조화를 이루기 위해 충족시켜야 할 전제 조건이 무엇인가라는 질문을 제기한다면, 내 생각에 그 답은 다음과 같을 것입니다. 이 프로그램은 조화시키기 힘든 다음의 두 특성을 가져야 할 것입니다. 첫째, 그것은 어린이를 특정한 목적으로 인도할 체계 위에 세워져야 하며, 매년 이 목적을 향한 길로 일정한 걸음을 내딛도록 해야 합니다. 이 프로그램은, 보편 교육 작업을 위한 통합적, 체계적 주기를 가지는 프로그램이 되어야 한다는 의미에서 학교 프로그램과 유사해야 합니다. 이와 동시에 이 프로그램은 어린이의 프로그램이 되어야 합니다. 즉 그것은 어린이의 정서적 흥미와, 일반화된 표상과 연결된 어린이의 생각 특성에 맞는 순서로 어린이에게 제공되어야 합니다.

3-37] 프로그램을 구성하면서 전학령기 프로그램이 학교 프로그램의 구성과 일치해야 한다는 점을 출발점으로 취한다면 우리의 과업은 해결될 수 없을 것입니다. 전학령기 프로그램은 분명히 학교 프로그램과는 구별되어야 합니다. 우리는 영국인들이 풍자한 것을 피해야만 합니다. 그들은 유치원을 유아 학교라고 부르며, 유아 학교에 닥칠 수 있는 최악의 운명은 유아 학교가 작은 학교로 변형되어 버리는 것이라고 말합니다.

> 비고츠키는 일종의 낱말 놀이인 교차배열법chiasmus을 애호한다. 『역사와 발달』 3-36에서 그는 '문제의 분석'을 '분석의 문제'로 대체한다. 성경은 다음과 같은 표현으로 가득하다.
>
> 처음 된 자가 나중 되고,
> 나중 된 자가 처음 된다.

첫 번째 문장의 '처음'을 두 번째 문장의 '처음'으로, '나중'을 '나중'으로 연결하면, 그리스 문자 'x(chi)'처럼 보인다. 이것이 바로 교차배열법chiasmus이라 불리는 이유이다. 비고츠키는 영국에서 유치원이 '유아학교schools for infants'라 불린다고 말한다. 유치원은 처음에 직물 공장에서 일하는 젊은 엄마들이 계속해서 일을 할 수 있도록 만들어졌다. 심지어 오늘날에도 영국의 초등학교primary school는 7세의 위기를 기준으로 두 단계로 나뉜다. 5세부터 7세까지의 어린이들은 '유아infants 학교'에 가고, 8세부터 12세까지 어린이들은 '어린이juniors 학교'에 간다. 19세기 영국 교육자들은 이미 '유아 학교'가 '어린이 학교'와 너무 많이 닮을 것을 우려하며, '유아 학교школой для маленьких, schools for infants'가 '작은 학교маленькие школы, infant-like schools'가 되어서는 안 된다고 경고했다. 비고츠키는 이것을 교차배열법을 사용하여 표현했지만 우리말로는 교차배열법이 자연스럽지 않아 '작은 학교'로 번역했다.

이 그림은 최초의 '유아 학교'들 중 하나로 사회주의자 로버트 오언이 뉴래너크의 직물 공장에 세운 학교이다.

3-38] 전학령기 어린이가 학교에서 수행되는 프로그램, 즉 특정 과학 논리에 토대하여 세워진 특정한 과학 지식 체계를 따르도록 하는 것을 우리의 과업으로 설정한다면, 분명 이 프로그램이 어린이의 프로

그램이 되도록 지식 체계를 통합하는 과업은 결코 해결할 수 없을 것입니다. 그러나 여기서 어떤 종류의 체계가 가능한가라는 문제에 대해 올바르게 접근하는 순간 이제껏 풀리지 않던 문제가 해결 가능하게 됩니다.

3-39] 이 체계가 무엇인지 설명해 보겠습니다.

3-40] 간단하게, 학교가 제시하는 요구들로 결론을 시작해 보도록 하겠습니다. 학교는 전학령기 문화화에 무엇을 요구할까요? 여러 저자들이 말한 것을 한데 모으면, 전학령기 문화화에 대한 학교의 요구는 다음의 세 가지입니다.

a) 학교는 어린이가 교수-학습에 대해 준비될 것을 요구합니다. 즉,

b) 학교는 어린이가 학교에서 배우는 과목의 교수-학습에 대해 준비될 것을 요구합니다.

c) 비록 모두가 이 입장을 받아들이는 것은 아니지만, 내가 보기에 학교는 문해를 요구합니다.

3-41] 전학령기 어린이가 학교에서의 교과 교수-학습에 대해 준비되어야 한다는 것은 무엇을 의미합니까? 이것이 의미하는 바는 다음과 같습니다. 어린이가 학교에 들어가면 사회, 산수, 자연 공부를 시작합니다. 사회, 산수, 자연 공부를 시작할 수 있기 위해서는 어린이가 수와 양, 자연, 사회에 대한 어떤 일반적 표상을 가져야 하지 않을까요? 이러한 가장 일반적 표상 없이 어린이가 학교 교과의 교수-학습을 시작하는 것은 불가능할 것입니다. 자연 세계, 사회, 양의 세계에 관한 일반적 표상을 준비시키는 것, 이 모든 것이 학교가 전학령기 문화화에 제시하는 당면 과제입니다.

3-42] 나는 하나의 일반적 생각만을 언급할 것입니다. 기존 프로그램의 부족한 점 하나는 일련의 개별적이고 구체적인 사실들만이 제시된다는 데 있습니다. 그러나 연구가 보여 주듯, 전학령기 어린이는 사

물과 세상의 기원에 관한 자신의 이론, 즉 전체적인 우주론을 세웁니다. 어린이는 일련의 의존성과 관계 전체를 나름대로 설명하려고 합니다. 이 연령기 어린이는 생각이 이미지와 구체성의 지배로 특징지어지는 단계에 있습니다. 어린이는 동물의 기원과 어린이의 탄생, 과거 등에 관한 자신의 이론을 만듭니다. 이것은 무엇을 뜻할까요? 전학령기 어린이는 개별적 사실을 이해할 뿐만 아니라 일종의 공동일반화를 확립하는 성향이 있다는 의미입니다. 이러한 어린이 발달 성향은 교수-학습 과정에 활용되어야 하며, (전학령기의-K) 첫 해부터 마지막 해까지 정해진 체계로 프로그램을 구성할 때 따라야 할 기본 경로를 규정해야 합니다.

비고츠키는 전학령기 어린이의 생각이 이미지와 구체성의 지배로 특징지어진다고 말한다. 구체적 생각과 이미지적 생각은 같은 것일까? 전혀 그렇지 않다. '지금 여기'에서 일어나는 모든 상황은 구체적이지만 이미지적이지는 않다. 구체적 상황이 심상화되기 위해서는 말을 건넬 수 있는 사람들이나 손으로 만질 수 있는 물건, 몸으로 표현할 수 있는 행위, 머물거나 떠날 수 있는 장소가 전체로부터 분석되어야 한다. 반대로 '밤夜'의 이미지는 쉽게 떠올릴 수 있지만, 손으로 만지거나 몸으로 표현할 수 있는 행위로 구체화할 수 없다. 비고츠키가 『심리학 위기의 역사적 의미』에서 묘사했듯이 당시 실험심리학에는 분열이 있었다. 러시아의 베흐테레프, 파블로프와 미국의 손다이크, 왓슨은 실험가이지 심리학자라고 보기 어렵다. 그들은 인간 행위 전체를 '정신', '의식', '생각'이라는 개념 없이 기술할 수 있다고 생각했으며, 인간이 자극에 대하여 반작용, 느낌, 심상으로 반응한다고 믿었다. 이와는 반대로 러시아의 첼파노프, 독일의 후설, 프랑스의 베르그송과 같은 심리학자들은 실험자라고 보기 어렵다. 그들은 어떤 행동에 대한 관찰 없이도 정신을 묘사할 수 있다고 생각했다. 행동 대신 그들은 정신, 의식, 생각에 대한 연구와 생각에 대한 기술記述이 심리학이라고 믿었다. 비고츠키의 원대한 작업은 발달 전체에 대한 이 두 가지 견해들을 모두 수용한다. 비고츠키는 행동주의자들이 동물 심리학이나 신생아 연구에 한해서는 합리적으로 기술하고 있으며 심지어 심리학적 설명도 제공한다고 믿는다. 그러나 유아조차도 인간 문화에 입문하면 '반작용', '느낌', '심상'만으로는 완전히 설명될 수 없는 방식으로 자극에 대하여 반응하기 시작한다. 예를 들어 공유된 주의는 반작용인 동시에 능동적 행위이며, 자신의 느낌은 물론 타인의 느낌도 포함하고, 하나의 구체적 심상으로 환원될 수 없는 것이다. 어린이가 말을 습득할 즈음, 어린이의 행동을 설명하기 위해서 심리학은 반드시 '정신', '의식', '생각'과 같은 개념을 필요로 하게 된다. 비고츠키의 실천적 연구는 이 이론적 돌파구를 그림자처럼 따라간다. 1920년대에 손상학이나 유아들을 대상으로 실험 연구를 할 때에 비고츠키는 '노동 학교' 체계와 긴밀히 협력했다. 노동 학교 체계는 대상 놀이, 도구 사용, (학교 교과에 의해 규정된 완전히 발달된 개념보다는 노동 활동에 의해 규정된) '복합체'를 통한 교과 학습을 강조했다. 그러나 1931년, 이 접근법은 비고츠키를 포함한 많은 사람들에게 신랄하게 비판받기 시작한다. 이 문단에서 비고츠키는 교수 활동이 단지 조작 행위, 도구 사용, 지각 등의 자연적 연결에 의지할 수 없다고 주장한다. 심지어 전학령기에도 어린이의 다음발달영역(여기서 소리와 낱말은 정신 속에 생각을 불러일으키고, 의식 속에서 개념을 불러일으키는 데 사용된다)을 염두에 두고 가르쳐야 한다고 주장한다.

3-43] 자연 과목에서 어린이는 살아 있는 자연과 그렇지 않은 자연을 함께 배워야 합니다. 그럼으로써 어린이는 이후에 그들을 따로 배울 수 있게 됩니다. 여기서 한 유형의 연결에서 3세 어린이에게 가능한 유형의 연결로, 3세 어린이에게 가능한 연결에서 4세 어린이에게 가능한 유형의 연결 등으로 어린이를 이끄는 어떤 체계가 필요해집니다. 그것(이 체계-K)을 복합체적 체계와 구별해 주는 것은 보통 복합체적 연결

고리 자체가 어린이 생각의 약점을 수반한다는 것입니다. 이것(복합체적 체계의 연결-K)은 어린이가 지식을 취하는 캡슐입니다. 이 체계에서와는 달리 어린이는 이(지식-K)를 위해 스스로 작업을 수행해야 합니다. 우리는 연결하고, 연결하고, 연결해야 한다고 말했습니다. 사실 연결의 기본 과업 중 하나는 개별 과목을 배울 수 있도록 하기 위해 분화, 구분하는 것을 배우도록 하는 것입니다.

어린이가 자연을 린네의 분류 체계에 따라 동물, 식물, 광물로 배울 수 있도록 준비시키려 한다고 생각해 보자.

동물   식물   광물

이 기존의 체계, 즉 복합체적 체계는 각 부분들 간의 연합적 연결을 과도하게 강조한다. 따라서 어린이는 '동물+식물+광물=자연'과 같이 생각하게 된다.

동물   식물   광물

위와 같은 그림을 통한 교수-학습은 어린이에게 각 부분들 사이의 관계에 대하여 완전히 그릇된 관점을 갖게 한다. 당근과 바위에 눈을 붙임으로써 어린이 생각의 취약점인 '물활론적' 사고방식이 강조되고 있다. 이것은 어린이로 하여금 세상이 인간과 인간과 유사한 생명체로 이루어져 있다고 생각하게 만든다. 어린이는 동물, 식물, 광물을 생명체의 일종으로 여기게 된다. 이 경우 강조점은 요소들 간의 분화가 아니라 연결에 있다. 비고츠키에 의하면, 당근과 바위에 눈을 붙이는 것은 어린이의 기존 연결(연합)을 캡슐(облáтка, 성체 또는 알약)로 이용하여 새로운 지식(분화)을 도입하는 것과 같다. 성체는 영성체에서 그리스도의 육신이 되는 빵이며 겉이 코팅된 알약은 어린이의 병을 치료하는 약을 숨기기 위한 것으로 두 경우 모두 전달의 매개체와 전달 내용의 불일치를 내포한다. 두 경우 모두 어린이는 도입되는 새로운 요소를 능동적으로 인식하거나 독립적으로 사용할 수 없다. 따라서 어린이는 새로운 지식을 능동적이고 독립적으로 분화시키지 못할 것이다. 거꾸로 접근하면 어떨까? 예컨대 단일한 자연으로 시작한다고 생각해 보자. 이는 인문 환경과 자연 환경으로 분화될 수 있다. 자연 환경은 성장하는 대상과 그렇지 않은 대상으로 구분될 수 있을 것이다. 성장하는 대상은 다시 이동하는 대상(동물)과 이동하지 않는 대상(식물)으로 나뉠 수 있다.

예를 들면, 초기 언어 습득에 대한 할러데이의 연구 대상이었던 아기 나이젤은 채 세 살이 되기전에 성장하고 이동하는 대상(고양이)과 이동하지만 성장하지 않는 대상(자동차)을 구분하기 시작했다. 나이젤은 '그리고(and)'라는 연결뿐 아니라 '또는(or)', '~가 아닌(not)' 연결까지도 사용한다. 대상에는 'things that grow AND go' OR 'things that grow but do NOT go' 것이 모두 포함된다. 이것이 비고츠키가 '연결'을 강조할 때 의미한 바이다. 'and', 'or', 'not'과 같은 연결이 존재하며 나이젤의 매우 단순한 체계도 세 가지 연결을 모두 포함할 수 있다.

3-44] 피아제는 3세 이하의 어린이는 여러 유형의 '할 수 없다'를 구별하지 못한다는 것을 보여 주었습니다. 예를 들어, 한 번 불을 붙인 성냥에 다시 불을 붙일 수 없으며, 화상을 입을 수 있으므로 뜨거운 난로를 만질 수 없으며, 달콤한 후식을 얻지 못하므로 식사 시간에 대화를 할 수 없으며, 부정직한 짓이므로 엄마에게 거짓말을 할 수 없습니다. 어린이는 이것들은 구분하지 못합니다. 마찬가지로 어린이는 물리적 자연과 사회를 구분하는 법을 배워야 합니다. 어린이는 또한 내적으로 구분할 줄 알아야 합니다. 따라서 사회 과목을 가르칠 수 있기 위해서는 자연적인 것으로부터 사회적인 것을 구분할 필요가 있습니다.

3-45] 다음과 같은 예를 들 수 있습니다. 내가 관찰해 온 여섯 살 소녀 한 명이 내게 말하더군요. "나는 이제 강이 어떻게 생겨나는지를 드디어 알았어요. 그건 사람들이 다리 가까운 곳을 골라 구덩이를 파고 물을 채워서 생기는 거예요." 이 소녀는 어떤 것은 사람 없이 존재해 왔으며, 어떤 것은 사람이 만든 것임을 알았습니다. 하지만 이 경우 그녀는 다리가 원래 있던 것이고 강이 인간에 의해 만들어진 것으로 이해합니다. 이것은 무엇을 의미할까요? 이것은 아주 단순한 하나의 사실을 뜻합니다. 즉 우리가 자명하게 생각하는 것들이 전학령기에 관련해서는 어린이와의 교육 작업을 요구한다는 점입니다. 교과 교수-학습이 가능해지려면 나중에 교수-학습 과목이 될 것에 대한 일반화된 표상을 분화시킬 필요가 있습니다. 내가 보기에는 전학령기 문화화와 교육 작업의 모든 측면은 다음에서 구별됩니다. 예를 들어 질문해 보겠습니다. 문학을 어떻게 전학령기에 도입할까요? 프랑스인 작가 한 명이 완전히 정확하게 말하기를, 전학령기 어린이들은 문학의 역사를 공부해서는 안 되며(정말 그렇지 않습니까?!) 우리가 평생 기억할 고전 문학을 공부해서도 안 되며(우리는 후에 나이가 들어 전학령기의 책들을 다시 돌아보지 않습니다), 과업은 언어적 예술의 세계를 아이들 앞에 광범위하게 열어 주

는 것이 되어야 합니다. 음악에 대해서도 마찬가지입니다. 즉 우리 앞에는 음악 일반, 음악의 세계, 음악적 지각의 가능성을 어린이에게 열어주는 과업이 놓여 있습니다. 과학도 마찬가지입니다. 과업은 어린이들을 과학으로 이끄는 것입니다. 과업은 과학적 논리의 관점에서 과학을 가르칠 수 있게 만드는 데 있습니다.

3-46] 이제 프로그램에 관련된 몇 가지 마지막 질문을 테제의 형태로 언급하겠습니다. 내가 보기에 두 번째 기본적 결론은 전학령기의 두 번째 단계에서의 교수-학습이 전학령기 첫 번째 단계의 교수-학습과 비교해서 뚜렷이 분화된다는 것입니다. 이것은 어린이의 자생적-반응적 주기 자체가 점점 더 학교의 교수-학습에 가까워지는 연령기입니다. 전체적 학교 교수-학습 체계로 이행하기 전에 어린이는 이 연령기에 개별적으로 분화된 이해를 획득합니다. 특히 내가 말한 학교의 선행 조건들은 이 두 번째 단계의 당면 과업이 됩니다. 이 과업은 프로그램에 따른 반응적 교수-학습 자체를 가능하게 하는 준비, 즉 문해의 교수-학습입니다.

비고츠키는 보고서의 두 번째 기본적 결론이 전학령기의 두 단계 분화라고 말한다. 전학령기는 '안정적 시기'이며, 『연령과 위기』 2장에서 제시된 도식에 따르면 안정적 시기는 절정 없이 초기와 후기의 두 단계로 나뉜다. 마찬가지로 유아기의 초기 단계와 후기 단계, 혹은 초기 유년기의 초기 단계와 후기 단계 사이에도 절정이 존재하지 않는다. 전학령기의 초기 단계는 교수-학습이 대체로 어린이의 자생적 학습으로 이루어지는 시기인 반면, 전학령기 후기 단계의 어린이는 교사의 '반응적' 교수-학습을 좀 더 받아들이게 된다(3-6). 그렇다면 첫 번째 기본적 결론은 무엇인가? 비고츠키는 종종 단계적인 핵심 주제 목록에 따라 강의를 하는데, 그가 어느 단계의 몇 번째 목록을 말하고 있는지 파악하기 어려운 경우가 많다. 하지만 전체 강의를 살펴보면 핵심 목록들을 쉽사리 재구성할 수 있다(재구성된 상세 목록은 미주 참조).

강의 초반(3-1~3-18)에 비고츠키는 교수 가능성과 신형성으로 규정되는 최적기의 존재와 관련 있는 몇몇 일반적인 요점들을 지적한다. 그런 다음 그는 전학령기의 몇몇 특성, 즉 지각에서 기억으로 중심 기능 대체, 어린이 생각의 전 개념적 본성, 능동적 창조성의 출현에 대해 논의한다(3-19~3-34). 결론에서 그는 처음에 지적한 일반적 요점들로 되돌아간다. 첫 번째 일반적 요점은 이 모든 것이 새로운 형태의 학습을 가능하게 한다는 것이다(3-35). 두 번째 요점은 이러한 새로운 형태의 교수-학습이 사실상 전학령기의 후기 단계에서 신형성으로 나타난다는 것이다.

3-47] 문해와 관련하여 두 마디만 말하고자 합니다. 문해를 유치원에서 가르칠 수 있는 것은 학교 교수-학습이 6세에 시작되는 서구 유럽과 달리 우리의 경우 평균적으로 8세에 시작되기 때문만은 아닙니다. 유치원 문해 교수-학습이 한없이 쉽다거나 학교 교수-학습보다 더 큰 효과가 있기 때문도 아닙니다. 또한 몬테소리가 옳게 주장했듯이, 문해가 (아동학적 연령에서 볼 때) 6세보다 그리고 어떤 경우에든 8세보다 4~5세 어린이들에게 더 쉽게 더 잘 가르쳐질 수 있기 때문만도 아닙니다. 이런 이유들보다 더 중요한 이유는, 전문적 연구로 증명된 바와 같이, 문해는 그것이 어린이 발달에서 수행하는 학교 교과 학습을 위한 예비적 역할로 인해 학교 교육의 전제 조건이 되기 때문입니다. 몬테소리는 5세 전학령기 어린이에게 글말을 교수-학습하면서 관찰된 현상에 대해 '폭발적 쓰기'라는 특수한 용어를 만들어 냈습니다. 몬테소리는 전학령기의 아주 단순한 쓰기 교수-학습이 만들어 낸, 이른바 풍부한 산출이 학교의 7세나 8세 어린이에게서는 결코 나타나지 않음을 보여 주었습니다.

3-48] 가족 문화화의 경험은 주변이 책들로 둘러싸인 6세 어린이가 어떤 가르침 없이도 읽기를 배운다는 것을 보여 줍니다. 유치원의 경험

은 문해의 장소가 전학령기 기관임을 보여 줍니다. 프로그램의 연결을 결정하는 데 중요한 기본적 계기 중 하나는 배아적 교수-학습이라 부를 수 있는 것, 즉 몇몇 저자들이 사전학습이라 부르는 것입니다. 우리는 모든 교수-학습이 고유한 배아적 발달 시기, 즉 학습 준비를 위한 고유한 사전학습 시기를 전제로 하고 있다는 원리에 대해 말하고 있습니다. 이 원리는 몬테소리 체계에 잘 부합됩니다. 그러나 전체로서 몬테소리 체계는 정반대의 원리, 즉 전체를 생물학적 요소와 생리학적 요소로 나누는 분석을 토대로 하고 있습니다. 몬테소리는 어린이가 연필이나 펜을 손에 쥐는 때가 아니라 이보다 훨씬 전에 어린이에게 쓰기를 가르치기 시작합니다. 전학령기 교수-학습의 모든 복잡한 활동이 배아적 발달이라는 준비 기간을 필요로 한다는 것은 의심의 여지가 없습니다.

● 전학령기 교수-학습과 발달

이 장에서 우리는 단절에 마주치게 된다. 코로타예바가 2001년 발간한 『아동학 강의』나 비고츠키 선집 어디에도 전학령기에 대한 자료는 없다. 운 좋게도 전학령기 교수-학습과 발달이라는 보고서가 남아 있는데 이는 비고츠키가 1933년, 즉 이 책 『의식과 숙달』의 다른 장들의 바탕이 된 강의를 한 때와 거의 동일한 시기에 발표한 것이다. 불행히도 전학령기에 대한 이 보고서는 아동학 강좌나 비고츠키의 '어린이 발달'에 대한 책을 위해 쓰인 것이 아니다. 아직 저술 중이던 이 연구의 기본 개념들을 당시의 청중들에게 설명하기에는 시간이 매우 부족했을 것이므로 비고츠키는 연령기의 발달의 사회적 상황이나 중심적, 주변적 발달 노선 혹은 중심적 신형성에 대해 언급하지 않는다. 그러나 이 보고서는 비고츠키 생애의 끝 무렵에 작성된 것이므로 우리는 놀이가 어린이 발달에서 하는 역할에 대해 비고츠키가 강의한 것(『마인드 인 소사이어티』 6장)을 나란히 두고 보면 전학령기 발달의 사회적 상황과 중심적, 주변적 발달 노선 그리고 중심적 신형성을 과감히 추측할 수 있을 것이다.

3세 위기의 신형성은, 감정과 의지가 분리되면서 각각이 서로를 방해하는 일종의 '원시적-의지'였다. 우리는 3세의 위기에서 어린이의 자아가 해방되어 심리적으로 독립적이 되는 것을 보았다. 그러나 이는 피로스의 승리(많은 대가를 치른 승리)였다. 이는 반응적이고 부정적이며 따라서 역설적이게도 궁극적으로 타인의 행동과 말에 의존한다. 한편으로 어린이는, '싫어'라고 말하는 한 심리적으로 독립적이다. 다른 한편으로 어린이는 여전히 다른 이들에게 의미론적으로 의존하고 있다. 스스로 계획을 실현하거나 심지어 계획을 세우지도 못하며 어린이의 말과 심지어 생각조차 즉각적인 사회적 상황에 여전히 묶여 있다. 놀이의 역할에 대한 강의에서 비고츠키는 전학령기의 시작은 충족되지 않은 욕망과 실현되지 않은 경향성으로 특징지어진다고 말한다(1978: 93).

이것이 전학령기가 시작될 때 발달의 사회적 상황이다. 따라서 전학령기 어린이는 비교적 안정적으로, 즉 환경으로부터 주도권을 쟁취하는 것이 아니라 환경이 발달의 궁극적 근원이며 어린이는 발달의 주요 현장임을 인정하면서 어떤 식으로든 감정과 의지를 다시 연결할 필요가 있다. 물론 어린이가 글자 그대로 장소나 현장이 아니듯 발달의 사회적 상황이 장소나 배경이 아니며 반대로, 어떤 축으로 상정할 수 있는 관계라는 것을 우리는 기억한다. 이 축의 세 지점, 즉 행동하기(환경 내의 의지적 신체 활동), 말하기(인격과 환경 사이의 언어적 상호작용), 그리고 생각하기(감정에 더해, 점차 증가하는 자아와의 언어화된 상호작용)를 살펴보자. 이 각각의 세 지점 혹은 계기는 발달 노선에 상응할 수 있을 것이다.

중심적 발달 노선들은 모두 전학령기에 가장 빠르게 발달하는 정신 기능인 기억과 얽혀 있다. 행동하기 노선, 즉 어린이의 의지적 신체 행동에서 전학령기의 발달 노선은 구체적인 역할('엄마'나 '호랑이')과 일반화된 규칙('엄마처럼 행동하기'나 '호랑이처럼 행동하기')만을 가지고 하는 놀이로부터 일반화된 역할('참가자', '승자', '패자')과 구체적인 규칙('먼저 도착한 사람이 이긴다')을 가진 놀이로 이어진다. 따라서 말하기의 노선에서는 가상의 추상적 상황 예컨대 조건문('먼저 도착하면 이긴다')을 창조하는 '원시적 서사'를 보게 된다. 단순한 대화가 아니라 이야기가 나타나며 심지어는 대화를 포함하는 이야기가 나타난다("내가 '묻지 마!' 그랬는데 벌이 날 물었어요"). 따라서 생각하기 노선에서 어린이는 비고츠키가 '유년기 기억상실'이라 칭한 것으로부터 벗어나게 되며 어린이의 놀이, 말, 생각은 지각적일 뿐 아니라 서사적이 된다. 출생과 유아기의 중심적 발달 노선이 주로 '행동하기'의 영역이었고 1세의 위기와 초기 유년기, 3세의 위기의 중심적 발달 노선은 주로 '말하기'의 영역이었으므로 전학령기와 학령기의 새로운 중심적 발달 노선은 주로 '생각하기'의 주변에서 발견되리라고 추측할 수 있다.

러시아어 낱말 오브체니обучение는 문맥에 따라 학습과 교수를 모두 의미한다. '학습'이라는 말을 통해 말 발달에서의 어휘 학습과 같이 자연발생적이고 프로그램화되지 않은 것을 의미하고, '교수'라는 말을 통해 학교 수업에서와 같이 의도적이고 프로그램화된 것을 의미한다면 우리는 이 장의 중심적 신형성을 교수를 위한 전제 조건을 학습하는 것이라고 할 수 있다. 어린이가 이제는 단순히 지각뿐 아니라 공동일반화된 표상을 기억할 수 있기 때문에 새로운 유형의 학습, 즉 기억에 토대하고 성인이 조직한 학습 유형이 가능해진다. 이러한 새로운 '반응적' 학습 양식이 전학령기의 유일한 신형성은 아니지만 비고츠키의 청중들에게는 이것이 중심적인 것이었다. 이를 토대로 학교에서의 형식 교과교육이 가능해지기 때문이다. 그러나 자연발생적 학습이 이러한 새로운 교수-학습의 유형이 되기 전에 어린이는 외적 인격과 내적 인격 사이에 지적인 '쐐기'를 가진 새로운 유형의 학습자가 되어야 한다. 물론 이는 7세 위기의 신형성이며 전학령기 어린이에게 7세의 위기는 아직 근접발달영역이다.

비고츠키는 전체 내용을 세 부분으로 나누어 발표했다. 우리도 아래의 개요에서 이러한 구분을 따른다. 첫 번째 부분(3-1~3-17)에서 비고츠키는 자생적 학습과 반응적 학습 모두가 가능하다는 것을 전학령기 어린이의 일반적 특성으로 묘사하며 이것이 발생적으로는 3세 위기의 산물이며 실제적으로는 '최적 교수시기'를 창조하는 과정이라고 논의한다. 두 번째 부분(3-18~3-31)에서 비고츠키는 이 최적 교수시기의 개념을 최적 기능 발달 시기와 연결하고 전학령기가 최적 기억 발달 시기라는 사실로부터 나타나는 서너 가지의 결과를 나열한다. 이는 개념이 아닌 일반화된 표상의 발달, 감정적 공동일반화의 발달, 최초의 윤리적 개념의 발달은 물론 상상 놀이와 그리기 같은 창조적 활동의 발달이다. 세 번째 부분(3-32~3-47)에서 비고츠키는 자생적 교수와 반응적 교수의 구분으로 돌아가는데 이번에는 학교가 유치원에 요구하는 것에 대한 관점을 취한다. 비고츠키는 유치원 어린이가 읽기 쓰기를 배워야 하고 배울 수 있다는 몬테소리의 의견에 동의하지만 이를 위한 최선의 방법은, 최소한 처음에는 반응적이 아닌 자생적 방식으로 가르치는 것이라고 결론 맺는다.

A .초기 유년기, 전학령기, 학령기. 비고츠키는 전학령기 어린이들에 대한 연구의 예비적 본성을 강조하면서 겸손하게 시작한다(3-1~3-2).

 i. 그는 유치원과 학교의 차이를 강조하고(3-3) 교수-학습의 '양 극점'을 설명한다.

  a. 유치원 이전의 말 발달에서 볼 수 있는 '자생적' 교수-학습(3-4)

  b. 전학령기 이후의 산술, 문해 등 학교 교육에서 일반적으로 볼 수 있는 '반응적' 교수-학습(3-5).

 ii. 비고츠키는 전학령기를 이 양 극점 가운데 둔다. 그는 자생적 '교수-학습'에서 반응적 '교수-학습'으로의 이행은 '교사가 원하는 한 내가 원하는 것을 배우는 것'과 '내가 원하는 한 교사가 원하는 것을 배우는 것'을 통해 '내가 원하는 것을 배우는 것'으로부터 '교사가 원하는 것을 배우는 것'으로의 비위기적인 부드러운 이행을 포함한다고 말한다(3-6~3-8).

 iii. 이로부터 비고츠키는 두 개의 명제를 도출한다.

  a. 3세의 위기는 이러한 새로운 종류의 반응적 교수를 가능하게 한다. 이는 아마, 3세의 위기가 어린이에게 즉각적 감정으로부터 의지를 분리할 수 있도록 하기 때문일 것이다(3-9~3-10).

  b. 전학령기는 이런 새로운 형태의 교수-학습을 발달시키기에 최적의 시기이다. 드 브리스와 몬테소리의 연구는 모든 교수-학습은 연령에 맞는 최적의 시기가 있다고 주장하는 것으로 보인다(3-11~3-16).

 iv. 비고츠키는 이 최적의 시기가 나타나는 것은 다음발달영역에서 성숙될 기능들이 이미 미숙한 형태로 존재하고, 그들이 적절하게 성숙하기 위해서는 특정한 형태의 학습이 필요하기 때문이라고 주장한다. 이러한 기능들은 근접빌딜영역을 나타낸다(3-17).

B. 전학령기 어린이들의 심리적 특성. 비고츠키는 여기에서 전학령기 발달에 대한 일반적인 관점을 제공한다.

 i. 교수-학습의 최적 시기는 근접발달영역에서 성숙하게 될 미성숙한 기능들로 단순히 예측할 수 있는 것이 아니다. 그들은 또한 필연적으로 실제 발달 영역의 중심 기능에 종속된다. 예컨대 초기 유년기의 모든 기능들은 대체로 지각에 의존하는 반면 전학령기에서는 기억에 의존한다(3-20).

 ii. 비고츠키는 전학령기 어린이의 심리 발달은 단순히 지각이 기억으로 대체되는 것이 아님을 강조한다. 그와는 반대로, 지각에 의존하던 일반화된 표상이 기억에 의존하는 일반화된 표상으로 대체된다(3-21).

 iii. 이로부터 비고츠키는 세 가지 계기를 도출한다(3-22).

  a. 전학령기 어린이들에게는 진정한 개념이 존재하지 않는다. 대신에, 일반화된 표상이 존재한다. 어린이가 사람들과의 접촉을 토대로 발달시키는 것이 바로 이 일반화된 표상이다(3-23~3-26).

  b. 전학령기 어린이들은 시각적 공동일반화가 아닌 의미적 공동일반화를 발달

시킨다. 하지만 이들은 대개 감정적인 유형의 공동일반화이다(3-27).

c. 전학령기 어린이들은 공동일반화된 표상을 가지고 있고, 이는 감정적으로 동
기화되므로 전학령기 어린이들은 상상 놀이나 그리기와 같은 새로운 형태의
활동을 추구한다. 이러한 새로운 형태의 활동은 어린이들이 즉각적인 시각
장에 단순하게 반응하기보다 궁극적으로 계획을 세우는 것을 가능하게 해
준다(3-28).

iv. 이제 '유년기 기억상실'의 지배가 끝나고 어린이는 이야기꾼이 된다. 이로 인해
전학령기는 분명한 서사가 가능한 생애 첫 시기가 된다. 윤리적 판단이 세계관
의 맹아와 함께 전학령기에 처음으로 모습을 갖추기 시작하는 것도 이런 이유
에서이다(3-29~3-32).

C. 유치원 프로그램에 관한 몇 가지 결론. 비고츠키는 이제 자생적 교수-학습과 반
응적 교수-학습의 구분으로 되돌아간다(3-33~3-34).

i. 비고츠키는 어린이는 반응적 교수 학습이 가능하지만, 이는 감정적 흥미와 일
반화된 표상을 형성하는 능력에 부합할 때에만 효과가 있다고 말한다(3-35~3-
36).

ii. 아마도 '5년 계획을 4년 안에 완성하자'는 운동을 알았기 때문인지 비고츠키
는 '전학령기 어린이를 위한 학교'가 '작은 학교'가 되어서는 안 된다고 경고한
다(3-37~38).

iii. 이를 위해 비고츠키는 세 가지 제안을 도출한다(3-39).

a. 유치원은 어린이들을 새로운 형태의 교사 주도 학습에 준비시켜야 한다(3-
40, 3-44, 3-46).

b. 유치원은 어린이들을 새로운 형태의 교과 지식에 준비시켜야 한다(3-40,
3-41~3-43).

c. 유치원에서는 문해를 가르쳐야 한다(3-40, 3-46~3-48).

iv. 비고츠키는 '두 번째 기본적인 발견'에 대해 언급한다(3-46). 첫 번째 발견이
무엇인지는 명확하지 않지만 아마도 그는 나치 심리학자 크로가 이미 정립한
것인, 유치원에서 새로운 형태의 교사 주도 학습이 가능하다는 사실을 지칭하
는 것으로 보인다. 당시에는 5년 계획을 4년 안에 완성하자는 운동이 이미 격
하게 진행되고 있었다. 비고츠키의 두 번째 기본적 발견은 전학령기의 초기 단
계(원칙적으로 자생적이고 어린이 주도적인 학습)와 몬테소리의 방법(3-48)이 적용될
수 있는 후기 단계 (학교 교육과 좀 더 유사한 프로그램 학습)의 분명한 구분으로
보인다(3-46). 비고츠키는 문해조차도 자생적인 방식으로 배울 수 있음을 상기
시키는 것으로 논의를 마치며, 그 증거로 더 많은 책을 보유한 집의 어린이들이
더 적은 책을 가진 집의 어린이들보다 더 일찍 읽고 쓸 수 있다는 사실을 제시
한다(3-48). 모든 학습은 '배아적' 발달 시기가 필요하다. 결국 비고츠키는 전학
령기의 '전'을 '학교'보다 더 강조한다.

제4장
7세의 위기

엄격한 선생님(1860), T. E. 뒤베르제(Théophile Emmanuel Duverger, 1821~1901?)
뒤베르제는 장난꾸러기 어린이들의 장르 회화를 전문으로 한 독학한 프랑스 화가이다. 물론
이 그림에는 교사가 나오지 않는다. 7세로 보이는 큰 어린이가 어린 동생들에게 뭔가를 가르
치고 있으며, 구석에서 울고 있는 어린이는 게임을 이해하지 못하고 있다. 이 장에서 비고츠
키는 7세의 위기를 통해 전학령기 놀이에 지적 요소가 도입되며, 체험이 공동일반화된 부분
인 이 요소를 통해 학교 공부뿐 아니라 다음발달영역인 학령기의 학교 정체성, 자기 존중감,
심지어 자기애가 가능해진다고 주장한다. 이처럼 어린이는 가짜 교사를 연기함으로써 실제
학교 어린이가 된다.

4

이 장은 러시아어판 비고츠키 선집 제4권에 들어 있다. 주석에 따르면 이 장은 비고츠키 가족 문서고에서 나온 것이며 1984년에 선집 4권이 출판될 때 처음으로 출판된 것이다. 그러나 이 장의 어떤 부분은 2장 2절(3세와 7세의 위기)과 단어 하나하나 일치한다. 예컨대 **4-7** 문단의 첫 문장은 **2-2-79** 문단의 두 번째 문장과 거의 일치한다. 다른 부분들은 단어 하나하나가 똑같지는 않지만 내용은 거의 일치한다. 예컨대 **4-7** 문단의 나머지 부분의 내용은 **2-2-79** 문단의 나머지 부분과 상당히 일치한다. 그러나 이 장의 목적을 설명하는 **4-1~4-3** 문단과 같이, 어떤 문단은 2장 2절에 전혀 나오지 않는다. 생의 마지막 해에 최소 3개의 대학에서 강의를 했던 비고츠키는 아마도 비슷한 수업을 반복했을 것이다. 따라서 비고츠키는 때로는 단어 하나하나 똑같이 강의를 하기도 하고, 때로는 같은 의미를 다른 말로 표현하기도 하고, 때로는 완전히 새로운 내용을 덧붙이기도 했을 것이다. 또한 각 수업의 속기사들이 같은 말을 다르게 기록했을 가능성도 배제할 수는 없을 것이다. 내용은 상당히 비슷하지만 2장 2절과 4장의 목적은 달라 보인다. 2장 2절은 3세와 7세의 위기를 나란히 설명하면서 두 위기가 어떻게 연결되어 있는지를 보여 준다. 두 위기 모두 환경에 대한 주도권 획득과 인격(3세에는 의지, 7세에는 자아)의 내적 외적 측면의 분화를 포함한다. 반대로 이 4장은 7세의 위기가 3세의 위기와 어떻게 다르며, 안정기인 전학령기와 학령기를 어떻게 연결하는지를 보여 주고자 한다. 이러한 이유로 우리는 중복되는 부분이 있을지라도 두 텍스트를 러시아에서 출판된 대로 제시하기로 결정했다. 2장 2절은 코로타예바 원고를 4장은 러시아어판 비고츠키 선집을 그대로 번역한 것이다. 필요한 경우 두 텍스트의 내용이 완전히 똑같은지 아닌지, 아니면 완전히 새로운 내용인지 등을 글상자에서 설명할 것이다.

4-1] 다른 모든 연령기들과 마찬가지로 학령기는, 다른 위기들보다 일찍부터 문헌에 7세의 위기로 기술되어 왔던, 위기적 혹은 전환적 시기와 함께 시작됩니다. 전학령기에서 학령기로 이행하는 어린이가 매우 급격히 변화하며 문화화의 관점에서 전보다 다루기 어려워진다는 것이 오랫동안 주의를 끌어 왔습니다. 이제 전학령기는 아니지만 아직 학령기도 아닌 어린이는 이러한 이행적 단계에 있는 것입니다.

4-2] 최근에 많은 연구들이 이 연령기를 다루었습니다. 그 연구들의 결과는 다음과 같이 도식적으로 표현될 수 있을 것입니다. 무엇보다도 7세의 어린이는 어린이다운 직접성의 상실로 특징지어집니다. 어린이다운 직접성이 나타나는 직접적 이유는 내적 외적 생활의 불충분한 분화입니다. 어린이의 체험, 그의 욕구와 욕망, 즉 행동과 활동은 대개 전학령기 어린이에서 여전히 불충분하게 분화된 전체로 나타납니다. 우리에게는 모든 것이 고도로 분화되어 있기 때문에, 성인의 행동은 어린이 행동처럼 직접적이고 순진하게 나타나지 않습니다.

4-3] 전학령기 어린이에게 위기가 찾아오면, 아무리 경험 없는 관찰자의 눈에도, 어린이가 갑자기 순진함과 직접성을 잃어버리는 것이 보이게 됩니다. 행동에서, 주변 환경과의 관계에서, 어린이는 전과 달리 이해하기 쉽지 않게 됩니다.

4-4] 7세 어린이가 갑자기 키가 쑥 자라며, 이는 생체에 일련의 변화가 있다는 것을 가리킨다는 것을 누구나 알고 있습니다. 이 연령기는 치아가 교체되는 연령이며, 자라는 연령입니다. 실제로 어린이는 급격하

게 변하며, 그 변화는 3세의 위기에서 관찰된 것보다 더 깊고 더 복잡합니다. 이 위기에 대해 보고된 모든 증상들을 열거하는 것은 시간이 많이 걸리고, 매우 광범위할 것입니다. 거의 모든 7세, 특히 강렬한 형태로 위기를 체험하는 어려운 유년기에서, 종종 마주치게 되는 두 특징을 설명하겠습니다. 어린이는 우쭐대고 변덕스러워지기 시작하며, 전처럼 놀지는 않습니다. 어린이의 행동에 가식적이고 터무니없고 인위적인 무언가, 어떤 조바심과 어릿광대 같은 짓이 출현합니다. 어린이는 스스로를 바보로 만듭니다. 물론 7세 이전의 어린이도 바보짓을 할 수 있지만, 누구도 그 어린이에 대해 지금처럼 말하지는 않을 것입니다. 왜 그런 터무니없는 바보짓이 눈을 사로잡는 것일까요? 어린이가 변형된 모습이 비친 주전자를 보거나 거울을 보고 찡그릴 때, 어린이는 그저 재미로 그렇게 하는 것입니다. 그러나 그 어린이가 거들먹거리는 걸음걸이로 방으로 들어가 뻑뻑대는 목소리로 말할 때, 이것은 별 동기가 없는 것이며 우리의 눈길을 끕니다. 전학령기 어린이가 터무니없는 말을 하고 우스꽝스럽게 논다고 놀라는 사람은 없습니다. 그러나 스스로 광대 짓을 하는 어린이가 웃음이 아니라 비난을 불러일으킨다면, 이것은 별 동기가 없는 행동이라는 인상을 줄 것입니다.

4-5] 이러한 특징은 전학령기 어린이에 내재했던 직접성과 순진함의 상실을 말해 줍니다. 나는 7세 어린이의 외적 징후가 어린이의 직접성의 상실, 전혀 이해할 수 없는 기이성의 출현, 다소 우쭐대고 인위적이고 가식적이고 부자연스러운 행동이라는 인상이 맞는다고 생각합니다.

4-6] 7세 위기의 가장 핵심적 특징은 어린이 인격의 내적, 외적 국면의 분화의 시작이라 불릴 수 있을 것입니다.

4-7] 위기 이전의 어린이에게 있는 순진함과 직접성의 인상의 밑바탕에는 무엇이 있을까요? 이 순진함과 직접성은 어린이의 외면과 내면이 같다는 것을 시사합니다. 하나가 다른 하나로 넘어가고 우리는 그

다른 하나를 하나의 직접적 발현으로 읽습니다. 어떤 행동을 직접적 행동이라 부를 수 있을까요? 어린이의 순진함과 직접성을 가진 성인은 매우 보기 드물며, 그런 특성을 가진 성인 우스꽝스러운 인상을 줍니다. 예를 들어 코미디 배우 C. 채플린은 진지하게 연기하다가, 특이하게도 어린이의 순진함과 직접성을 지닌 행동을 하기 시작한다는 특징이 있습니다. 이것이 그의 코미디의 주요 조건입니다.

4-8] 직접성의 상실은 우리 행동에, 체험과 직접적 행동 사이에 끼어든, 지성의 계기가 도입됨을 의미하며, 이것은 어린이 특유의 순진하고 직접적인 행동과 완전히 반대입니다. 이것이 곧 7세의 위기가 직접적이고 순진한 분화되지 않은 체험을 반대 극단으로 인도한다는 것을 의미하는 것은 아닙니다. 그러나 어린이의 모든 체험과 그 발현 속에 어떤 지적 계기가 실제로 나타납니다.

4-9] 나는 인격에 대한 현대 심리학과 정신병리학의 가장 복잡한 문제 중 하나를, 의미적 체험이라 부를 수 있는 문제를 예로 삼아 설명해 보겠습니다.

4-10] 외적 지각의 문제에 대한 비유를 통해 이 문제에 접근해 봅시다. 문제는 좀 더 분명해질 것입니다. 인간 지각의 본질적 차이는 그 의미성과 대상성에 있습니다. 우리는 외적 인상과 함께, 지각된 인상의 복합체를 동시에 자각합니다. 예를 들어 나는 보자마자 이것이 시계인 줄 압니다. 인간 지각의 특성을 이해하기 위해서는 그것을 신경이나 뇌 질환의 결과로 이 능력을 상실한 환자들의 지각과 비교할 필요가 있습니다. 그런 환자에게 시계를 보여 주면, 그는 시계를 알아보지 못합니다. 그는 시계를 보기는 하지만 그것이 무엇인지는 모릅니다. 당신이 환자 옆에서 시계태엽을 감거나, 시계를 귀에 대고 움직이는지 소리를 듣거나 혹은 몇 시인지 알기 위해 시계를 들여다보았을 때, 그는 이것이 시계일 것이라고 말합니다. 그는 자신이 본 것이 시계임을 인식합니다. 여

러분과 나에게는 보는 것과 그것이 시계라는 것은 오직 하나의 의식 행위로 존재합니다.

> 이 문단은 2-2-80과 유사하지만 글자 그대로 똑같지는 않다. 예컨대 여기에는 의미적 체험의 문제를 잠시 미뤄 두고 지각에 대해 고찰해 보자는 말이 빠져 있으며, 2-2-80에는 인간 지각을 본질적으로 구분해 주는 것이 무엇인가에 대한 말이 빠져 있다. 비고츠키는 인간 지각의 본질적 차이가 의미성осмысленность과 대상성предметность에 있다고 말한다. 의미성이란 의미를 지니는 특성을 뜻하고, 대상성이란 의미가 지향하는 대상의 특성 같은 것을 의미한다. 비고츠키에게 있어 동물 지각은 전체적이며 상황 지향적이다. 특정 대상이 속하는 의미적 범주 덕분에 특정 대상을 분리하는 능력은 인간에게 고유하다.

4-11] 이렇게 지각은 시각적 생각과 동떨어져 일어나지 않습니다. 시각적 생각 과정은 대상에 대한 의미적 지칭과 통합적으로 일어납니다. 내가 이 물건이 시계라고 말하고 나서, 처음에는 전혀 닮아 보이지 않는, 탑 위의 어떤 시계를 한 번 더 보고, 그것 역시 시계라고 부를 때, 이는 내가 특정 대상을 규정된 대상 범주의 표상으로 지각한다는 것, 즉 공동일반화한다는 것을 의미합니다. 요컨대 모든 지각은 공동일반화를 수반합니다. 우리의 지각이 의미적 지각이라고 말하는 것은 곧 모든 지각이 공동일반화의 지각이라고 말하는 것입니다. 다음과 같이 설명할 수 있습니다. 만약 내가 공동일반화 없이, 즉 실인증 환자나 동물들이 보는 것처럼 이 방을 본다면, 사물들의 인상이 시각장에 위치한 방식으로 서로 관련지어 나타날 것입니다. 그러나 내가 이들을 공동일반화할 때는, 시계와 나란히 놓인 대상들의 구조에서뿐 아니라 이것이 시계라는 구조, 즉 내가 그것을 보는 공동일반화의 구조에서도 시계를 지각합니다.

4-12] 인간의 의미적 지각의 발달을, 체스를 둘 줄 모르는 어린이와 체스를 둘 줄 아는 어린이가 체스 판을 보는 방식과 비교할 수 있습니다. 체스를 둘 줄 모르는 어린이는 색깔 따위로 말을 모아 놀 수 있지만, 말의 움직임은 구조적으로 결정되지 않을 것입니다. 체스를 배운 어린이는 다르게 행동할 것입니다. 첫 번째 어린이에게 검정 나이트와 흰 폰은 서로 상관이 없지만, 나이트의 움직임을 아는 두 번째 어린이는 적 나이트의 움직임이 자신의 폰을 위협하고 있다는 것을 압니다. 이 어린이에게 나이트와 폰은 하나의 통합체입니다. 이처럼 고수는 체스 판을 보는 방식에서 하수와 구분됩니다.

이 문단은 2-2-84와 유사하지만 똑같지는 않다. 예컨대 2-2-84에서는 체스 규칙을 이해하지 못하는 어린이의 놀이가 구조적으로 결정된다고 말한다. 그런 어린이는 모든 검정색 말들을 단일 구조로 수집할 것이라 비고츠키는 설명한다. 그러나 여기서 비고츠키는 그런 어린이의 놀이가 구조적으로 결정되지 않는다고 말한다. 그런 다음 비고츠키는 그런 어린이가 흰 폰과 검정 나이트 간의 연결을 보지 못할 것이라 설명한다. 동일한 점을 지적하고 있지만, '구조적'이라는 낱말의 의미는 완전히 다르다. 또 다른 차이는, 여기서 비고츠키가 '구조적'이라는 낱말의 의미를 계속 정교화하고 있다면, 2-2-84에서 비고츠키가 정교화하는 것은 지각이다.

4-13] 지각의 본질적 특성은 구조성에 있습니다. 지각은 개별 원자들로 이루어진 것이 아니라, 내부에 여러 부분들이 있는 형태 자체로 존재합니다. 체스 판의 말들이 어떤 위치에 있느냐에 따라, 나는 그것을 다르게 바라봅니다.

4-14] 우리는 체스 선수가 체스 판을 지각하는 것처럼 주위의 현실을 지각합니다. 즉 우리는 대상의 근접성과 연속성뿐 아니라, 의미적 연

결과 관계를 가진 전체 현실을 지각합니다. 말 속에는 대상의 이름뿐 아니라 대상의 의미도 존재합니다. 어린이는 매우 일찍부터 이미 대상의 의미뿐 아니라, 자신과 타인의 행위와 자신의 내적 상태를 말로 표현하게 됩니다("난 자고 싶다", "난 먹고 싶다", "난 춥다"). 의사소통 수단으로서 말은 우리의 내적 상태를 낱말과 연결하여 나타내도록 이끕니다. 낱말과 연결한다는 것은 결코 단순한 연합적 연결의 형성이 아니라 언제나 공동일반화를 의미합니다. 모든 낱말이 개별적 대상을 의미하는 것은 아닙니다. 만일 지금 춥다고 말하고 다음 날 똑같이 말한다면, 이는 춥다는 모든 개별적 느낌 역시 공동일반화되었음을 의미합니다. 이와 같이 내적 과정의 공동일반화가 나타납니다.

> 이 문단은 **2-2-87**과 유사하지만 내용은 본질적으로 다르다. 거기서 비고츠키는 내적 상태를 말로 표현한다고 말하지만, 여기서 비고츠키는 대상의 의미와 행동 또한 표현한다고 말한다. 또한 **2-2-87** 마지막 문장에서 비고츠키는 '상태의 의미'에 대해 말하지만, 여기서 비고츠키는 '내적 과정의 공동일반화'로 문장을 마무리한다.

4-15] 유아에게는 의미적 지각이 존재하지 않습니다. 유아는 방을 지각하지 의자, 책상 등을 별개로 지각하지 않습니다. 유아는 배경으로부터 부각된 형태를 분별하는 성인들과는 반대로 모든 것을 분리되지 않은 전체로 지각합니다. 그렇다면 초기 유년기 어린이는 그 자신의 체험을 어떻게 지각할까요? 마치 유아가 배가 고플 때 자신이 배가 고프다는 것을 알지 못하는 것처럼, 초기 유년기 어린이는 기뻐하고, 슬퍼하지만 자신이 기쁘다는 것을 알지 못합니다. 배고프다는 느낌과 내가 배고프다는 것을 아는 것 사이에는 큰 차이가 존재합니다. 초기 유년기 어린이는 자신의 체험을 알지 못합니다.

4-16] 7세에 우리는 구조화된 체험의 출현을 마주하게 되며, 그때 어

린이는 "나는 기쁘다", "나는 슬프다", "나는 착하다", "나는 나쁘다"라고 말하는 것이 의미하는 바를 이해하기 시작합니다. 즉 어린이에게 자신의 체험에 대한 의미적 지향이 나타납니다. 3세 어린이가 타인과 그 자신과의 관계를 발견하는 것처럼, 7세 어린이는 자기 자신의 체험 자체를 발견합니다. 이 때문에 7세의 위기를 특징짓는 몇 가지 특성이 출현합니다.

4-17] 1. 체험이 의미를 획득하며(화 난 어린이는 자신이 화가 났다는 것을 자각합니다), 이 덕분에 체험의 공동일반화 이전에는 가능하지 않았던, 자아와의 새로운 관계가 생겨납니다. 체스 판 위의 각각의 움직임마다 말들 사이에 완전히 새로운 관계가 생겨나는 것처럼, 체험들이 특정한 의미를 획득할 때, 체험들 사이에 완전히 새로운 관계들이 여기에 생겨납니다. 따라서 어린이가 체스 두는 법을 배우면 체스 판이 재구조화되는 것처럼, 7세 어린이 체험의 전체 성격이 재구조화됩니다.

> 이 문단은 2-2-28과 거의 유사하지만, 중요한 차이는 2-2-88에서 "의미적 체험의 출현 이전에는 가능하지 않았던"이라는 구절이 여기에서는 "체험의 공동일반화 이전에는 가능하지 않았던"으로 나타난다는 것이다. 이 구절이 같은 말이라면, 의미적 체험은 단순히 출현하는 것이 아니며 공동일반화로부터 내면화된다.

4-18] 2. 7세의 위기와 함께 체험의 공동일반화 또는 감정적 공동일반화, 논리적 정서가 처음으로 발생합니다. 어떤 어린이들은 심각한 정신지체로 인해 매 순간 실패를 체험합니다. 장애 어린이는 보통 아이들과 놀이를 함께 하고 싶어 하지만 거부당하고, 길을 걸을 때면 놀림을 당합니다. 요컨대, 매 걸음마다 그는 실패합니다. 그럴 때마다 그에게는 자신의 부족함에 대한 반응이 있지만, 그가 몇 분 지나지 않아 아무렇지 않은 것을 보게 됩니다. 수많은 실패가 존재하지만 자신이 열등하다

는 일반적 느낌은 존재하지 않으며, 그는 자신에게 그토록 여러 번 일어난 일을 일반화하지 않습니다. 학령기 어린이에게는 느낌의 일반화가 일어납니다. 즉, 어떤 일이 여러 번 일어나면 그에게는 감정적 형성물이 나타납니다. 그 특성은 또한, 마치 개념이 개별 지각이나 회상과 관련된 것처럼, 개별 체험이나 감정과 관련이 있습니다. 예컨대 전학령기 어린이에게는 진정한 자존감이나 자기애가 존재하지 않습니다. 우리가 자신 즉 스스로의 성취와 입장에 대해 내관하는 정도가 7세의 위기와 연결되어 나타납니다.

4-19] 전학령기 어린이는 자신을 사랑합니다. 그러나 여러 상황에서 변함없이 지속되는, 자신에 대한 공동일반화된 관계로서의 자기애, 자존감 자체, 주변 사람들에 대한 공동일반화된 관계와 자신의 가치에 대한 이해는 이 연령기 어린이에게 존재하지 않습니다. 따라서 7세에는 많은 복잡한 형성물이 생겨나, 행동의 어려움이 급격하고 근본적인 형태로 변화하도록 이끌며, 그것은 전학령기에 마주치는 어려움들과는 원칙적으로 구별됩니다.

> 첫 문장의 자신을 사랑하는 어린이가 여기는 '전학령기'이지만 2-2-90에서는 '초기 유년기'라는 것 외에는 2-2-90과 매우 유사하다.

4-20] 자기애나 자존감과 같은 신형성은 살아남지만, 위기의 징후들(우쭐댐, 찡그림)은 일시적입니다. 내면과 외면의 분화가 일어나고, 처음으로 의미적 체험이 출현하기 때문에, 7세의 위기에는 격심한 체험의 투쟁이 나타납니다. 큰 사탕을 가져야 할지, 달콤한 사탕을 가져야 할지 모르는 어린이는 망설이고 있을지라도 내적 갈등 상황에 있는 것이 아닙니다. 내적 갈등(체험들 사이의 모순과 체험에 대한 자신의 선택)은 이제야 가능해집니다.

4-21] 이것이 바로 전학령기에 아직 마주칠 수 없는 어려운 문화화의 전형적인 형태입니다. 그것들은 갈등, 모순된 체험, 해결할 수 없는 모순을 포함합니다. 사실, 체험의 내적 분리가 가능할 때, 어린이가 자신의 체험을 최초로 이해할 때, 내적 관계가 출현할 때, 거기서 바로 체험의 변화가 일어나며 이 변화 없이 학령기는 불가능할 것입니다. 7세의 위기에 전학령기 체험이 학령기 체험으로 변화된다고 말하는 것은, 학령기라는 새로운 발달 단계를 가능하게 하는 새로운 환경적, 인격적 계기의 통합체가 출현한다고 말하는 것을 의미합니다. 환경에 대한 어린이의 관계가 변했다는 것은 환경 자체가 변했음을 의미하며, 이에 따라 어린이의 발달 경로가 변하고, 새로운 발달의 시대가 시작됩니다.

4-22] 어린이의 사회적 발달에 대한 연구에서 거의 다루어지지 않았던 개념을 과학에 도입할 필요가 있습니다. 우리는 어린이가 주변 사람들과 맺는 내적 관계에 대해 충분히 연구하지 않으며 어린이를 사회

적 환경에서 능동적 참여자로 보지 않습니다. 우리는 말로는 어린이의 인격과 환경을 통합체로 연구해야 한다고 합니다. 그러나 한편으로는 인격의 영향이 있고 다른 한편으로는 환경의 영향이 있어서 서로가 외적 힘으로 작용한다고 생각해서는 안 됩니다. 그러나 사실 우리는 통합체를 연구하면서 먼저 그것을 분해한 후에 서로를 연결하려고 노력하는 경우가 매우 많습니다.

2-2-21~22와 유사한 부분도 있고 다른 부분도 있다. 2-2-21에는 '아동학'이라는 말이 나오지만 여기는 나오지 않는다. 이는 아마도 러시아어판 비고츠키 선집의 편집자가 '아동학'을 언급하고 싶지 않았기 때문일 것이다. 세세히 열거하지는 않겠지만 뒤에도 그런 부분이 더 있다.

4-23] 그리고 다루기 힘든 유년기에 대한 연구에서 우리는 다음과 같은 문제 진술의 범위를 벗어나지 못하게 됩니다. 어느 것이 더 큰 역할을 하는가? 기질인가, 환경적 조건인가? 유전적으로 타고나는 정신병리학적 조건인가, 발달의 외적 환경인가? 이는 위기 시기의 어린이가 환경과 맺는 내적 관계에 대한 설명을 요구하는 두 가지 기본적 문제에 당면하게 됩니다.

4-24] 환경에 대한 실천적 이론적 연구에서 가장 큰 결점은 우리가 환경을 절대적 지표로서 연구한다는 것입니다. 다루기 힘든 어린이에 대한 실천적 연구를 한 사람이라면 누구나 이것을 잘 압니다. 어린이에 대한 사회적 가족 연구에서 우리가 보게 되는 것은 주거 면적, 어린이의 독립적 침구 여부, 공중목욕탕 이용 횟수, 옷 갈아입는 시기, 가족의 신문 구독 여부, 어머니와 아버지의 교육 수준입니다. 이러한 연구는 모두 한결같이 어린이 자신과는, 어린이 연령기와는 관계가 없는 연구들입니다. 우리는 환경의 어떤 절대적 지표들을 연구합니다. 이 지표

들을 알면 이들이 어린이 발달에서 하는 역할을 알 것이라고 믿는 것입니다. 많은 소비에트 아동학자들이 환경에 관한 그들의 연구에서 이를 절대적 원칙으로 수립했습니다. 여러분은 아동학자 A. B. 잘킨트에 의해 발간된 교재에서 다음과 같은 입장을 볼 수 있습니다. 즉 기본적으로 어린이의 사회적 환경은 발달의 전체 지속 기간 내내 변하지 않고 남아 있다는 것입니다. 우리가 환경의 절대적 지표만을 염두에 둔다면, 어느 정도는 이것에 찬성할 수 있습니다. 그러나 사실 이것은 이론적 실천적 관점에서 모두 완전한 거짓입니다. 어린이의 환경과 동물의 환경은 다음과 같은 점에서 본질적으로 다릅니다. 인간의 환경은 사회적 환경이고, 어린이는 생활환경의 일부이며 환경은 어린이에게 결코 외적 환경이 아닙니다. 어린이가 사회적 존재이고 그의 환경이 사회적 환경이라면 이로부터 어린이 자신이 이 사회적 환경의 일부라는 결론이 도출됩니다.

> 2-2-25와 내용 면에서 유사하지만 표현은 매우 다르다. 2-2-25에는 '아동학 연구자'라는 말이 있으나, 여기는 '아동학'이 빠져 있다. 2-2-25에서 비고츠키는 이론적 오류(사회적 환경의 누락)와 실천적 오류(어린이 자신의 누락)를 자세히 말하지만, 여기서 그 주장은 훨씬 더 간결하다.

> *А. Б. 잘킨트(Залкинд, Арон Борисович 1888~1936)는 정신과 의사였으며 프로이트에 대한 소비에트의 초기 추종자였다. 그는 적극적인 당원이었으며, (사회주의하의 섹스는 한 잔의 물을 마시는 것과 같아야 한다고 말한 것으로 유명한) 알렉산드라 콜론타이의 '자유연애' 운동을 지지했다. 잘킨트는 또한 비고츠키가 1930년에 이어 받은 학회지 '아동학'의 최초 편집자였다. 환경에 대한 잘킨트의 관점은 매우 객관주의적이었으며 환경은 어린이 발달에 따라 변하지 않는다고 믿었다.

2001년 재발행된 잘킨트의 책 『아동학: 이상과 현실』

4-25] 따라서 환경에 대한 연구에서 이루어져야 할 가장 본질적 전환은 절대적 환경 지표에서 상대적 환경 지표로의 이행입니다. 어린이의 환경을 연구해야 하는 것입니다. 무엇보다 먼저 이 환경이 어린이에게 무슨 의미가 있는지, 어린이가 이 환경의 서로 다른 지표들과 어떤 관련이 있는지 연구해야 합니다. 예컨대 1세의 어린이는 말을 못합니다. 어린이가 말문을 연 이후에도 그 주변의 말 환경은 변하지 않고 남아 있습니다. 1세 이전과 이후에 어린이 주변의 말 문화의 절대적 지표들은 거의 변하지 않은 채 남아 있습니다. 그러나 어린이가 첫 낱말을 이해하기 시작하는 순간, 처음으로 뜻을 지닌 말을 하기 시작하는 순간부터, 환경의 말 계기와 어린이가 맺는 관계, 즉 말 역할이 어린이와 맺는 관계가 매우 달라진다는 것에 모두가 동의할 것이라고 생각합니다.

4-26] 앞으로 나아가는 어린이의 모든 발걸음들이 그에게 미치는 환경의 영향을 변하게 합니다. 발달의 관점에서 본다면 한 연령기에서 다른 연령기로 건너가는 순간 환경은 완전히 다른 것이 되는 것입니다. 따라서 환경에 대한 관점은 이전까지와 비교하여 형태 면에서 가장 근본적으로 변화해야 한다고 말할 수 있습니다. 우리는 환경을 그 자체로서가 아니라, 절대적 지표가 아니라 어린이와 관련하여 연구해야 합니다. 절대적 지표상으로는 동일한 환경이 1세, 3세, 12세 등의 어린이에게 완전히 다릅니다. 환경의 역동적 변화, 관계가 첫 번째 국면으로 나옵니다. 그러나 관계에 대해 말하는 순간 자연히 두 번째 계기가 나타납니다. 관계는 결코 어린이와 환경 개별의 순수한 외적 관계가 아닙니다. 방법론적으로 중요한 문제 중 하나는 이론과 연구에서 어떻게 통합체에 관한 조사를 여실히 실시하는가 하는 문제입니다. 인격과 환경의 통합체, 심리적 발달과 생리적 발달의 통합체, 생각과 말의 통합체에 대해 흔히들 이야기합니다. 이론과 연구에서 어떤 통합체와 이 통합체 자체에 고유한 모든 특성에 대한 조사로 나아간다는 것은 실제로 무엇을

의미할까요? 이는 항상 선도적인 단위를 찾는 것을 의미합니다. 즉, 통합체 자체의 특성이 보존되어 있는 부분을 찾는 것입니다. 예컨대 말과 생각의 관계를 조사하고자 할 때 연구자들은 생각에서 말을, 말에서 생각을 인위적으로 뜯어 놓고 그런 후 말이 생각에 무엇을 하는지, 생각이 말에 무엇을 하는지 묻습니다. 여기서 사태는 서로 합류하게 되는 두 물줄기와 같은 것으로 상정됩니다. 통합체가 어떻게 나타나는지, 그것이 어떻게 변화하는지, 어떻게 어린이 발달 경로에 영향을 미치는지 알고자 한다면 통합체를 그 구성 부분으로 나누어서는 안 됩니다. 그 자체가 바로 이 통합체에 고유한 본질적 특성을 잃어버렸기 때문입니다. 대신 예컨대 말과 생각에 대한 단위를 취하는 것이 중요합니다. 최근에 그러한 단위 예컨대 의미를 추출하려는 시도가 있었습니다. 낱말의 의미는 낱말의 부분이며 말로 형성되는 것입니다. 의미가 없는 낱말은 낱말이 아니기 때문입니다. 또한 모든 낱말의 의미는 공동일반화이므로 어린이 지적 활동의 산물입니다. 이와 같이 낱말 의미는 더 이상 분해할 수 없는 말과 생각의 통합체입니다.

4-27] 우리는 인격과 환경의 연구를 위한 단위를 찾을 수 있습니다. 이 단위는 정신병리학과 심리학에서 체험이라고 불립니다. 어린이의 체험은 너무도 기본적 단위이므로 이 자체가 어린이 혹은 어린이 자신의 특성에 미치는 환경의 영향을 나타낸다고 말할 수 없습니다. 체험은 발달에서 드러나듯이 인격과 환경의 단위인 것입니다. 따라서 발달에서 환경과 인격적 계기의 통합은 어린이의 일련의 체험에서 일어납니다. 체험은 어린이가 한 인간으로서 여러 가지 활동에 대해 맺는 내적 관계로 이해되어야 합니다. 모든 체험은 무언가에 대한 체험입니다. 무언가를 의식하는 것이 아닌 의식 활동이 없듯이, 무언가에 대한 체험이 아닌 체험은 존재하지 않습니다. 그러나 모든 체험은 나의 체험입니다. 현대의 이론에서 체험은 그 자체로 의식의 기본적 속성을 모두 지닌 의식

의 단위로 도입됩니다. 반면 주의와 생각은 이런 식으로 의식과 연결되어 있지 않습니다. 주의는 의식의 단위가 아니라 의식의 어떤 요소이며, 그 속에는 일련의 다른 어떤 요소가 존재하지 않습니다. 주의만으로는 의식 통합체 자체가 사라집니다. 의식을 구성하는 실제 역동적인 의식 단위는 바로 체험입니다.

4-28] 체험은 생물-사회적 지향을 가지고 있습니다. 즉, 그것은 인격과 환경 사이에 놓여 있고 인격이 환경에 대해 가지는 관계를 의미하며, 환경에서의 특정한 계기가 인격에 대해 가지는 의미를 지칭합니다. 체험은 환경의 이런저런 계기가 어린이 발달에 어떤 영향을 끼치는지 규정해 줍니다. 이는 다루기 힘든 어린이에 대한 모든 연구에서 하나하나 긍정적으로 확인됩니다. 다루기 힘든 어린이에 대한 모든 분석은 본질이 절대적 지표로 취해진 상황 자체가 아니라 어린이가 어떻게 상황을 체험하는가에 있음을 가리킵니다. 동일한 가족 안에서, 동일한 가정 환경 속에서도 우리는 각 어린이들이 서로 다르게 발달하는 것을 봅니다. 이는 동일한 환경이 서로 다른 어린이에 의해 다르게 체험되기 때문입니다.

4-29] 따라서 체험에는 한편으로 환경이 주어집니다. 즉, 환경이 나 자신과 맺는 관계로서, 내가 이 환경을 체험하는 방식으로 주어지는 것입니다. 다른 한편으로 체험에는 나의 인격 발달의 특성이 드러납니다. 나의 체험은 나의 모든 특성이 발달 과정에서 얼마나 복잡해졌는지를, 그리고 여기서 이 특성이 특정한 계기에 얼마나 참여하는지를 반영합니다.

4-30] 다소 일반적 형식적 정의를 내리자면, 환경은 환경의 체험을 통해 어린이 발달을 규정짓는다고 말하는 것이 옳을 것 같습니다. 가장 본질적인 것은 환경의 절대적 지표에서 벗어나는 것입니다. 어린이는 사회적 상황의 일부이며 어린이로부터 환경, 환경으로부터 어린이라는 이

관계는 어린이 자신의 체험과 활동을 통해 주어지는 것입니다. 말하자면 환경의 힘이 어린이의 체험 덕분에 안내적 가치를 획득하는 것입니다. 이는 어린이의 체험에 대한 깊은 내적 분석을 요구합니다. 즉, 어린이 삶의 외적 환경에 국한되지 않고, 어린이 자신의 내면으로 상당 정도 전환된 환경에 대해 연구해야 하는 것입니다.

4-31] 이러한 분석은 매우 복잡해질 것이기 때문에, 우리는 광범위한 이론적 어려움에 봉착할 것입니다. 그러나 그럼에도 불구하고 특성 발달, 위기적 연령, 다루기 힘든 어린이에 대한 여러 가지 문제와 관련하여 체험에 대한 분석과 연결된 여러 가지 계기들이 명확해지고 두드러지게 될 것입니다.

4-32] 위기적 연령기에 대한 주의 깊은 연구는 이때 어린이의 기본적 체험의 교체가 일어남을 가리킵니다. 위기는 무엇보다 전환의 계기이며 이는 어떤 환경 체험 방식에서 다른 방식으로의 이행으로 나타납니다. 환경 자체는 아이가 세 살이 되었다고 해서 바뀌지 않습니다. 부모들의 수입은 이전과 똑같고, 아이를 먹일 최대 최소 예산이 똑같으며, 동일한 신문을 구독하고, 속옷을 갈아입히는 횟수도 비슷하고, 생활공간의 크기도 비슷할 것입니다. 부모와 아이와의 관계도 바뀌지 않았습니다. 이렇기 때문에 위기를 연구하는 관찰자들은 매우 착하고, 순종적이며 사랑스러웠던 어린이가 어떤 외적인 이유도 없이 갑자기 변덕스럽고, 화가 나있고, 고집스러워졌다고 말할 것입니다.

4-33] 모든 부르주아 연구자들은 위기의 내적 특성을 강조합니다. 절대 다수는 위기의 내적 특성을 생물학적 원인으로 설명합니다. 13세 위기를 설명하는 가장 보편적 이론 중 하나는 성적 성숙과 위기가 평행하게 일어난다는 것입니다. 이들은 후자(위기-K)의 기저에 어린이의 생물학적 성숙이라는 내적 계약금이 놓여 있다고 봅니다.

4-34] 사회적 환경의 중요성을 강조하고자 하는 부제만과 같은 저자

들은 위기가 펼쳐지는 환경에 따라 그 흐름이 완전히 달라진다고 올바르게 지적합니다. 그러나 부제만의 관점은 위기를 순전히 외적 원인에 의해 생겨나는 현상으로 간주하는 관점과 원칙적으로 다르지 않습니다. 다른 모든 특성들과 마찬가지로 어린이에게 내재하는 위기를 부제만은 생물학적 특성으로 보지 않고 상이한 환경에 따라 변화하는 현상으로 봅니다. 부르주아 연구는 전부 잘못이라거나 혹은 최소한 어떤 부분에서 잘못이라는 생각이 나타납니다. 사실적 측면에서 시작해 봅시다. 부르주아 연구자들은 매우 제한된 관찰 반경을 갖는 것으로 보입니다. 즉, 어린이는 언제나 부르주아 가족 내에서 한정된 유형의 문화화를 받는 조건에서 관찰됩니다. 사실은 다른 양육 조건하에서는 위기가 다르게 나타남을 보여 줍니다. 어린이집을 졸업하고 유치원을 가는 어린이와 집에서 유치원으로 입학하는 어린이에게서 위기는 다르게 전개됩니다. 그러나 위기는 언제나 모든 정상적 어린이 발달 경로에서 일어납니다. 3세와 7세의 연령기는 언제나 발달에서 전환점이 될 것입니다. 이때 항상 어린이 발달의 내적 경로가 어떠한 주기를 마치는 사태가 나타나며 다음 주기로의 이행은 반드시 변혁적일 것입니다. 하나의 연령기는 어떻게든 재구조화되어 발달에서 새로운 단계의 시작을 제공합니다.

2-2-46~49와 유사하다. 흥미로운 부분은, 2-2-47에서는 부제만의 관점이 위기가 '내적' 요인에 기인한다는 관점과 동일하다고 말하지만, 여기서는 부제만의 관점이 위기가 '외적' 요인에 기인한다는 관점과 동일하다고 말하고 있다는 점이다. 이는 속기사의 실수일 수도 있지만, 비고츠키가 마음을 바꾸었기 때문일 수도 있다.

4-35] 관찰자들이 가지는 가장 일반적이고 두드러진 인상이 모르는 사이에 어린이가 갑자기 변화했다는 것임은 사실입니다. 어린이는 3~6개월 만에 이전과 다른 어린이가 되며, 위기는 주변 사람들이 이해하기

어려운 과정으로 나타납니다. 왜냐하면 그것(위기-K)은 어린이 주변에서 일어나는 변화들과 연관되어 있지 않기 때문입니다. 예를 들어 어린이가 학교에 가기 시작하면 학령기 동안 어린이는 해마다 변화하며, 이는 그다지 놀라운 일이 아닙니다. 왜냐하면 어린이가 성장하는 전체 상황, 즉 그 발달의 모든 분위기가 변하기 때문입니다. 어린이가 어린이집에서 유치원으로 가게 되면, 우리는 그 전학령기 어린이가 변화하는 것에 놀라지 않습니다. 여기서 어린이의 변화는 어린이 발달의 조건에서 일어난 변화와 관련이 있습니다. 그러나 모든 위기의 핵심은 내적 변화들이 외적 환경의 변화보다 훨씬 더 큰 규모로 일어난다는 데 있으며, 그렇기 때문에 우리는 항상 내적 위기라는 인상을 받게 됩니다.

4-36] 내 생각은 다음과 같습니다. 위기는 실제로 내적 원인을 가지며, 이 내적 원인은 바로 내적 특성의 변화입니다. 여기서 내적 변화와 외적 변화는 정확히 대응하지 않습니다. 어린이는 위기로 진입합니다. 무엇이 외적으로 그토록 급격하게 변화합니까? 그러한 것은 없습니다. 왜 어린이는 그토록 짧은 시간 동안 그렇게 급격하게 변할까요?

4-37] 위기적 연령의 부르주아 이론이나 위기가 어린이 발달 과정과 매우 심오하게 엮인 과정이라는 사실에 대해서는 반박할 필요가 없지만, 발달 과정의 가장 내적인 본성에 대한 그들의 이해에 대해서는 반박할 필요가 있다는 것이 우리의 생각입니다. 발달상 내적이라는 것을 전부 생물학적인 것으로 이해한다면 실제로 이것은 내분비샘의 변화일 것입니다. 이런 의미에서는 나는 위기적 연령기를 내적 발달 연령기라 부르지 않을 것입니다. 하지만 나는 내적 발달이 사실 항상 인격과 환경 계기의 통합체를 이루는 식으로 일어난다고 믿습니다. 즉 발달에서 새로운 모든 걸음은 이전 걸음 즉 이전 발달 단계에서 이미 형성되고 나타났던 모든 것에 의해 직접 결정됩니다. 이것은 이전의 모든 변화가 이후와 지금에 연결되어 있으며 이전에 조성된 인격의 특성이 이제

발현하고 작용하는 과정으로 발달을 이해함을 의미하는 것은 사실입니다. 발달의 내적 과정의 본성을 올바르게 이해한다면 위기를 내적 위기로 이해하는 것에 대한 이론적 반론은 결코 없을 것입니다.

4-38] 나는 모든 체험에는 어린이와 관련된 환경의 실제 역동적 영향이 있다고 생각합니다. 이점에서 볼 때 모든 위기의 본질은 내적 체험을 재구성하는 데 있으며, 재구성은 환경과 어린이의 관계를 규정하는 기본적 계기의 변화, 즉 어린이의 행동을 추동하는 성향과 충동의 바로 그 변화에 근원을 둡니다. 성향과 충동에서의 성장과 변화는 그 자체가 덜 의식적이고 덜 의지적인 인격의 부분을 나타내며, 한 연령에서 다른 연령으로의 이행에서 새로운 충동, 새로운 동기가 어린이에게 출현합니다. 다시 말해 그의 행위의 추동력이 재평가를 거치는 것입니다. 어린이를 이끌어 왔던 길 즉 어린이에게 본질적으로 중요했던 것이 바로 다음 단계에서 갑자기 상대적으로만 중요하거나 중요하지 않게 됩니다.

4-39] 이 성향과 충동의 재구조화, 추동력의 재평가는 한 연령기로부터 다른 연령기로의 이행의 기본적 계기입니다. 이와 함께 환경이, 즉 어린이와 환경의 관계가 변합니다. 의식을 환경에 대한 관계로 이해할 때, 어린이에게 다른 흥미가 시작되고 다른 활동들이 출현하며 어린이의 의식이 재구조화됩니다.

• 7세의 위기

이 장은 미완성된 일부이며 적어도 세 가지 면에서 이를 확인할 수 있다. 첫째, 이것이 2-2절 '3세와 7세의 위기'의 약 3분의 1을 반복하고 있음은 쉽게 알 수 있다. 자료의 순서는 같지 않으며, 대부분은 단어 그대로를 반복하기보다는 조금씩 다르게 표현하고 있다. 2-2절은 학생들에게 질문을 하고, '나', '내가 보기에는'으로 시작하며 더 많은 예를 들고, '여러분', '여러분이 보시다시피'를 사용하여 더 많은 일반화를 포함하는 실제 강의에 가까운 반면, 이 장은 비고츠키 가족 기록보관소에서 발견되어 러시아어판 비고츠키 선집에 실린 강의 노트이다. 2-2절에서 보이는 '아동학'에 대한 모든 참조가 여기서는 보이지 않는다.

둘째, 이 장에는 발달의 사회적 상황이나 발달 노선에 대한 명확한 언급이 없다. 그러나 비고츠키의 짧은 경력의 마지막 해를 재창조하고자 하는 우리에게는 다행스럽게도 여기에는 중심적 신형성에 대한 확실하고 명확한 진술이 있다. 어린이의 외적 인격과 내적 자아 사이에 '인지적' 요소가 삽입된다는 것이다. 우리는 이 요소를 미주에서 원시적 자아라고 부를 것이다. 이 중심적 신형성은 발달 노선의 정점이며 발달 노선은 발달의 사회적 상황에 그 기원을 두기 때문에, 우리는 사라진 것의 일부라도 역으로 추론하여 알아낼 수 있을 것이다.

전학령기 초기에 발달의 사회적 상황은, 한편으로는 어린이가 환경에서 즉각적으로 얻을 수 없는 대상을 원하게 되는 것이고, 다른 한편으로는 3세 위기의 결과로 어린이가 감정과 의지가 분리된다는 것이다. 행동하기(놀이와 그리기), 말하기(대화와 이야기), 생각하기(상상과 창조)의 발달 노선을 통해, 어린이는 전학령기의 중심적 신형성을 만들어낼 수 있다. 전학령기에 관한 장(3장)이 유치원 프로그램 조직에 관한 학회의 보고서일 뿐이므로, 중심적 신형성이라는 말이 사용되지는 않았지만, 비고츠키는 그 속에 행동하기, 말하기, 생각하기를 수용적으로 배울 능력이 포함됨을 명확히 했다. 수용적 학습 혹은 반응적 학습은 기억하기, 공간뿐 아니라 시간도 공동일반화하기, 이상적 상황과 상상의 인물들을 창조하기, 게임에서의 정해진 법칙을 이해하고 따르기(예컨대 달리기 경주, 술래잡기하기, 체스 게임에서의 잠재적 위험 알아차리기 등)와 같은 능력을 포함한다.

전학령기는 위기가 아닌 안정기이기 때문에 이러한 신형성들은 사라지지 않는다. 그러나 전학령기에 획득된 발달의 사회적 상황은 사라진다. 어린이는 상상을 통해 공상을 숙달하고 창조를 통해 획득 불가능한 것을 획득하며 놀이를 통해 행위를 의도에 종속시킨다. 이제 어린이는 '판을 뒤집고자' 하며 자신의 역할의 능동적 주인이 된다. 즉 이행적 발달 노선이 출현한다. 행동하기 영역에서 비고츠키는 어린이의 행동을 우쭐대고 변덕스럽고 때로는 허세부리고 때로는 철없는 것으로 묘사한다. 예컨대 어린이는 별다른 이유 없이 '거들먹거리는 걸음걸이로' 방으로 들어간다(4-4). 말하기 영역에서 비고츠키는 7세 어린이의 '터무니없는 말과 우스갯소리'나 오리처럼 꽥꽥거리기를 묘사한다. 어린이는 심지어 그렇게 했다는 이유로 벌을 받을 때조차 그렇게 한다. 생각하기 영역에서 비고츠키는 어린이의 외적 인격과 발달 중인 자아 사이에 '인지적 계기'가 삽입될 때 출현하는 '직접성의 상실'을 묘사한다.

비고츠키는 이 중심적 신형성, 즉 외적 인격과 내적 자아의 분화를 어린이의 의미론적 지각 발달에 비유한다. 그러나 여기서 공동일반화되고 의미화된 것은 지각할 수 있는 외적 세계가 아니라 어린이 자신의 체험이다. 그러나 비고츠키가 우리에게 말하듯이, 체험은 언제나 환경을 경험하는 계기뿐 아니라 자아의 '계기'를 포함한다. 자아의 계기를 의미화함으로써, 즉 자아의 계기를 사람들 사이에 일반화된 낱말 가치로 변환함으로써, 어린이는 자신에 관한 개인 내적 일반화를 가능하게 만든다. 이는 매우 모순적이다(자책적 자부심, 불안한 자만심, 희망적 절망). 비고츠키는 모든 위기적 신형성이 그렇듯 이러한 변화들은 환경의 큰 변화에 독립적으로 일어난다는 것에 주목한다. 한편으로 그것은 불안정한 형태의 '원시적 자아'를 지속 불가능하게 만든다. 어린이가 자신보다 큰 원시적 자아를 창조할 때 나타나는 허세적 자아와 자신보다 어린 원시적 자아를 상상할 때 나타나는 철없는 자아 모두 학령기에 사라질 운명을 가지고 있다. 그러나 다른 한편으로 외적 영향에 대한 이러한 신형성의 상대적 자율성은 앞으로 지속될 자아 형태들, 즉 자긍심, 자존감, 자기애의 토대를 형성한다.

셋째, 비고츠키는 평소와 달리 처음에 강의 목표를 제시하지 않았다. 따라서 우리는 길이가 일정하지 않지만, 우리 뜻대로 제목을 붙이고 강의 내용을 나누었다. 짧은 첫 부분에서 비고츠키는 위기의 특징들을 일반적 증상으로 묘사한다(4-1~4-8). 그리고 나서 비고츠키는 의미화된 체험과 의미화된 지각을 비교한다(4-9~4-21). 세 번째 부분에서 비고츠키는 아동학의 요소주의에 반대하고 전체론적 접근에 찬성하는 방법론적 주장을 펼친다. 첫째, 비고츠키는 환경만을 연구하는 것에 반대하고, 불변하는 가정환경에 토대한 '절대적 지표'의 사용을 비판한다(4-22~4-32). 그리고 나서 비고츠키는 어린이의 생물학적인 '내적 변화'만을 연구하는 부르주아 연구자들에 반대한다(4-34~4-39). 비고츠키는 환경은 어떻게든 어린이 내부에 표상된 것으로 보여야 한다고 주장한다. 그러나 환경은 어린이 내부에 어떻게 표상되는가? 이 문제에 부딪칠 때마다, 비고츠키가 말을 배우는 어린이가, 자신의 사회경제적 상태나 내분비계가 변하지 않았음에도 불구하고, 환경과의 관계를 얼마나 철저히 변형시키는지 이야기하는 것은 아마도 우연이 아닐 것이다.

A. 위기의 일반적 특징. 비고츠키는 7세가 위기임을 확인하고(4-1), 키가 자라고 앞니와 송곳니가 나는 것과 같은 신체적 변화에 주목한다(4-4). 블론스키와 다른 아동학자들은 신체적 변화를 매우 중요하게 여겼지만, 비고츠키는 행동하기, 말하기, 생각하기의 변화에 주로 관심을 갖고, 두 가지 특징에 주목한다. 그 두 가지 특징이 정확히 무엇인지는 분명하지 않지만, 아마도 다음과 같은 것일 것이다.

i. 행동적 특징. 예컨대 거들먹거리는 걸음걸이나 빽빽대는 목소리, 실제 놀이를

하는 것도 아니고 주위 사람들이 요구하지도 않은 상황에서 어떤 역할을 연기하는 듯한 모습.

ii. 심리적 특징. 어린이다운 직접성과 즉각성의 상실.

아니면 아마도 다음과 같은 것일 수도 있다.

i. 자기 나이보다 많게 행동하기(가식적, 과시적, 허세적 행동)

ii. 자기 나이보다 적게 행동하기(어처구니없고 어릿광대 같은 행동)(4-2~4-3)

전학령기에는 어린이의 '바보짓'을 환경의 행동유도성과 연결할 수 있지만(예컨대 거울 앞에서 얼굴 찡그리기), 7세 어린이의 '바보짓'은 환경과 무관하게 일어나는 것처럼 보이며, 심지어 그것 때문에 비난 받을 때조차 그렇다(4-4~4-5). 비고츠키는 3세의 위기가 환경에 대한 태도에서 의지와 감정의 분화로 특징지어지는 것처럼, 7세의 위기는 인격에 대한 태도에서의 분화, 즉 외적 인격과 내적 자아 사이의 분화로 특징지어진다고 말한다(4-6~4-7). 비고츠키는 순진무구함으로부터 분화된 다면적 반응으로의 '추의 흔들림'에 대해 말하고 있는 것이 아니다. 그가 말하는 것은 '체험'의 각 계기가 이제 지성화된 계기를 포함한다는 것이다. 비고츠키는 이 장의 끝에서 연령기를 분석하기 위해 일반적 증상으로 연령을 특징짓기보다 체험의 계기를 사용한다는 생각으로 다시 돌아온다(4-8).

B. 의미화된 체험과 의미화된 지각의 비유. 우리는 의미화된 체험을 일종의 의미화된 지각의 '내적 성장'이나 '내적 변혁'으로 생각할 수 있다. 전학령기의 기억 발달 덕분에, 어떤 일이 생길 때 나타나는 느낌의 가치가 이제 어떤 일이 생긴 후에 나타나는 생각의 가치가 될 수 있다(4-9~4-11). 비고츠키는 무의미적 체험으로부터 의미론적 체험으로의 이행을, 어린이가 체스를 배울 때 나타나는 이행에 비유한다(4-12~4-14, 4-17). 어린이는 이제 배고픔, 기쁨, 절망과 같은 느낌 속에서 자아의 계기들을 일반화할 수 있기 때문에, 체험의 주체가 있다는 사실을 발견한다(4-15~4-16). 이는 다음을 의미한다.

i. 체험은 자아를 통해 서로 연결된다. 예를 들어 노여움에 대한 어린이의 경험은, 단순히 이런저런 짜증 나는 상황의 특징이라기보다 어린이 자신의 노여움으로 인식되고 기억된다(4-17).

ii. 자아는 체험을 통해 일반화된다. 예를 들어 절망을 반복적으로 경험한 어린이는 열등감이라는 느낌을 발달시키기 시작한다(4-18).

한편으로 비고츠키는 이 원시적 자아를, 언제나 상황적이고 한 상황에서 다른 상황으로 옮길 수 없는 전학령기 어린이의 자아와 대조시킨다(4-19). 다른 한편으로 비고츠키는 원시적 자아를, 학령기에 출현하는 더 지속 가능한 형태의 자기애와 자존감과 대조시킨다(4-21). 어린이의 원시적 자아는 맡은 역할 없이 어떤 역할을 연기하는 것과 같은 것이며, 가르치는 교사가 없이도 반응적으로 배우는 것과 유사하다.

C. 환경론과 생득론에 대한 반론. 체험에 대한 단위로의 분석. 비고츠키는 이제 모든 단위에서 어린이와 환경 모두를 포함하는 분석 방식을 요구한다. 비고츠키는 언제나 이

것이 원칙으로는 인정되지만, 실제로는 이루어지지 않는다고 말한다. 실제로 일어나는 것은 어린이와 환경을 떼어 낸 후 다시 함께 '접목'시키는 것이다(4-22). 그렇게 하는 두 가지 방식이 있다.

    ⅰ. 환경을 어린이에게 투영하는 러시아적 방식. 비고츠키는 이것이 사회 경제적 상태를 절대적 지표로 삼은 결과, 즉 어린이에게 적용된 속류 '마르크스주의'라고 주장한다(4-24). 비고츠키는, 1세 위기의 어린이가 말을 배울 때와 마찬가지로, 유년기의 사회경제적 배경이 위기 내내 안정적임에도 불구하고, 그것에 대한 어린이의 관계는 근본적으로 변한다는 것을 지적한다. 비고츠키는 대신에 체험과 같은 '상대적' 지표에 관심을 기울일 것을 제안한다(4-27~4-32).

    ⅱ. 생물학적 변화를 어린이에게 투영하는 서구적 방식(4-33~4-34). 예를 들어 어떤 부르주아 연구자들은(비고츠키는 프로이트 학파를 염두에 두고 있는 것으로 보인다) 성적 성숙을 13세의 위기에 투영한다(4-33). 다른 연구자들은 실제 변화는 내적으로 규정되지만 환경에 따라 다르게 표현된다고 주장하는 '중립적' 입장을 취한다.

    비고츠키는 종합한다(4-25~4-39). 7세의 위기는 실제로 내적이며, 일반적으로 위기는 환경의 변화와 어떤 직접적 관계가 없어 보이기 때문에 내적 현상이다(4-36~4-37). 그러나 우리가 말하는 내적이라는 관념은 환경에 대한 내적 표상과 내적 생활에 대한 공동일반화된 표상 모두를 포함하는 것으로 확장되어야 한다(4-38~4-39). 7세의 체험은 단순히 경험되는 것이 아니며, 삶 즉 원시적 자아의 삶으로서 경험된다.

제5장

학령기

학교에 남겨지다(1876), G. D. 레슬리(George Dunlop Leslie, 1835~1921)
다른 친구들이 귀가한 후에도 벌로 학교에 남아 있는 두 소녀를 보여 준다. 한 소녀는 창가에서 슬픈 표정을 지으며 바느질에 집중하지 못하고 문 밖을 바라본다. 그러나 다른 소녀는 창을 등지고 서서 고개를 숙이고 독서에 몰두하고 있다. 자발적 주의를 위해서는 지각이 생각에 종속되어야 한다. 이 장에서 비고츠키는 생각 또한 생각에 종속되어야 한다고 주장한다. 문제는 학령기 어린이에게 생각 자체는 아직 생각의 대상이 아니라는 것이다. 그러나 이는 말(글말을 포함한)의 대상이 될 수는 있다.

5-1 학령기

이 절은 1934년 2월 23일 헤르첸 교육대학교에서 비고츠키가 행한 강의의 속기록이다. 이 시기 비고츠키는 학령기와 관련된 『생각과 말』 6장을 집필 중이었다.

5-1-1] 오늘 나는 학령기 정신 발달의 문제, 더 넓게는 학령기 심리적 발달의 문제를 일반적으로 조명하고자 합니다.

5-1-2] 여러분은 학령기 교수-학습의 기본적인 측면들을 각각 살펴보았고, 이 연령기 사회-계급적 발달과, 교수-학습과 발달의 주요 형태를 알게 되었습니다.

4-25에서 비고츠키는 이 강좌에서 사용되는 교재를 집필한 A. 잘킨트의 환경에 대한 접근법을 비판했다. 교재에서 어린이의 환경은 주로 집이 얼마나 큰지, 침대를 가지고 있는지, 부모가 교육을 받았는지, 어떤 신문을 구독하는지 등과 같은 통속적인 마르크스주의적 용어로 규정된다. 강좌를 듣는 학생들이 이미 '이 연령기 사회-계급적 발달'에 대해 배운 바 있다는 비고츠키의 말은 잘킨트의 이론에 대한 언급인 듯하다. 그러나 어린이가 빈부 격차를 의식하기 시작하는 것은 학령기이다.

5-1-3] 어린이의 교수-학습의 개별 부분들에 대한 구체적 연구 이를테면 어린이가 어떻게 산수나 언어 혹은 자연과학 영역의 지식 체계를 배우는지, 그 과정에서 이러한 숙달이 어린이 발달에 어떤 영향을 미치는지에 대한 연구로 나아가기에 앞서, 학령기 어린이의 지적 발달과 심리적 발달의 기본 노선들을 가장 일반적으로 설명하는 것이 필요합니다.

5-1-4] 이를 위해 나는 이 연령기 발달을 특징짓는 일반적 계기들로 시작할 필요가 있다고 생각합니다. 이는 어떻게 특징지어질까요? 내가 보기에 무엇보다도 다음의 외적, 형식적 측면으로 특징지을 수 있습니다. 즉 학령기는 몇 개의 연령기를 거친 후에 시작된다는 것입니다. 심리적 발달의 시작 계기가 개별 기능들의 미분화와 개별적 심리 활동 유형의 미분화, 즉 유아기의 완전한 미분화로 특징지어지는 어린이의 심리적 생활 상태라면, 학령기는 다른 연령기들보다 훨씬 나중에 나타나는 것입니다.

5-1-5] 어린이의 심리적 발달과 관련하여 이 연령기에 일어나는 것은 무엇일까요? 그것은 바로 다음과 같습니다. 각 연령기에는 의식이 정해진 형태로 발달합니다. 예컨대 초기 유년기에는 지각이 이례적으로 유리한 조건에 놓이게 되어, 매우 잘 발달합니다. 전학령기에는 기억이 동일한 입장에 놓입니다.

5-1-6] 따라서 학령기 어린이들은 이미 이것을 적어도 대략 두 번은 겪었습니다. 그러나 의식 재구조화의 미세한 변화를 고려한다면 사실 더 많은 횟수가 될 것입니다. 각 연령기에 여러 기능들 중 하나가 성숙에 이르고, 이 기능이 중심에 서는 바로 그 연령기에 이 기능은 발달에 가장 유리한 조건에 놓여 최대한 집중적으로 성숙합니다. 후속 기능들의 전제 조건 역할을 담당하는 가장 기본적이고 기초적인 기능이 일찍 성숙한다는 것은 알고 있을 것입니다. 간단히 말해, 학령기는 어린이가

이미 비교적 성숙된 지각과 기초적 기억을 가지고 있다는 사실로 특징 지어집니다.

5-1-7] 기본적, 기초적 형태의 기억 발달과 지각의 발달은 학령기에 이르러 그 경로의 4분의 3을 완료했다고 말하는 데는 조금의 과장도 없습니다. 기본적으로 우리는 학령기 어린이의 복잡한 지각 형태와 기초적 기억에 매우 가까운 것을 보게 됩니다.

5-1-8] 이 기능들의 거의 모든 경로가 완료되었다고, 혹은 그 경로들이 어쨌든 상당 부분 완료되었다고 가정할 만한 근거가 있습니다. 이것은 여러분에게도 분명하리라 생각합니다. 학령기에 이르러 걷기가 그 경로의 4분의 3을 완료했다고 해 봅시다. 다시 말해 어린이의 걷기가 완전히 성숙할 때까지 남은 거리는 4분의 1이고, 지나온 거리가 4분의 3입니다. 어쨌든 우리는 학령기에 일련의 성숙한 기능들을 마주하게 됩니다. 심리적 영역에서 이것은 이전 연령기 발달의 중심이었던 지각이나 기억과 관련이 있습니다. 이것은 기본적 전제 조건이며, 이것 없이 지적 발달은 결코 가능하지 않습니다. 이것이 첫 번째 측면입니다.

5-1-9] 두 번째 측면은, 이 기능들이 이미 변화를 겪었으므로 고도로 분화되어 있다는 것입니다. 이것이 바로 여러분이 주의 깊게 보아야 할 매우 중요한 계기입니다.

5-1-10] 우리가 초기에 미분화된 총체적 의식을 가지고 있다면 즉 개별 기능들이 미분화되어 있다면, 그리고 지각이 중심부에 위치하는, 의식 기능들 간의 특정한 관계 구조가 초기 유년기, 즉 취학 전 연령기에 나타난다면, 그렇다면 우리는 전학령기의 모든 문제가 구조의 중심에 지각 대신 기억이 위치하는 것이라고 말할 수 있을까요? 우리가 그러한 입장을 종종 취하기도 하지만, 사실은 전혀 그렇지 않습니다. 다음과 같은 상황을 상상해 봅시다. 첫째, 우리는 미분화된 총체적 의식(모든 개별 기능들이 아직 분화되지 않았기 때문에)을 만나게 됩니다. 의식

은 두세 가지의 기본적인 방식으로 작용하며 모든 기본적인 기능, 즉 의식, 지각, 기억, 주의, 생각이 이러한 방식으로 참여합니다. 의식이 분화되어 중심인 지각이 명백히 두드러지는 후속 연령기인 초기 유년기를 만났다고 상상해 봅시다. 다음 단계인 전학령기에 실제로 중심 A가 옮겨져 치워지고, 이제 여기에 다른 중심인 B가 놓인다고 말할 수 있을까요? 이것은 불가능합니다. 발달의 결과로 바로 그 중심 자체가 매우 강력하게 발달하기 때문입니다. 그것은 이제 의식 안에 존재하는 강력하고 준비된 기능입니다.

비고츠키가 언급한 본문의 '취학 전 연령기'는 전학령기(3~7세)가 아니라 학교에 가기 전 연령기(초기 유년기부터 3세의 위기를 지나 전학령기까지)를 일반적으로 가리킨다는 데 유의하자. 발달을 배아 발달에 빗대어 이해하려는 시도는 나름의 매력을 갖는다. 즉 처음에는 단세포 수정란만 존재하고, 성장한 유기체의 모든 기능들(호흡, 소화, 생식)은 이 최소 단위의 다양한 부분(세포막, 미토콘드리아, 핵)이 지닌 미분화된 속성인 것이다. 수정란이 세포 분열을 반복하여 다양한 조직이 생겨남에 따라, 이 기능들은 폐, 위장기관, 생식샘의 배아 기관들로 분화된다. 이 기관들은 서로 다른 시기에 분화되며, 어린이가 성장함에 따라 서로 다른 시기에 성숙한다. 예컨대 폐는 아기가 태어나자마자 작동하지만, 위장기관이 딱딱한 음식에 적응하기까지는 1년이 걸린다. 물론 생식샘의 성숙은 10년 이상 요구된다. 심리적 발달을 이런 식으로 본다면, 우리는 어떤 시기에 어떤 심리 기능이 분화되는지를 보여 주는 간단한 표를 만들 수 있다. 즉 처음에는 미분화된 '의식'이 존재한다. 이 '의식'은 학령기에 신형성으로 나타나는 '의식적 파악'과 구분되어야 한다. 학령기에 '의식적 파악'은 (자유) 의지(예컨대 주의를 기울일지 말지에 대한 선택)에 해당한다. 반면 의식은 기능들 간의 관계, 즉 메타-기능이다. 처음에는 기능들이 잘 분화되지 않았기 때문에, 기능과 메타-기능 사이의 차이를 구분하기 어렵다. 예를 들어 유아기 어린이는 타인의 의식과 자신의 의식을 구분하지 못하며 유아기 지각과 정서는 매우 밀접하게 연결되어 있기 때문에, 비고츠키는 이 시기의 지배적 기능이 '정서적 지각'이라고 말한다. 정서적 지각은 환경을 지각하는 동시에 반응하는 유아의 특성이다. 그러나 유아기는 정서적 지각에 상응하고, 초기 유년기는 말에서 분화된 지각에, 전학령기는 기억에 상응한다는 식으로 표현된 단순한 표는 자칫 발달의 두 가지 특성을 간과할 수 있다. 첫째, 비고츠키가 지치지 않고 말하는 것처럼 발달은 주기적이다. 발달에는 언제나 특정한 발달의 사회적 상황(예컨대 출생 시 어린이의 생리적 독립성과 생물학적 의존성, 1세 어린이의 생물학적 독립성과 사회적 의존성, 3세 어린이의 사회적 독립성과 언어적 의존성)을 해결하기 위해, 인격과 환경 간의 모순에서 비롯된 신형성(예컨대 공유된 주의, 원시적 말, 말, 원시적 의지)의 출현에 의해 창조되는 순환이 존재한다. 신형성은 강력하게 성장하고 다른 기능들로 퍼져 나가 마침내 발달의 사회적 상황을 해소하지만, 종국에는 다른 새로운 모순을 만들어 내고 순환이 다시 시작된다. 따라서 발달의 사회적 상황의 도래가 즉시 신형성의 출현으로 이어지는 것이 절대 아니다. 그 순환은 신형성이 한 연령기의 맨 끝에서야 출현한다는 사실의 결과이며, 그때가 되어서야 신형성은 발달의 사회적 상황을 해소한다. 우리는 발달을 표에서 나타난 것과 같은 단순한 선형적인 진보가 아니라 넓어지는 회전, 점차 증가하는 나선으로 생각해야 한다. 거기서 순환이 반복됨에 따라 환경과 어린이의 관계는 점점 더 매개되며 복잡해진다. 둘째, 분화의 수단 자체가 발달한다. 이 강좌의 기초 강의였던 『성장과 분화』 5장에서, 비고츠키는 하나의 기능이 다른 기능을 단순히 전복할 수 있는 것(예컨대 기억이 지각을 대체하는 것)은 오직 발달의 맨 처음에서만 사실이라는 것을 지적한다. 이후에는 미분화된 기능들(예컨대 초기 유년기 주의와 기억, 전학령기 주의)이 하나의 메타-기능에서 다른 메타-기능을 거쳐 감에 따라 점차 내적으로 분화된다. 따라서 많은 기능들은 중심적 신형성이 되지 않고서도 충분히 분화될 수 있다. 예를 들어 학령기 주의가 그렇다. 주의는 중심적 신형성이 되지 않고도 지성화되고 충분히 분화된다.

5-1-11] 더욱이 모든 기능들은 다르게 연관됩니다. 의식을 둘러싼 모든 것(기능-K)은 이제 A와 맺었던 관계와 다른 관계를 B와 맺습니다. 모든 기능은 분화되었습니다. 중심이 바뀌었다는 사실로 인해 모든 부분들 간의 관계가 바뀝니다. 전학령기에는 중심 자체보다 훨씬 더 성숙한 기능들이 존재합니다. 이 기능들은 (중심을 둘러싸고-K) 둥글게 모입니다. 나머지 모든 기능들은 기존 중심과 관련된 분화 과정을 마치고 이제는 B와 새로운 관계를 맺는다는 의미에서 재구조화됩니다. 따라서 우리는 더욱 분화된 의식을 만나게 됩니다.

5-1-12] 이제 상상해 봅시다. A가 강력하게 발달했고 이를테면 B가 발달을 완료한 학령기에 우리는 중심을 두 번 재구조화한 기능들을 만나게 되며 이전보다 더욱 분화된 의식을 만나게 됩니다.

5-1-13] 요약하면 다음과 같이 말할 수 있습니다. 학령기 지적 발달을 특징짓는 첫 번째 출발 계기는 엄밀한 의미에서 지성이나 생각의 기본적 전제 조건인 지각과 기억이 상대적으로 이미 성숙한 상황에 있다는 것입니다.

5-1-14] 둘째, 우리는 때로 기능적으로 고도로 분화된 의식 기능들을 다룬다는 것입니다.

5-1-15] 이러한 분화는 너무도 커서, 우리가 일반적으로 사용하는 기억, 주의, 생각과 같은 용어는 오늘날 학령기 어린이의 여러 기능 분석을 통해 객관적으로 확립된 분화의 10분의 1도 포함하지 못합니다. 왜냐하면 기억은 온갖 다양한 기능을 포함하며, 생각 역시 시각적, 실행적, 구체적, 추상적 생각 등을 포함하기 때문입니다. 한마디로, 우리는 각각의 기능 안에서 더 많은 분화를 보게 됩니다.

5-1-16] 이러한 성숙은 다음을 전제로 합니다. 첫째 개별 기능들이 더 많이 분화되어 있으며 둘째, 이 두 계기 모두 학령기 어린이의 심리 발달의 시작 계기를 특징짓습니다.

어린이들이 학교에 가기 훨씬 전부터 겪게 되는 핵심 문제는 문해이다. 문자 해득을 위해 어린이들은, 최소한 시각적으로는 별로 흥미롭지 않은 것에 주의를 기울이는 것을 배워야 한다. 또한 어린이들은 이에 대해 유의미한 기억을 가지고 있지도 않다. 이것은 바로 문자이다. 어린이의 주의 집중 능력은 매우 약하다. 그렇다면 문해는 어떻게 가능해지는 것일까? 비고츠키에 따르면 문해는 두 가지 조건을 전제로 한다. 즉 기능의 분화와 통합이다. 첫 번째 전제 조건은 지각과 기억이 잘 분화되어 있어야 한다는 것이다. 즉 어린이의 지각이 기억에 영향을 받아서는 안 된다. 이전에 본 적이 없는 문자라도 정확히 지각할 수 있어야 새로운 글자를 배울 수 있다. 또한 어린이의 기억은 지각에 영향을 받아서는 안 된다. 새로운 글자를 보면서도 방금 전에 본 글자를 기억할 수 있어야만 문자를 통해 음절과 단어를 형성할 수 있다. 기능 간 분화는 이처럼 기능들이 서로 독립적으로 작동하는 것을 일컫는다. 그러나 지각은 말의 시종으로 봉사한 경력을 지니고 있으며 그 경력은 지각에 낙인을 남긴다. 순수한 시각적 지각에 더하여 어린이는 언어적 지각을 갖는다. 다시 말해 인쇄된 문자를 종이 위의 흔적으로 보는 것에 덧붙여 어린이는 이를 소리의 이름, 심지어 낱말의 일부로 보게 되는 것이다. 나아가, 기억 역시 분화되어 왔다. 이미지를 그대로 기억하는 대신 어린이는 전체 대화, 심지어 대화로 된 이야기를 기억할 수 있게 된다. 따라서 기능 간 분화에 더하여 각 기능은 기능 내적으로 분화된다. 이러한 두 종류의 분화는 매우 밀접하게 연결되어 있으므로 비고츠키는 이들을 하나의 전제 조건으로 간주한다. 두 번째 전제 조건은 이 두 종류의 분화가 모두 필요하다는 것이다. 둘 중 하나만으로는 불충분하다. 읽기 위해서는 지각과 기억이 홀로 작동하는 것으로는 안 되고 함께 협력해야 한다. 그리고 이들은 협력할 수 있다. 왜냐하면 각각 비언어적 부분과 언어적 부분으로 분화되어 왔기 때문이다. 지각에는 비언어적 지각과 언어적 지각이 있으며, 기억에는 비언어적 기억과 언어적 기억이 있다.

5-1-17] 우리는 이제 발달 자체로 넘어갑니다. 무엇이 본질적으로 중요한지, 학령기 전반에 걸쳐 기본이 되는 것이 무엇인지, 의식에서 어떤 일이 일어나는지 단박에 말하고자 한다면 다음을 말해야 한다고 생각합니다. 여러분이 이미 알고 있는 바와 같이 학령기는 어린이의 정신 발달이 집중적으로 일어나는 연령기이며, 비유적으로 말하자면 지적 기능과 어린이 생각이 의식 활동의 중심이 되는 연령기입니다.

5-1-18] 물론 이것은 매우 조건적으로 이해되어야 합니다. 첫째, '되었다'가 아닌 '된다'라는 말을 강조할 필요가 있습니다. 이는 학령기 계기에 이른 어린이들이 생각하는 존재라는 뜻은 아닙니다. 이는 어린이들이 매우 약한 지적 기능을 지니고 학령기로 진입한다는 것을 의미합니다. 우리는 학령기 어린이가 작은 지성, 커다란 기억 능력, 심지어 거대한 지각 능력을 지녔다고 말할 수 있습니다.

5-1-19] 따라서 지성은 처음에는 어린이 의식 활동에서 가장 강력하고 가장 지배적인 계기가 아닙니다. 오히려 지성은 이전 연령기에 성숙한 기능들과 비교할 때 처음에는 아직 상대적으로 대단히 미약합니다. 그러나 학령기에 지성은 최대로 발달합니다. 기억이나 지각은 더 이상 그렇지 않습니다.

5-1-20] 학령기 지성의 처음과 마지막 계기를 기억과 지각의 처음과 마지막 계기와 비교하면, 지성의 처음과 마지막 계기가 크게 다른 반면 기억이나 지각의 처음과 마지막 계기는 거의 다르지 않음이 드러납니다. 즉 지성이 발달의 중심이 됩니다. 여러분은 다른 모든 개별 기능들에 대해서도 그렇다는 것을 알고 있습니다. 이를테면, 1.5세와 3세나 4세 사이 연령에서 말은 집중적으로 발달하다가 그 후에는 현저히 덜 발달합니다. 이와 같이 인간의 기본적 생각 기능을 숙달하기 위한 지적 기능 자체의 발달 최적기는 학령기입니다. 이것은 두 측면으로부터의 고찰을 요구합니다. 첫째, 이 발달 자체는 어떻게 일어나는가, 둘째, 이

것은 다른 기능들에게 무엇을 의미하는가.

5-1-21] 먼저 두 번째 문제에서 시작해 봅시다. 모든 다른 기능들의 발달에서 변화는 무엇을 의미합니까? 상상이나 주의 같은 주변적 기능을 예로 들어 봅시다. 그것은 저 연령기나 이 연령기에(가리키면서*) 중심적 위치에 있지 않습니다. 지금 의식의 중심이 지각이나 기억이 아닌 지성이라는 사실로부터 주의 발달에 어떤 변화가 나타날까요? 지금 지성 기능이 최대로 발달하는 시기에 작동하고 있다는 상황이 그 자신(주의-K)과 다른 의식 기능에게 의미하는 바는 무엇일까요? 모든 주변적 기능들에 대해 이는 (대략적으로 말해) 두 가지를 의미합니다. 첫째, 주의는 지적 발달 자체에 봉사해야 합니다. 즉 이 기능은 지적 과정의 통치 시기, 현저한 지배 시기에 활동하고 작동합니다. 모든 기능들은 이를테면 지성의 하인들입니다. 이것이 발달의 중심 노선입니다. 예를 들어, 말 발달 최적기에 있는 어린이 말 발달을 상상해 봅시다. 이 시기 어린이의 모든 기능들, 즉 어린이의 운동성, 주의, 기억 발달과 어린이의 생각, 상상 등의 발달은 말 발달과 함께 가는 것은 분명합니다. 간단히 말해, 말 발달 최적기에 나머지 모든 기능들이 어떻게 발달하는지 윤곽을 그리고자 한다면, 무엇보다도 말 자체의 작용에서 잘 관찰될 수 있을 것입니다.

> 코로타예바는 '가리키면서*'에 대해 다음과 같은 주석을 달아 놓았다. "불행히도 비고츠키가 칠판에 제시한 도식은 원고에 없다." 그러나 아마도 비고츠키가 가리킨 것은 '유아기', '초기 유년기' 아니면 '전학령기'와 같은 칠판에 쓰인 낱말이었을 것이다.

5-1-22] 둘째, 대략적으로 말해서 이는 각각의 기능들 역시 지성화된다는 것을 의미합니다. 즉, 그 자체가 지적 활동 요소에 의해 변하고

물드는 것입니다. 혹은 비유적인 언어에서 더욱 정확한 표현으로 나아 간다면 다음과 같이 말할 수 있을 것입니다. 지성의 하인이 된다는 것은 무엇을 의미할까요? 그것은 이 기능이 한 체계 내에서 지적 조작과 점점 더 협력하여 작동한다는 것, 이 기능이 이 연령기에 발달하는 기본 고리와 연결되는 만큼 움직이고 발달하면서 그 자체의 독립된 발달적 움직임을 갖는다는 것을 의미합니다. 따라서 그것은 지성과 협력한다는 사실과 연결된 특정한 면모를 갖게 됩니다. 그 자체가 지성화되는 것입니다.

5-1-23] 이것은 실제로 무엇을 통해 표현될까요? 그것은 무엇을 의미할까요? 그것은 학령기의 모든 지성화된 기능들을 특징짓는 첫 번째 특징적 면모가 이 기능들에 대한 의식적 파악이라는 것을 의미합니다. 어린이는 의식적으로 파악하기 시작합니다. 이것이 첫째입니다.

비고츠키는 학령기에는 주의와 상상이 주변적 기능이라고 말한다. 물론 이는 어린이들이 주의 깊지 못하다거나 상상력이 없다는 의미가 아니다. 이는 주의와 상상이 지성만큼 급속하게 발달하지 않는다는 의미이며 그것들이 발달할 때 지성화되고 의식적으로 파악된 조작의 일부로서 발달한다는 의미이다. 우리는 이를 미술 수업에서 관찰할 수 있다. 학령기 어린이에게는 초상화와 풍경화를 구별하고 사실주의와 비사실주의 작품을 구별하도록 묻는 것이 가능해진다. 또한 어린이에게 초상화와 풍경화를 직접 창작하도록, 사실주의와 비사실주의 작품을 직접 상상해 보도록 하는 것도 가능해진다. 우리는 이렇게 함으로써 어린이의 행동이 지성화되어 있다는 것을 발견하게 될 것이다. 행동 이전에 어린이는 생각한다. 행동 중에 생각은 계획으로 이용되고, 행동 후에 어린이는 자신이 한 것을 의식적으로 파악하고 설명할 수 있게 된다. 불행하게도 이러한 지성화는 어린이가 종종 자신의 작품을 자각하게 된다는 사실에서도 드러난다. 어린이들은 자신의 작품이 사실적이지 않거나 상상력이 부족하다고 생각해서, 더 이상 그림을 그리지 않겠다고 결심할 수 있다. 비고츠키가 말한 것처럼 과정이 지성화되는 것은 과정이 의지화되는 것의 한 단면일 뿐이다.

5-1-24] 둘째, 지적 발달이 중심으로 전진하고 다른 기능들은 지적 발달에 참여하는 만큼 발달한다는 사실 덕분에 일어나는 변화는 무엇보다도 다음을 의미합니다. 이 연령기의 기본 기능들은 지성화됩니다. 달리 말해 의식적으로 파악하고 이해하는 것입니다. 어린이는 기본 기능들에 의식적으로, 지적으로 다가가기 시작합니다. 즉 어린이는 자신이 수행하는 활동을 이해합니다.

5-1-25] 학령기에 기억, 주의, 상상에 일어나는 일을 일반적 형태로 말할 때 가장 중요한 사실은 이들이 모두 지성화되고 의식화되어 의식적 주의, 의식적 기억 등이 된다는 것입니다.

5-1-26] 이것은 첫째와 직접 연결되어 있으며 극히 중요한 또 다른 계기를 이끕니다. 즉 이 모든 기능들은 자발적이 된다는 것입니다. 이들은 의식화되는 만큼, 지성화되는 만큼, 고유한 특성을 획득하는 만큼, 바로 의지적이 됩니다.

5-1-27] 이것이 의미하는 바는 무엇입니까? 내가 보기에 이것은 매우 단순한 것을 함의하고 있습니다. 무엇보다도 우리는 어린이가 저절로 기억된 것을 떠올릴 뿐 아니라 자신이 떠올리고자 하는 것을 떠올릴 수 있다는 것을 경험적으로 충분히 잘 알고 있습니다. 즉 모든 의지적 기능에는 하나의 기본 기준이 존재합니다. 그것은 바로 의도성, 즉 기본적 의도와 부합하도록 해당 기능을 활성화시키는 능력입니다. 어린이의 회상, 기억, 모든 다른 내적 활동을 의도적으로 연결하는 것이 가능해집니다.

5-1-28] 전학령기 어린이가 활동과 관련하여 의도성을 발달시키듯이—어린이는 무언가를 취해서 무언가를 만듭니다—학령기 어린이에게

서는 의지, 즉 내적 활동에 대한 숙달이 일어납니다. 어린이에게는 자신의 내적 조작 즉 주의, 기억에 대한 의도성이 생겨나며 이 기능들은 의지적으로 기능할 수 있게 됩니다.

5-1-29] 이와 같이 기능의 의식적 파악과 숙달은 이 모든 기능들의 변화를 특징짓는 중심적 면모입니다. 이것이 바로, 일상적인 심리학 용어로 말하자면, 매우 주목할 만한 전환이 우리의 눈앞에서 펼쳐진다는 사실에 여러분이 주목하기를 바라는 이유입니다.

5-1-30] 물론 여러분은 심리학이 매우 오랜 기간 동안 자발적 주의와 논리적 기억에 대해 이야기해 왔음을 알고 있을 것입니다. 여러분은 이러한 개념들을 학령기에 대해 서술한 기존 심리학 책에서 매우 자주 만납니다. 그러나 거기서는 자발적 의지나 논리적 기억에 본질적인 것이 무엇인지 말하지 않습니다. 이는 이러한 오래된 용어들에서는 단지 하나의 계기 즉 주의의 자발적 작용이 주목받기 때문이며 논리적 기억은 이 작용으로부터 유의미하게 증가하기 때문입니다.

5-1-31] 실제로 이 두 계기는 서로 밀접한 형태로 연관되어 있습니다. 의식적 파악이라는 의미에서 그것들은 의식적이게 되고, 의식적으로 파악하는 만큼 의지적이게 됩니다. 따라서 학령기 심리 발달의 기본 형태를 구체적으로 표현한다면, 학령기에 자발적 주의가 발달한다고 말하는 것과 같이 의지적 기억이 발달한다고 정당하게 말할 수 있습니다. 또한 논리적 기억이 발달한다고 말하는 것과 같이 논리적 주의가 발달한다고 정당하게 말할 수 있습니다.

5-1-32] 자발적 주의는 생각에 최대로 의존하는 것, 최대로 지성화된 것, 생각에 의존하여 최대로 작동할 수 있는 것이라고 브론스키는 말했습니다.

브론스키는 누구인지 분명하지 않다. П. П. 블론스키의 오기일 가능성이 있다.

5-1-33] 만일 우리가 기능들의 의식적 파악과 의지화에 대해 다루고 있으며, 이 기능들이 학령기 초기에는 그렇지 않았지만 학령기 동안 그렇게 된다는 사실에 주목한다면, 우리는 이것이 처음에 말한 전제 조건과 연결되어 있음을 지적하기 위해 이전으로 돌아갈 필요가 있습니다.

> '처음에 말한 전제 조건'은 기억과 지각이 성숙되어 있어야 한다는 사실이다.(5-1-13 참조)

5-1-34] 우리가 학령기에 만나는 기능들이 더 크게 분화되어 있다는 사실 자체와, 기억과 주의와 같은 기능들이 고도로 발달된 기능들은, 더 분화되고 발달되었고 거의 성숙한 것과 미분화되고 다른 것과 엉켜 있는 희미한 배아적인 것 중 의식적으로 파악되기 쉬운 것이 무엇인지 아는 데 도움을 준다는 사실 자체를 밝혔다고 나는 생각합니다.

5-1-35] 물론 분화된 것을 의식적으로 파악하는 것이 더 쉽습니다. 이 분화된 기능 속에는 각각의 잘 형성된 활동이 가장 뚜렷하고 명백하게 드러납니다.

5-1-36] 이는 우리가 앞서 말했던 분화와 성숙이 의식적 파악을 가능하게 하는 원인이라는 것을 의미합니다. 다음 사실에 관해 말했던 것은 우연이 아닙니다. 학령기 어린이에게 있어 가장 먼저 의지적, 의식적으로 되는 것은 두 기능, 즉 의지적 주의와 의지적 기억입니다. 나는 여러분이, 예컨대 발달의 전제 조건 즉 이전 연령기 발달의 종착역과 연관되어 있는 것은 학령기 이전에 가장 성숙하는 지각과 기억이라는 데 동의할 것이라 생각합니다. 따라서 기억은 무엇보다 먼저 의식적으로 파악되고, 다른 것에 앞서 분화되고 성숙되며, 주의의 수단으로 활동합니다. 이는 이해하기 쉽습니다. 그러나 우리가 의지적 주의에 대해 말

할 때, 주의 자체가 다른 형태의 주의와 연관된다는 것에 유념하는 것이 중요합니다. 특히 학령기 어린이에게서 주로 발달하는 것은 지각과 연관된 의지적 주의입니다. 이런 이유로 의지적 주의는 사실상 주의 자체가 의지적이 되어가는 것을 표현합니다. 어떤 활동에도 주의를 기울일 수 있게 되며, 내가 본 것, 내가 들은 것에 주의를 기울이는 것이 가능해집니다. 기억할 것에 주의를 기울일 수 있습니다. 내가 무언가를 기억할 때, 나는 기억 활동 자체에 모든 주의를 돌릴 수 있습니다. 추론 과정에서 오류를 드러내는 것 등에 주의를 돌릴 수도 있습니다. 다양한 활동에 주의를 돌리는 것이 가능해집니다. 의지적 주의 또한 매우 다양한, 자신의 고유한 적용 영역을 갖게 됩니다.

5-1-37] 지각에 관해서는 외적 지각입니다. 학령기 초기 단계에 가장 먼저 성숙하는 것은 자발적 주의입니다. 바로 이로 인해 자발적 주의는 항상 지각 자체와 너무도 밀접히 연결되어 있으며, 이 때문에 여러 연구자들 심지어 유명한 연구자 중 한 명인 루빈(덴마크 연구자)과 형태주의 학파에 속하는 거의 모든 심리학자들 역시 주의를 분리된 기능으로 여기는 데 반대하는 경향이 있습니다. 다소 대담한 제목인 '주의의 비존재'라는 루빈의 연구가 있습니다. 그의 생각은 주의가 독립적으로 존재하지 않으며 삶이 끝날 때까지 그렇게 남는다는 것입니다. 우리는 다른 기능들과의 협력 없이는 무엇인가에 주의를 기울일 수 없습니다. 이것이 그들이 주의가 어떤 다른 기능들의 활동의 특정한 측면으로 존재한다고 간주한 토대입니다.

"지각에 관해서는 외적 지각입니다"라는 급작스러운 비고츠키의 언급이 좀 당황스럽지만, 이를 여기에서 논의하기 좋은 이유가 세 가지 있다. 첫째, 비고츠키는 역사적이다. 비고츠키는 종종 다윈이나 훌륭한 다른 역사학자처럼 거꾸로 거슬러 생각한다. 그는 자발적 주의와 같은 발달된 기능을 취해서, 그것이 처음 생겨난 계기나 그것이 기능적으로 매우 다른 어떤 것에서 현재의 것으로 변화된 계기를 추적한다(이러한 발생적 방법은 『역사와 발달』 3장에서 자세하게 논의된다). 그는 바로 앞 문단에서 발달된 주의에 대해 논했다. 이 발달된 주의는 무엇으로부터 발달하게 되는 것일까? 흔히 미발달된 주의로부터 발달하는 것으로 생각할 수 있지만 그것은 사실이 아니다. 오히려 발달된 주의는 잘 발달된 기능인 외적 지각에서 기능적으로 분화되는 것이다. 둘째, 비고츠키는 사회문화적인 인간 고유의 고등한 형태가 자연적이고 신체역학적인 저차적 기능으로부터 어떻게 구조적으로 분화될 수 있는지 보여 주고자 한다. 외적 지각과 자발적 주의의 구분이 좋은 예이다. 자발적 주의는 동물 지각의 고등한 형태가 아니며, 심지어 전학령기 지각의 고등한 형태인 것도 아니다. 그것은 완전히 새로운 것이며, 질적으로 완전히 다른 문화적 행동 형태이다. 비고츠키의 갑작스러운 언급은 그가 5-1-29(논리적 기억이 경험적 형태로부터 어떻게 구조적으로 분화되는지 논의한 부분)에서 말한 '주목할 만한 전환'을 구체적으로 만든다. 몇몇 저자들은 비고츠키가 후기에 저차적 기능과 고등 기능의 구분을 거부했다고 주장하지만, 우리는 여기에서 오히려 그 구분이 더욱 뚜렷해짐을 확인할 수 있다. 셋째, 비고츠키는 오늘날 진행되는 논쟁(특수 교육, 영재 교육, 지능 검사 등)에 많은 공헌을 했을 뿐 아니라 자신의 생애 동안에도 지적 논쟁에 적극적으로 참여했다. 몇몇 심리학자들은 주의가 본질적으로 지각과 같다고 주장한다. 무언가를 지각하지 않는 지각은 없고 무언가에 주의를 기울이지 않는 주의는 없듯이, 어떤 대상이 심리적 행위의 본성을 결정하게 된다는 것이다. 하지만 비고츠키는 외적 지각에 대해서도, 인간이 의도적으로, 의지대로 사물을 보는 방식을 변화시키는 것이 가능하다는 것을 보여 준다. 지각조차도 대상에 의해 완전히 결정되지 않으며, 주의 역시 발달 중인 어린이의 의식과 숙달의 영향하에 놓일 수 있다. 비고츠키는 의식과 숙달의 역할을 강조함으로써 저차적 기능과 고등 기능의 구분을 분명히 했으며, 고등 기능이 저차적 기능으로부터 어떻게 발달하는지 더욱 분명히 보여 주었다.

*E. 루빈(Edgar Rubin, 1886~1951)은 덴마크 심리학자이다. 그는 위대한 물리학자인 닐스 보어의 사촌이자 가까운 친구였으며, 해롤드 회

프딩과 게오르크 엘리아스 뮐러의 제자였다. 루빈은 처음에는 모이만과 에빙하우스의 '무의미한 철자'에 관심이 있었지만 그것은 무의미하며 어떻게 정신이 의미를 찾는지에 관해 아무것도 알려 주지 않는다고 결론지었다. 그 후 그는 현재 사용되는 유의미한 '전경-배경' 검사(그림 참조)를 개발했다. 이로 인해 전경과 배경의 관계에 관한 기본적 법칙 (1. 둘러싸인 공간은 둘러싸고 있는 공간보다 더 전경으로 보이기 쉽다 2. 어두운 색깔은 밝은 색깔보다 더 전경으로 보이기 쉽다)라는 중요한 발견을 하게 되었다. 형태주의 심리학자들(베르트하이머, 코프카, 쾰러)은 그의 발견에 매우 흥미가 있었지만 루빈은 그 무리에 속하기에는 경험주의적 성향이 컸다.

루빈의 꽃병

5-1-38] 바로 지각이 주의 활동에 최초로 참여하는 기능입니다. 자발적 주의가 의미하는 것은 무엇일까요? 우리는 자발적 주의가 무엇보다도 형태와 배경을 의지적으로 구분하는 능력에 의해 특징지어진다는 것을 이미 여러 번 말했습니다. 만약 내가 어떤 것을 오직 그것의 구조가 지시하는 방식으로만 볼 수 있다면, 내 주의는 최대로 비자발적인 것입니다.

5-1-39] 그러나 만일 내가 어떤 사물의 임의의 요소를 형상의 중심으로, 그리고 그 밖의 모든 것은 배경이 되도록 무언가를 볼 수 있다면, 나의 주의는 최대로 의지적이 됩니다.

5-1-40] 우리의 주의가 장의 구조에 온전히 지배되는 첫 번째 경우에 대해 쾰러는 학령기 어린이가 자신의 감각장의 노예라고, 즉 어린이는 사물을 주어진 방식으로만 볼 수 있다고 말했습니다.

5-1-41] 이 문제에 대한 몇 가지 의견을 제시하겠습니다.

5-1-42] 우리는 Γ…의 동물심리학과 쾰러 이후 시대를 열었던 저명한 동물 지능 연구자 손다이크의 말로부터, 이 둘 모두가 동물 지능에서 가장 어려운 것은 주의라는 결론에 도달했다는 것을 알고 있습니다. 주의를 끈다면 대부분의 조작을 수행할 수 있으나, 때때로 우리는 동물의 주의를 끌 수 없기 때문에 그러한 조작을 할 수 없게 됩니다.

> 'Γ…'에 대해 코로타예바는 '속기록에 있는 대로임'이라는 주석을 달아 놓았다. 비고츠키가 언급한 것은 원숭이와 어린아이를 비교 연구했던 게젤의 동물 실험일 가능성이 있다. 아니면 다음 문단에 나오는 내용으로 보아 생략된 말이 그로스(닭 실험을 했던)나 게슈탈트일 가능성이 더 커 보이기도 한다. 생략된 말이 게슈탈트라면 비고츠키가 생각한 것은 쾰러의 실험이었을 것이다. 다음 문단에 'K…'에 관한 언급이 나오므로, 여기서 생략된 말이 게슈탈트일 가능성이 가장 커 보인다.

5-1-43] 여러분은 이 실험들의 방법을 따르고 이에 대해 논의한 K…의 연구물을 틀림없이 알고 있을 것입니다. 물론 여러분 모두는 "당신의 모든 것은 회색이다"라는 쾰러의 실험을 알고 있습니다. 그는 동물을 대상으로 하는 이러한 실험을 실제로 어떻게 설계해야 하는지 논의합니다. 동물이 가진 지각 자체를 규명하는 것은 매우 쉬우나, 동물의 주의를 색깔이나 색깔의 차이에 돌리는 것은 매우 어렵다는 것이 드러납니다. 색깔의 차이는 동물에게 중요하지 않은 것입니다. 동물의 시선을 끌기 위해서는 큰 표지를 이용하는 것이 필요했습니다. 다음과 같이 실험했습니다. 과일이 들어 있는 상자에 상자와 똑같은 회색의 뚜껑을 덮었습니다. 이것은 효과가 없었습니다. 상자를 더 크게 하고 뚜껑의 크기도 키웠습니다. 이 역시 효과가 없었습니다. 상자는 작고 표지는 커

야 했습니다. 색을 전혀 구분하지 못하는 것으로 판명된 여러 동물들을 대상으로 실험을 수행할 때에는 그 회색 표지가 동물의 모든 시각장 안에서 보이도록 커야 했습니다.

> 이 실험들은 『역사와 발달』 9-59~9-119에서 상세하게 기술된 실험들을 지칭하는 것으로 보인다. 코로타예바는 'K…'에 대해 '속기록에 있는 대로임'이라고 주석을 붙였다. 즉 속기사가 인명을 완전히 적지 않았다는 의미이다. 아마도 이 인물에 대해서 학생들이 모두 알고 있었기 때문에 명시할 필요가 없었을 수 있다. 코프카가 『The Growth of the Mind』에서 쾰러의 동물 실험 방법론에 대해 상당히 많이 기술하긴 했지만, 여기서 K는 쾰러일 가능성이 높다.
>
> "당신의 모든 것은 회색이다"는 농담이다. 이는 "모든 고양이는 황혼에 회색으로 보인다"라는 러시아 속담(『역사와 발달』 1권 1-47)과 파우스트에 등장하는 괴테의 유명한 시구를 동시에 지칭한다. "이보게, 이론은 모조리 회색이고, 생명의 황금 나무는 초록색일세."

5-1-44] 다음처럼 실험할 수도 있습니다. 동물이 향한 회색의 상자 면을 밝은 조명이나 태양광선을 비추어 강조합니다. 요컨대 주의의 중심이 되어야 하는 시각장의 모든 부분들이 동물의 주의를 끌어야 합니다.

5-1-45] 쾰러는 가리키는 몸짓을 사용해서 동물들의 주의를 끌 수 있음을 성공적으로 보여 주었습니다. 유인원의 머리를 붙잡아 그 눈이 옳은 방향을 향하게 하면 유인원이 할 일을 보여 줄 수는 있지만, 대부분의 동물은 가리키는 몸짓을 스스로 사용할 수 없습니다.

5-1-46] 따라서 의지적 지각의 주된 어려움은, 자신의 감각장의 노예가 되는 것을 멈추는 것, 동물이 보는 것, 유아가 보는 것과는 다르게 상황 자체를 보는 것입니다. 핵심은 다른 측면이 아닌 특정 측면에 주의

를 기울일 수 있는지, 달리 말해 유인원이 중심을, 시선을 끄는 상자가 아닌 회색 형태에 둘 수 있는가입니다.

5-1-47] 내 생각에 첫째로 주목해야 할 것은, 동물들에게는 자발적 주의가 완전히 결여되어 있다는 것입니다.

5-1-48] 둘째로 주목해야 할 것은, 많은 연구자들이 지적해 온 것처럼, 자발적 주의가 학령기 초기에는 매우 취약하다는 것입니다.

5-1-49] 나는 이 사실에 근거하여 교수-학습이 학령기에 확립된다고 기술한 사범학교용 교재를 읽은 적이 있습니다. 사실 어떤 의미에서 전학령기에 교수-학습이 불가능한 것은 일차적으로 전학령기 어린이에게 자발적 주의가 불가능하기 때문이라고 말할 수 있으며, 학교 교수-학습의 시작은 주어진 순간 어린이의 주의를 끌지 못하는 것에 자발적으로 주의를 기울이는 것, 즉 수업 자체에 주의를 집중하는 것이 가능해져야 한다는 사실과 직접적 관련이 있다고 말할 수 있습니다.

5-1-50] 한편으로 학령기 어린이의 주의는 처음에는 매우 미약하지만 학령기가 전개됨에 따라 어린이 정신 발달과 상관관계를 맺으며 다른 모든 기능 중에서 최대가 됩니다. 이 상관관계는 0.95입니다. 사실 상관관계 100은 우리를 당혹스럽게 합니다. 상관관계가 100이라는 것은 대상 그 자체라는 뜻이기 때문입니다. 상관관계가 100이나 1이라는 것은 거의 언제나 명칭이 다를 뿐 동일한 것을 뜻합니다. 상관관계 0.95는 우리가 만나게 되는 최대 상관관계 중 하나입니다. 이는 자발적 주의가 정신 발달과 연결된 정도를 보여 주며, 의식과 의식 과정 자체의 지성화와 연결된 정도를 보여 줍니다.

5-1-51] 이는 주의의 의식성과 의지성, 바로 이것이 학령기 활동의 가장 중요한 발달 내용을 특징지을 것임을 의미합니다.

5-1-52] 기억을 보면, 기계적, 초보적, 비매개적 형태의 기억이 학령기에 이르러 다른 형태의 기억에 자리를 내어 주는 것은 당연한 것입니

다. 이 새로운 형태의 기억은 무엇보다 말로 된 언어적 기억이라는 사실로 특징지어집니다. 어린이는 사태 자체를, 인상 자체를 기억할 뿐 아니라, 그 인상과 사태를 낱말로 기록합니다. 이와 동시에 그 기억은, 기억되거나 동화된 재료의 다양한 부분들 사이에 존재하는 의존성과 연결을 확립함으로써 주로 형성되는 논리적 기억과 점점 더 연결됩니다.

5-1-53] 1919년에 이미 뷜러는 심리학에서 불변의 법칙으로 남아 있는 다음과 같은 법칙을 실험을 통해 성공적으로 확립했습니다. 생각은 다른 어떤 재료보다 더욱 쉽게 상기됩니다. 이 실험의 기본 결과와 다양한 질적, 양적 재연은 잘 알려져 있습니다. 당시 뷜러는 연합주의 이론을 반박하기 위해 이 사실을 사용했습니다. 그는 생각이 연합적으로 서로 연결되는 것이 아니라 다른 법칙들로 결합됨을 보여 주었습니다. 하지만 지금까지도 수많은 연구자들이 빠뜨린 하나의 문제가 남아 있습니다. 왜 생각은 다른 재료보다 더 잘 상기될까요? 생각에는 자체적인 조합과 연결의 법칙이 있기 때문이라고들 합니다. 즉, 우리가 의식 속에 하나의 생각을 떠올릴 때, 그것은 생각의 연결을 통해 논리적이 되는 것이지 한 기억이 다른 생각을 낳음으로써 그렇게 되는 것이 아닙니다. 좋습니다. 하지만 이는 처음에 기억 대신 생각이 작동함을 의미할 뿐, 생각이 상기된다는 것을 의미하지 않습니다.

낯선 곳에서 집으로 가는 길을 찾는 상황을 생각해 보자. 이는 연상을 통해서, 즉 집의 모습을 떠올림으로써 해결되지 않는다. 집에 돌아가는 법은 지금 이 낯선 장소에 오게 된 순서를 생각하거나 집에 갈 수 있는 교통수단들을 생각함으로써 모색된다. 교통수단을 생각하는 것은 걸어온 경로를 생각하는 것보다 더 쉬운데, 이는 생각을 기억하는 것이 자기가 한 행동을 모두 기억하는 것보다 쉽기 때문이다. 누군가가 말했던 이야기의 내용을 기억하는 것이 말했던 그대로 기억하는 것보다 훨씬 쉬우며, 어떤 이야기의 줄거리를 기억하는 것이 이야기 속

인물의 이름, 얼굴, 장소를 기억하는 것보다 쉽다. 1919년, 뷜러는 뷔르츠부르크 학파의 일원이었다. 뷔르츠부르크 학파는 생각이 연합적이지 않다는 것을 보여 주고자 노력했다. 우리는 단순히 한 심상을 다른 심상과 연결함으로써 생각하지 않는다는 것이다. 생각의 방식에는 여러 가지가 있고 그중 많은 부분은 심상과 전혀 상관이 없다. 그들의 실험은 생각이 심상 없이도 매우 잘 기억된다는 것을 보여 주었다. 사실 생각은 심상보다 더 잘 기억되며 '구조(패턴)'보다 훨씬 더 잘 기억된다. 비고츠키는 이에 만족하지 않는다. 심상은 심상과, 생각은 생각과 연합된다고 말하는 것은 충분하지 않다. 예컨대 심상을 창조하는 것은 시각-도식적 지각과 관련이 있으며 이것은 우리가 생물학적으로 타고나는 일종의 본능이다. 반면 구조는 주의에 의존하며, 주의는 훈련을 통해 획득되는 일종의 습관이다. 생각은 지적 행위이다. 그러나 생각이 나중에 발달하는 고등행동 형태라면 어째서 더 기억하기가 쉬운 것일까? 비고츠키는 심상과 구조보다 생각을 더 잘 기억하는 이유와 방법을 알고자 했다. 이 문제에 답함으로써 어린이가 언제 이 능력을 가지게 되는지 알 수 있게 될 것이다.

5-1-54] 자, 다음과 같이 말하겠습니다. 여기서, 생각이 말이나 다른 재료들과 다르게 상기된다는 간단한 사실을 들어 봅시다. 이제 여러분에게 묻겠습니다. 생각은 왜 다르게 상기될까요?

5-1-55] 두 경우가 있을 수 있습니다. 생각은 고유한 운동 법칙을 가지고 있습니다. 즉 생각이 운동을 시작하면, 생각은 생각으로서 발달합니다. 감정은 나름의 법칙을 가집니다. 우리가 실험 대상자에게 불쾌감과 분노를 일으키는 실험을 실시합니다. 동일한 조건을 또다시 조성한다면 다시 분노를 유발하는 것이 가능할까요? 가능합니다. 그러나 그것이 실험 대상자가 기억했음을 의미하지는 않습니다. 간단히 말해, 내가 똑같은 생각을 두 번 했다는 것이 내가 기억을 했다는 것을 의미하는 것은 아닙니다. 내가 어떤 문제를 풀고, 1년 후에 똑같은 문제를 받아

다시 풀었습니다. 이것이 내가 문제를 어떻게 풀었는지 기억했다는 것을 의미할까요? 아닙니다.

5-1-56] 뷜러는 생각이 고유한 결합 법칙, 고유한 전개 법칙을 가지고 있다고 말합니다. 그러나 이는 왜 생각이 더 쉽게 기억되는지 설명하지 못하며 다만 기억 전개 법칙과 나란히 생각 전개 법칙이 놓여 있음을 설명할 뿐입니다. 그러나 우리의 흥미를 끄는 문제는 생각이 다른 재료들보다 쉽게 기억될 수 있는가 아닌가 하는 것입니다. (…)

> 속기록에 왜 이렇게 많은 생략이 존재하는지 알 수는 없다. 비고츠키의 학생들은 쾰러의 실험에 대해 잘 알고 있는 데(5-1-42~47에서 비고츠키는 학생들이 모두 쾰러의 연구를 잘 알고 있다고 가정한다) 속기사가 K…나 Γ..에 대해 모른다는 것도 이상하다. 랭퍼드가 말했듯이 속기사가 경찰관이었을 수도 있다. 당시 비고츠키는 정치적으로 감시를 받고 있었기 때문이다. 이어지는 문단으로부터 유추해 볼 때 이 문단에서 생략된 것을 추측하기는 어렵지 않다. 생략된 것은 이제 기억이 분화되었으므로 생각에 종속될 수 있다는 내용일 것이다.

5-1-57] 현대 저자들 중의 한 명은 내가 과잉-교수에 대해 말한 것이 심리적 측면에서 저低학습의 법칙이라고 매우 익살스럽게 말했습니다. 이는 무엇을 의미할까요? 비록 열 번이 충분할지라도, 열다섯 번이 열 번보다는 더 좋은 결과를 가져다준다는 것은 무슨 뜻일까요? 이는 기억이 생각을 이용하지 않는다면 결코 열 번에는 기억하지 못할 것이고 오직 열다섯 번에야 기억할 것임을 의미합니다.

> 어휘 교수에 관한 어떤 연구(Nation, 2001)는 외국어 낱말을 기억하기 위해서는 그 낱말을 대략 8~40번 반복해야 함을 보여 준다. 그러나 바쁜 학습자들과 교사들은 그 둘 중 어느 것이 사실인지 진정 알고 싶어 한다. 8번인가 아니면 40번인가? 물론 낱말 자체의 나이도, 학습자

와 환경, 그 밖에 많은 것에 따라 답이 다를 수 있다. 여기서 비고츠키는 더 포괄적이면서도 협소한 또 다른 독립 변인을 생각해 낸다. 그것은 바로 생각이다. 생각은 낱말 의미, 학습자, 환경을 모두 포함한다. 하지만 생각은 학령기 어린이의 상황을 매우 고유하게 특징짓는다. 학령기에 접어듦으로써 생각이 기억 과업에 개입하기 시작한다. 기존의 과잉 반복에 의한 저학습이 의미화되는 것이다. 이를 보여 주기 위해 비고츠키는 의미를 생각하지 않은 채 낱말을 반복하는 어린이(초기 유년기나 전학령기 어린이)를 상상한다. 비슷한 일이 영어를 배우는 사람들이 'a'나 'the' 혹은 'of'를 반복할 때 일어난다. 이것을 어린이가 의미에 대해 생각하지 못하기 때문에 필요 이상으로 가르쳐야 하는 '과잉-교수'의 한 예로 볼 수도 있지만, 비고츠키는 이를 '저低학습'의 사례로 간주하고자 한다. 왜냐하면 전학령기 어린이의 저低학습과 학령기 어린이의 학습 간의 차이에 관심이 있기 때문이다.

다음은 중국의 네 살 된 한 어린이가 할머니에게 구굿셈을 배우는 장면을 한국어로 번역한 것이다.

어린이: 3×5=35
할머니: 3×5=15. 기억해.
어린이: 3×5=15
할머니: 좋아. 다시 해 봐.
어린이: 1×5=5, 2×5=10
어린이: 3×5, 3×5=···35(울음을 터뜨린다)
할머니: 누가 35라고 했어?
할머니: 여기서 어떻게 35라는 소리가 나오지?
어린이: 나는 맨날 여기서 잘 안 돼요.
할머니: 3×5=15
어린이: 3×5=15
할머니: 처음부터 해 봐!
어린이: 3×5, 3×5, 35. 나는 3×5는 정말 못 외우겠어요. 3×5는 너무 어려워. 너무 어려워. 하나도 안 쉬워!(어린이는 울음을 터뜨리고 계속하지 못한다.)

물론 표면적으로는 3×5가 다른 것들보다 사실 어렵다. 어린이가 단순 반복을 하고 있기 때문에 더 어렵기도 하다. 지금 어떤 일이 벌어지고 있는 것일까? 이 어린이는 처음부터 다시 시작하고 또다시 시작해야만 했다. 이것은 구구단의 앞부분이 뒷부분보다 더 많이 반복된다는 뜻이다. 앞부분은 과잉-교수이다. 그리고 뒷부분(3×5)은 저학습이다. 더 큰 어린이들은 생각을 사용해서, 즉 5씩 더해 감으로써 그럭저럭 계산할 수 있을 것이다. 그러기에는 너무 어린 이 어린이는 그저 외우려고만 한다. 이것이 비고츠키가 이야기하고 싶어 하는 핵심 문제이다. 왜냐하면 이것이 기억과 생각의 경계선이기 때문이다. 기억을 하기 위해 어린이는 소리와 낱말을 단순히 반복한다. 그러나 생각을 하기 위해 어린이는 더 많은 것을 한다. 낱말을 상세히 분석하여 생각을 추적하는 것이다. 어린이가 단순히 반복을 할 경우에는 외우는 데 열다섯 번이 필요한 것으로 드러난다(이 데이터에서도 그러하다). 하지만 어린이가 생각을 한다면 그 횟수는 훨씬 줄어들 것이다. 다음 문단에 따르면, 과잉 교수는 사실 과잉-반복을 의미하고, 저학습은 반복하지 않는 만큼 생각으로 메우는 것을 의미한다.

5-1-58] 열 번도 충분하지만 열다섯 번은 더 좋은 결과를 내는 것이 사실이라면 이는 무엇을 의미할까요? 왜 열다섯 번이 열 번보다 더 좋은 결과를 낼까요? 그것은 이 열 번이 전체를 기억하도록 하는 것이 아니라, 기억이 지성에 의해 뒷받침된다는 사실 덕분에 전체 기억의 모습을 창조하기 때문입니다. 기억이 지성의 뒷받침을 받지 못한다면 열 번으로는 전혀 기억하지 못할 것입니다.

한 어린이가 영어 낱말을 배운다고 상상해 보자. 어린이는 집에서 교사의 것과 똑같은 그림 카드 세트를 만들어 수업 전에 열 번을 훑어본다. 그러나 교사가 그림카드 한 장을 보여 주어도 어린이는 영어 낱말을 기억하지 못하고 우리말로 말한다. 열 번으로는 부족한 것이다. 이제 어린이는 반복을 생각으로 '채우기' 위해 노력한다. 예를 들어 어린이가 'wall'이라는 영어 단어를 기억하려 한다면 '월'을 열 번 반복한 후 다음 그림과 같은 '키워드 방법'을 이용할 것이다. 교사가 벽 그림 카드

강아지가 담벼락만 가면, 월월월!

를 보여 주면 어린이는 '벽'이라고 말하는 대신 강아지가 벽 앞에서 짖는 장면을 상상할 것이다(김순영, 2016).

이런 식으로 어린이는 생각을 통해 부족한 반복을 보충할 수 있다. 어린이는 강아지를 떠올리고 강아지는 필요한 소리를 제공한다. 비고츠키는 이러한 종류의 생각이 학령기의 신형성이라 말한다. 이것은 초기 유년기나 전학령기에는 불가능하다.

5-1-59] 사실 학교에 다니는 어린이가 열 번의 반복을 필요로 하는 데 비해 유치원생은 열다섯 번을 필요로 하는 것이 드러납니다. 왜 그럴까요? 그것은 기억이 생각을 통해 실현된다는 학령기 어린이 발달의 일차적 징후 때문입니다.

5-1-60] 보통 과잉-교수라고 불리는 것은 실상 저低학습의 사례입니다. 이전에는 무엇인가를 기억하기 위해 열다섯 번의 반복이 필요했던 아이가 이제 단 열 번의 반복만을 필요로 한다면, 이는 기억이 생각을 통해 실현됨을 의미합니다.

1976년 크레이크와 록하트는 어른들에게 40개의 단어를 기억하기와 관련된 일련의 유명한 실험을 했다. 피실험자들에게는 대문자 낱말과 소문자 낱말 분류하기와 같은 순수한 시각적 과업, 명사인지 동사인지를 결정하는 구조적인 과업, 생물인지 무생물인지를 구별하는 의미론적 과업이 주어졌다. 크레이크와 록하트는 의미적으로 다루어진 단어들이 훨씬 더 잘 기억이 되었다는 점을 발견했다. 그러나 그들은 단

어를 의미적으로 다룰 때 훨씬 더 많은 시간이 걸린다는 점 또한 발견했다.

5-1-61] 따라서 우리는 기억에 관하여 다음과 같은 결론을 이끌어 낼 수 있습니다. 왜 생각은 다른 재료들보다 더 잘 상기되는 것일까요? 우리는 생각이 부분적으로는 지성화 덕분에 기억됨을 보았습니다. 이는 옳습니다. 그렇지만 지속적으로 그 힘을 유지하게 하는 가장 중요하고 가장 기본적인 것은 무엇일까요? 이는 또 다른 문제입니다. 만일 이것이 모든 것을 설명할 수 있다면 과잉-교수의 법칙과 저학습의 법칙은 전체 학령기와 이행적 연령기(사춘기-K) 그리고 성인에 이르기까지 지속될 것이지만, 그 의미를 잃게 될 것입니다. 분명 이것은 특정한 초기 단계의 사태만을 설명하며, 생각의 도움을 받는 기억이 완벽하지 않다는 사실이 이를 증명합니다. 그것은 15일내에 사라져 버리기 때문입니다. 분명 우리는 생각이 다른 재료보다 더 잘 상기되는 다른 이유를 찾을 필요가 있습니다.

구구단을 암기하려고 하는 어린이를 상상해 보자. 아주 어린 어린이들은 수를 세는 법을 배웠던 것과 동일한 방식, 다시 말해 "2×1은 2, 2×2는 4, 2×3은 6" 등을 외우는 원시적 기억 방식을 이용한다. 그러나 좀 더 나이 든 어린이들은 지성화를 통해 배운다. 예를 들어 어떤 수에 10을 곱하려면 단순히 그 숫자 뒤에 0을 붙이면 된다. 만일 어떤 수에 11을 곱하려면 4×11=44와 같이 숫자 두 개를 그냥 덧붙이면 된다. 어떤 수에 5를 곱할 때에는 4×5=40/2=20과 같이 숫자 뒤에 0을 붙이고 반으로 나누면 된다. 9를 곱한다면 4×9=40−4=36과 같이 10으로 곱한 후에 숫자를 한 번 빼 주면 된다. 앞의 경우에서 우리는 비고츠키가 '과잉-교수/저低학습'이라 부른 예와 생각을 통해 기억을 확장하는 능력의 예를 볼 수 있다. 이러한 방법들은 '금지색' 게임(『역사와 발달』 2권 **10-45~10-47** 참조)에서 사용된 카드와 마찬가지로 '매개'이다. 매개는 비고츠키가 '발달의 평행사변형'이라고 부른 특정한 천정 효과를 만들어 낸다. 어린이의 생각은 모두 어떤 지점에서 매개되기 때문이다. 따라서 우리는 초등학교에서 어린이들이 어떻게 기억 과제를 수행하는지 '지성화'가 설명해 준다고 볼 수 있다. 어린이는 생각을 통해 기억을 확장함으로써 '저학습'하는 법을 배우는 것이다. 그러나 지성화가 중고등학생을 설명할 수는 없을 것이다. 첫째, 이 시기에 모든 것들이 지성화되어 천정 효과(발달의 평행사변형)가 나타나기 때문이다. 둘째, 어린이는 많은 답들을 이미 기억하고 있다. 더 이상 어린이가 아닌 것이다. 또 다른 문제가 있다. 예를 들어 어린이가 4×10에서 4를 빼는 방식으로 4×9가 36이라는 것을 기억한다면, 이 방식으로는 36이라는 답을 오래 기억할 수 없을 것이다. 2주 후에 어린이에게 4×9를 물어보면, 어린이는 36이라 바로 답하는 것이 아니라 4×10을 구해서 4를 빼는 방식으로 답을 구할 것이다. 다시 말해 어린이가 기억하는 것은 답이 아니라 답에 도달하는 방식인 것이다. 따라서 '지성화'는 실제로 어떻게 기억이 유지되는지, 어떻게 어린이가 학습을 계속할 수 있는지 설명할 수 없다. 무엇보다 이는 누군가 했던 말을 정확히 기억하거나 그가 말할 때 무슨 옷을 입고 있었는지 기억하는 것보다 그의 생각을 기억하는 것이 더 쉬운 이유를 설명할 수 없다.

5-1-62] 연구들은 생각이 다른 재료들보다 잘 상기되는 것이 단지 하나의 근본적 이유 때문이라는 것을 보여 줍니다. 그것은 바로 생각들이 더 의식적으로 파악되거나, 흔히 말하듯, 더 잘 구조화되기 때문입니다. 생각은 그 어떤 구조들이나 그 어떤 재료들보다 가장 의식적으로 파악됩니다. 즉 생각은 기억보다 더 의식적으로 파악되기 때문에, 훨씬 더 의지적이게 됩니다. 다시 말해 기억은, 그것이 의식됨에 따라, 최대로 의지적이고 의도적이게 됩니다. 생각은 더 의지적이기 때문에 더 잘 상기됩니다. 즉 생각은 더 의식적이며, 그렇기 때문에 의지적입니다.

시각적 기억, 구조적 기억, 의미적 기억을 어떻게 구별할까? 이는 여전히 심리학자들을 사로잡는 문제이다. 다음은 시각적 기억을 검사하는 문제이다.

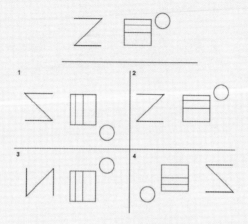

먼저 맨 위의 패턴을 보여 주고, 잠시 후에 다음 네 패턴 중 똑같은 패턴을 고르도록 한다. 다음은 구조적 기억을 검사하는 문제이다. 어린이에게 한 쌍의 그림을 보여 주고, 잠시 후에 두 번째 그림에 알맞은 짝을 고르도록 한다.

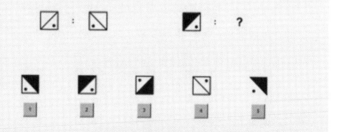

의미적 기억은 의미를 기억해야 하는 것이다. 예를 들어 어린이에게 장갑과 손을 보여 주고, 잠시 후에 양말을 보여 주면서 알맞은 짝이 무엇인지 묻는다. 다음은 의미적 관계를 묻는 컴퓨터 기반 문제이다. 어린이에게 물고기와 어항 그림을 보여 주고 나서, 두 번째 쌍에 알맞은 그림을 고르도록 한다. "물고기와 어항은 개와 무엇과 같을까?"

의미적 과업이 '더 어렵기' 때문에, 사람들은 어린이가 의미적 과업을 더 못할 것이라고 생각할 수 있다. 왜냐하면 의미적 과업은 더 낮은 수준의 과업들이 요구하는 모든 기능은 물론이고, 그에 더해 낱말 의미에 대한 이해까지도 요구하기 때문이다. 그러나 이 문제들을 어린이에게 제시하면 정반대의 결과를 얻게 된다. 실제로는 의미적 과업이 시각적 과업이나 구조적 과업보다 더 쉽다. 왜 그럴까? 학령기에 논리적 생각이 시작되기 때문이다.

5-1-63] 의지적이 된다는 것은 무엇일까요? 주어진 기능에 대한 더 큰 조작 가능성, 적용에서 더 큰 자유, 나머지 계기들로부터의 더 큰 독립성을 갖게 된다는 것입니다. 마지막 것을 예로 들어 봅시다. 학령기에 기억의 논리적 발달은 어떻게 진행될까요? 연구는 흥미로운 사실을 보여 줍니다. 언제나 사태는 생각에 대한 뛰어난 기억으로 시작됩니다. 즉 원시적 기억은 생각 영역에서 이런저런 방식으로 논리화되며, 특히 논리적 기억이라기보다는 기억 논리라 부르는 것이 적합한 단계에 이르게 됩니다. 즉 발달 과정에서 기억 자체가 논리적 단계로 나아가는 것이 아니라, 논리적인 것이 다른 모든 것 중 최선의 것으로 남는다는 것입니다. 그러나 그것들 자체가 기억의 가치를 갖지 않고, 각각의 기능이 더 작은 기능들로 이루어진 복잡한 체계를 나타내며 모든 나머지 기억 체계의 중심이 된다는 바로 이 사실 때문에, 모든 재료가 생각의 형태

와 유사성이 남도록 재처리되는 경향이 나타납니다. 예컨대 우리는 무의미한 것을 어떻게 기억합니까? 우리는 유의미한 연결을 찾으려고 노력합니다. 어떻게든 이 재료를 생각의 형태와 유사성에 따라 변환하려고 노력하는 것입니다. 우리의 기억이 매우 합리적인 존재이며 이로부터 그러한 의도성이 나타난다고 생각할지도 모릅니다. 그러나 사실 이것은 구조의 법칙으로 인해 나타납니다. 어쨌든 기억 방법은 일단 습득되면 다른 모든 것으로 전달됩니다. 이 법칙 덕분에 우리는 이제 논리적 기억으로 확립된 기억을 갖게 되며, 따라서 잘 알려진 기억 구조, 잘 알려진 기억 기술을 확립했습니다. 이것은 점차 다른 영역으로 퍼져 나가 논리적 기억 자체를 이끕니다.

1755년 S. 푸트는 어떤 글도 한 번만 들으면 기억할 수 있다고 주장한 배우 C. 매클린의 기억을 시험하기 위해 다음의 글을 썼다.

"그래서 그녀는 양배추 잎을 자르기 위해, 사과 파이를 만들기 위해 정원에 들어갔다. 그리고 동시에 거대한 암컷 곰이 거리에 나타나면서 상점으로 머리를 들이 민다. '뭐! 비누가 없다고?' 그래서 그는 죽고 그녀는 전혀 분별없이 이발사와 결혼했다. 그리고 거기에 피크니니스, 자블리리스, 게리울리스와 영감 나리 본인이 작고 둥근 단추를 꼭대기에 달고 참석했다. 그리고 그들은 부츠 뒤꿈치에서 화약이 다할 때까지 잡기 놀이를 하고 또 했다."

여기에는 논리적 순서가 없기 때문에 기억하기가 어렵다. 양배추 잎으로 사과 파이를 만들 수 없으며 사과 파이와 암컷 곰, 그 곰과 비누 이야기는 전혀 관계가 없다. 대명사들도 논리적으로 이어지지 않는다. '그'가 이야기 속에서 지칭하는 인물이 불명확하다. 그러나 매클린은 이를 사과 파이, 암컷 곰, 이발사, 그리고 '영감'이라 불리는 위대한 마법사 주변을 돌며 춤추는 이상한 이름의 인물들이 등장하는 일련의 다른 이야기들로 바꾸어서 기억할 수 있었을 것이다. 비고츠키가 말했듯이 무의미한 것을 기억하려면 어떻게든 논리적인 이야기로 만들면 된다. 어떻게 이것이 가능할까? 비고츠키는 우리가 논리적 순서, 즉 시간, 공간, 조건(만일~라면), 인과관계 등으로 시작하기 때문에 가능하다고 말한다. 우리는 범주마다 논리를 가지고 있다. 시간의 순서성, 공간을 보여 주는 마음속 지도, 규칙이나 추론이 그것이다. 이것이 비고츠키가 말하는 '기억술적 논리'이다. 이러한 기억술적 논리는 그 자체로 이야기를 만들 수 있다. 이미지로 장면을 설정하고, 주의로 등장인물을 만들며, 인과관계로 문제를 만든다. 바로 이 기능들의 중심에 논리가 있기 때문에 이들은 논리적으로 변형된다. 즉 우리는 '그리고 난 후에', '그래서' 등등의 언어적 표현을 사용하게 된다. 여러 기능들은 논리를 중심으로 모여 있으므로 그들 역시 논리적이다. "모든 인간은 죽는다. 소크라테스는 인간이다. 따라서 소크라테스는 죽는다"는 삼단논법은 레닌의 말처럼 그 순서가 역전된 것이다. 역사적 의식에 처음 나타난 것은 셀 수 없는 개인의 죽음이며 그런 후에야 우리는 "모든 인간은 죽는다"는 논리적 명제를 얻게 되기 때문이다. 사회-문화적 경험은 논리로 변형되며, 그런 후에야 언어로 부호화된 이 논리는 어린이의 경험으로 물들고 어린이 자신의 논리적 기억이 된다. 이러한 논리적 기억의 중요한 특성은 그것이 다른 종류의 기억보다 더욱 쉽게 의식된다는 것이다. 다시 말해 그것은 의지적이며 마음대로 다룰 수 있다.

5-1-64] 나는 논리적 기억이 의지적 기억인 것처럼 의지적 주의도 같은 정도로 논리적 주의라는 것을 여러분에게 보이고자 했습니다.

5-1-65] 마지막으로 최근 연구의 결과입니다. 이들 중 한 무리에 대해서는 이미 언급한 바 있으므로 두 낱말로 간단히 부언하겠습니다. 이는 오스트리아 심리학자인 브루노비치(브룬스비크?-K)가 주도한, 한 심리학파 전체에 의해 수행된 매우 광범위한 연구였습니다. 그는 기억이

유년기에서 발달하는지 그렇지 않은지에 관한 심리학적 문제를 밝히고자 했습니다. 재료는 시각적 재료, 구조적 재료, 의미적 재료의 세 유형으로 나뉩니다. 이 중요한 연구의 기본적 결론은 기억에 단일한 발달 노선이 존재하지 않는다는 것입니다. 시각적 재료, 감각적 재료에서의 기억 발달이 학령기 경계에서 종료되어 거의 고원高原으로 진행되는 반면, 구조적 기억은 (가리키면서*) 여기서 매우 큰 진전을 이룹니다. (…) 그리고 논리적, 의미적 기억은 그 후에 더 큰 도약을 이룹니다. 동시에 구조적 기억은 학령기 중간에 고원에 도달합니다.

본문에 나오는 '브루노비치'라는 이름의 오스트리아 심리학자에 대한 연구 기록은 찾을 수 없었다. 아마도 비고츠키는 뷜러의 제자이며 이후 중요한 기능주의자가 된 E. 브룬스비크를 언급했을 것이다. 브룬스비크(Egon Brunswik, 1903~1955)는 비엔나에서 뷜러 부부의 지도 아래 학교 심리학에 대해 연구했다.

코르타예바는 (…) (가리키면서*)에 '속기록에 따르면'이라는 주석을 달아 놓았다. 아마도 비고츠키는 발달 곡선 간의 차이를 보여 주는 '발달의 평행사변형'과 같은 것을 가리켰을 것이다.

5-1-66] 이와 같이 기억의 발달은 글자 그대로 거의 발달이 정지된 하나의 기억 형태로부터 다른 기억 형태로, 그리고 또 다른 기억 형태로 발달해 나가는 것입니다. 방대한 자료가 이것을 실험적으로 보여 줍니다.

5-1-67] 세 번째 계기는 의미적 기억이 구조적 노선을 반복하지 않는다는 것입니다. 내가 보기에 이는 우리가 다음에 이야기할 것을 이해하기 위해 매우 중요한 계기입니다.

구문론(구조)과 의미론(의미)이 뇌 속에서 분리된 단위라는 것을 증명하기 위해, 촘스키는 "무색의 푸른 개념이 맹렬히 잠을 잔다"라는 문장을 만들었다. 그의 생각은 이 문장은 문법적으로 완벽하지만 아무 의미도 갖지 못한다는 것이었다.

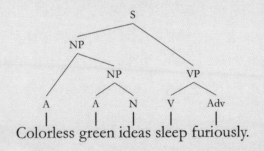

Colorless green ideas sleep furiously.

그러나 사실 이 문장을 기억할 때, 우리는 문법이나 논리가 아니라 경험적 내용을 떠올리며 그 의미를 만든다. 예를 들어 과학 교사는 그것을 "지루한 환경 보호 개념이 학생들을 화나게 하고 잠들게 만든다"와 같이 기억할 수 있다.

5-1-68] 구조주의 심리학과 현대 전체 심리학의 다른 분야에는, 구조주의적 원칙으로 동물과 인간의 모든 심리 활동 형태를 설명하려는 경향이 존재합니다. 모든 것을 구조주의적 원칙을 통해 설명하려는 시도가 있었으며, 의미적 기억과 논리적 기억을 포함한 모든 정신의 특징을 구조적 기억의 특별한 사례로 간주하고자 했습니다.

5-1-69] 분명, 생각을 상기하는 문제에서 우리는 조금 더 복잡한 법칙을 다루어야 할 것이며 이에 대해서는 쉬는 시간 후에 짧게 이야기하고자 합니다.

5-1-70] 나는 쉬는 시간 직전에 말한 것을 다시 말해 달라는 요청을 받았습니다.

5-1-71] 이 연구는 광범위한 연령기 자료와 광범위한 양적 자료를

이용하여 기억이 유년기에 발달하는지 여부와 어떻게 발달하는지에 대한 문제를 해결하려 한 실험 연구였다는 점에서 특별합니다.

5-1-72] 여러분은 이와 관련하여 다수의 상반되는 이론들이 있다는 것을 알고 있습니다. 이 연구의 기본적 생각은 여기에 있습니다. 세 가지 유형의 재료가 주어집니다. 첫째는 시각적 감각적 재료, 감각적 기억이며, 둘째는 구조적 재료입니다. 여기서 기억은 다양한 유형의 구조, 일부는 뚜렷이 구별되고 일부는 구별되지 않는 다양한 정도의 복잡성과 분화성을 지닌 모종의 구조의 직접적 영향하에서 일어납니다. 셋째는 의미적 내용의 기억과 연결된 재료입니다. 연구는 이러한 모든 형태와 유형의 기억 발달이 똑같이 반복되지 않고 특정 연령기에 분명히 위치함을 보여 줍니다. 따라서 감각적 기억은 학령기 초기에 이르러 거의 최대가 되어 거의 평평한 수준의 고원을 유지합니다. 구조적 재료의 기억은 학령기, 특히 학령기 초기에 잘 알려진 점진적 증가를 보여 줍니다. 이후에 순수한 구조적 기억의 상기는 거의 발달하지 않습니다. 그 대신 모든 기능들이 지성화되며, 모든 기능들이 의식적으로 파악되고, 모든 기능들이 점차 자발적 기능이 되면서, 의지적인 내적 심리 활동의 가능성이 생겨납니다.

5-1-73] 하지만 흥미로운 두 가지 상황이 있습니다. 첫째, 이 의식적 파악과 숙달의 기본 법칙이 의미하는 것은 무엇일까요? 나는 그것들(기능들-K)이 의식적으로 파악되고 의지적이 된다는 사실을 확인했습니다. 하지만 연구자는 여기에 머물 수 없으며 기능들이 의식적으로 파악되고 계획적으로 될 때 심리적 측면에서 일어나는 것은 무엇인지 물어야 합니다. 이것이 바로 우리가 대답해야 하는 첫 번째 질문입니다. 둘째, 지성 자체에는 어떤 일이 일어날까요? 우리는 지성을 다른 기능들과 관련지어 살펴보았습니다. 지성 자체에는 어떤 일이 일어날까요? 이 질문에 답해 보도록 하겠습니다.

5-1-74] 학령기에 지성을 제외한 거의 모든 정신 기능이 지성화, 즉 의식적, 의지적이 된다는 사실은 주목할 만합니다. 이 연령기에 지적 조작은 의식적이거나 의지적이지 않습니다.

5-1-75] 이 사실을 확인시켜 주는 자료를 떠올려 봅시다. 여러분은 이것을 자주 마주치게 될 것입니다.

5-1-76] 문헌에서 가장 흔히 만나게 되는 피아제의 연구를 살펴봅시다. 피아제는 학령기 어린이가 생각을 하고 복잡한 생각 조작이 가능하지만, 생각을 의식적으로 파악하지 못한다는 것을 보여 줍니다. 피아제가 말하듯이 어린이에게는 자신의 생각에 대한 자각 행위가 전혀 없습니다. 즉 어린이는 학령기에 생각을 하고 복잡한 생각 조작을 할 수 있지만 자신의 생각을 의식적으로 파악하지는 못하며, 피아제가 (다른 누군가의 용어를 사용하여) 덧붙였듯이, 자신의 생각에 대한 자각 행위를 가지고 있지 않습니다. 어린이 생각은 전학령기 기억과 같이 작용합니다. 즉 기억이 작동을 하고 복잡한 조작도 가능하지만, 이 조작에 대한 어떤 의식적 파악도 없으며 따라서 이 조작을 의지적으로 사용할 능력이 없습니다.

5-1-77] 피아제가 제시한 예를 살펴보면, 여러분은 이 법칙이 대략 어떻게 구성되는지 떠올릴 수 있을 것입니다. 피아제는 다음과 같이 말합니다. 어린이에게 해결해야 할 어떤 문제를 줍니다. 예를 들어, 같은 거리를 사람이 걸으면 50분이 걸리고 자전거를 타고 가면 5분이 걸린다면, 자전거로 이동하는 것은 걷는 것보다 몇 배 빠를까요? 어린이는 45라고 대답합니다. 여러분은 어린이가 어떻게 답을 얻었는지 명확히 알 수 있습니다.

5-1-78] 50을 5로 나누는 대신 어린이는 뺄셈을 했습니다. 이것은 아주 분명합니다. 그러나 답을 어떻게 구했느냐고 물어보면, 피아제의 연구가 여러 번 반복적으로 보여 주듯, 학령기 초기 어린이는 대개 그

과업을 어떻게 해결했는지 말할 수 없습니다. 어린이는 어떻게 문제를 해결할 것인지 생각을 하지만, 우리는 이것이 학교 수업의 단순 관찰에서 비롯된 것임을 압니다. 우리는 학생이 계산 문제를 해결하면서 혼란스러워할 때 어떻게 해야 하는지 알고 있습니다. 교사는 "소리 내어 생각해 봐"라고 제안합니다. 그러면 오류가 수정될 수 있습니다. 왜냐하면 어린이 자신이 문제를 푸는 동안 자기가 무엇을 하고 있는지 말할 수 없어서 혼란스러워진 것이기 때문입니다.

5-1-79] 물론 어린이는 생각을 하고 어떤 식으로든 답까지 구하지만, 자신이 어떻게 하고 어떻게 생각했는지 알지 못합니다. 그러한 현상이 일어나는 것은 일반적으로 잘 알려진 사실입니다. 예를 들어 우리는 행동의 동기가 이행적 연령기에 이르러서야 의식적으로 자각하게 되는 나중 영역이라는 것을 압니다. 성인들 역시 사건의 진정한 동기의 상당 부분을 언제나 의식적으로 파악하는 것은 아닙니다. 오로지 인격에 가장 가까운 것, 목적이 가장 분명하고 가장 의도적인 행동만이 동기라는 의미에서 어느 정도 온전히 의식적으로 파악될 뿐 완전히 파악되는 것은 아닙니다. 일련의 모든 경우에서 진정한 의도와 동기는 의식적으로 파악되기 어렵습니다. 전체 일련의 단순한 것들이 존재합니다. 간단한 예를 들어 봅시다. 클라파레드는 실험을 통해 우리가 완전히 자각하지 못하는 일련의 모든 것들을 보여 줄 수 있었습니다. 예를 들어, 우리 모두는 예컨대 자신이 무엇을 하는지 알지만 어떻게 그리되었는지 알지 못합니다. (…) 보통 기계적으로 생각하는 어린이의 생각이 그처럼 거친 형태로 나타나지는 않지만 그는 의식적으로 파악하지 못하며(…) 즉 논리적 기억과 의지적 주의의 지배 시기에 어린이 생각 자체는, 기억만 논리적이 되고 주의만 자발적이 된 덕분에 생각 자체는 의식되지 못한 채 비자발적으로 남습니다. 피아제의 단순한 실험에서 이를 확인할 수 있습니다. 실천적 측면에서 설명을 제공한 피아제가 든 단순한 사례를 생

각해 봅시다. 다음과 같은 문장이 있습니다. "소년은 아팠기 때문에 학교에 가지 못했다." 학령기 어린이가 이 문장을 이해합니까? 어린이는 이를 잘 이해하지만 자신이 이해한 것을 의식적으로 파악하지 못합니다. 어린이는 이것이 그가 아팠다거나 혹은 그가 학교에 가지 못했다는 뜻이라고 종종 대답합니다. 그러나 사실 이 대답은 그가 아파서 학교에 가지 못했다는 뜻입니다. 어린이는 실생활에서는 이를 알지만 의식적으로 파악하는 것이 필요할 때 그것을 할 수 없습니다.

여기서도 원고의 일부가 소실된 것으로 보인다. 첫 번째 공백(…)은 예컨대 우리가 신발끈을 묶을 때 왼쪽 끈이 위로 가는지 오른쪽 끈이 위로 가는지 의식적으로 파악하지 않는다는 등의, 클라파레드의 사례들이 빠진 것으로 보인다. 클라파레드는 기억을 잃어 매일 만나도 그를 기억하지 못하는 환자를 대상으로 한 흥미로운 실험으로 유명하다. 클라파레드는 악수할 때 손에 압정을 감추어 환자의 손을 아프게 찔렀다. 다음 날 환자는 그가 누구인지 기억하지 못했지만 그가 악수하려고 손을 내밀자 악수를 거부했다. 두 번째 공백에는 피아제의 예와 비슷한 학령기 어린이의 예가 있었을 수 있다. 이 예와 앞의 '소리 내어 생각하기' 예에서 비고츠키가 의식적 파악과 생각 과정을 언어화하는 능력을 같은 것으로 간주하는 것에 주목하자. 예를 들어 "남자는 너무 빨리 달렸기 때문에 자전거에서 떨어졌다"는 것과 같은 문장을 보여 주고 어린이에게 무슨 뜻이냐고 물어보면, 어린이는 "그건 그 남자가 자전거에서 떨어졌다는 뜻이에요" 또는 "그건 그 남자가 너무 빨리 달리고 있었다는 뜻이에요"와 같이 주어진 문장의 일부를 단순히 반복한다. 어린이에게 있어 문장의 의미를 아는 것은 그것을 반복할 수 있는 것과 같다. 즉 생각보다는 주의와 기억이 우세한 것이다. 그러나 전학령기와 초기 학령기에 어린이의 생각은 기억과 의식적 주의에 의해 지배된다. 이는 어린이가 영어로 수를 세는 모습에서 쉽게 볼 수 있다. 어린이는 1에서 13까지 쉽게 기억하지만 14(fourteen)로 넘어가면 40(forty)과 혼동하기 시작한다. 이는 어린이가 소리를 기억하고 낱말의 순서에 주의를 기울이지만 14가 10+4인지 4×10인지 생각하지는 않기 때문이다. 이 시기에는 기억과 주의가 지배적이고 생각은 이들에 종속되기 때문에, 가장 빨리 발달하고 먼저 의도적, 의지적, 능동적이 되는 것은 기억과 주의이다. 생각 자체는 뒤에 처진다. 아직 기억과 주의로부터 독립하지 않았기 때문이다. 생각은 아직 기억과 주의의 의존적인 부분이다. 즉 어린이가 생각을 하기 위해서는 먼저 학교에서 했던 일들을 기억하거나 교사에게 주의를 기울여야 하는 것이다.

＊E. 클라파레드(Édouard Claparède, 1873 ~1940)는 스위스의 심리학자였다. 그는 피아제의 스승이자, 제네바 J-J 루소 연구소의 초대 연구원장이었다. 그는 무의식에 관한 프로이트의 많은 관점들을 예견한 수면에 관한 책을 저술했고, 칼 융 학파에 합류할 것을 제의 받았지만 후에 무의식적 정신의 본성에 관한 융과 프로이트의 견해에 반대하여 자네 학파에 합류했다.

5-1-80] 어린이들에게 '~때문에' 혹은 '비록 ~하지만'이라는 접속사 뒤의 문장을 완성하는 시험을 부여합니다. 어린이는 이러한 접속사들을 적절한 위치에 사용해야 합니다. 그러나 자연스럽게 비자발적으로 '~때문에'와 '비록 ~하지만'을 바르게 사용하는 어린이가 어째서 이 실험에서는 바르게 답하기 어려울까요? 왜냐하면 그가 비자발적으로 할 수 있는 것을 자발적으로 할 수 없기 때문입니다.

5-1-81] 이와 똑같이, "소년은 아팠기 때문에 학교에 가지 못했다"는 예에서 어린이는 이 구절을 이해하지만, 자신의 이해를 의식적으로 파악하지는 못합니다. 그는 인과관계를 파악할 수 있지만 의지적으로 파악하지는 못합니다. 내가 뭔가를 얻으려고 손을 드는 것과 내 손을 의

지적으로 드는 것은 별개의 일입니다. 유아기 어린이는 특정 대상을 향해 손을 뻗고 비자발적으로 들 수 있지만 이를 자발적으로 할 수 없음은 잘 알려져 있습니다.

5-1-82] 지성이 중심적으로 활동한 덕분에 기능들은 의식적으로 파악되고 자발적이 되지만, 지적 조작들은 자각되지 않고 비자발적인 채로 남겨집니다. 이 매듭은 학령기 어린이의 심리 발달에 관한 모든 질문에 묶여 있고, 그것을 통해 그의 생각의 득과 실, 약점을 조사할 수 있게 됩니다.

5-1-83] 그러나 피아제의 연구에서 학령기 어린이의 정신적 발달 그림의 전체 그림은 부분적으로 비어 있습니다. 왜냐하면 그는 오직 두 번째 측면, 즉 지적 기능의 비자발성만을 보여 주었기 때문입니다. 그러나 이제 우리는 매우 중요한 질문에 직면해 있습니다. 학령기 어린이 발달의 주요 특징은 지성 자체를 제외한 모든 기능들이 의식적으로 파악되고 의지적이 된다는 것입니다. 그렇다면 왜 의식적 파악과 숙달이 연결되는 것일까요? 왜 의식적 파악은 숙달을 의미하고 숙달은 의식적 파악을 나타내는 것일까요?

5-1-84] 만약 이 질문에 답한다면, 기억과 주의는 지성 덕분에 의식적이 되지만, 지성 자체는 왜 무의식적이고 비의지적으로 남는지 알 수 있을 것입니다. 연구에 따르면 의식적 파악은 대개 자연발생적인 어린이 발달에서는 결코 나타나지 않으며, 어떤 심리적 활동 발달의 시작 계기가 아닙니다. 다시 말해, 심리적 활동은 일련의 계기들을 향한 의식적 관계의 요소를 처음부터 자신 속에 포함하지만, 그 자체는 처음에는 의식적으로 파악되지 않습니다.

5-1-85] 여러분은 의식적 파악이라는 개념을 처음으로 과학에 도입한 사람이 자네라는 것을 아마 알고 있을 것입니다. … 그는 주로 정신 병자들에 대한 연구를 통해 이 개념을 도입했습니다. 자네에 이어서 클

라파레드는 이 문제를 실험적으로 연구했습니다. 어린이가 차이점보다 유사점에 더 일찍 반응하지만 유사점보다 차이점을 더 먼저 의식적으로 파악한다는 것이 확립되었다는 연구 결과를 여러분은 알고 있을 것입니다. 즉 의식적 파악의 과정은 무의식적 형태를 갖는 특정 활동의 발달 과정과 상반된 경로를 취하는 경우가 종종 있습니다.

*P. 자네(Pierre Janet, 1859~1947)는 오늘날 우리가 프로이트와 관련짓는 개념들인 잠재의식, 외상 기억, 전이, 분열의 창시자이다. 하지만 자네는 이 개념들을 야기하는 원인이 왜곡된 성적 생각에 대한 방어라고 생각하는 것에 동의하지 않는다. 비고츠키에게 자네의 통찰 중 가장 중요한 것은 어린이가 다른 이로부터 들었던 명령을 자신에게 적용한다는 생각이다. 하지만 언어의 사회적 발생에서 자네는 이 법칙을 뒤집어 다음과 같이 설명한다. 오래전 사냥에 나선 사람들은 사냥을 하면서 순전히 표현적인 소리를 냈을 것이다. 그러다가 나이 든 유능한 사냥꾼은 행동을 하지 않으면서 소리를 내고, 다른 사냥꾼들은 그 소리에 맞춰 사냥을 하게 되었을 것이다. 자네는 여기에 명령의 기원이 있다고 본다. 이 설명은 '활동'이 어떻게 '행위'로 분석되는지에 관한 레온티에프의 설명과 흥미롭게도 유사하다.

5-1-86] 이로부터 피아제는 의식적 파악이 성공적이지 못한 적응을 통해 성취된다는 기본 결론을 도출합니다. 어떤 기능이 잘 작동한다면 나는 그것을 의식적으로 파악할 필요가 없습니다. 그 기능은 내 의식의 중심이 될 준비가 되었습니다. 만일 기능이 무의식적으로 작용하고, 적응에 성공하지 못하면 그때 나는 의식적으로 자각하기 시작합니다. 클라파레드의 사례를 살펴봅시다. 나는 집에 도착해서 문 자물쇠에 열쇠를 끼우려고 합니다. 호주머니 속에 열쇠가 있는 동안이나 열쇠를

자물쇠에 넣는 동안 나는 뭔가 다른 것을 생각하면서 이를 완전히 자동으로 수행합니다. 그러나 그 열쇠가 자물쇠에 맞지 않는다는 것을 알게 되자마자, 나는 이것이 우리 집 문이 맞는지, 이것이 맞는 열쇠인지 의식하기 시작합니다. 즉 달리 말하자면 어려움이 발생할 때, 거기에서부터 생각하고 추론할 필요가 생겨납니다. 사실 이 법칙은 오랫동안 심리학에서 클라파레드가 고수해 온 것으로 검증 없이 피아제에게 전수되었고, 부분적인 진실을 포함하고 있습니다. 달리 말해, 클라파레드가 표현하듯, 사물에 대한 의식은 여유롭게 성찰하는 의식이 아닙니다. 의식은 의식에 대한 필요가 있을 때마다 생겨납니다. 그러나 클라파레드의 법칙은 그 자체로 오류를 훨씬 더 많이 포함하고 있으며, 더 나아가 그것은 다음의 것을 내포하고 있습니다. 여러분에게 묻겠습니다. 자, 좋습니다. 성공적인 적응은 의식적 파악을 이끌지 못하지만 성공적이지 못한 적응은 의식적 자각을 이끕니다. 우리는 물어야만 합니다. 모든 연령기 어린이는 성공적 적응을 이끄는 것이라면 어떤 것이라도 의식적으로 파악할 준비가 된 의식을 갖고 있습니까? 이 역시 그렇지 않습니다. 분명 일반화된 의식이 생겨나려면 일종의 난관이 원인이 되어야만 합니다. 하지만 이를테면 레닌그라드에 가야 하는 나의 필요가 내가 어떻게 어느 날 밤 여기 있는지를 설명하지 못하듯이, 그 난관은 의식이 왜 일어나며, 어떻게 일어나는지 우리에게 거의 설명하지 못합니다. 필요 자체가 나를 여기로 움직이게 할 수 없습니다.

5-1-87] 일반적으로 발달을 필요로 설명하는 모든 설명은 어떻게 그러한 필요가 일어났는지 하는 질문에 언제나 답하지 못합니다. 여러분에게 묻겠습니다. 유아는 종종 적응에 실패할까요? 종종 실패합니다. 그는 왜 모든 것을 의식적으로 파악하지 못할까요? 물론 생각을 일으키려면 필요가 있어야 합니다. 예를 들어 나는 어떤 복잡한 상황을 이해할 필요가 있습니다. 하지만 이것이 내가 생각한 이유를 설명해 줄까

요? 그렇지 않습니다. 또 다른 예는 두 사람이 동일한 것을 생각하지만 한 사람은 이해하는 반면 다른 한 사람은 이해하지 못하는 경우입니다.

비고츠키는 기능이 구조를 설명한다고 믿는다. 예를 들어 지성화는 학령기 기능들 간의 구조적 관계를 설명해 줄 수 있다. 이는 마치 감정이 유아기 기능들 간의 구조를, 지각이 초기 유년기 기능들 간의 구조를, 기억이 전학령기 기능들 간의 구조적 관계를 설명해 주는 것과 같다. 하지만 기능은 어떻게 설명될 수 있을까? 비고츠키는 발생적으로, 발달적으로 설명한다. 그러나 그는 이것을 문답식으로 설명하기 때문에 그의 논의를 따라가는 것이 조금 어려워진다. 그 논의는 세 부분으로 나누어 볼 수 있다. 첫째, 기능에 대한 필요는 기원을 설명할 수 없다. 필요 자체가 기원을 가지고 있다. 둘째, 기능에 대한 필요는 필수적이지만 충분하지는 않다. 갓난아기는 생물적으로 의존적이고 따라서 사회적으로도 의존적이며, 사회적 의사소통의 주요 수단인 말을 필요로 한다. 그러나 말은 필요할 때 생겨나지 않는다. 셋째, 기능에 대한 필요는 매우 다른 두 가지 발달 양상을 구분할 수 없다. 한 학습자는 이해하지만 다른 학습자는 이해하지 못할 수도 있다. 교사는 똑같은 수업을 하지만, 종종 어떤 어린이들은 배우고 다른 어린이들은 완전하게 배우지 못하는 것을 발견한다. 이에 대해 구조주의자는 어떤 어린이들은 요구되는 정신 구조를 가지고 있고 다른 어린이들은 그것을 결핍하고 있다고 단순히 설명할 것이다. 기능주의자는 어떤 어린이들은 학교에서 잘하려는 욕구를 가지고 있지만 다른 어린이들은 그렇지 않다고 단순히 설명할 것이다. 그러나 발생적 설명은 학습하는 데 가장 어려운 점이 어떤 면에서 발달적이라는 것을 이해하며, 따라서 학습의 어려움을 예방하는 것이 치료보다 훨씬 더 쉽다.

5-1-88] 그러므로 의식적 파악이, 필요를 발생시키는 부적응에서 생겨난다고 말하는 것은 아무런 의미가 없으며, 질문에 답하지 못합니다. 더 나쁜 것은 부적응이 생기자마자 모든 힘이 최전선에 몰려들고, 이

문제를 의식이 해결한다고 가정하는 것입니다. 둘 다 옳지 않습니다.

5-1-89] (…) 클라파레드는 주의와 기억을 이처럼 이해합니다. 이 설명의 결점은 무엇일까요? 클라파레드가 말하기를, "숙달은 당연히 의식적 파악 이후에 작용하지만 그것은 의식적 파악과 내적 연결을 가지고 있거나 의식적 파악이 숙달의 원인이기 때문이 아니라, 둘 다 같은 뿌리, 즉 성공하지 못한 적응에서 파생되기 때문입니다."

이 문단의 맨 앞에도 빠진 부분이 있다. 그러나 이전 문단을 주의 깊게 다시 읽는다면 그 빠진 것이 무엇인지 쉽게 상상할 수 있다. 5-1-87에서 비고츠키는 의식에 관한 목적론적이고 순수하게 기능주의적인 설명을 거부한다. 의식은 단순히 필요하다는 이유로 일어나지 않는다. 필요 자체는 반드시 기원을 가지며, 필수적이지만 충분하지 않다. 또한 필요는 공유되지만 의식은 그렇지 않다. 5-1-88에서 비고츠키는 더 형편없는 면역학적 설명을 비판한다. 의식이 이미 백혈구와 같이 온몸에 흩어져 있다는 것이다. 신체가 감염되면 감염된 곳으로 백혈구가 몰려드는 것처럼, 정신이 어려움에 직면하면 의식 세포가 문제 지점으로 몰려든다는 것이다. 면역학적 설명은 순수한 기능주의적 설명의 모든 문제를 안고 있다. 이 설명은 이 신비로운 '의식 세포'가 어디에서 왔는지를 전혀 설명할 수 없다. 이 문단에서 비고츠키는 이 문제에 대한 정확한 설명을 제시하기 시작하지만, 늘 그렇듯이 뒤집어 설명하기 시작한다. 클라파레드는 새로운 개념인 숙달을 도입했다. 예를 들어 학령기에 공부를 하기 위해서 어린이들은 반드시 주의를 통제하고 기억을 사용해야 한다. 우리는 이미 생각이 어떻게 주의와 기억에 작용하여 어린이의 '저학습'을 돕는지 살펴보았다. 생각의 도움으로 어린이는 어느 것에 주의를 기울이고 어느 것을 무시해야 하는지 알 수 있으며, 생각의 도움으로 논리를 사용하여 기억을 확장할 수 있다. 이 사례들에서 우리가 관찰한 것은 기능의 숙달이다. 그러나 숙달은 의식적 파악 이후에 온다. 이 때문에 의식적 파악이 숙달을 야기한다고 생각할 수도 있다. 예를 들어 바이올린을 배울 때 어린이는 의식적으로 음악에 주의를 기울이고 기억을 해야 하며, 그 후에야 연습을 하고 숙달할 수 있게 된다. 그러나 클라파레드는 여기에 어떠한 인과적 연결이 없다고 주장한다. 사실상 의식적 파악과 숙달 사이에는 어떠한 '내적' 연결도 존재하지 않는다. 대신 '외적' 연결이 존재하는데 이 둘은 성공하지 못한 적응이라는 동일한 원인을 가지고 있다.

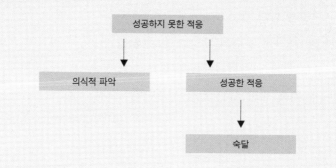

숙달과 의식적 파악 사이에 어떠한 인과적 관계가 없음에도 불구하고 숙달이 의식적 파악 이후에 일어난다고 클라파레드가 주장한 이유를 이 도식에서 쉽게 찾을 수 있을 것이다. 의식적 파악은 성공하지 못한 적응과 직접적으로 연결되어 있다. 그러나 숙달은 이와 간접적으로 연결되며 성공적인 적응 이후에 발생한다. 숙달은 실제로 의식적 파악의 결핍에 의해 특징지어진다. 의식적 파악이 더 이상 필요하지 않기 때문이다. 말할 필요도 없이 비고츠키는 이에 동의하지 않는다.

5-1-90] 클라파레드는 자물쇠에 열쇠를 꽂을 때는 자동적 행위로 충분하지만, 잘 맞지 않을 때는 의지적이어야만 하는 어떤 자발적 행위를 적용해야 한다고 말합니다.

5-1-91] 클라파레드에게 의식적 파악은 성공하지 못한 적응에서 비롯됩니다. 숙달 또한 성공하지 못한 적응에서 비롯되며, 자동적이고 비자발적인 적응의 도움을 통합니다. 동일한 원인에서 비롯되고 겉보기에 함께 연결되어 있는 것처럼 보이지만, 서로 내적으로 연결되어 있는 것은 아니며, 하나가 다른 것의 원인이 되는 것은 아닙니다.

5-1-92] 의식적 파악과 관련하여 우리가 언급한 결함은 숙달의 설명에도 적용됩니다. 그의 설명이 의식적 파악을 설명하는 데 충분하지 않다면 이것은 숙달이 의식적 파악의 원인으로 간주될 수 없음을 암시하며, 결과적으로 숙달과 의식적 파악의 원인은 불분명하게 남습니다. 그러한 공통된 원인은 없습니다.

5-1-93] 저차적 유형의 운동이 장애물을 만날 때 의지적 운동, 즉 고등한 유형의 운동이 나타난다고 말하는 것은 나의 운동에 자발성이 있다면 사실이겠지만, 이 자발성이 없다면 그것은 필요할 때 나타나지 않을 것입니다. 이는 목적론적인 대답이며, 일반적 원인이 아니므로 의식은 여전히 불분명하게 남습니다.

5-1-94] 의지적 운동은 그것이 필요하기 때문에, 적응에 도움이 되기 때문에 출현하지만, 정신 지체 어린이에게도 적응은 나타납니다. 그러나 의식적 파악도 나타날까요? 아닙니다. 나타나지 않습니다. 이 대답 속에서 우리는 선결 문제 요구의 허위petitio principii, 즉 현상에 대한 설명이 우리가 여전히 증명해야 하는 사실을 인용하는 오류를 발견합니다. 나는 묻습니다. 숙달은 왜 나타납니까? 그것이 필요하기 때문입니다. 일단 그것이 존재하면, 그것은 필요합니다. 그러나 나는 묻습니다. 왜 더 일찍 존재하지 않고, 지금 존재합니까? 여기에는 답이 없습니다. 성공하지 못한 적응은 일단 발생한 것이 왜 적용되는지만 설명할 수 있습니다. 클라파레드 이론의 세 번째 결함은 이 이론이 학령기와 관련하여 매우 많은 해악과 혼란을 불러일으켰다는 것입니다. 첫째는 성공하지 못한 적응에서 비롯된 의식적 파악에 대한 부정확하고 불충분한 설명입니다. 둘째는 성공하지 못한 적응에서 비롯된 숙달에 대한 부정확하고 불충분한 설명입니다. 셋째는 이 두 계기들 사이에서 언제나 관찰되는 연결을, 하나의 공통 원인에서 비롯된 두 독립적 결과의 연결로, 부정확하게 설명한 것입니다.

우리는 『연령과 위기』 5-32에서 비고츠키가 스턴을 '선결 문제 요구의 허위petitio principii'로 비판했음을 기억한다. 스턴은 사람들이 함께 모여 이것을 저렇게 부를 것에 동의할 때 언어가 발달한다고 말했다. 하지만 함께 모여 그런 합의를 이루려면 먼저 언어가 필요하기 때문에 이는 선결 문제 요구의 허위이다. 또한 "아편에는 수면을 유도하는 특성이 있기 때문에 아편은 당신을 잠들게 한다"라고 말하는 것도 마찬가지이다.

5-1-95] 이 입장의 오류를 오늘날 가장 잘 보여 주는 피아제의 이론을 통해 그것을 생각해 봅시다. 그 생각을 묘사해 보겠습니다. 내가 말했듯이 피아제는 모든 기능이 의지적, 의식적이 된다는, 사태의 첫 측면을 간과했습니다. 그러나 그는 우리가 막 떠올린 무시할 수 없는 사실, 즉 학령기 어린이가 자신의 생각 조작을 충분히 자각하고 그것을 자유롭게 의지에 따라 적재적소에 사용할 수 없다는 사실을 확립합니다. 질문이 생깁니다. 왜 그럴까요? 피아제는 답합니다. 결국 의식적 파악과 숙달이 좋지 않은, 성공하지 못한 적응으로부터 나오는 것이라면, 학령기 어린이는 결국 매 단계에서 초기 유년기 때보다 더 자주 생각함에서 적응에 성공하지 못하는 셈입니다. 발달은 시간이 필요하고, 모든 발달은 그만의 생물적으로 적절한 속도를 요구한다고 피아제는 말합니다. 그의 말에 따르면, 학령기 어린이는 매 단계에서 자신의 생각을 어른의 생각과 연결 짓지 못한다는 바로 그 이유로 인해, 단계마다 성공하지 못한 적응을 겪습니다. 그리고 생각의 배경이라는 관점에서 볼 때, 그것이 바로 학령기 과학적 지식의 교수-학습, 모든 학교 교수-학습에 성공하지 못한 적응의 견고한 연쇄가 존재하는 이유입니다. 어떻게 어린이는 이 상황에서 빠져나올까요? 어린이는 자신의 생각의 일부와 어른의 생각의 일부를 연합하여 자기 자신의 표상과 어른의 표상의 복합체를

얻습니다. 특히 이것이 강제로 이루어지기 때문에 어린이는 11세 혹은 12세경 의식적 파악과 숙달을 모두 발달시키게 됩니다.

5-1-96] 이 설명은 어떻습니까? 먼저, 그의 공로를 인정합시다. 어느 정도까지는 맞는 말입니다. 만약 학교 교수-학습이 매 단계에서 어린이 자신의 생각을 동원해야만 충족되는 요구를 하지 않는다면, 학령기 어린이가 생각에 대한 요구가 나타나는지의 여부와 상관없이 그의 지적 활동을 강하게 발달시키지 못했다면, 생각은 다른 속도로 발달했을 것이며 우리는 이 기간 동안 그렇게 급격한 운동을 얻지 못했을 것입니다. 하지만 전체적으로, 우리가 이 문제를 그렇게 생각할 수 있을까요? 전학령기 어린이의 생각 작용은 의식되지 않고 비자발적입니다. (…) 4년 동안 어린이는 이 작용을 키우고, 그 결과 의식적 파악과 숙달이 그에게 주입됩니다. 즉 실패, 어른의 생각과의 불일치, 어린이들이 매 단계 생각을 한다는 사실은, 피아제가 말했듯이, 자신의 파산과 부적절함에 대한 의식을 이끕니다. 어린이가 자신의 파산과 점차 비교하게 될 더 성공적인 적응의 지원하에 일어나는 어른의 생각의 우월성에 대한 감지를 통해, 즉 이러한 발달을 통해 어린이에게는, 차후 연령을 특징짓는, 자신의 내적 과정에 대한 고등한 형태의 의식적 파악과 숙달이 뒤따릅니다. 이 관점의 파산은 사실대로 말하자면 피아제가 자신의 연구에 제시한 클라파레드의 이론에 대한 우리의 분석으로 이미 드러났습니다.

> 비고츠키 시대의 일반적인 초등 교육은 8세(우리 나이 9세)부터 11세(우리 나이 12세)까지 4년간 진행되었다. 12세 이후 어린이들은 중학교처럼 과목별로 전문 교사에게 교육을 받았다. 비고츠키는 학교가 성공적이지 못한 적응을 만들어야만 함을 인정한다. 생각에 대한 필요가 어린이 속에서 저절로 솟아날 것이라 기대하기는 어렵다.

5-1-97] 우리에게 어느 정도 이 질문에 대한 정답을 제시하고 이 영역에 대해 우리가 알고 있는 모든 것을 확증하는 심리적 과정이 어떤 영역에 놓여 있는지 간략하게 설명하도록 하겠습니다.

5-1-98] 나는 이제 피아제의 실험 자체가 매우 잘 설명하는 것을 보여 주고자 합니다. 첫 번째의 기본적 질문을 제기해야 합니다. '의식적 파악'은 무엇을 의미할까요? '의식적 파악'은 두 의미를 가집니다. (…) 피아제와 클라파레드는 프로이트와 일반 심리학의 용어를 혼합하여, 비의식적인 생각, 즉 충분히 의식적이지 않은 생각에 대해 말합니다. 다음과 같이 생각할 필요가 있습니다. 피아제는 어린이가 자신의 고유한 의식을 자각하지 않는다고 생각한 것이 아니라, 의식이 완전히 참여하지 않음을 뜻한 것입니다. 처음에는 무의식적인 생각, 즉 유아의 유아론唯我論이 있고 그런 후 의식적이고 사회적인 생각이 나타납니다. 그러나 그 사이에 다양한 단계들이 있는데 피아제는 그것을 자기중심성으로부터 논리적, 사회적 생각 형태로 나아가면서 일어나는 자기중심성의 점진적 소멸이라고 지칭합니다.

> 이 문단은 『생각과 말』 6장과 낱말 하나하나 거의 같다. 따라서 속기사가 비운 공백을 유추해 볼 수 있다. '의식적으로 파악한다'는 것은 무엇을 뜻하는 것인가? 이 표현은 두 가지의 의미를 가지며 바로 두 가지의 의미를 가짐으로 인해 클라파레드와 피아제가 프로이트의 용어와 일반심리학의 용어를 혼용하여 혼란을 야기한 것이다(『생각과 말』 6-2-35). 프로이트의 용어에서 무의식은 잠재의식, 즉 억압된 의식을 뜻하지만, 일반심리학에서는 '비-의식', 즉 자동화되어 자유 의지의 통제하에 놓이지 않은 의식과 같은 것을 의미한다고 비고츠키는 말한다. 이 두 가지는 정말 서로 완전히 다른 뜻이다.

5-1-99] 생각이 의식적으로 파악되지 않는다는 것은 무엇을 의미할

까요? 피아제는 생각이 충분히 의식적으로 파악되지 않는다고 말합니다. 그것은 의식적 요소와 무의식적 요소를 포함하고, 충분히 의식적으로 파악되지 않는다는 것입니다.

5-1-100] 피아제와 클라파레드는 의식을 무의식으로부터 완전한 의식으로의 점진적인 이행이라 여겼습니다. 그러나 사실 무의식적인 생각과 의식 사이에는, 내가 무엇을 하고 있는지에 대한 의식과 의식적 파악 사이에는 큰 차이가 있습니다(우리는 무의식적으로 매듭을 맨다고 말할 수 있습니다). 내가 클라파레드의 실험에서처럼 매듭을 맨다면 나는 그것을 의식적으로 한 것일까요? 물론 나는 그것을 의식하지 않습니다. 즉 나의 주의는 매듭을 매는 방법이 아니라 매는 행위 자체에 전적으로 향해 있습니다.

5-1-101] 의식은 언제나 실재 현실의 일부를 표상합니다.* 매듭 묶기를 할 때 내 의식의 대상은 매듭 자체와 그것이 초래하는 결과이며 그 속에는 그것을 하는 방법을 알아내는 작용은 포함되지 않습니다. 이 활동 자체가 대상이 될 수 있으며, 그러한 것이 바로 의식적 파악일 것입니다. 의식적 파악은 의식 활동 자체가 그 대상인 의식 활동입니다.

> 코로타예바는 '프리스타블랴츠представлять(표상하다)'라는 단어를 '아트라자츠отражать(반영하다)'는 단어로 대체했다. 그러면서 그녀는 소비에트 편집자들과는 달리 자신이 바꾼 내용에 주석을 달아 놓았다. 그러나 왜 그렇게 바꾸었는지는 설명하지 않았다. 코로타예바는 철학교사였으며 레닌의 철학 교재를 가르쳤다. 레닌은 『유물론과 경험비판론』에서 의식의 '반영' 모델을 주장했다. 즉 의식은 일종의 거울로서 현실을 반영한다는 것이다(레닌은 헤겔을 연구하기 이전에 『유물론과 경험비판론』을 썼다). 그러나 비고츠키는 헤겔을 연구했고, 레닌의 헤겔에 대한 연구인 『철학 노트』 또한 공부했다. 따라서 이 거울 관점은 의식에 대한 비고츠키의 관점이 아니다. 비고츠키는 거울 관점 대신 인간 정신의 의미론적 모델을 구축했다. 따라서 '표상하다'가 훨씬 더 비

고츠키적 관점과 일치하는 것으로 보인다. 그래서 우리는 본문에 '표상하다'라는 원래 단어를 복원했다. 이 둘의 차이는 무엇일까? '반영하다'라는 낱말을 취하면 '정신은 사진기처럼 기계적으로 기억을 한다'는 물리학을 기반으로 한 정신 모형을 구축할 가능성이 있다. 그러나 '표상하다'라는 낱말을 사용하면 언어 모형이 필요하다. 비고츠키의 정신 모형을 완성하기 위해서는 언어 모형이 필요한 것이다.

5-1-102] 실험을 통해 잘 확증된 단순한 사례를 여기서 들어 보겠습니다. 전학령기 어린이에게 "너 이름이 뭔지 아니?"하고 물으면 어린이는 "콜랴"라고 답합니다. 어린이는 핵심 질문이 그의 이름이 무엇인가가 아니라 그의 이름이 무엇인지 아는지 여부임을 의식적으로 파악하지 못합니다. 즉, 그의 의식의 대상이 질문의 한 부분을 차지합니다. 이 나이의 어린이는 자신의 이름을 알지만, 자신의 이름이 무엇인지를 아는지 모르는지에 관한 질문을 받을 수 있다는 것을 이해하지 못합니다. 즉, 그는 자신의 이름을 알지만 자신의 이름을 안다는 것을 의식적으로 파악하지는 못합니다.

비고츠키는 3세 어린이(3세의 위기, 부정주의 또는 원시적 의지의 위기)와 7세 어린이(7세의 위기, 거짓말 또는 원시적 자아의 위기) 사이의 핵심적 차이를 지적한다. 하지만 비고츠키가 제시한 증거인 '자기 이름을 아는지 여부'는 그 핵심적 차이를 증명하기에는 미약하다고 생각할 수도 있다. 사실 많은 어린이들이 "너의 이름을 아니?", "방을 치울 수 있겠니?" 등과 같은 간접적인 질문에 매우 일찍부터 대답할 수 있다. 이러한 간접적 질문들을 어린이들은 직접적인 것으로 해석한다. "너의 이름을 아니?"를 "네 이름이 뭐니?"로 "방을 치울 수 있겠니?"를 "방 좀 치워라" 등으로 해석하는 것이다. 어린이들이 이름을 아는 것과, 이름은 그 사람이 아니라 이름일 뿐이라는 것을 아는 것, 이 둘을 구별할 수 있는 더 좋은 증거가 있을까? 다음 자료를 보자. 서영이(3세)와 오빠 시원(7세)에게 엄마가 이름을 바꾸어도 되는지 물었다.

엄마: 그럼 이제 류시원, 서영이를 시원이라고 부르면 안 돼?

서영: 안 돼.

엄마: 안 돼? 그럼 시원이를 서영아~ 이렇게 부르면 안 돼?

서영: 응. 안 돼.

엄마: 왜 안 돼?

서영: 이름은 똑같이 하면 안 돼.

엄마: 이름 똑같이 하면 안 돼?

서영: 응.

엄마: 그럼 이름은 뭐야?

서영: 류서영.

엄마: 류시원 아냐? 오늘부터 공주라고 할까?

서영: 아니.

엄마: 안 돼? 왜 안 돼?

서영: 그러니까 그래.

위에서 보다시피, 3세 어린이의 대답은 부정적이다. 하지만 7세 어린이는 아주 다른 대답을 한다. 이 7세 어린이는 이름은 이름일 뿐 그 사람 자체와 분리되지 못할 이유가 없다는 것을 훨씬 더 명확하게 알고 있음을 보여 준다.

엄마: 시원아 너 이름이 뭐야?

시원: 류시원.

엄마: 진짜? 시원이 이름, 서영이한테 시원이라고 부르면 돼 안 돼? 서영이한테 시원이라고 한 번 불러 볼까?

시원: 응, 그래.

엄마: 너는 서영이라고 부르고, 서영이한테 시원이라고 부르면 안 돼?

시원: 좋아.

엄마: 좋아? 그래도 돼, 안 돼?

시원: 돼.

엄마: 어, 진짜? 서영아~

시원: (웃음)

엄마: (웃음) 엄마 이름은 뭐야?

시원: 아빠.

5-1-103] 이제 구체적인 실험 연구로 넘어가 봅시다. 이는 아래와 같이 매우 단순한 것으로 드러납니다. 내가 말했던 것, 즉 의식적 파악과 숙달에 대한 일반적 상황이나 배경은 학령기에 새로운 종류의 내관 혹은 자기 관찰이 발달한다는 사실입니다. 우리는 주변에서 진행되는 것뿐 아니라 우리 자신 안에서 일어나고 있는 것을 관찰할 수 있습니다. 연구들이 보여 주듯이 학령기 어린이는 언어화된 혹은 말로 표현된 내관이라 알려진 것에 의존합니다. 즉 다시 말해 초기 유년기에 비언어적 지각으로부터 언어적 지각으로의 전이에서 일어났던 것과 같은 일이 내관과 관련하여 학령기에 일어납니다. 8개월 된 어린이와 2년 8개월 된 어린이를 살펴봅시다. 8개월 된 어린이는 비언어적 지각을 합니다. 다시 말해 그 어린이는 이런저런 물체를 보지만 말과 연결된 언어적 지각을 하지 못합니다. 2년 8개월 된 어린이에게는 내적 지각이 존재합니다.

5-1-104] 이는 유아기부터 초기 유년기의 끝까지 이행하는 동안 어린이의 외적 지각 영역에서 무슨 일이 일어난다는 것을 의미할까요? 어린이는 내적으로 지각하기 시작합니다. 내적으로 지각한다는 것은 의미론적으로 지각한다는 것, 즉 지각된 것을 일반화한다는 것을 의미한다고 우리는 말합니다.

5-1-105] 학령기에 동일한 일이 일어납니다. 전학령기로부터 학령기로의 이행과 비교해 보면, 이전에 비언어적인 내관을 특징짓던 것에서 일어난 전환이 내관과 관련하여 여기서 반복된다는 것이 드러납니다. 그렇다면 전학령기 어린이가 유아가 외적 세계를 지각하듯이 자신

의 내적 과정을 지각한다고 말할 수 있을까요? 즉, 유아는 생생하고 명확하게 지각하지만 이를 일반화하지 못합니다.

> 본문의 '비언어적인 내관'은 내관이 아니라 '외적 지각'을 의미하는 것으로 보인다.

5-1-106] 비언어적 방식으로 지각한다는 것은 무엇을 의미합니까? 예를 들면 유아는 찬장, 램프, 식탁, 창문, 빛을 보기도 하고 소리를 지각하기도 하지만 그것이 식탁, 램프 등임을 알지 못합니다. 내적 지각은 무엇을 의미합니까? 그것은 찬장은 찬장이고 창문은 창문이라는 것을 의미합니다. 이는 공동일반화된 지각입니다. 전학령기 어린이는 내관을 가지고 있지만 그것을 공동일반화하지 못합니다. 반면 학령기 어린이는 내적 내관, 즉 의미적 내관으로의 이행을 겪고 있습니다. 학령기 어린이는 자신의 내적 과정 영역에서 공동일반화를 시작합니다.

5-1-107] 여러분은 첫 번째 강의에서 이 비교에 대해 이야기한 것을 기억할 것입니다. 나는 어린이가 외적으로 지각된 세계를 어떻게 인식하는지 제시했으며, 이를 체스 판을 지각하는 것에 비유했습니다. 나는 새로운 가능성을 통해 체스 판이 새로운 활동과 연결됨을 보여 주려 했습니다. 다음과 같은 의미에서 내적 지각에서 일어나는 일이 외적 지각에도 똑같이 일어납니다. 즉 내적 과정 혹은 외적 과정으로 다양하게 지각될 수 있으며 그 속에서 다양한 구조들을 볼 수 있는 것입니다. 어린이가 새로운 내적 내관의 단계로 이행하고, (지성이 기본 기능이라는 사실과 연결된 분화, 성숙 등과 관련하여) 자기 안에서 일어나는 일을 더 잘 보게 되자마자, 이 새로운 내관 형태와 관련하여 새로운 내적 활동 형태가 생겨난다는 것이 분명합니다. 체스 판에서, 다르게 보면 다르게 놉니다. 외적 지각에서 유아는 2년 8개월 된 어린이와 다르게 봅니다. 하

지만 2년 8개월 된 어린이는 사물을 다르게 볼 수 있는 덕분에, 사물을 다르게 다룰 수도 있지 않을까요? 물론 그에게는 다양한 형태의 활동이 존재합니다. 학령기에는 아주 간단한 것으로 특징지을 수 있는 새로운 내적 활동 형태가 일어납니다.

5-1-108] 외적 행위와 직접 연결되지 않은 심리적 조작은 내적 활동성(내가 인용한 피아제는 이렇게 말합니다)이라 불립니다. 결국 내가 말하거나 행동할 때 모든 심리적 장치 전체가 내 안에서 작동한다는 의미에서 우리의 심리적 조작은 외적 행동과 연결되어 있습니다. 그러나 내가 그저 의자에 앉아 회상을 할 수 있을까요? 그럴 수 있습니다.

5-1-109] 생각이나 기억 등을 할 때 나는 내적 활동을 수행하는 것입니다. 내적 활동성의 이러한 심리적 과정은 외적 활동과 직접 연결되어 있지 않습니다. 학령기의 이 새로운 형태의 내적 활동은 다음으로 구성되어 있습니다. 전학령기에는 내적 활동들이 행위, 외적 활동과 직접적인 연결을 보여 주는 반면 학령기에는 외적 활동에 대해 상대적으로 독립적으로 나타나며 상대적으로 비의존적인 내적 능동성을 보게됩니다. 여기 이미 무언가를 하거나 보는 동시에 생각을 할 수 있는 어린이, 즉 내적 활동과 외적 활동이 분화된 어린이가 있습니다.

5-1-110] 이 전제에 눈을 돌린다면 이제 우리는 다음과 같이 질문할 수 있을 것입니다. 이 사실은 우리의 흥미를 끄는 숙달과 의식적 파악의 문제와 어떤 관계가 있을까요? 학령기 어린이의 지성 영역에서 일어나는 것은 무엇일까요? 우리는 매우 단순한 일이 일어난다고 말했습니다. 어린이는 자기 자신의 심리적 현상을 공동일반화하기 시작합니다. 이는 완전한 의식적 파악을 뜻하지는 않습니다. 의식적으로 파악한다는 것은 주어진 의식 현상에 나타난 대상을 아는 것뿐 아니라 의식 현상 그 자체를 아는 것을 의미합니다. 내가 여기서 상기한다는 것을 일반화하기 시작했다면 이는 내가 지금 수행하는 이 조작이 기억의 범주에 속

한다는 것을 의미합니다. 즉 나는 그것을 공동일반화하는 것입니다.

5-1-111] 기억을 공동일반화한다는 것은 무엇을 의미할까요? 그것은 내가 기억할 뿐 아니라 기억 자체를 인식한다는 것을 의미합니다.

5-1-112] 다음과 같이 말할 수 있습니다. 연구에 따르면 의식적 파악은 개념이 발달하는 만큼, 인간 자신의 심리적 현상과 연결되어 있는 의미가 발달하는 만큼 발달합니다.

5-1-113] 이 기제는 의식적 파악을 발달시키는 데 반복이 왜 적절하지 않은지 설명해 줍니다. 또한 이 기제는 의식적 파악이 가능하려면 특정한 공동일반화 체계를 갖출 필요가 있다는 것을 보여 줍니다.

> 본문의 '기제'는 개념 체계와 내적 활동의 상호 연결을 가리킨다. '체계'란 일련의 선택들의 계열적(위계적) 집합이지 통합적(선형적) 구조가 아니다.

5-1-114] 의식적 파악은 공동일반화된 만큼 발달하며, 이는 우리에게 왜 그리고 어떻게 의식적 파악이 숙달과 직접적으로 연결되는지, 왜 꼭 의식적 파악이 숙달의 원인이 되는지, 함께 연결된 두 과정이 어떻게 원인과 결과의 역할을 서로 바꾸는지 설명해 줍니다.

5-1-115] 의식적으로 파악한다는 것은 무엇을 의미할까요? 그것은 자신의 심리적 과정을 공동일반화한다는 뜻입니다.

5-1-116] 이제 묻겠습니다. 내 안에 대상에 대한 개념이 출현했다는 사실로 인해, 대상과 관련한 행동 가능성이 변할까요? 그렇습니다. 내가 무언가를 인식하는 것—이는 공동일반화를 의미합니다—과 같은 방식으로 나 자신의 활동 과정을 공동일반화하면, 이것은 내가 그것과 다른 관계를 맺을 기회를 얻었음을 의미합니다. 거칠게 말해 마치 그것이 전체적 의식 활동으로부터 분리되는 것과 같습니다. 나는 내가 기억

한다는 것을 의식적으로 파악합니다. 즉 나 자신이 내 의식 대상 자체를 상기합니다. 여기서 선택이 일어납니다. 모든 공동일반화는 특정 방식으로 대상을 선택합니다.

5-1-117] 유아에게 있어 원에 대한 지각은 눈앞에 어떤 원이 놓여 있느냐에 달려 있지만, 이미 공동일반화를 할 수 있는 좀 더 큰 어린이에게 있어 대상은 그것이 속한 구조에 달려 있지는 않을 것입니다.

'원'은 말 그대로 둥근 것이나 모양일 수도 있지만, 어린이를 둘러싼 물체들의 배열을 의미할 수도 있다.

색맹 검사에서는 수많은 둥근 점들의 배열 속에서 원과 같은 도형을 찾아야 한다. 수많은 점들이 속한 구조들로부터 원을 찾아내기 위해서는 색을 구별할 수 있어야 한다. 색맹인 사람들과 마찬가지로

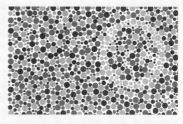

유아도 대상들이 원 모양으로 배열된 집합을 하나의 원으로 보지 못하고, 흥미로운 대상들의 집합으로 볼 수도 있다. 바로 이것이 유치원에서 다음과 같은 교재들을 사용하는 이유이다.

나중에 어린이들에게 원에 대해 가르칠 때 우리는 달, 동전, 반지 등과 같은 원의 예시들을 알려 준다. 어린이들이 원을 공동일반화하도록 가르치는 것이다. 그리하여 어린이는 스스로 원을 분별할 수 있게 된다. 그러나 어린이의 공동일반화는 여전히 그의 눈앞에 있는 원의 사례들에 완전히 의존한다. 예를 들어 어린이는 부채꼴이나 반원 또는 많은 면을 가진 다각형을 원과 관련지어 이해하지 못하며,

달이 실제로는 타원형이며, 어떤 동전도 완벽한 원은 아니라는 것을 이해하지 못할 것이다. 어린이가 원을 원으로 보기 위해서는 여전히 그의 눈앞에 펼쳐진 시각적 구조, 원과 그 배경과의 관계에 의존하는 것이다. 더 큰 어린이들만이 원이 그것이 속한 구조와의 관계에 의존하지 않는다는 것을 이해할 것이다. 더 큰 어린이들만이 $2\pi r$이 대상들의 배열보다 훨씬 더 원을 잘 표현한다는 것을 이해할 것이며, 원을 ´만들려면 원과 전혀 닮지 않고 어떤 외적 구조에도 의존하지 않는 두 물체, 즉 연필과 실만 있으면 가능하다는 것을 이해할 것이다.

5-1-118] 따라서 공동일반화라는 사실 자체는 대상에 대한 지각이 다양한 구조 속에 포함된다는 것을 가리킵니다. 의지는 어떨까요? 현대 심리학에는 다음을 제외한 어떤 해답도 없습니다. 의지는 주어진 상황에 전적으로 의존하지 않고, 상황에 대한 특정한 관계를 특징지으며, 더 자유롭게 활동하는 것입니다. (…)

5-1-119] 이것이 바로 공동일반화로 이해된 의식적 파악이 직접 숙달을 이끄는 이유입니다.

5-1-120] 이제 그 계기가 무엇인지 여기서 밝히는 것이 바람직할 것입니다. 나는 (클라파레드가 묻듯이) 왜 공동일반화가 나중에 나타나는지 그 법칙에 대한 설명을 여러분에게 요구합니다. 왜 우리는 먼저 어떤 행동이 일어난 뒤에야 그것을 의식적으로 파악하게 되는 것일까요? 왜 학령기 어린이에게 조작의 지성화가 일어난 후에만 의식적 파악이 일어날까요? 묻겠습니다. 먼저 무언가를 공동일반화하고 그 후에 그것을 지각하는 것이 가능합니까? 아닙니다. 따라서 의식에서 조작이 먼저 나타나야만 그것을 의식적으로 파악할 수 있습니다. 독립적으로 출현한 기능이 내 의식의 대상이 되리라고 생각하는 것은 분명 터무니없습니다. 의식은 자신의 고유한 조작만을 의식적으로 파악할 수 있습니다. 그리

고 그러한 관계의 확립 덕분에 우리는 고유한 조작들을 그 고유한 활동들과 연결시킬 필요가 있습니다. 여러분은 왜 의식이 나중에 존재하고, 왜 어린이가 기억이나 지각은 의식적으로 파악하지만 지성을 의식적으로 파악하지 못하는지 잘 이해됩니까? 무언가를 의식적으로 파악하려면 먼저 그 대상이 있어야 합니다. 전학령기에 기억이 존재합니까? 존재합니다. 지각이 존재합니까? 존재합니다. 하지만 지성 자체는 태어나는 과정에 있습니다. 만일 지성이 의식 자체와 함께 시작된다면 그것은 기적일 것입니다. 지적 기능은 다른 모든 활동들이 의식적으로 파악된 후에야 그 덕분에 의식적으로 파악됨이 드러납니다. 왜냐하면 지성은 다른 활동들 다음에 나타나고, 지성은 다른 활동들을 의식적으로 파악해야 하며, 그런 다음에 자신을 의식적으로 파악해야만 하기 때문입니다.

이 문단에서 비고츠키는 의식적 파악이 나중에 나타나는 이유를 설명한다. 어린이는 실수를 저지르고 그것을 고친다. 나아가 어린이는 문제를 바르게 해결할 수도 있다. 그러나 어린이는 왜 실수를 저질렀고, 어떻게 이 실수를 고쳐 문제를 해결했는지 설명할 수는 없다. 그 이유는 무엇일까? 클라파레드의 설명이 만족스럽지 않다는 점은 명백하다. 의식적 파악이 실수를 저지르는 것으로부터 유래한다면, 어린이는 자신이 문제를 올바로 해결한 이후에는 물론 그 이전에도 이미 그가 왜 실수를 저질렀는지 설명할 수 있어야 한다. 비고츠키의 설명은 지성(생각)이 지각이나 기억과 마찬가지로 '기능'이라는 것이다. 어떤 기능을 의식적으로 파악할 수 있게 되기 위해서는 먼저 그것을 가지고 있어야 하며 이미 숙달하고 있어야 한다. 지각의 경우, 어린이는 먼저 보고 들어야 한다. 그런 후에야 비로소 보고 듣는다는 사실을 의식적으로 파악할 수 있게 된다. 전학령기 어린이는 기억을 의식적으로 파악하기에 앞서 기억 기능을 꽃피운다. 같은 방식으로 어린이가 생각을 숙달하고 이에 익숙해져야만 생각 자체에 대해 생각할 수 있게 된다.

5-1-121] 이것이 의식을 규정하는 문제에서 유물론적 철학과 유물론적 심리학이 나아갔던 경로를 따라야 하는 이유입니다. 그 당시(관념론에서-K) 의식은 자기-의식에서 일어나고, '나' 자신이 모든 것을 결정한다는 자립적 자기-의식의 개념이었습니다. 그렇지 않습니다. 우리는 자기-의식이 다른 모든 것보다 나중에 나타나며, 의식이 발달해야 거기서 자기-의식, 즉 의식 활동 자체에 대한 특정한 의식적 파악이 존재할 수 있다는 것을 알고 있습니다.

5-1-122] 이와 같이 다음과 같은 역설이 존재한다는 것이 드러납니다. 다른 기능에 대한 의식적 파악과 의지화는 지적 활동 덕분이지만, 이 지적 활동 자체가 학령기에 발달한다는 것입니다. 학령기에 의식적 파악은 그 고유의 발달을 이루지만, 그 의식이 의미화된 내관, 즉 공동 일반화의 발달과 맞물려 있다는 것입니다. 이것은 새로운 활동 능력, 그 기능과 관련된 의지적 활동, 이러한 정의들과 연결되어 있습니다. 이와 관련하여 새로운 활동 즉 이 기능, 이 규정과 연결된 의지적 활동의 가능성이 나타납니다.

5-1-123] 한 가지 주제를 잠깐만 더 살펴봅시다. 오늘 나는 여러분에게 학령기 심리 발달의 일반 법칙을 주로 기능들의 지성화라는 맥락을 통해 보여 주었고, 우리가 말한 모순을 밝혔습니다. 그러나 나는 학령기 개념 발달 영역에서의 생각 과정 자체에 대해서는 다루지 않았습니다. 이 문제는 머지않아 다양한 학업 유형의 교수-학습 분석, 예컨대 대수적 생각과 사회과학적 생각의 분석에 의해 영향을 받을 것으로 보이며, 여러분은 전학령기에 지배적이던 기본 연결이 이른바 선개념으로 발달하는 것이 학령기 어린이의 개념 발달을 이루는 핵심 단계임을 보게 될 것입니다. 선개념은 학령기를 지배하는 공동일반화의 독특하고 흥미로운 형태입니다. 이제까지 내가 말한 내용과 그 지점을 모두 보여주기 위해 나는 선개념을 두 마디로 설명하고 싶습니다. 그리고 그것으

로 오늘의 강의를 완성하고자 합니다.

5-1-124] 학령기 어린이는 이미 개념을 형성했습니다. 어린이는 어떤 의미에서 개념을 형성했을까요? 그가 과학, 산술, 자연 과학을 공부하기 시작했다는 것, 즉 산술을 설명하고 과학적 개념을 가진다는 것은 단순한 경험적 사실입니다. 하지만 더욱 정밀한 연구에 따르면 이러한 개념들은 성숙한 것이 아니라 초기 발달 단계에 머무르고 있으며 진정한 의미의 개념 발달 단계에서는 선개념에 해당합니다.

5-1-125] 이 선개념은 진정한 개념과 어떻게 다를까요? 내가 보기에 그것들은 산술 개념이 대수 개념과 다른 것과 마찬가지로 다릅니다. 대수를 아는 사람에게 있어 모든 산술 개념은 대수의 구체적인 한 경우입니다. 이것은 무엇을 의미할까요? 우리가 알려진 산술 개념을 대수에서 공동일반화한다는 것을 의미합니다.

5-1-126] 예를 들어 어린이가 숫자를 소리 내어 말하지 않는 추상화의 정도에 도달하여 대상 없이 5+7을 쓸 수 있다면, 이 어린이는 숫자와 연결된 대상에 의존하지 않는 수 개념을 가진 것입니다. 그러나 어린이는 여전히 a+b가 의미하는 것을 이해하지 못합니다. 그것이 모든 산술 개념의 공동일반화이기 때문입니다. 따라서 모든 개념은 그 자신의 일반화에 대한 의식적 파악의 요소를 포함합니다.

> 오보브쉐냐oбoбщeниe라는 용어에 대한 **1-2**의 설명을 되짚어 보자. 이 단어는 '~의, ~에 대한'의 뜻을 지닌 접두사(об)와 '의사소통, 공통성'이라는 뜻의 어근(общение)으로 이루어져 있으며 '일반화'라는 뜻을 담고 있다. 우리는 이 용어를 '공동일반화'로 번역하면서 이 용어가 지닌 개인 간 특성을 강조하고자 했다. 그러나 여기서 비고츠키는 이 용어의 개인 내적 특성을 강조하기 시작한다. 공동일반화는 단순히 사람들 사이의 상호 일반화일 뿐 아니라, 어린이 안의 내적 일반화이기도 하다. 이 내적 일반화가 『생각과 말』 6장에서 비고츠키가 말한 '일

반화의 일반화'를 가능하게 하며, 이 문단에서 그가 말하고 있는 것도 바로 이것이다. 첫째, 어린이가 조용히 '5+7'이라고 쓸 때, 그는 '6에서부터 12까지 일곱 번(아마도 손가락을 사용하여) 세기'를 일반화하는 것이다. 어린이는 손가락과 소리를 추상화함으로써, 손가락과 소리로부터 일반적인 모든 5와 모든 7(5의 전체 집합과 7의 전체 집합)로 일반화하고 있는 것이다. 둘째, 어린이가 'a+b'라고 쓸 때 그는 모든 5와 모든 7로부터 모든 종류와 모든 양으로, 일반화의 일반화를 하고 있는 것이다. 이것은 단순히 내적 일반화가 아니라 메타일반화, 일반화의 일반화이다. 이러한 상위일반화는 분명 우리가 이미 숙달한 일반화 과정을 의식적으로 파악할 때 가능한 것이다.

5-1-127] 어린이는 교육의 매우 이른 단계에 십진법 체계를 숙달합니다. 그러나 우리에게 십진법 체계는 여러 수 체계 중 구체적인 한 사례입니다. 우리는 십진법 체계가 여러 수 체계 중 구체적인 한 사례라는 것을 이해합니다. 어린이에게 있어, 십진법 체계는 유일하게 존재하는 체계입니다.

5-1-128] 이제 묻겠습니다. 십진법 체계가 전체 체계의 구체적인 한 경우로서 존재할 때는 십진법 체계만 존재할 때와 같습니까? 여러분은 이것이 전혀 같지 않음을 이해할 것입니다. 첫 번째 경우, 십진법 체계는 다른 체계와 관련하여 존재하고, 그것과 관련된 좀 더 일반적인 개념으로 존재합니다. 그리고 이 개념이 다른 개념들의 체계 안에 포함될 수 있을 때 훨씬 더 복잡하고 정교한 관계가 존재합니다.

5-1-129] 공동일반화는 다른 개념들과의 관계들과 연결된 공동일반화의 성장을 의미합니다. 나의 산술 조작은 나 자신의 산술 조작을 공동일반화한 만큼 더 자유로워집니다. 어린이는 5개의 사과와 5개의 배라는 의존에서 벗어났지만, 이제 산술 규칙에 완전히 의존하게 됩니다. 손다이크의 실험이 보여 주듯이, 어린이는 산술 조건을 절대 법칙으로

이해하고 이 법칙에 구속된다. 하지만 어린이는 우리의 기록 체계, 우리의 기호 체계(십진법-K)가 단순하고 간단한 체계임을 이해하는 만큼 그 모두를 더 자유롭게 사용하기 시작합니다.

5-1-130] 그렇다면 어린이의 선개념을 특징짓는 것은 무엇일까요? 어린이의 선개념에는 실재 대상에 대한 높은 수준의 추상화가 존재합니다. 즉 현실의 어떤 측면에 대한 높은 수준의 일반화가 존재하는 것입니다. 그렇게 말할 수 있습니다. 그러나 선개념이 그 자체의 작용에 대한 공동일반화를 포함하고 있을까요? 아닙니다. 선개념은 다음과 같이 특징지어집니다. 선개념은 다른 더 높은 영역으로의 전환에 대한 아주 약간의 일반화도 포함하지 않습니다. 이는 선개념이 의식적으로 파악될 수 없음을 뜻합니다. 이때 우리는 공동일반화되지 않은 선개념을 가지게 됩니다. 마치 대수에 산술 조작이 포함되다가 대수에서 의식적으로 파악되고 그 결과 의지적이 되는 것과 마찬가지로, 어린이의 선개념도 똑같이 후기 학령기에 이르러 대수와 학교 개념에서 의식적으로 파악되고 이들 영역에서 자유롭고 의지적인 행위가 일어나는 것입니다. 예를 들어 어린이에게 숫자 393을 써 보라고 합시다. 그는 393이라고 쓸 것입니다. 그가 다른 방식으로 쓸 수 있을까요? 어린이는 오직 한 가지 형태로 쓸 수 있습니다. 우리는 393을 400-7로 쓸 수도 있고, 수없이 많은 방식으로 쓸 수 있지만 어린이는 그렇게 하지 못합니다. 따라서 레메쉬는 특히 어린이가 여러 수를 어떻게 표현하는지 연구했고, 어린이가 오직 한 가지 방식으로만 쓸 수 있다는 것이 분명해졌습니다.

본문의 레메쉬Ремеш는 Е. Я. 레메즈를 가리키는 것으로 보인다.

*Е. Я. 레메즈(Евгений Яковлевич Ремез, 1896~1975)는 소비에트의 키예프 교육대학교에서 수

학을 가르치다가 나중에 근삿값 이론에 대해 연구했다. 이후에 그는 여러 교육대학교에서 일했다.

5-1-131] 따라서 의지는 일반화에서 자라나지 않습니다. 숫자 393을 분해할 수 있다는 사실을 이해한다면, 이 숫자가 무엇을 의미하는지를 안다고 말할 수 있을 것입니다. 만약 이것이 분해의 한 경우라는 것을 이해한다면, 그것은 백이 셋, 십이 아홉, 일이 셋임을 의미합니다. 나는 이것을 400 -7 등으로 확장할 수 있습니다. 하지만 분해의 한 사례임을 알지 못하고 이것이 수 분해라는 것을 이해하지 못한다면, 나는 이 행위를 의지적으로 조작한다는 것을 이해할 수 없을 것입니다.

의지가 공동일반화로부터 자라지 않는다는 비고츠키의 말은 의지가 자라기 위해서는 어린이가 기호를 사용하는 것만으로는 충분하지 않다는 뜻이다. 어린이는 기호 사용의 저변에 놓인 생각의 작용을 재생산할 수 있어야 한다. 어린이가 393이라고 쓰는 것은 충분하지 않다. 393을 300+90+3으로 확장할 수 있어야 하는 것이다.

5-1-132] 이와 같이 긍정적 측면에서 핵심은 동일합니다. 학령기 어린이의 생각의 특징은 어린이의 모든 행위에 대한 의식적 파악과 의지를 이끌 공동일반화가 존재하지만, 공동일반화 자체는 필연적으로 의식적으로 파악되거나 의지적이지 않다는 것을 보여 줍니다.

5-1-133] 그것이 바로 학령기 어린이 심리의 중심 특성이 무엇인가라는 질문에 대하여 생각이 긍정적 측면에서 주는 대답이 다음과 같은 이유입니다. 그 대답은 자발적 주의, 논리적 기억 즉 의식적 기억, 비의식적 생각 즉 비자발적 생각입니다. 이것이 바로 내가 말하고자 했던 모든 것입니다.

5-2 학령기 어린이의 생각

이 장은 1934년 5월 3일에 이루어진 강의이다. 비고츠키는 5월 9일 각혈을 하고 집으로 옮겨졌으며, 4주 후에 사망한다.

5-2-1] 지난번에 우리는 학령기 어린이의 심리 발달을 특징짓는 몇몇 일반적 계기들에 대해 말했습니다. 우리는 학령기 심리 발달 그림의 외적 측면이 다음과 같은 점에서 모순적임을 밝혔습니다. 즉 이 연령기는 고등심리기능 발달의 연령기이고(아무도 이 사실을 부정하지 않는다) 고등심리기능의 일반적 토대가 지성화에 있으며 (…) 기능들을 의식적으로 파악하고 의지적으로 조절하게 되는 것은 이러한 고등심리기능들이 가진 기본 특징입니다.

5-2-2] 하지만 이와 동시에 연구는 학령기 어린이의 지성과 생각 자체가 무의식적이고 비자발적 상태에 남아 있음을 보여 줍니다.

5-2-3] 바로 이러한 역설적 상태는, 내가 말했듯이, 지난 수년간 이론적 토론과 논쟁의 중심이 되어 왔고, 모든 다양한 학령기 이론들의 분기점이 되었습니다. 우리는 의식이 일반적으로 무엇인가에 대한 보다 올바른 이해에 기초하여, 이 역설적 명제를 설명하고자 했으며, 심리 기능의 의식적 파악이 의지적 행동 일반을 구성한다는 것을 보여 주려 했습니다. 따라서 예컨대 주의, 기억, 지각은 학령기에 의식적으로 파악

되고 의지적이 되지만, 생각만은 홀로 주요 발달의 최초 시기를 이제 시작한다는 것이 당연합니다. 왜냐하면 발달의 시작점에서 생각은 아직 완성되지 않았기 때문입니다. 생각 자체는 상대적으로 복잡한 지각, 기억, 주의, 그 밖의 다소 기초적인 기능들의 발달에 대한 전제 조건으로서 시작됩니다.

5-2-4] 그러므로 기초적 생각이 이 기본 주기를 돌파하기 시작했을 때, 먼저 그 주기를 완료해야만 하고 그런 후에만 의식적 파악의 대상이 될 수 있으며, 기능의 활동이 의식적으로 파악되고 의지적이 되는 더 높은 발달 단계로 넘어가는 것은 당연합니다.

5-2-5] 자, 내가 없는 동안 여러분이 매우 중요하고 가치 있는 자료, 즉 교수-학습과 연관된 학령기 어린이의 정신 발달을 연구했다고 알고 있습니다. 교수-학습이 어린이의 정신 발달 과정에 가져오는 변화들의 속도를 각 과목에서 교수-학습의 구체적 과정과 연결 짓고 이것과 관련된 다수의 구체적 자료들을 종합하여 어떻게 발달 과정 그 자체가 일어나는지를 연구했다고 나는 알고 있습니다.

> 이 문단은 이 장이 학령기에 관한 강의(5-1)의 후속 강의임을 나타낸다. 그 강의는 2월 하순에 진행되었고, 이 강의는 5월 초순에 있었다. 따라서 비고츠키는 한 달 이상 자리를 비운 것으로 보인다. 비고츠키는 헤르첸 교육대학교 학생들의 연구에 근거한 『생각과 말』 6장 4절의 자료를 언급하는 것으로 보인다.

5-2-6] 만약 여러분이 지금까지 해 온 것을 요약한다면, 내 의견으로는 그것이 여러분과 우리로 하여금 심리적 발달 문제의 출발점을 결정할 수 있도록 해 주었습니다. 여러분은 정신 발달 경로와 정신 발달이 일어나는 기본적이고 구체적인 형태를 구성하고 연구했습니다. 그리고 우리는 그것들이 시작으로 삼은 출발점이 무엇인지, 어떤 경로를 통

해 흘러가 그것들이 정신 발달을 일으키는지, 학령기에 어떤 중심적 신형성이 생겨나는지, 학령기 어린이의 의식과 현실과의 관계가 어떻게 재구조화되는지, 발달 시기로서 학령기 말에 그것들이 어떻게 소진되며, 그에 따라 어떻게 전체 발달 상황의 재구조화를 강제하고, 위기이자, 이행적 연령이자, 후속 연령인 성적 성숙의 시대로의 문을 열어 가는지 보기 위해 이 발달의 산물을 고찰하고 연구할 것입니다. 오늘 나는 이러한 기본 신형성들의 발달 결과에 초점을 맞출 것입니다. 여러 번 이야기했듯이, 내가 보기에 각 연령기의 주요 신형성은 그 연령기의 끝에 나타납니다. 그 연령기의 내용은 이러한 신형성의 출현에 놓여 있습니다. 이것이 미리 주어질 것이라 기대하기는 어렵습니다. 오히려 끝에 나타납니다. 이러한 중심적 신형성은 언제나 어린이와 인격의 관계, 환경과의 관계, 현실과의 관계 속에서 총체적으로 올바르게 고찰되어야 합니다. 따라서 내가 보기에 중심적 신형성은 언제나 어린이의 어떤 새로운 의식 구조와 연결되어 있습니다. 의식을 단지 주관적 체험의 총합으로 이해하는 것이 아니라 엄밀한 의미로 이해한다면, 우리는 의식에 대한 단순한 심리적 이해를 훨씬 뛰어넘어 가장 넓은 의미에서 현실과의 관계, 인간에게 전형적인 현실과의 관계, 현실에 대한 의식적 관계로 취급해야 할 것입니다. 이것이 새로운 의식 구조를 구성하는 일반적 신형성이며, 학령기 말에 어린이에게 나타납니다.

5-2-7] 이 새로운 의식 구조에 관한 어떤 모호한 관념을 얻기 위해, 우리는 분석으로 시작해서 더 작고 특수한 일련의 문제 전체를 제기해야 하며, 이것이 이 문제에 대해 최종 해답을 제시할 수 있게 해 줄 것입니다. 이 문제는 끝으로 미루어 둘 것이며, 지금은 후에 이 문제에 답할 수 있게 해 줄 알려진 자료들을 모을 것입니다.

5-2-8] 기본적이고 중심적으로 보이는 것으로부터 시작하겠습니다. 내가 간간히 여러 번 언급했지만 후속 명제를 분명히 하기 위해 매번

상기해야만 했던 것을 몇 마디로 다시 언급하고자 합니다. 나는 다음과 같이 상상합니다. 의식은 언제나 모종의 현실에 대한 반영입니다. 이 문제를 벗어나서는 그 어떤 과학에서도 의식을 관찰하는 것이 불가능해집니다. 그러나 내가 보기엔 모든 문제를 끔찍하게 단순화하는 사람들이 아니라면 어느 누구도 의식이 언제나 동일한 방식으로 현실을 반영한다고 말하지 않을 것입니다. 의식은 언제나 현실을 반영하지만 그 방식이 동일한 것은 아닙니다. 만일 의식이 특별히 정해진 하나의 방식으로 현실을 반영한다면 의식 발달이란 있을 수 없습니다. 의식은 거울처럼 현실을 반영하는 것이 아니라 다양한 방식으로 반영합니다. 발달의 각 단계에서, 계통발생과 개체발생의 영역 모두에서 의식은 현실을 다르게 반영합니다. 우리 모두는 무생물체로부터 감각 있는 생물체로의 이행이 변증법적 도약인 만큼 감각에서 생각으로의 이행도 변증법적 도약이라는 자주 인용되는 레닌의 말을 알고 있습니다. 이 말은 의식에 현실을 반영하는 다양한 방식을 고려하는 것이 이론적으로 옳다는 것을 분명히 보여 줍니다.

5-2-9] 감각은 현실을 반영하는 원시적 형대의 의식일까요? 의심의 여지가 없이 그렇습니다.

5-2-10] 가장 고등한 의식 활동 형태로서의 생각은 인간에게만 고유한 것일까요? 네, 의심의 여지가 없이 생각도 반영을 하지만, 만약 감각으로부터 생각으로의 전환이 변증법적 도약, 즉 새로운 것의 출현이라는 것을 인식한다면, 생각은 감각과는 원칙적으로 다른 방식으로 현실을 반영한다는 말이 됩니다.

5-2-11] 여러분은 인식이론과 논리의 문제를 오랫동안 생각해 왔으므로, 생각에 의한 현실 반영이 자신의 경험에 의한 가장 경험적인 현실 반영보다 얼마나 더 높은 곳에 위치하는지 알고 있을 것입니다. 그리고 내가 보기에 심리학에서 의식이 현실을 단계마다 다르게 반영함

을 인정하는 것이 마땅할 뿐 아니라 필수적입니다. 이것이 첫째 명제입니다.

> 비고츠키가 여기서 말하는 인식이론(гносеология, gnosiology)은 인식론(эпистемология, epistemology)을 포함하는 더 넓은 이론이다. 인식이론은 인간의 경험뿐 아니라 동물의 경험까지도 포함한다. 우리가 생각(연역, 귀납)을 통해 아는 것뿐만 아니라 느낌(지각, 감각)을 통해 아는 지식도 포함한다. 따라서 인식론은 인식이론의 일부이며, 특히 인간에 대한 인식이론이라고 할 수 있을 것이다.

5-2-12] 이제, 거칠게 말해, 현실을 다르게 반영한다는 것은 무엇일까요? 내가 보기에, 현실을 인간 의식에 반영하는 양식, 유년기 의식 발달의 핵심이 되는 양식, 매번 감각으로부터 생각—현실에 대한 가장 고등한 반영 형태, 즉 의식을 현실에 반영하는 새롭고 인간적인 양식으로서의 생각—으로의 변증법적 이행과 연관된 양식에서 가장 본질적인 것은 공동일반화된 현실을 의식에 반영하는 것입니다. 심리학적 관점에서 보면 감각에서 생각으로의 이행은 무엇보다 공동일반화되지 않은 현실이 아니라 공동일반화된 현실을 의식 속에 반영한다는 것을 의미합니다.

5-2-13] 어떤 고찰이 이를 지지하며, 어떤 고찰이 이를 학령기 어린이에게 적용하게 해 줄까요? 나는 우리가 그렇게 믿도록 이끌어 주고 모든 연구 자료를 통해 실증된 세 가지 기본적 고찰을 제시하고자 합니다. 어쨌든 나는 이러한 생각을 폐기시킬 만한 어떤 이론적 실천적 고찰도 … 알지 못합니다.

> 본문에 나오는 '세 가지 고찰'은 사실 5-2-21~5-2-24에 가서야 제시되며, 그것도 세 가지가 아닌 네 가지이다. 공동일반화와 의사소통

의 공동 진화共進化, 낱말 의미 발달의 지그재그적 본성, 어린이 내관의 성장, 어린이 의식과 동물 의식의 근본적 차이이다. 그러나 비고츠키가 지적하듯, 이 세 가지는 실제로 서로 밀접하게 연결되어 있기 때문에 그것을 세 가지라 말하든 네 가지라 말하든 별로 중요하지 않다. 오히려 혼란스러운 것은 이어지는 일곱 문단이다. 거기서 비고츠키는 공동일반화와 의사소통의 관계에 관해 이야기한 후, 의식의 사회적 본성에 관한 좀 더 일반적인 주장을 제시한다. 비고츠키의 제자들과 마찬가지로 독자들 역시 이러한 비일관성에 익숙해져야 할 것이다. 다행히도 이러한 비일관성은 표면적인 것이다. 알다시피 비고츠키는 발달이 분화의 과정임을 믿으며, 그의 강의도 뒤로 갈수록 분화한다. 비고츠키는 몇 개의 상호 연관된 부분을 가진 크고 복잡한 생각을 먼저 제시한 후 분화시킨다. 비고츠키는 거의 항상 세 부분으로 분화시키는데, 그 생각들이 통합적이고 복합적인 까닭에 때로는 셋보다 작거나(5-2-12~5-2-20) 종종 셋보다 더 많은(5-2-21~5-2-24) 경우를 보게 된다.

5-2-14] **첫 번째 고찰**, 이것은 이미 내가 여러 번 말했던 공동일반화와 의사소통의 관계입니다.

5-2-15] 인간 의식에서, 현실을 반영하는 인간 고유의 양식에서, 가장 전형적이고, 가장 기본적이며, 가장 중요한 것은 무엇입니까?

5-2-16] 이 의식의 사회적 역사적 본성입니다.

5-2-17] 내가 예전에 말했던 사실을 여러분을 위해 지금 상기시켜 보겠습니다. 인간의 의식은 개별적 발달의 산물이 아니라 인간 사회의 역사적 발달의 산물입니다. 따라서 인간 의식은 사람들 간의 상호작용에서 출현하고, 성장하고, 변화합니다. 즉, 각자가 자기 머릿속에서 자신의 의식을 성장시키고 그 최종 산물을 의사소통하는 식으로 일이 일어나는 것이 아니라, 의식이 상호작용 과정을 통해서 그 기본 기능들을 키우고 창조하는 것입니다. 이 사실은 자세히 설명되어야 하며, 우리가

인간 의식이 현실을 반영한다고 말할 때 비중 있게 다루어져야 합니다.

5-2-18] 나는 실험적 분석과 이론적 분석 모두가 공동일반화와 상호작용이 하나의 동일한 것의 두 측면이라는 것을 보여 준다고 말했습니다. 일반적인 의미에서 상호작용은 공동일반화와 연결되어 있을 때에만 가능합니다.

5-2-19] 오랫동안 우리는 말과 기호 없는 상호작용, 다시 말해 무의식적 상호작용은 … 불가능하다는 사실을 종종 언급했고 잘 알고 있습니다. 그리고 비교적 최근에 우리는 공동일반화 없는, 다시 말해 기호뿐 아니라 기호 가치가 없는 상호작용이 불가능하다는 사실에 주의를 기울이기 시작했습니다. 예를 들어 보겠습니다. 내가 잊으면 안 되는 무언가를 기억하기 위해 매듭을 묶는다고 상상해 봅시다. 이것이 기호일까요? 네, 내가 보기엔 그렇습니다. 이 매듭을 보고 여러분은 내가 상기하려는 것이 무엇인지 알 수 있을까요? 아니요. 그럴 수 없습니다. 이 기호는 하나의 고립된 생각, 고립된 수단이며 여러분이 해석할 수 없는 기호입니다. 우리는 이를 고대인들이 사용한 많은 매듭 기록에 대한 연구나, 지금도 역사적 발달의 하위 단계에 있는 사람들에 의해 활용되는 매듭 기록에서 매우 잘 볼 수 있습니다.

여기서 비고츠키의 생각은 매듭이 나무 막대기에 낸 칼 자국, 손가락에 묶은 실, 손수건 매듭과 같이 사적 암호로 기능한다는 것이다. 여기에는 기호는 있지만 공동일반화는 없다. 왜냐하면 낱말 의미가 없기 때문이다. 키푸(결승문자)는 남아메리카의 잉카 제국에서 발견되었으며 하와이와 중국에서도

1615년 잉카 제국의 회계사였던 키푸카마요크, 누에바 코로니카. 그림 왼쪽 아래에 주판이 보인다.

발견되었다. 남아메리카의 키푸는 입말과 아무런 관계가 없으며, 숫자나 장소를 나타낼 뿐이다. 서사적 키푸는 알려진 바 없지만 타인이 그것을 이해할 수 없다는 것은 사실이 아니다. 키푸 전문가인 '키푸카마요크'는 잉카 문명의 전문 회계사 같은 존재로서 키푸를 해독할 수 있었다.

5-2-20] 여러분은 멕시코에 소위 (…) 즉 밧줄에 묶인 매듭으로 이루어진 주 정부 연대기 책이 존재했다는 것을 들었을 것입니다. 그러나 누가 그것을 읽을 수 있을까요? 그것을 묶은 사람들만이 읽을 수 있었을 것입니다. 그 기호가 단 하나의 고립된 사물을 가리키고 어떤 공동 일반화도 포함하지 않는 발달 상태에 있는 한, 그것은 아직 인간의 낱말이 아니며 본질적이고 인간적 의미에서 사람들 간의 그 어떤 의사소통의 가능성도 배제합니다. 우리가 청소년들에 대해 말할 때나 심지어 오늘 학령기 어린이들에 대해 말할 때, 나는 여러분에게 그 어린이들을, 한편으로는 그 어린이들과 다른 어린이들 간의 다른 한편으로는 그 어린이들과 어른들 간의 새로운 일반화 형태로 이끄는 것이 이러한 공동 일반화 단계임을 보여 주고자 합니다.

멕시코에서 키푸(결승문자)가 사용되었다는 기록은 찾을 수 없다. 마야인들은 적어도 기원전 300년 전에 진정한 쓰기 체계를 발달시켰기 때문에(오른쪽 그림 참조), 멕시코인들이 비고츠키가 묘사하고 있는 키푸를 이용했을 가능성은 별로 없어 보인다. 따라서 비고츠키가 본문에서 멕시코라고 말하는 것은 페루(잉카 제국)로 보이며, 주 정부 연대기 책 또한 회계 장부를 가리키는 것으로 보인다.

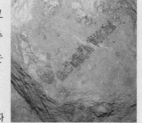

기원전 300년 산 바르톨로 마야 상형문자

5-2-21] 현실을 의식에 반영하는 공동일반화 방식을 어린이 의식 발달의 가장 중요한 내용으로 간주하도록 하는 **첫 번째 고찰**은 다음과 같습니다. 의사소통을 연구할 때, 나는 인간 고유의 역사적 특징인 의사소통과 연결되어 있는 의식 활동이 확장되고 성장하며 건설되고 심화되는 것을 봅니다. 의사소통 없이는 역사적 존재로서의 인간이 나타날 수 없었을 것입니다.

5-2-22] **두 번째 고찰**은 이와 매우 밀접하며 말과 연결되어 있습니다. 각 낱말은 레닌이 공식화하듯이 공동일반화입니다. 레닌이 지적하듯 공동일반화는 또한 원칙적으로 다르게 현실을 반영하는 방법이며, 이는 거울처럼 그대로 찍어 내는 죽은 복제품이 아니라, 현실로부터 비행하여 그 속에 환상의 조각을 포함하는 현실로 회귀하는 지그재그적 운동입니다. 말은 한편으로 의사소통에 연결되어 있으나 다른 한편으로는 현실을 반영하는 새로운 방식과 연결되어 있습니다. 그는 또한 현실을 반영하는 양식으로의 공동일반화가 어린이 의식 진화 연구의 선봉에 놓일 수 있다고 말했습니다.

5-2-23] **세 번째 고찰**은 현실과 어린이의 관계라는 의미에서 연령마다 인간 고유의 특성의 증가, 즉 세계에 대한 지각, 세계 속에서의 활동, 어린이가 자신과 맺는 관계, 자기의 내적 활동에 대한 지각, 어린이의 내적 활동성, 자신의 내적 심리 과정 경로의 확장에 토대합니다. 우리가 단계별로, 현실에 대한 인간 고유의 관계가 어떻게 발달하는지, 인간 고유의 활동 형태 다시 말해 자기 심리 과정의 의식적 파악, 즉 내관, 내적 활동 능력이 어떻게 발달하는지 살펴본다면, 우리는 그것이 언제나 공동일반화와 밀접히 연결되어 있음을 보게 될 것입니다.

5-2-24] **마지막으로,** 동물 의식의 영역에서 공동일반화의 흔적조차 볼 수 없다는 것은 의심할 여지없이 확립된 사실입니다. 동물에게 인간의 말을 가르치려는 모든 시도의 성공 여부에 무관하게 동물은 공동일

반화, 사회적 의미에서의 의사소통을 발달시키지 못합니다. 유인원의 새끼를 데려다가 공동일반화가 아닌 사회적 문화화로 시작한 미국의 어떤 학자들이 있습니다. 올해가 침팬지 새끼를 인간 아기와 완벽히 똑같은 환경 조건에서 키우는 이 대단한 실험의 세 번째 해입니다. 그들은 의사소통의 필요성을 만들었으며, 그 결과 다른 모든 것들이 연결되어 나타날 것이라는 믿음이 있었습니다. 그러나 비록 훈련이라는 점에서는 중요한 발전이 있다 하더라도 어린이와 침팬지의 차이로 인해, 이러한 종류의 시도가 근본적으로 부질없음이 점차 분명해질 것이라는 부정적 어조의 보고서가 이미 존재합니다.

> 여기서 언급된 실험은 L. 켈로그와 W. 켈로그 부부의 실험을 가리키는 것으로 보인다. 이들은 구아라는 침팬지를 자신들의 아들 도날드와 함께 남매처럼 키웠다. 1세 때 구아는 도날드보다 숟가락 사용, 말 잘 듣기, 컵으로 마시기와 같은 과제를 훨씬 잘 해냈지만, 이미 중요한 차이가 존재했다. 구아는 옷과 냄새를 인식했지만 도날드는 사람의 얼굴을 인식했던 것이다. 도날드는 16개월에 말을 시작했으나 구아는 말을 하지 못했다. 1932년 켈로그 부부는 실험을 종료했는데, 그 이유는
>
>
>
> 식사 시간에 도날드가 말 대신 구아의 소리를 흉내 내기 시작했기 때문이다. 구아는 다시 영장류 센터로 보내져 얼마 지나지 않아 열병으로 죽었다.
>
> 함께 노는 구아와 도날드, 1932년

5-2-25] 이 모든 것들은 의식과 후속 발달 과정에서 일어나는 그 변화들에 관한 연구로 나아갈 때 무엇보다 먼저 다음의 질문을 할 수 있도록 해 줍니다. 각 연령기에는 고유한 혼합적인 생각 방식을 성취하도

록 해 주지만 학령기 어린이에게는 개념 분류, 증명, 숙고를 통해 지식을 받아들이는 태세가 출현하도록 해 주는 것은 무엇일까요. (…)

이 문단에는 빠진 부분이 있다. 앞서 비고츠키는 의식이 서로 다른 방식으로, 서로 다른 발달 계기에서 현실을 반영함을 보여 주는 네 가지 고찰을 제시했다. 역사적으로 타인과의 상호작용에 의존하는 의식의 의존성, 우리가 동시대 사람들과 공유하는 공동일반화, 내관, 그리고 이 세 가지가 결핍되어 결코 말을 할 수 없는 동물의 의식이 그것이다. 이것이 이 문단의 질문, 즉 유아기의 원시적 우리와 같은, 특정 연령기의 고유한 혼합적 생각 양식에 도달하게 해 주는 것은 무엇이며, 어린이로 하여금 학교 교육을 받아들이게 해 주는 것은 무엇인가 하는 질문과 어떻게 이어지는가? 이어지는 문단의 내용은 이 질문에 대한 대답이 아니다. 비고츠키는 개념이 따로따로 숙달되는 것이 아니라 서로 연결되면서 나무 가지처럼 뻗어 나간다는 이야기로 넘어간다. 그러나 우리는 이로부터 빠진 부분의 내용이 어떤 것인지 추측할 수 있다. 어린이의 전개념적 이해는 어린이의 상호작용에 토대하고 있다. 따라서 어린이의 전개념적 이해는 어린이 자신과 그의 친구들의 생각 특성, 어른의 의사 개념적 생각 특성도 지니고 있다. 유아기 어린이는 타인이 자신의 의식을 공유한다고 생각할지 모른다. 초기 유년기 어린이는 구름이 날아다니니 살아 있는 생물이라 생각할 수 있다. 전학령기 어린이는 친구들이 하는 말을 따라 놀이는 모두 기술이 아니라 운이라고 생각할 수 있다. 그러나 바로 이 전개념적 생각이 어린이로 하여금 개념, 증명, 특히 수업의 대화를 배우는 것을 가능하게 해 준다. 어린이는 수업의 대화가 여전히 대화(의사소통)이기에 이해할 수 있으며, 수업의 대화가 수업(공동일반화)이기에 개념을 배울 수 있다. 기능 간 관계가 어린이의 모든 연령기의 심리 체계를 가능하게 하는 것과 마찬가지로, 개념 간 관계는 어린이의 개념 이해를 가능하게 한다. 이 개념 간 관계가 다음 문단의 내용이다.

5-2-26] 그러나 개념의 본성은 각 개념들이 언제나 서로 특정한 관

계를 맺으며 존재한다는 데 있습니다. 대략적으로 말해 생각 발달의 역사에서 각각의 개념들이 개별적으로 산출되어 그 후에 무리 지어 서로 간에 연결되는 식으로 나아가는 일은 결코 없습니다. 각 개념들은 다른 개념들의 영역으로부터 생겨나며 이미 자신의 내적 구조 속에 다른 개념들과의 특정한 관계의 기원을 가지고 있습니다. 나는 이 측면이 어린이 생각의 전체 역사에서 가장 중요하며 개념들 간 관계의 문제와 연결되어 있다고 말한 적이 있습니다. 개념들 간 관계는 현대 심리학에서 일반성의 관계라고 불려 왔습니다. 나는 여러분에게 이것을 몇 마디로 다시 상기해 보도록 하겠습니다.

5-2-27] 모든 어린이의 낱말 가치는 공동일반화이자 하나의 공동일반화입니다. 즉 하나의 개념은 언제나 다른 개념과 정해진 일반성의 관계를 맺습니다. 한 개념은 더 일반적이고 그 속에 전 범위의 개념을 포함하여 하위(상위-K) 개념이 되거나 (…) 아니면 이 개념은 하위의 특수 사례로, 일련의 다른 특수 개념들과 함께 이 일반성의 부분으로 들어가 종속되거나… 아니면 이 개념은 다른 개념과 동일한 일반성의 관계를 맺어 어떠한 상위 개념에 종속됩니다. … 이때 우리는 이들을 동위종속이라 말합니다. … 즉 이들은 동일한 일반성의 개념입니다. 생각에 대한 분석은, 생각은 언제나 특정 발달 단계에 개념들 간 가능한 일반성의 관계를, 근접한 요소들을 통해 다양한 형태로 맺는다는 것을 보여 줍니다. 이것을 더 분명하고 구체적으로 만들고 여러분이 학령기로 직접 넘어갈 수 있도록 하기 위해, 나는 여러분과의 논의에서 간략하게 언급했던 두 가지 고찰을 제공하고자 합니다.

5-2-28] 그들 중 하나는 학령기와 직접적인 관계를 맺고 있습니다.

5-2-29] 마치 한 극점에는 최대로 구체적이며 가장 시각 도식적이고, 단일한 사실—이 개념을 반영하는 사실이라는 의미에서 현실과 가장 밀접하게 연결되는 최소로 종속되는 개념이 존재하는 반면, 다른 한

극점에는 이러한 활동성의 가장 광범위한 영역을 포함하는 최대로 추상적이며 일반적인 개념이 존재하여, 이 축이 (그리는) 것을 따라 모든 다른 개념들을 배치하는 사태를 우리는 상상할 수 있습니다. 개념이 이 축에서 차지하는 위치는 지리적 비유를 사용하여 개념의 경도로 비유적으로 부를 수 있습니다. 따라서 특정 개념의 경도는 특정 개념에 포함된 구체적이고 추상적 계기의 독특한 조합이나 통합으로 나타낼 수 있습니다. 이느 개념에서든 구체적 계기와 추상적 계기 모두가 포함되지만, 어떤 개념도 현실로부터 완벽하게 분리되는 추상이 아니라 언제나 현실로 돌아갑니다. 다양한 개념은 다양한 정도로 지그재그를 수행합니다. '장미', '꽃', '식물', '유기체'와 같은 개념들을 (임의적으로) 취한다면 여기서 내가 경도상 일련의 올라가는 위치에 따라 개념들을 구성했다는 것이 분명해집니다. 가상의 경도에서 이 개념들은 경도선을 따라 올라가며 배열됩니다.

비고츠키는『생각과 말』6장의 중심을 차지하는 '일반성의 정도'를 도입한다. 이는 어린이의 낱말 가치가 어떻게 진개념으로 발달하는가에 대한 그의 설명이다.『생각과 말』5장과는 달리 그것은 복합체를 기반으로 하지 않는다(노동 학교가 폐지된 후 소비에트에서 복합체를 가르치는 것은 금지되었다). 복합체와 달리 그것은 진개념으로 가는 일반화와 추상화의 명확한 경로를 보여 준다. 일반성의 정도는 두 극을 가진 지구 모양으로 표현될 수 있다. 한 극은 물리적 대상이다. 우리는 이 극에 있는 대상들을 가리키거나 이름을 붙인다. 그러고 나서 우리가 북쪽으로 이동함에 따라 대상은 점점 일반화된다. 저 장미, 한 장미, 장미. 적도를 넘어서면 우리는 더 이상 그 대상을 그림으로 표현할 수 없다. 꽃, 식물, 생물, 물질, 마침내 수까지. 이런 식으로 일반화 이상의 것이 포함된다. 이것이 추상화이다. 우리가 '위도'라고 부르는 것을 비고츠키는 '경도'라는 용어를 사용한다. 이는 비고츠키가 경도선 위의 값, 즉 극이나 적도에서 얼마나 멀리 떨어져 있는지를 생각하고 있기 때문이다.

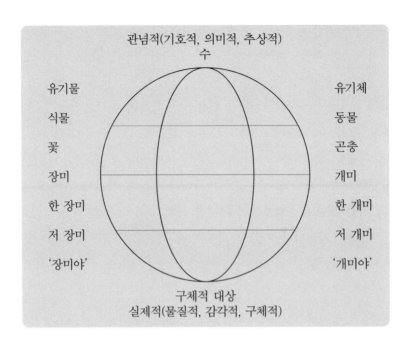

관념적(기호적, 의미적, 추상적)

수

유기물	유기체
식물	동물
꽃	곤충
장미	개미
한 장미	한 개미
저 장미	저 개미
'장미야'	'개미야'

구체적 대상
실제적(물질적, 감각적, 구체적)

5-2-30] 꽃: 장미, 제비꽃, 은방울꽃. 질문이 생겨납니다. 이러한 개념들의 경도상 위치는 동일합니까? 똑같습니다. 그들은 모두 더 일반적 개념의 특별한 경우들입니다. 그들은 현실의 다양한 영역을 반영합니다. 개념들은 언제나 위도, 현실의 구체적인 부분과의 관계로 규정됩니다. 현실은 개념에 표상되며 개념은 현실을 반영합니다. 이 관점에 따르면 각각의 개념들은 항상 개념 체계상 그들의 위치를 결정하는 특정한 경도와 위도로, 개념의 발달된 체계 속에서 특징지어질 것입니다.

5-2-31] 이러한 개념의 경도 위도는 개념의 일반성의 정도에 대한 실험적 연구에서 얻은 이름입니다. 모든 개념은 저마다 일반성의 정도, 즉 구체적 추상적 계기들을 둘러싼 고유한 조합, 고유의 추상화 정도, 그것이 나타내는 고유한 현실 영역을 가지고 있습니다. 이 위치는 개념의 일반성의 정도를 특징짓습니다. 이 개념들 간의 관계는 그 개념들의 일반성 간의 관계입니다. 예를 들어 꽃은 장미에 대해서 일반성의 관계

를 가집니다. 이것에 주의를 기울인다면 둘째 계기로 넘어갈 수 있을 것입니다. 내가 보기에 이 둘째 계기는 개념들 간의 관계가 어떻게 발달하는지 하는 문제를 더욱 명확하게 해 줍니다. 연구들은 이 일반성의 관계가 두 가지 기본 속성을 가지고 있음을 보여 줍니다. 첫째, 개념들 간의 관계가 성인 생각의 발달 속에 이미 존재하고 있다는 사실, 즉 각각의 개념은 그 자체로 현실의 일부를 반영하는 것이 아니라 경도와 위도를 통해 개념 체계의 한 지점을 가리킨다는 것입니다. 따라서 그 개념은 그 속에 하나의 개념으로부터 다른 개념으로의 이행 가능성을 가지고 있습니다. 이 사실은 가능한 모든 인간의 생각 형태를 변형시키는 중심점을 이룹니다.

5-2-32] 어떤 사람이 가진 개념들 간의 관계 체계에 따라 특정 영역에서 그의 생각 작용 반경이 결정됩니다.

5-2-33] 우리는 학령기 어린이의 산술 개념들이 전학령기 어린이들의 일반적인 양의 표현과 어떻게 다른지 이야기한 바 있습니다.

5-2-34] 전학령기 어린이는 물론 초기 유년기의 어린이조차 자신의 손가락이 5개라는 것을 알고 있으며 2와 3을 구분하고 4개의 블록을 모을 수 있고 대상의 무리를 인식합니다. 3, 4, 5세 어린이에게 존재하는 4나 5의 개념과 첫 해의 교수-학습을 마친 학령기 어린이에게 존재하는 5개념은 어떻게 다를까요?

5-2-35] 첫 번째 차이는 5의 산술적 개념은 다른 나머지 산술적 개념과의 관계를 그 내용으로 포함하고 있다는 것입니다. '5'를 예로 들어 봅시다. 5는 여러분을 개념 체계의 특정한 지점에 위치시키며 여러분에게 이 개념이 나머지 모든 것에 대해 가지는 모든 의미를 제공한다는 것을 의미합니다. 5는 우리에게 4보다 1 큰 수이고 6보다 1 작은 수입니다. 여러분은 5를 어떤 방법으로 표현할 수 있습니까? 여러분은 이를 무한한 방법으로 표현할 수 있습니다. 즉, 주어진 개념은 나머지 개념을

통한 이동과 측정의 가능성을 보유하고 있습니다. 따라서 여기 개념 등 가성이라 불리는 법칙이 나타납니다. 5는 25의 제곱근, 125의 세제곱근, 5000 대 1000의 비율 등등입니다. 이 모두가 5입니다. 5는 모두와 결정된 관계를 가집니다. 그런데 어째서 학령기의 5에 대한 개념은 전학령기보다 더 충실한 내용을 가지는 것일까요? 형식논리적으로 우리는 어떻게 공동일반화를 설명할까요? 개념이 더 일반화되고 더 추상화되면서 그 범위가 확장되지만 내용에 있어서는 더욱 분명해집니다. 베르트하이머는 원시적 산술이 우리의 산술보다 우월하다는 것을 보여 주기 위한 시도로 특별한 연구를 실시하면서, 원시적 산술이 더욱 생생하고 내용상 더욱 풍부하다고 주장했습니다.

*M. 베르트하이머(Max Wertheimer, 1880~1943)는 코프카, 쾰러와 함께 형태주의 심리학의 창시자이다. 그는 베를린의 슈툼프와 뷔르츠부르크의 퀼페에게 수학했다. 1910년 그는 첫 번째 주요 실험에서 두 개의 불빛을 연달아 반짝이면 어째서 하나의 불빛이 왔다 갔다 움직이는 것처럼 보이는지 설명하고자 했다. 이는 우리가 개별 물체보다 전체 구조를 받아들이려는 경향이 있음을 보여 준다. 이 전체론적 생각은 원시적 산술을 수를 세어서 분석하는 것보다 선호하는데, 이는 어린이의 원시적 산술이 전체론적 지각(양을 한눈에 파악하는 것)에 기초를 두고 있기 때문이다. 비고츠키는 형태주의 심리학자들을 비판적으로 수용한다. 비고츠키의 일반성의 정도는 분명 형태주의적 생각이며, 베르트하이머 역시 일반성의 정도에서 개념들의 위치가 바뀌면서 '생산적 사고'가 발달한다는 생각을 발전시켰다. 비고츠키의 방법은 확실히 형태주의와 마찬가지로 전체론적인 것처럼 보인다. 하지만 그는 형태주의 학자들처럼 저차적 심리 기능들을 강조하고 언어를 무시지는 않았다. 더 나아가 비고츠키는 구조를 기능으로, 기능을 역사로 설명했다.

5-2-36] 우리에게 5는 분화된 개념이지만 발달된 수 개념이 없는 사람에게 이것은 다섯 손가락, 다섯 명의 가족 수 등과 같은 종류의 것입니다. 그는 전학령기 일부 어린이들이 얼마나 학령기 어린이보다 더 따뜻한 감정으로 물들이고 덧입히는지 보여 주는 실험들을 제시했습니다. 5가 무엇인지를 물었을 때 전학령기 어린이는 학령기 어린이보다 대답을 잘 못하지만, 기계적으로 대답하는 학령기 어린이와는 달리 전학령기 어린이는 생각하면서 "5는 때때로 라일락꽃에 있는 꽃잎 수일 거야"라고 말하거나 혹은 주어진 내용으로 채색되고 덧입혀진 다른 것으로 대답합니다.

5-2-37] 우리가 산술적 개념 '5'가 더욱 풍부하며 일반적으로 표상되는 '5'보다 내용상 더 빈곤하지 않다고 보는 이유는 무엇일까요? 이는 산술적 개념의 '5'가 다섯과 다른 모든 것의 연결을 포함하며, 어떤 하나가 그 자체로 존재하는 것이 아니라 다른 것들과의 연결 속에 존재하는 것이기 때문입니다. '5'는 공동일반화입니다. '5'는 공동일반화일 뿐 아니라 공동일반화들 사이의 관계입니다.

트럼프 카드를 생각해 보자. 한편으로, 이 카드에 적힌 두 개의 5는 다섯 개의 클로버 그림보다 '5'를 더 잘 전달한다. 클로버 그림은 오히려 혼란스러울 수 있다. 전체 클로버는 일곱 개이고, 그중 두 개는 매우 작다. 게다가 큰 클로버 다섯 개 중 두 개는 거꾸로 그려져 있다. 다른 한편으로, '5'는 클로버 6, 하트 5, 하트 6 등 다른 카드들과의 유사성의 관계를 명백하게 전달한다. 다섯 개의 클로버 그림은 단지 킹, 퀸, 에이스와의 연합적 관계만을 전달할 뿐이다.

5-2-38] 이로부터 등가성의 법칙이 나타납니다. 나는 5를 가지고 어떤 평가든 할 수 있습니다. 전학령기 어린이는 손가락이 5개이고 라일

락의 꽃잎이 보통은 4개이지만 5개도 난다는 것을 알고 있습니다. 그러나 이 어린이는 4가 큰지 5가 큰지는 알지 못합니다. 학령기 어린이는 압니다. 왜냐하면 이 어린이에게는 4와 5의 관계가 존재하기 때문입니다. 이 어린이에게 일반성의 관계가 존재하지 않을 때에는 불가능했던 생각 조작 능력이 발생합니다. 연구들이 보여 주었듯이, 이로 인해 개념을 규정하는 능력이 생겨납니다. 예를 들어 어린이에게, 개는 무엇인가? 정의는 무엇인가? 등과 같이 개념을 규정해 보라고 요구합니다. 개념을 규정한다는 것은 무엇을 뜻할까요? 만일 여러분이 어떤 개념과 또 다른 개념 간의 관계를 이해하고 있다면, 여러분은 그 개념과 동등한 것을 제시할 수 있을 것입니다. 그러나 여러분이 이 일반성의 관계를 가지고 있지 못하거나 그 관계가 잘 발달하지 못했다면, 규정할 수 있는 가능성은 매우 희박할 것입니다. 연구자가 보여 준 바에 따르면, 어떤 개념, 예컨대 뷜러의 연구에서처럼 포유류라는 개념을 말하면, 여러분의 마음속에는 무슨 일이 벌어집니까? 여러분의 마음속에서 벌어지는 일은 여러분이 어떤 포유류를 지각했을 때 벌어지는 것이 아니라, 오히려 325라는 말을 들었을 때 벌어지는 일과 비슷합니다. 포유류라는 말을 들었을 때, 나는 여러분이 지정한 구조적 위치를 감지합니다.

5-2-39] 나는 위쪽으로든 아래쪽으로든 갈 수 있습니다. 나는 옆으로 가서 이곳이 포유류가 속한 곳이라고 말할 수 있습니다. 이처럼 개념 규정에서 가장 먼저 출현하는 것은 체계 내의 위치, 그것이 다른 개념들과 가지는 관계, 주어진 개념을 다른 개념과 연결할 수 있도록 해 주는, 즉 그들의 개념 체계 속에서 이동할 수 있게 해 주는 지점입니다.

비고츠키는 그의 개념 위계를 논리적 구조, 즉 어떤 구조가 어떤 것을 포함하는지 단순하게 보여 주는 순수한 구조적 모델로 제시한다. 물론 우리는 그것을 기능적으로, 즉 우리가 원하는 일반성의 수준을 선택할 수 있도록 해 주는 체계망으로 제시할 수도 있다. 그러나 그 위계는 발달적으로 이해될 수도 있다. 비고츠키가 말하는 일반성의 관계는 분화의 산물이며, 분화는 발달의 산물이다. 예를 들어 아래 그림은 다윈이 『인간의 유래』를 출판하기 전해인 1868년에 기록된 다윈의 개인 공책에서 나온 것으로, 인간의 진화 계통도를 그린 것이다. 맨 밑에 '영장류'가 있고 첫 번째 가지는 여우원숭이이다. 그 왼쪽에 '구세계 원숭이'와 '신세계 원숭이'가 있고, 맨 왼쪽 위에 인간이 있다. 다윈의 스케치는 놀라울 만치 정확하다. 침팬지가 인간보다 오랑우탄에 더 가깝다고 가정하는 일반적 실수를 제외하면 말이다. 사실 침팬지는 우리와 더 가깝다. 우리는 이 '계통도'를 논리적 구조로 이해할 수 있다(여우원숭이, 구세계 원숭이, 신세계 원숭이는 모두 영장류에 포함된다 등). 또한 우리는 기능적으로 이해할 수 있다('영장류'는 포유류와 태생, 수유와 같은 기능을 공유하며, 구세계 원숭이는 인간이나 침팬지에게는 없는 기어오르기, 매달리기와 같은 기능을 지닌다). 그러나 최종적으로 기능적 차이와 구조적 차이를 설명해 주는 것은 발달이요, 역사이다. 블론스키가 말했듯이, 행동은 최종 분석에서 오직 행동의 역사로 이해될 수 있다.

5-2-40] 이러한 일반성의 관계는 발달된 인간 의식에서 생각의 토대를 이룬다는 두 번째 특징을 보면 이것은 더욱 명백해집니다. 모든 연령 수준마다 현실에 대한 자신만의 공동일반화를 가지고 있으며, 따라서 모든 연령 수준은 세계에 대한 일반화된 그림으로 의식 속에 현실을 반영하는 자신만의 방법을 갖고 있습니다.

5-2-41] 한 사례가 우리가 여기서 다루고 있는 문제를 명확히 해 줄 것입니다. 우리는 이미 자율적인 어린이 말, 즉 어린이가 옹알이에서 낱말로 하는 말로 이행하는 어린이 발달의 초기 단계에 대해 이야기했습니다. 어린이의 자율적 말에는 낱말들 간에 그 어떤 일반화의 관계가 존재하지 않으며, 낱말들은 서로 나란히 놓여 있습니다.

5-2-42] 나는 초기 유년기 어린이에게서 관찰한 것을 예시로 들었습니다. 이 시기는 보통 자율적 말이 지배적이지만 짧은 기간 동안만 그렇습니다. 나는 코니코바의 모든 자료를 짧게 고찰했고 전체적으로 이 법칙이 확증되는 것을 보았습니다. 나는 자율적 말에 머무는 어린이에게서 꽃과 장미같이 하나가 다른 하나 밑에 속하는 두 낱말이 나타나는 것을 본 적이 없습니다.

*T. E. 코니코바(Татяна Ефимовна Конникова, 1909~1975)는 비고츠키의 제자였으며, 1931년에서 1934년까지 헤르첸 교육대학교에서 비고츠키와 함께 근무한 동료였다. 코니코바의 박사학위 논문은 자율적 말의 이행적 단계에 대한 것이었고 비고츠키와 레비나가 공동 지도했다. 여기서 비고츠키는 코니코바의 박사학위 논문에 대해 언급하는 것으로 보인다.

5-2-43] 그러한 예를 들어 보겠습니다.

5-2-44] 한 어린이를 살펴봅시다. 이 어린이는 '탁자', '의자', '옷장', '소파', '책장'과 같은 낱말들을 알고 있었지만 어떠한 방식으로든 '가구'라는 낱말로 만들어 낼 수 없었습니다. '가구'라는 새로운 낱말을 만들어 낸다는 것은 단순히 한 낱말을 비슷한 낱말로 바꾸는 것이 아니라, 오히려 모든 낱말을 새로운 무언가에 종속시키는 것을 의미합니다. 우리가 그 어린이에게 이것저것이 가구라고 이야기해 주었을 때, 어

린이는 가구 아니야, 탁자야, 의자야 등이라고 말했습니다. 그런데 이 어린이는 옷의 이름을 풍부하게 알고 있었고, 그 속에는 심지어 나도 모르는 세부적인 옷의 이름도 있었습니다. 그는 장갑, 벙어리장갑, 모자, 코트들마다 많은 이름들을 알고 있었지만 이를 '옷'이라는 낱말로 확장하지 못했습니다. 우리와 함께 일하는 독일 동료가 입은 소매 없는 조끼를 처음으로 보고 그는 그것이 무엇이냐고 물었고 '옷'이라고 들은 후 그것은 '옷'이 되었지만, 다른 모든 것들도 옷이라는 것을 알지 못했습니다.

5-2-45] 이와 같은 경우를 다룰 때 여러분은 일반성의 관계로의 단순한 이행이 곧 어린이 발달에서 거대한 한걸음이 된다는 것을 볼 수 있을 것입니다. 우리는 어린이 말 발달 역사에서, 의미를 지닌 첫 낱말이 아니라 특정한 일반성의 관계에 위치한 첫 낱말이 나타난 순간에 중요성을 부여합니다.

5-2-46] 스턴은 인간으로서의 각 어린이의 운명은 의미를 지닌 첫 낱말에 있다고 해 왔습니다. 이것은 사실이 아닙니다. 의미를 지닌 첫 낱말은 많은 백치, 농아 … 또는 치우들에게도 나타날 수 있지만, 어린이의 운명은 자율적 말의 시기 끝에 이르러 나타나는 첫 일반성의 관계에 있습니다.

5-2-47] 요약하자면 우리는 다음과 같이 말할 수 있을 것입니다. 체계와 개념들 간 일반성의 관계가 존재한다는 것은 특정 연령기에 고유한 생각의 전체 특성을 규정하는 계기입니다. 그러나 이 일반성의 관계는 단번에 발달하는 것이 아니라 점진적으로 발현하고 우리는 각 연령 수준에서 고유한 일반성의 관계를 다룰 것입니다.

5-2-48] 이를테면, 연구들이 증명하듯, 초기 유년기 어린이에게 자율적 말이 아닌 낱말들이 언제나 밑으로부터, 예컨대 장미, 제비꽃, 은방울꽃으로부터 생겨나는 것은 아닙니다. 어린이는 꽃이라는 낱말을

장미보다 먼저 말합니다. 그러나 2세 어린이의 꽃과 장미의 일반성의 관계는 5~8세 어린이의 꽃과 장미 관계와는 다릅니다. 실험에 따르면, 자신의 고유한 낱말을 가진 2년 7개월 된 어린이는 이러한 낱말들을 일반 대 특수*가 아니라, 나란히 관계 지으며 하나가 다른 하나를 포함하지 않습니다. 반면 전학령기에는 언제나 일반성의 관계가 처리된 구체적 현실 영역과의 관계를 갖게 됩니다. 그럼에도 불구하고 그 모든 것에 대해 우리는 자연발생적으로 발달한, 즉 어린이의 자연적 경험에 대한 직접적이고 체계적인 교수-학습의 영향 없이 발달한 모든 어린이 개념 또는 일상적 개념으로 출현한 개념들은 전형적으로 다음과 같은 특징이 있다고 말할 수 있습니다. 이 개념들은 전형적으로 성인의 고유한 체계와 개념들 사이의 일반성의 관계를 결여하고 있으며, 우리 개념보다 더 빈곤하며 우리 개념들과는 다르게 구성됩니다. 완전히 다른 일반성의 관계가 존재하고, 때로 전혀 존재하지 않으며, 피아제가 간과했던 최초의 가장 기본적인 것이 교수-학습 과정과 연관하여 학령기에 관찰되는 학문적 개념으로의 이행과 더불어 나타납니다.

> '일반 대 특수*'에 코로타예바는 "속기록에는 없다"는 주석을 달아 놓았다.

5-2-49] 무엇보다 산술적 개념을 특징짓는 것은 무엇일까요? 체계입니다. 어린이들은 먼저 1을 배우고 그 후 2를, 그런 다음 3을 배울까요? 학문적 개념이 역사적으로 나타난 진개념이자 일반화로서 갖는 가장 중요한 본성은 각각의 개념이 규정된 개념 체계의 필수 부분이라는 것이며, 학교에서의 교수-학습과 학문적 개념 형성을 통한 가장 본질적이고 일반적인 산물은 매우 다양한 개념의 교수-학습 결과 기본적이고 가장 원시적인 모습으로 개념 체계 즉 개념들 사이의 일반성의 관계

에 상응하는 체계가 어린이에게 나타난다는 것입니다. 어린이 생각에서 먼저 습득한 개념이 나중에 획득하는 개념과 벽처럼 나뉘는 일은 없습니다. 먼저 획득된 것의 영역, 일상적 개념의 영역에서 이 체계는 어린이 개념이 기능하는 기본적인 형태입니다. 물론 이것은 단번에 완성되지 않으며 이 이행은 학령기를 거쳐 (…) 즉 학령기 끝에 이르러 비의식적 생각 현상이 나타납니다(피아제에 따르면).

> 마지막 문장은 피아제의 『어린이 판단과 추론』(1928)에서 인용된 것으로 보인다. 괄호 속 내용을 다음과 같이 추측해 볼 수 있다. 이 체계는 단번에 완성되지 않으며 학령기를 거쳐 자기중심적 생각을 완전히 사회화된 생각으로 교체하면서 이행이 일어나며, 학령기 끝에 이르러 비의식적 생각 현상이 나타난다.

5-2-50] 이제 두 번째 결론입니다.

5-2-51] 나는 우리가 어떤 영역에서 생각의 (발달의) 초기 형태들의 흔적을 발견했는지 말한 바 있습니다. 그것은 순수한 언어적 생각 형태의 영역입니다. 학령기 어린이처럼 개념들 간 일반화 관계 체계를 이해하지 못하는 한, 어린이의 생각은 해방될 수 없고 생각의 시각적-감각적 토대, 즉 지각과 기억으로부터 벗어날 수 없으며, 자신의 생각에 의존하기보다 어린이가 보거나 직접 경험에 의존할 때 더 쉽게 생각한다는 법칙이 유지됩니다.

5-2-52] 나는 체계와의 관계에서 그랬던 것처럼, 논의로부터 도출될 수 있는 그리고 학령기의 중심적 신형성에 대해 이야기할 때 염두에 두어야 하는 몇 가지 결론이 무엇인지에 대해서는 상세히 논하지 않겠습니다.

5-2-53] 어린이가 새롭고 고등한 형태의 공동일반화와 일반성의 관계로 이행한다고 해서 그것이 어린이가 새로운 단계의 상호작용에 도

달함을 의미하지 않으며, 학령기 어린이가 과학적 지식을 기초로 의사소통한다는 사실, 즉 현실에 관한 기본적인 과학적 증거를 통해 의사소통할 수 있다는 사실을 나타내지는 않습니다. 우리가 가르칠 때 생기는 이 오류는 이 문제에 대해서 항상 심리적으로 부딪치게 되는 것입니다.

5-2-54] 한 사례를 제시하겠습니다.

우리는 이 강의가 제2차 5개년 계획 기간 중에 있었음을 상기할 필요가 있다. 당시에는 소비에트 경제 부문과 더불어 교육에서도 그 수행결과를 고취시키자는 엄청난 압력이 있었다. 제1차 5개년 계획 (1928~1932)은 부하린(중국 스타일의 개혁을 주장했다)의 숙청과 동시에, 집산화로의 폭력적 전환기에 일어났다. 집산화는 4년 만에 계획을 완전히 달성하자는 주장과 동시에 나타났다. 1959년의 중국에서와 마찬가지로 이 '대약진 운동'은 실패로 끝났으면 비참한 기근을 가져왔다. 교육에서 '노동학교'는 맹렬히 비난받았으며 '개념 교수'로 대체 되었다. 그러나 비고츠키가 노동학교 시절 고등심리기능을 주장하면서 '주류에 대항했던' 것처럼, 그는 이제 어린이가 무조건 다 할 수 있다는 과대평가를 경계하면서 주류에 대항한다.

이 소비에트 포스터는 노동자에게 2 더하기 2는 4가 아닌 5라고 하면서, 5개년 계획을 4년에 달성하자는 이 불가능한 셈을 강조하고 있다.

5-2-55] 이것은 지금은 우리 눈앞에서 사라졌으며 이 문제에 대한 근본적 재구조화를 이끌었던 사회 과목에 대한 이야기입니다. 무엇이 과대평가되었을까요? 모든 것이 과대평가되었습니다. 첫째는 어린이의 공동일반화 능력입니다. (…)

5-2-56] 둘째로 우리는 어린이의 의사소통에 대한 가능성을 과대평

가했습니다.

5-2-57] 어린이와의 기본적인 의사소통 형태는 지식의 이동, 지식의 투입이며 이 모든 것이 그에게 가르쳐진다는 것이 잘 알려져 있습니다. 어린이가 낱말의 의미를 배우고도 이해하지 못하는 이유는 무엇일까요? 교사가 깊은 생각을 넘겨주어도 학생들의 머릿속에서는 얕아지고, 교사가 풍부한 생각을 넘겨주어도 학생들의 머릿속에서는 빈곤해진다는 표현에서 나타나듯이 여기서 전형적인 의사소통의 붕괴가 일어납니다. 의사소통의 깊이, 범위, 적절함이 무너지는 것입니다. 최근 연구에 따르면 이것이 교수-학습의 경로를 근접한 형태로 규정하고 학령기에 의사소통과 공동일반화의 체계를 가르치는 문제의 기저에 놓인 주요한 뿌리입니다. 그리고 여기서 학문적 지식의 습득이 가능해진다는 사실은 어린이가 공동일반화뿐 아니라 새로운 의사소통 단계로 올라섰지만, 고도의 이론적 일반화를 통해 의사소통이 가능해지는 단계까지는 아직 성장하지 못했다는 것을 보여 줍니다.

5-2-58] 나는 어린이가 공동일반화와 의사소통을 통해 이룬 이 새로운 구조와 연결하여 기능 간의 새로운 관계 체계가 존재한다고 말하고 싶습니다. 나는 생각이 처음으로 시각적-감각적 바탕으로부터 개념적 지각을 분리하고 자율적이 되어 독립적인 발달 주기를 시작한다고 이미 말했습니다. 생각이 순수한 생각으로의 이동 가능성을 여는 것입니다. 물론 순수하다는 것은 현실로부터 정신적으로 완전히 분리되었다는 뜻이 아니라, 매 걸음마다 근접한 시각적-감각적 토대에 의존한다는 뜻입니다. 현실을 반영한다는 의미에서 기본적으로 우리는 학령기를 시각적-감각적 현실 반영 양식으로부터 공동일반화적 양식으로의 이행기라 말할 수 있을 것입니다.

5-2-59] 사실 학교에 오기 전에도 공동일반화적 현실 반영 양식이 존재하며 학령기 어린이에게도 시각적 감각적 현실 반영 양식이 존재합

니다. 그러나 한때 지배적이었던 것이 이제 종속적인 것이 되었고, 한때 종속적이었던 것은 이제 지배적인 것이 되었습니다.

5-2-60] 여기서 우리는 어린이의 달라진 의식 구조를 다룹니다. 만일 우리가 현실 지각의 특징을 전체적으로 고려한다면, 즉 학령기 어린이에게 세상에 대한 어떤 그림이 나타나는지, 어린이에게 어떻게 내적 활동성이 발달하는지 등을 고려한다면, 지금까지 우리가 고려해 온 의식의 내적 구조의 변화뿐 아니라 어린이가 외적 현실이나 내적 현실과 맺는 관계들도 변했으며, 어린이의 외적 활동의 특징과 어린이의 내적 활동성의 특징도 변화했음을 볼 수 있을 것입니다.

5-2-61] 이것이 바로 내가 오늘 여러분에게 이야기하고자 했던 것입니다.

• 학령기

이 장에서 비고츠키는 강의의 막바지에 이른다. 5-2절은 확실히 비고츠키가 했던 마지막 강의들 중의 하나였고 아마도 최후의 강의였을 것이다. 따라서 어린이 발달에 관한 비고츠키의 언급은 원고로든, 강의로든 이것이 마지막이다. 청소년기에 관한 우리의 다음 책은 소비에트 전역의 교사들을 위한 원거리 통신 강좌의 일부로서 비고츠키의 5년 전 연구에 토대한 것이다.

비고츠키 아동학 강의에 대한 세 권(『성장과 분화』, 『연령과 위기』, 『의식과 숙달』) 중 『연령과 위기』의 출생과 유아기에 관한 장들만이 실제로 출판을 목적으로 쓰인 것이다. 다른 책들은 그의 강의에 토대한 것이다. 하지만 우리는 5장과 비교할 수 있는 다른 원고를 가지고 있다. 바로 그것은 『생각과 말』 6장으로, 이 강의와 거의 같은 시기에 집필되었고 비슷한 내용이 많다. 『생각과 말』 6장은 학령기 발달의 사회적 상황, 중심적 발달 노선, 주변적 발달 노선, 신형성을 추론하는 데 큰 도움이 된다.

7세의 위기 말에 '원시적 자아'의 ~척하기와 ~체하기는 학령기의 자존심과 자기 존중을 위한 토대를 남기며 사라진다. 그러나 비록 존중이나 존경과 같은 감정이 잘 자리 잡았을지라도, 자아 개념과 지성화된 개념은 아직 잘 발달하지 않았다. 한편으로 생각과 지성화 덕분에 어린이는 지각이나 기억과 같은 독립적 정신 기능을 완전히 분화시켰다(어린이는 감정 없이 지각할 수 있고, 지각 없이 기억할 수 있다). 그러나 다른 한편으로 지성 자체는 아직 분화되지 않아 의존적이고(어린이는 어떤 다른 기능의 관여 없이 생각할 수 없다), 어린이는 생각 자체를 생각의 대상으로 삼을 수 없다(어린이는 생각에 관해 생각할 수 없다). 한편으로 지각과 기억은 이제 완전히 자유 의지에 종속된다(어린이는 지각하기로 선택할 수 있고 심지어 기억술적 도움으로 기억하기를 선택할 수 있다). 그러나 다른 한편으로 지성 자체는 자유롭지 않다(어린이에게 있어 가만히 앉아 생각하는 것이 매우 어려우며, 한 가지 생각 방식 대신 다른 방식을 선택하여 생각하는 것은 거의 불가능하다).

진개념이 발달하기 위해서는 상위 인지 능력이 있어야 한다. 즉 생각 행위를 생각할 수 있어야 하는 것이다. 일반화는 범위가 정해져야만 하고 개념에 필수적이지 않은 부차적 특성은 추출되어 사라져야 한다. 그러나 생각 행위를 생각의 대상으로 만들 수 없는 어린이에게 어떻게 이것이 가능할까? 비고츠키는 생각 행위가 학교에서의 말하기와 쓰기의 대상이 될 수 있다고 대답한다. 이것은 『생각과 말』 6장에서 제시한 문해, 문법, 산술, 자연 과학, 사회 과학 등의 교과에 중심 발달 노선의 자격을 부여한다. 각각의 경우 어린이는 공동일반화(낱말 의미)뿐 아니라 구문의 가치, 즉 각 교과목에 고유한 의미 형성 방법들을 배운다. 자연과학 개념은 비고츠키가 지적하듯 나뭇가지처럼 뻗어 나간다. 그것은 상위어와 하위어로 이루어진 위계 구조를 지닌다(동물〉포유류〉토끼 또는 식물〉꽃〉장미). 『생각과 말』 6장에서 비고츠키와 쉬프가 연구한 당시 소비에트 초등 2학년 교과서에 나타난 인문학 개념, 사회과학 개념들은 수풀처럼 엉켜 사슬 복합체와 같은 방식으로 퍼져 있다. 어린이와 마찬가지로 인간들은 의식적 파악과 자유의지를 아직 자신들에게 적용하지 않았다.

이로부터 생각과 말하기만이 중심적 발달 노선이고 체육, 미술, 춤 등과 같은 신체적 활동은 주변적 발달 노선이라고 가정할지도 모른다. 그러나 반드시 그렇지는 않다. 특히 초등학교 말기 개념 형성을 위해서는 일반화뿐 아니라 추상화가 반드시 필요하다. 체육은 추상적 규칙을 좀 더 구체적으로 사용할 수 있게 해 준다. 앞서 어린이 말 습득을 통해 환경과의 관계가 단일한 신형성에 의해 어떻게 완전하게 재구조화될 수 있는지 보여 주었듯이, 비고츠키는 게임을 통해 한때 단순히 신체적이었던 활동의 추상적 규칙이 체험에 대한 어린이의 태도를 어떻게 완전히 재구조화하는지 보여 준다. 게임에서 생각은 말하기의 대상일 뿐 아니라 신체적 행동의 대상이 되기 때문에, 여기에도 의식적 파악과 숙달이라는 중심적 신형성에 이르는 경로가 존재한다. 생각 자체의 의식적 파악과 숙달로 발달의 사회적 상황의 핵심적 모순이 해결되고 13세의 위기가 시작된다. 하지만 비고츠키는 여기서 멈춘다.

이 장에는 두 개의 강의가 존재한다. 이 강의들 사이에는 적어도 한 달 간격이 있지만 이 둘의 내적 연결을 쉽게 볼 수 있다. 하나는 질문이며 다른 하나는 대답이다. 첫 번째 강의에서 비고츠키는 학령기 이해에 대한 몇몇 출발 계기들을 제공하고, 어린이가 발달의 사회적 상황에 가져오는 것을 매우 긍정적으로 그려 낸다. 기능들은 발달 순서대로, 제일 처음에는 지각이, 그런 다음 주의가, 그다음에는 기억이 명확하게 분화되고 성숙되어 어린이의 의식적 파악과 자유의지에 종속된다. 그러나 어린이가 지각적 이미지, 구조적 관계, 생각 중 어느 것을 더 잘 기억하는지 살펴봄으로써 발달 자체가 어떻게 일어나는지 보여 주는 연구를 소개하면서 비고츠기는 최고의 모순에 다다른다. 생각은 다른 어떤 재료들보다 더 잘 기억되지만 생각 자체는 의식적으로 파악되지도 않고 자유의지적이지도 않은 것이다. 두 번째 강의에서 비고츠키는 이것이 의식적 파악과 숙달에 대한 발달의 기본 노선이 먼저, 다른 사람들과의 정신 간 의사소통을 통해 진행되고 나중에서야, 발달하는 자아와의 정신 내적 공동일반화로 나아가기 때문이라고 말한다. 인식은 결코 거울처럼 반영하지 않는다. 각 연령기마다 현실에 대해 다른 그림을 제공하는, 현실을 공동일반화시키는 고유한 방식이 존재하며, 심지어 하나의 연령기에도 개념이 어떻게 상호 연결되어 있는지에 따라 서로 다른 단계들이 존재한다. 비고츠키는 "5개년 계획을 4년 안에 완수하라"는 국가적 캠페인의 한가운데에서 어린이에게 너무 많은 것을 요구하지 말라고 소비에트의 교육자들에게 용감하게 경고한다. 학령기 공동일반화는 청소년기의 고등한 이론적 일반화가 아니다.

I. 학령기 발달의 사회적 상황과 발달 노선

A. 발달의 사회적 상황. 비고츠키는 학생들에게 실천적이지만 단편적인 교수 학습 문제들(산술, 언어교수, 과학 또는 사회 같은)을 연구하기에 앞서 기초 입문서(예: 환경적 요소와

계급 의식에 주로 초점을 맞춘 잘킨트의 아동학 교재)대신 발달에 대한 좀 더 전체적 이해를 갖추어야 한다고 말한다(5-1-1~5-1-3).

    i. 비고츠키는 연령기상 학령기는 초기 유년기와 전학령기 뒤에 위치한다고 말한다(5-1-4). 각 연령기는 초기 유년기의 지각, 전학령기의 기억과 같이 그 연령기의 중심적 발달 노선으로 종사하는 하나 이상의 고도로 발달된 심리적인 기능을 가지고 있다(5-1-5~5-1-8). 하지만 그는 학생들에게 이러한 발달의 중심 노선들이 단지 서로를 연속적으로 대체한다고 상상하지 않기를 경고한다. 중심적 신형성으로 기능하여 다른 기능들을 종속시켰던 지각과 기억은 이제 완전히 발달했으며, 후속하는 필연적으로 더 약한 발달 노선들은 이제는 기존의 강한 발달 노선들과 경쟁해야 한다(5-1-9~5-1-20).

    ii. 비고츠키는 그런 다음 지성의 출현이 이러한 더욱 발달된 기능들에 대해 의미하는 것은 무엇인지를 묻고는, 이는 이들 기능들이 의식적으로 파악되며(5-1-21~5-1-25) 자유의지에 종속된다는 것을 의미한다고 답한다(5-1-26~5-1-40). 비고츠키는 동물의 지각과 비의지적 주의를 의미화되고 이제 의지적이 된 어린이의 주의와 비교하여 설명한다(5-41~5-1-51).

    iii. 기억으로 넘어가서 비고츠키는 더욱 놀라운 결과를 발견한다. 어린이들은 실제로 생각(낱말 의미)을 심상(낱말 소리)이나 구조적 재료(문법적 형태)보다 더 잘 기억한다는 것이다. 이는 역설적이다. 왜냐하면 지각, 주의, 기억이 모두 생각보다 좀 더 발달되었기 때문이다. 사실 생각은 아직 뚜렷이 분화되지 않았고, 어린이는 생각 자체를 의식하지 못하며, 의도적으로 통제하거나 자유롭게 다룰 수 없다(5-1-52~5-1-54, 5-1-64~5-1-81).

    iv. 비고츠키는 생각과 기억이 무관하다는 뷜러의 제안을 고찰한다. 즉 어린이는 기쁨이나 고통의 원천을 다시 만났을 때 동일한 정서를 다시 경험하듯이 문제를 다시 만났을 때 해결 방식을 다시 생각할 뿐이다(5-1-55~5-1-56). 비고츠키는 '저학습/과잉교수' 때문에 뷜러의 제안을 거부한다. 어린이가 낱말이나 곱셈표에서 문제를 기억하고자 할 때 열다섯 번 반복은 충분하고 열 번 반복은 불충분하다고 생각하지 않는다. 오히려 어린이는 열 번도 좋지만 열다섯 번이 더 좋다고 생각한다(5-1-57~5-1-60). 비고츠키는 이로부터 어린이가 부족한 기억을 보충하기 위해 생각을 사용한다고 추론한다. 예컨대, 어린이는 어휘를 배울 때 '키워드 방법'처럼 기억술적 장치를 사용하거나 곱셈을 배울 때 5배, 10배, 11배의 곱셈과 같은 '지름길'을 생각해 낸다. 이는 기억이 지성화되었음을 의미한다. 어린이는 기억에 관해 생각할 수 있고 기억을 계획할 수 있으며, 마음대로 기억을 불러낼 수 있다(5-1-61~5-1-63). 그러나 생각 자체에 관해서는 그렇지 못하다.

  B. 지성화되지 못한 지성. 학령기의 이러한 핵심적 모순을 보여 주기 위해 비고츠키는 사례를 든다.

    i. 클라파레드와 피아제는 어린이에게 다음과 같은 질문을 한다. 만일 자전거를

탄 사람이 어떤 거리를 5분 만에 가고 보행자는 50분에 간다면 자전거를 탄 사람은 보행자보다 몇 배 더 빠른가? 어린이는 45배 더 빠르다고 대답한다. 어린이는 분명 실제 문제를 생각하지 않고 수학 수업에서 관찰한 뺄셈 작업을 반복하고 있다(5-1-76~5-1-78).

ii. 클라파레드와 피아제는 한 어린이에게 "그 소년은 아팠기 때문에 학교에 가지 않았다"가 의미하는 것이 무엇인지 묻고, 그 대답으로 단지 그 문장의 반쪽만을 듣는다. "그것은 소년이 학교에 가지 못했다는 뜻이에요" 또는 "그것은 소년이 아팠다는 뜻이에요"(5-1-79, 5-1-81).

iii. 어린이들은 '왜냐하면' 혹은 '~임에도 불구하고' 다음에 빈칸 채워 넣어 문장 완성하기를 매우 어려워한다. 예컨대, "그 남자는 자전거에서 떨어졌다. 왜냐하면…." 또는 "그 배는 ~임에도 불구하고 가라앉았다"(5-1-80).

iv. 한 어린이에게 "너 이름이 뭔지 아니?"라고 물어봤을 때 어린이는 자동적으로 자신의 이름을 댄다(5-1-102). 비고츠키는 어린이가 이름을 알지만 자신이 이러한 지식을 갖고 있는지 여부를 의식하지 못하고 있다고 결론 내린다. 이 역시 상위 인지 없는 인지, 학령기의 핵심적 모순이다.

C. 성공적이지 못한 설명. 비고츠키는 이제 의식적 파악과 자유의지가 학령기가 아닌 청소년기에 발달하는 이유에 대한 클라파레드와 피아제의 설명을 고찰하고 이를 거부한다. 비고츠키는 그들이 단지 어린이에게 결핍된 것(의식적 파악과 자기 통제)에 대해 집중함으로써 시작한다는 점에 주목한다(5-1-83). 그렇다면 의식적 파악과 자유의지의 원인은 외적인 것이다. 아침식사를 하는 순서는 커피가 너무 뜨거울 때와 같이 성공적이지 못한 적응을 만났을 때 의식적이 된다. 커피가 식는 동안 도넛을 먼저 먹기로 결정하는 것은 성공적인 적응이 따라온 것이다. 비고츠키에게 있어 커피와 도넛은 모두 즉각적인 시각장의 일부이고 실제로 설명되어야 하는 것은 식사 순서가 아니라 메뉴이다. 비고츠키는 클라파레드와 피아제가 다음의 네 가지 질문에 답할 수 없다고 지적한다.

i. 왜 의식적 파악과 자유의지가 생겨나는가? 기능들이 단지 필요하기 때문에 단순히 나타나는 것이 아니다(5-1-86~5-1-89).

ii. 어떻게 의식적 파악과 자유의지가 서로 관련되는가? 이 둘 모두가 성공적이지 못한 적응에서 생겨난다면 이 둘은 상호 영향력을 형성하여 서로를 형성하기보다는 단지 외적 관계만을 가질 것이다(5-1-89~5-1-93).

iii. 언제 의식적 파악과 자유의지가 생겨나는가? 성공적이지 못한 적응은 초기 유년기, 심지어 유아기와 정신지체아에서도 나타나지만 그 결과로 의식적 파악이나 자유의지가 나타나지는 않는다(5-1-94~5-1-96).

iv. 의식적 파악과 자유 의지가 생겨날 때 무엇이 나타나는가? 비고츠키는 어린이가 '무의식적(잠든)'이거나 '잠재의식적(억압)' 상태가 아니라고 말한다. 실상은 어린이가 '생각의 행위'를 '생각의 대상'으로 만들 수 없다는 것이다. 마찬가지로 신발끈을 묶을 때 우리는 묶는 행위를 '생각의 대상'으로 만들 수 없다. 왜냐하면 우리는 보통 결과(매듭)만을 생각하기 때문이다. 따라서 의식적 파악과 자유의지가 생겨날 때 나타나는 것은 생각 행위가 생각의 대상이 되고, 의지의 대상이 된다는 것이다(5-1-98~5-1-102).

D. 더 나은 설명. 앞서 비고츠키는 계산 문제를 잘 풀지 못하는 어린이가 소리 내어 생각하면, 즉 생각의 대상을 말의 대상으로 바꾸면 문제를 풀 수 있음을 지적했다(5-1-78). 의사소통과 공동일반화를 통해 생각 과정을 말의 대상으로 만듦으로써, 비고츠키는 다음 네 가지 질문에 답할 수 있게 된다.

  i. 왜 의식적 파악과 자유의지가 생겨나는가? 어린이는 7세의 위기 때 체험을 감정적 측면에서 의사소통하고 공동일반화했다. 7세에 형성된 원시적 자아 덕분에 학령기에 이르러 느낌과 동시에 생각을 의사소통하고 공동일반화하는 것이 가능해진다. 생각은 감정이나 기억과 마찬가지로 정신 과정이기 때문이다(5-1-103~5-1-111).

  ii. 어떻게 의식적 파악과 자유의지가 생겨나는가? 비고츠키에 따르면 의식적 파악(생각 과정을 언어화하는 능력)은 안정적인 낱말 의미, 즉 타인과의 공동일반화와 더불어 나타난다. 이후에 이 공동일반화는 생각할 때나 말할 때, 혼잣말을 할 때도 사용할 수 있는 안정적인 낱말 의미가 된다. 낱말을 반복하는 것만으로 충분치 않은 것은 바로 이 때문이다. 생각 행위를 재연하기 위해서는 낱말이 다른 개념들과 공동 발생해야만 한다. 개념체계를 가지게 되는 순간, 우리는 더 이상 지각이나 기억에 의존하지 않는다. 지각과 기억을 우리의 의지에 따라 사용할 수 있게 되는 것이다(5-1-112~5-1-119).

  iii. 언제 의식적 파악과 자유의지가 생겨나는가? 비고츠키는 어떤 것을 의식적으로 파악하기 위해서는 먼저 그것을 숙달해야 함을 지적한다. 어린이가 먼저 지각을 해야만 주의를 통해 지각을 의식적으로 파악하고 조절하게 된다. 어린이가 먼저 기억을 해야만 기억술을 통해 기억을 의식적으로 파악하고 조절하게 된다. 따라서 당연히 어린이는 지각과 기억에 대해 생각하는 것을 배운 후에야 생각을 의식적으로 파악하고 조절할 수 있게 되는 것이다(5-1-120~5-1-122).

  iv. 의식적 파악과 자유의지가 생겨날 때 무엇이 나타나는가? 이제 비고츠키는 의식적 파악과 자유의지가 교실에서 무엇으로 나타나는지 설명한다. 그것은 산술, 과학, 사회, 문법이다(5-1-123~5-1-124). 비고츠키는 수세기의 공동일반화가 산술이고, 산술의 공동일반화는 대수라고 말한다(5-1-126). 그러나 학령기 어린이에게 대수는 다음발달영역이며, 실제 발달영역은 십진법 학습이다(5-1-127). 이 또한 공동일반화될 수 있다. 어린이는 분, 시, 이진법 등과 같은 또 다른 수세기 체계를 배운다(5-1-128~5-1-129). 그러나 공동일반화 자체나 타인의 공동일반화가 의식적 파악을 자동 생산하지는 않는다. 반드시 어린이 자신의 공동일반화가 되어야 한다(5-1-129~5-1-130).

II. 학령기 어린이의 생각

A. 복습과 고찰. 다른 모든 교사들처럼 비고츠키 역시 숙제를 요약하고(5-2-5~5-2-6) 지난 시간에 말했던 것을 복습하면서 강의를 시작한다. 그는 학생들에게 지성 자체는 의식적으로 파악되거나 자유의지대로 작동하지 못하지만 다른 기능을 의식적으로 파악하게 하고 자유의지대로 작동하게 만드는 지성의 역설을 상기시킨다. 그는 또한 모든 연령기의 신형성이 연령기 처음이 아니라 막바지에 생겨남을 상기시킨다(5-2-6~5-2-8). 비고츠키는 의식이 감각이나 생각과 같이 매우 다른 방식으로 현실을 반영할 수 있음을 지적한다. 그는 감각이 계통발생적으로나 개체발생적으로 원시적 형태의 의식이라고 말한다. 즉 동물과 공유하는 의식의 영역이다(5-2-9~5-2-12). 반대로 생각은 공동일반화 과정을 통해 창조된 인간 고유의 기능이다. 비고츠키는 이 말을 뒷받침하는 세 개의 고찰을 제시하겠다고 한다(그러나 그는 약간 샛길로 빠져 네 개의 고찰을 제시한다).

   i. 사회역사적 고찰: '사회역사적'이라는 말은 공동일반화(생각하기 위해서 어린이가 반드시 배워야 할 안정적인 낱말 의미)와 고금의 타인들과의 의사소통 사이의 연결을 의미한다(5-2-14). 돈의 가치가 그러하듯, 각 낱말 가치는 개인적 심리적 의식의 산물이 아니라 사회적 역사적 의식의 산물이다(5-2-15~5-2-18). 비고츠키는 의사소통은 상호작용 없이 불가능하며, 고금의 타인들과의 상호작용은 안정적인 기호 가치 없이 불가능하다고 주장한다(5-2-19). 비고츠키는 손수건의 매듭과 같은 순수한 개인적 기호도 사회 안에서 발달되면 의사소통이 가능함을 지적하며, 그 예로 키푸를 제시한다(5-2-19~5-2-20). 모든 사회적 기호는 쓰기를 통해 역사적 기호가 되고, 학교에서 어린이가 배워야 할 공동일반화 방법, 고금의 타인과의 의사소통 방법, 일반화의 방법, 즉 생각의 방법이 된다(5-2-21).

   ii. 철학적, 방법론적 고찰: 낱말 가치는 한편으로는 상호작용과 안정성, 다른 한편으로는 환상이나 이상화와 연결되어 있다. 여기서 레닌의 철학 노트가 인용된다(5-2-22). 우리는 새로운 문장을 만들기 위해 낱말 의미를 기발하게 사용하는 어린이를 통해 주어진 환경의 모델을 깨뜨리고 자유롭게 낱말을 배열하는 모습을 즉각 발견하게 된다. 이것이 이해되기 위해서는 현실로부터의 비상이 안정화되어야 하며, 안정적인 낱말 의미가 바로 그 일을 한다.

   iii. 개체발생적 고찰: 어린이가 성장하고 배우고 발달함에 따라 그의 공동일반화의 반경이 확대되며, 이 확대와 더불어, 좀 더 특별한 인간 고유의 기능과 내적 삶이 따라온다(5-2-23).

   iv. 계통발생적 고찰: 우리는 동물에게서 공동일반화와 비슷한 그 어떤 것도 발견할 수 없으며, 이것은 아기와 똑같은 환경에서 자란 침팬지의 경우에서도 마찬가지이다(5-2-24).

B. 중심적 발달 노선: 공동일반화와 개념들의 교차 관계. 이제 비고츠키는 모든 연령기에서 고유한 생각 양식을 생산하는 것이 무엇인지, 또 분류, 증명, 학령기의 고찰을

기반으로 한 논쟁을 가능하게 하는 생각 양식이 무엇인지 묻는다(5-2-25). 그는 이것이 개념들이 연결되는 방식과 상관이 있다고 말하면서(5-2-26), 공동일반화가 학령기에 관찰되는 개념들 간의 고유한 형태의 교차 관계를 가능하게 한다는 두 가지 고찰을 다시 한 번 제시한다(5-2-27).

   i. 비고츠키는 개념들이 지구본처럼 생긴 체계 위에 위치한다고 상상해 보라고 한다. 이 체계의 한쪽 극에는 가장 단편적이고 구체적 형태의 개념(고유의 이름을 지닌 실제 대상)이 위치하고, 그 반대쪽 극에는 가장 일반적이고 추상적인 형태의 개념(추상적인 양과 질)이 위치한다. 이 체계의 표면은 다양한 경험 영역들을 나타내며, 경도선 상의 위치가 동일하면 추상화와 일반화 정도가 동일함을 나타낸다(5-2-28~5-2-32).

   ii. 두 번째 고찰: 개념들 간의 일반성 관계(5-2-31, 5-2-47). 비고츠키는 이 체계 위의 어떤 지점이라도 다른 지점과 연결될 수 있으며, 생각이 활용할 수 있는 개념의 반경은 우리가 서 있는 경도선 상의 위치에 의존한다고 말한다(5-2-32). 예컨대 수가 구체적 대상과 융합되면 그 조작 반경은 손가락과 같은 조작 가능한 대상에 국한되지만, 수가 대상으로부터 추상화되면 계산이나 수세기가 가능할 뿐 아니라 추상화를 향한 또 다른 움직임을 통해 대수적 조작이 가능해진다(5-2-33~5-2-34). 비고츠키에 의하면 이러한 일반성의 관계는 전학령기 어린이의 생각과 학령기 어린이의 생각의 두 가지 중요한 차이점을 구별하게 해 준다.

    a. 첫 번째 차이점. 학령기 어린이는 시각장 내의 대상들 간 연결이 아닌 개념들 간 연결을 형성한다. 베르트하이머와 달리 비고츠키는 개념들 간 연결이 더 많은 연결을 가능하게 하며, 따라서 추상적 개념들을 풍부하게 만들어 준다고 주장한다(5-2-35~5-2-37). 이러한 연결은 개념 등가의 법칙에 따라 만들어진다(5-2-38). 이제 우리는 모든 개념들을 규정, 예시, 분류, 공통점과 차이점을 통해 또 다른 개념과 연결할 수 있다(5-2-38~5-2-40).

    b. 두 번째 차이점. 학령기 어린이는 하나의 개념을 다른 개념의 하위에 포함시킴으로써 하위 개념이나 상위 개념을 만들 수 있다(5-2-41). 비고츠키는 초기 유년기 어린이의 언어에는 이런 사실이 나타나지 않는다는 코니코바의 연구를 제시하며(5-2-42~5-2-45), 하나의 개념을 다른 개념의 아래에 배치하는 능력은 발달적으로 어린이의 첫 낱말보다 더 중요하다고 말한다. 첫 낱말과는 달리 이것은 어린이의 생각 능력과 공동일반화 능력에 대한 명백한 단서를 제공하기 때문이다(5-2-46).

  C. 중심적 신형성: 생각의 의식적 파악과 숙달. 비고츠키는 두 가지 결론을 이끌어 낸다.

   i. 첫 번째 결론. 개념 체계와 일반성의 관계는 모두 학령기와 그 밖의 모든 연령기를 규정하는 계기이다. 그러나 이 둘은 서로 모순적이기도 하다.

    a. 한편으로, 이 체계는 단번에 나타나지 않는다. 각 연령기에는 고유한 개념 반

경이 존재하며(5-2-47), 이 반경은 사용되는 낱말에 상응하는 것이 아니라 사용되는 낱말 아래 깔린 일반화 행위에 상응한다. 예를 들어 2세 어린이는 '동물', '곰', '박쥐'를 동일한 일반성의 수준에 위치시키는 반면, 8세 어린이는 모든 곰과 박쥐는 동물이지만 모든 동물이 곰이나 박쥐가 될 수 없다는 사실을 이해한다(5-2-48).

b. 다른 한편으로, 일반성의 관계는 한 개념이 다른 개념 없이는 소용없음을 보여 준다. 예를 들어 어린이는 수를 하나씩 배우는 것이 아니라 전체 체계의 한 부분으로서 배운다. 이 전체 체계 속에서 하나의 수는 서로 다른 방법으로 무한히 표현될 수 있다(5-2-49).

ii. 두 번째 결론. 어린이 자신이 이해한 것을 소통하는 능력은 어린이의 공동일반화 능력보다 뒤처질 수 있다(5-2-50~5-2-56). 비고츠키는 2학년 어린이들에게 '착취', '계급투쟁'과 같은 개념들을 가르쳐야 하는 신 사회과학교육과정을 예로 들어, 이것이 어린이의 잠재된 의사소통 능력을 과대평가했다고 경고한다(5-2-57). 어린이는 공동일반화를 할 수 있지만, 그렇다고 해서 그것이 다음발달영역에 속한 고등 수준의 이론적 일반화를 할 수 있다는 뜻은 아니다(5-2-58). 그럼에도 불구하고 학령기는 일반화된 시각 표상들로부터 독립하기 시작하는 혁명적 연령기이다. 지배적이던 외적 시각장이 종속적이 되고, 종속적이던 내적 의미장이 이제 지배적이 되는 것이다(5-2-59~5-2-61).

| 참고 문헌 |

Baldwin, J. M.(1895), Mental Development in the Child and the Race: Methods and Processes, New York: Macmillan.

Bernfeld, S.(1925), Psychologie der Saüglings, Wien.

Bleuler, P. E.(1911), Dementia Praecox: Or the Group of Schizophrenias, New York: International Universities Press.

Bühler, C.(1925), Die Schwarmerei als Phase der Reifezeit, Zeitschrift für Pädagogische Psychologie 100.

Bühler, C.(1928), Kindheit und Jugend, Göttingen: Hogrefe.

Bühler, C.(1923/1967), Das Seelenleben des Jugendlichen, Stuttgart: Fischer.

Bühler, C.(1929/1977), Das Märchen und die Phantasie des Kindes, Berlin: Springer-Verlag.

Bühler, K.(1908), Tatsachen und Probleme zu einer Psychologie der Denkvorgänge, Archiv für Gesamte Psychologie, 9, 12.

Bühler, K.(1908/2011), Über das Sprachverständnis vom Standpunkt der Normal Psychologie, In Bericht über den 3 Kongresse fur experimentelle Psychologie, Leipzig: Barth.

Bühler, K.(1913), Die Gestaltwahrnemungen. 1 Experimentelle Untersuchungen zur Psychologischen und Asthetischen Analyse der Raum und Zeitanschauung, Stuttgart: Schmidt.

Bühler, K.(1922), Die Theorie der Perzeption, Jena: Fischer.

Busemann, A.(1925), Kollektive Selbsterziehung in Kindheit und Jugend, Zeitschrift für Pädagogische Psychologie. 5, 102-133.

Busemann, A.(1927), Die Erregungsphasen, Zeitschrift für Kinderforschung, 1 (2) 56-72.

Busemann, A.(1926), Die Jugend im eigenem Wortel, Geneva: Langensalz.

Busemann, A.(1927), Pädagogische Milienkunde, Halle.

Claparède, É.(1916), Psychologie de l'enfant et pédagogie expérimentale, Genéve: Kundig.

De Vries, H.(1904), Species and Varieties: Their Origin by Mutation, Chicago: Open Court.

Dohm, H.(1874), Die wissenschaftliche Emancipation der Frau, Berlin: Wedekind und Schwieger.

Elkonin, D. B.(1971/2000), Toward the Problem of Stages in the Mental Development of Children(translated by Nikolai Veresov). https://www.marxists. org/archive/elkonin/works/1971/stages.htm

Groos, K.(1899), Die Spiele der Menschen, Jena: Fischer.

Groos, K.(1907), Die Spiele der Tiere, Jena: Fischer.

Hering, E.(1920), Grundzüge der Lehre vom Lichtsinn, Handbuch, Bd. III, Berlin: Springer.

Hobbes, T.(1651/2009), Leviathan, New York: Simon and Schuster.

Homburger, A.(1926), Psychopathologie des Kindes und Jugendalter, Berlin: Springer.

Homburger, A.(1926), Psychologie des Kindes-alters, Berlin: Springer.

Katz, D. and Katz, R.(1936/1999), Conversations with Children, London: Routledge(International Library of Psychology founded by C. K. Ogden).

Kellogg, W. N., & Kellogg, L. A.(1933), The Ape and the Child, New York: Whittlesey House (McGraw-Hill).

Koffka, K.(1915), Zur Grundlegung der Wahrnehmungs, Psychologie: Zeitschrift für Psychologie, 73.

Köhler, W.(1929), Gestalt-Psychology: An introduction to new concepts in modern psychology, New York: Liveright.

Köhler, W.(1932), Probleme der Psychologie, Berlin: Springer.

Köhler, W.(1925), Komplextheorie und Gestaltheorie, Psychologie Forschung, 1925, 6.

Köhler, Elsa (1926), Die Persönlichkeit des dreijährigen Kindes, Leipzig: Hirzel.

Kretschmer, E.(1922/1974), Medizinische Psychologie ,Leipzig: Thieme.

Kretschmer, E.(1931), Physique and Character(International Library of Psychology founded by C. K. Ogden).

Kroh, O (1924), Dic eidetische Anlage bei Jugendlichen, Zeitschrift für Kinderforschung, 29.

Kroh, O.(1928/1944), Entwicklungspsychologie des Grundschulkindes, Langensalza: Beyer.

Kroh, O.(1933/1944), Psychologie der Oberstufe, Langensalza: Beyer.

Lewin, K.(1926), Vorsatz, Wille und Bedurfnis, Berlin: Springer-Verlag.

Lewin, K.(1929), Die Entwicklung der experementellen Willenspsychologie und die Psychotherapie, Leipzig: Hirzel.

Pötzl, O., Liepmann, H., Lange, J. and Brown, J. W.(1988), Agnosia and apraxia: Selected papers of Liepmann, Lange, and Pötzl, Hillsdale, N. J.: L. Erlbaum Associates.

Marx, K. and Engels, F.(1845), The German Ideology, Russian Edition: Marx-Engels Institute: Moscow(1932). English Edition; Moscow: Progress(1968).

Montessori, M.(1909/1967), The Scientific Method as Applied to Pedagogy, Cambridge, MA: Bentley.

Montessori, M.(1913), Pedagogical Anthropology, New York: Heinemann, USA.

Piaget, J.(1926), La representation du monde chez l'enfant, Paris: Alcan.

Piaget, J.(1927), La causalitée physique chez l'enfant, Paris: Alcan.

Stern, C. and Stern, W.(1907), Die Kindersprache: Eine psychologische und sprachtheoretische Untersuchung, Leipzig: Barth.

Stern, W. and Stern C.(1907), Monographien über die seelische Entwicklung des Kindes, Leipzig: Barth.

Stern, W.(1912), Die psychologischen Methoden der Intelligenzprüfung: und deren Anwendung an Schulkindern, Leipzig: Barth.

Stern, W.(1922), Vom Ichbewußtsein des Jugendlichen, Zeitschrift für Pädagogische Psychologie, XXIII.

Stern, W.(1924), Das "Ernstspiel" in Jugendzeit. Zeitschrift für Pädagogische Psychologie und experimentelle Pädagogik, 25: 242.

Van der Veer, R. and Valsiner, J.(1994), The Vygotsky Reader. Oxford and Cambridge, MA: Blackwell.

Wertheimer, M.(1922), Untersuchungen zur Lehre von der Gestalt: 1. Prinzipielle Bemerkungen, Psychologische Forschung, 4: 301-350.

Wertheimer, M.(1925), Drei Abhandlungen zur Gestalttheorie, Erlangen: Philosophische Akademie.

Wertheimer, M.(1912), Über das Denken der Naturvölker: 1. Zahlen und Zahlgebilde, Zeitschrift für Psychologie und Physiologie der Sinnesorgane 60: 321-378.

Блейлер, Э.(1927), Аутистическое мышление, Одесса, 1927

Блонский, П. П.(1925), Основы педагогики. М., 1925.

Блонский, П. П.(1925), Педология. М., 1925.

Блонский, П. П.(1927), Педология в массовой школе I ступени. М.

Блонский, П. П.(1927), Психологические очерки. М.

Блонский, П. П.(1930), Возрастная педология. М.; Л.

Блонский, П. П.(1930), Основы педологии. М.

Блонский, П., Ионова М, Левинский В, Шейман М.(1927) Методика педологического обследования детей школьного возраста. М.; Л.

Болдуин, П.(1911), Духовное развитие детского индивидуума и человеческого рода. М.

Болдуин, Д. Психология в ее применении к воспитанию. М., 1904.

Выготский, Л. С.(1934), Мышление и речь. Москва : Соцэкгиз.

Выготский, Л. С.(1982), Собрание сочинений Т. 1. Москва : Педагогика.

Выготский, Л. С.(1983), Собрание сочинений Т. 3. Москва : Педагогика.

Выготский, Л. С.(1984), Собрание сочинений Т. 4. Москва : Педагогика.

Выготский, Л. С.(2001), Лекции по педологии. Ижевск : Издательский дом Удмуртский.

Залкинд, А. Б.(1925), Революция и молодежь. Свердловск.

Залкинд, А. Б.(1926), Вопросы советской педагогики. Л.

Залкинд, А. Б.(1927), Основные вопросы педологии. М.

Залкинд, А. Б.(1928), Половое воспитание. М.

Залкинд, А. Б.(1929), Педологические основы воспитательной работы с подростковым возрастом.— В кн.: Вопросы педологии рабочего по дростка. М.

Залкинд, А. Б.(1929), Педология в СССР. М.

Залкинд, А. Б.(1930), Основные особенности переходного возраста. Пе дология, 1.

Кречмер, Э.(1924), Строение тела и характер. Киев, 1924.

Кречмер, Э.(1927), Медицинская психология. М., 1927.

Морозова, Н. Г.(1961), Воспитание познавательных интересов у дете й в семье. М., АПН.

Морозова, Н. Г.(1969), Формирование познавательных интересов у ано мальных детей. М., Просвещение.

비고츠키, 레프 세묘노비치(2011), 『생각과 말』, 서울: 살림터.

비고츠키, 레프 세묘노비치(2012), 『도구와 기호』, 서울: 살림터.

비고츠키, 레프 세묘노비치(2013), 『역사와 발달 I』, 서울: 살림터.

비고츠키, 레프 세묘노비치(2014a), 『역사와 발달 II』, 서울: 살림터.

비고츠키, 레프 세묘노비치(2014b), 『상상과 창조』, 서울: 살림터.

비고츠키, 레프 세묘노비치(2015), 『성장과 분화』, 서울: 살림터.

비고츠키, 레프 세묘노비치(2016), 『연령과 위기』, 서울: 살림터.

비고츠키, 레프 세묘노비치(2017), 『의식과 숙달』, 서울: 살림터.

교육의 본질을 고민하고 진정한 교육적 혁신을 위해 비고츠키를 공부하는 교사들의 모임. 비고츠키 원전을 번역하고, 사회문화이론의 전통을 계승한 발생적 비교연구법과 기능적 언어분석법을 이용한 현장 연구를 지속적으로 수행하고 있다. 비고츠키 이론에 관심이 있거나 혼자 공부하는 데 어려움을 느끼는 독자라면 누구나 함께할 수 있다. 『의식과 숙달』의 번역에 참여한 회원은 다음과 같다.

권민숙 서울오류남초등학교 교사로 청주교육대학교 졸업 후 서울교육대학교 교육대학원에서 데이비드 켈로그 교수님의 첫 제자로 교육학 석사학위를 받았으며, 켈로그 교수님과 함께 국제 학술지(The Canadian Modern Language Review, 2005)에 논문을 게재하였습니다. 비고츠키의 아이디어를 접목한 디년간의 현장 연구로 서울시교육청 수최의 여러 연구대회 및 공모전에서 수차례 입상한 바 있습니다. 2014년 3월 뒤늦게 비고츠키 연구회에 합류하여 학문적 열정과 헌신, 지적 탐구의 명철함으로 무장한 연구회의 교수님과 동료 선생님들과의 교류를 통해 오늘도 부지런히 비고츠키 탐구에 관한 앎의 지평을 넓혀 가고 있습니다.

김여선 서울미아초등학교 교사로 부산교육대학교를 졸업하고 한국외국어대학교에서 TESOL 석사학위를 받았습니다. 영어 수업에서 소외된 아이들 지도에 관한 논문 완성 중 D. 켈로그 교수님을 만나 모든 아이들이 행복하고 즐거울 수 있는 영어 수업을 꿈꾸며 비고츠키를 공부하고 있습니다.

김용호 서울교육대학교와 교육대학원을 졸업하고 한국교원대학교에서 교육학 박사학위를 받았습니다. 현재 서울녹번초등학교에서 어린이들을 가르치고 있습니다. 켈로그 교수님과 함께 외국어 학습과 어린이 발달 일반의 관계를 공부해 왔습니다.

데이비드 켈로그David Kellogg 부산교육대학교, 서울교육대학교 영어교육과, 한국외국어대학교 영어교육과 교수를 역임했습니다. 현재 호주 맥쿼리 대학에서 연구 중입니다. 『생각과 말』, 『도구와 기호』, 『상상과 창조』, 『어린이 자기행동숙달의 역사와 발달』, 『성장과 분화』 공동 번역 작업에 참여하였습니다. Applied Linguistics, Modern Language Journal, Language Teaching Research, Mind Culture & Activity 등의 해외 유수 학술지에 지속적으로 논문을 게재해 오고 있으며 동시에 다수의 국제 학술지 리뷰어로 활동하고 있습니다. 비고츠키 연구의 권위자로 인정받고 있습니다.

이두표 서울에 있는 천왕중학교 과학 교사로 서울대학교 물리교육과와 대학원 과학교육과를 졸업하였습니다. 2010년 여름 비고츠키를 처음 만난 후 그 매력에 푹 빠져 꾸준히 비고츠키를 공부하고 있습니다.

이미영 서울교육대학교를 졸업하고 서울광남초등학교 교사로 근무하고 있습니다. 서울교육대학교 대학원 영어교육과에서 켈로그 교수님을 통해 비고츠키를 처음 접하고 공부하고 있습니다.

최영미 춘천교육대학교를 졸업하고 현재 위례고운초등학교에서 근무하고 있습니다. 서울교육대학교 대학원 영어교육과 재학 중 D. 켈로그 교수님을 만나 제가 속한 세상을 바라보는 새로운 눈을 갖게 되기를 소망하게 되었습니다. 든든한 길동무와도 같은 선생님들과 『도구와 기호』를 함께 번역한 것을 시작으로 지금도 부족한 공부를 계속하고 있습니다.

송선미 서울교육대학교와 교육대학원을 졸업하고 현재 서울조원초등학교에서 근무하고 있습니다. 4세, 7세 아이들을 키우고 있습니다.

*비고츠키 연구회와 함께 번역, 연구 작업에 동참하고 싶으신 분들은 iron_lung@hanmail.net으로 문의해 주시기 바랍니다.

삶의 행복을 꿈꾸는 교육은 어디에서 오는가? 미래 100년을 향한 새로운 교육

▶ 교육혁명을 앞당기는 배움책 이야기
혁신교육의 철학과 잉걸진 미래를 만나다!

 핀란드 교육혁명
한국교육연구네트워크 총서 01 | 320쪽 | 값 15,000원

 일제고사를 넘어서
한국교육연구네트워크 총서 02 | 284쪽 | 값 13,000원

 새로운 사회를 여는 교육혁명
한국교육연구네트워크 총서 03 | 380쪽 | 값 17,000원

 교장제도 혁명
한국교육연구네트워크 총서 04 | 268쪽 | 값 14,000원

 새로운 사회를 여는 교육자치 혁명
한국교육연구네트워크 총서 05 | 312쪽 | 값 15,000원

 혁신학교에 대한 교육학적 성찰
한국교육연구네트워크 총서 06 | 308쪽 | 값 15,000원

 혁신학교
성열관·이순철 지음 | 224쪽 | 값 12,000원

 행복한 혁신학교 만들기
초등교육과정연구모임 지음 | 264쪽 | 값 13,000원

 서울형 혁신학교 이야기
이부영 지음 | 320쪽 | 값 15,000원

 혁신교육, 철학을 만나다
브렌트 데이비스·데니스 수마라 지음
현인철·서용선 옮김 | 304쪽 | 값 15,000원

 혁신교육 존 듀이에게 묻다
서용선 지음 | 292쪽 | 값 14,000원

 다시 읽는 조선 교육사
이만규 지음 | 750쪽 | 값 33,000원

 프레이리와 교육
한국교육연구네트워크 번역 총서 01
존 엘리아스 지음 | 한국교육연구네트워크 옮김
276쪽 | 값 14,000원

 교육은 사회를 바꿀 수 있을까?
한국교육연구네트워크 번역 총서 02
마이클 애플 지음 | 강희룡·김선우·박원순·이형빈 옮김
352쪽 | 값 16,000원

 **비판적 페다고지는
세상을 변화시킬 수 있는가?**
한국교육연구네트워크 번역 총서 03
Seewha Cho 지음 | 심성보·조시화 옮김 | 280쪽 | 값 14,000원

 마이클 애플의 민주학교
한국교육연구네트워크 번역 총서 04
마이클 애플·제임스 빈 엮음 | 강희룡 옮김 | 276쪽 | 값 14,000원

 미래교육의 열쇠, 창의적 문화교육
심광현·노명우·강정석 지음 | 368쪽 | 값 16,000원

 대한민국 교사, 어떻게 가르칠 것인가?
윤성관 지음 | 320쪽 | 값 15,000원

 아이들을 어떻게 가르칠 것인가
사토 마나부 지음 | 박찬영 옮김 | 232쪽 | 값 13,000원

 아이들의 배움은 어떻게 깊어지는가
이시이 준지 지음 | 방지현·이창희 옮김 | 200쪽 | 값 11,000원

 모두를 위한 국제이해교육
한국국제이해교육학회 지음 | 364쪽 | 값 16,000원
2015 세종도서 학술부문

 경쟁을 넘어 발달 교육으로
현광일 지음 | 288쪽 | 값 14,000원

 독일 교육, 왜 강한가?
박성희 지음 | 324쪽 | 값 15,000원

대한민국 교육혁명
교육혁명공동행동 연구위원회 지음 | 224쪽 | 값 12,000원

▶ 비고츠키 선집 시리즈
발달과 협력의 교육학 어떻게 읽을 것인가?

생각과 말
레프 세묘노비치 비고츠키 지음
배희철·김용호·D. 켈로그 옮김 | 690쪽 | 값 33,000원

성장과 분화
L.S. 비고츠키 지음 | 비고츠키 연구회 옮김
308쪽 | 값 15,000원

도구와 기호
비고츠키·루리야 지음 | 비고츠키 연구회 옮김
336쪽 | 값 16,000원

의식과 숙달
L.S 비고츠키 | 비고츠키 연구회 옮김
348쪽 | 값 17,000원

어린이 자기행동숙달의 역사와 발달 I
L.S. 비고츠키 지음 | 비고츠키 연구회 옮김
564쪽 | 값 28,000원

관계의 교육학, 비고츠키
진보교육연구소 비고츠키교육학실천연구모임 지음
300쪽 | 값 15,000원

어린이 자기행동숙달의 역사와 발달 II
L.S. 비고츠키 지음 | 비고츠키 연구회 옮김
552쪽 | 값 28,000원

비고츠키 생각과 말 쉽게 읽기
진보교육연구소 비고츠키교육학실천연구모임 지음
316쪽 | 값 15,000원

어린이의 상상과 창조
L.S. 비고츠키 지음 | 비고츠키 연구회 옮김
280쪽 | 값 15,000원

비고츠키와 인지 발달의 비밀
A.R. 루리야 지음 | 배희철 옮김 | 280쪽 | 값 15,000원

연령과 위기
L.S. 비고츠키 지음 | 비고츠키 연구회 옮김
336쪽 | 값 17,000원

수업과 수업 사이
비고츠키 연구회 지음 | 196쪽 | 값 12,000원

▶ 평화샘 프로젝트 매뉴얼 시리즈
학교 폭력에 대한 근본적인 예방과 대책을 찾는다

학교 폭력 어떻게 만들어지는가
문재현 외 지음 | 300쪽 | 값 14,000원

아이들을 살리는 동네
문재현·신동명·김수동 지음 | 204쪽 | 값 10,000원

학교 폭력, 멈춰!
문재현 외 지음 | 348쪽 | 값 15,000원

평화! 행복한 학교의 시작
문재현 외 지음 | 252쪽 | 값 12,000원

왕따, 이렇게 해결할 수 있다
문재현 외 지음 | 236쪽 | 값 12,000원

마을에 배움의 길이 있다
문재현 지음 | 208쪽 | 값 10,000원

젊은 부모를 위한 백만 년의 육아 슬기
문재현 지음 | 248쪽 | 값 13,000원

▶ 교과서 밖에서 만나는 역사 교실
상식이 통하는 살아 있는 역사를 만나다

전봉준과 동학농민혁명
조광환 지음 | 336쪽 | 값 15,000원

남도의 기억을 걷다
노성태 지음 | 344쪽 | 값 14,000원

응답하라 한국사 1·2
김은석 지음 | 356쪽·368쪽 | 각권 값 15,000원

즐거운 국사수업 32강
김남선 지음 | 280쪽 | 값 11,000원

즐거운 세계사 수업
김은석 지음 | 328쪽 | 값 13,000원

강화도의 기억을 걷다
최보길 지음 | 276쪽 | 값 14,000원

광주의 기억을 걷다
노성태 지음 | 348쪽 | 값 15,000원

**선생님도 궁금해하는
한국사의 비밀 20가지**
김은석 지음 | 312쪽 | 값 15,000원

걸림돌
키르스텐 세룹-빌펠트 지음 | 문봉애 옮김
248쪽 | 값 13,000원

교과서 밖에서 배우는 역사 공부
정은교 지음 | 292쪽 | 값 14,000원

팔만대장경도 모르면 빨래판이다
전병철 지음 | 360쪽 | 값 16,000원

빨래판도 잘 보면 팔만대장경이다
전병철 지음 | 360쪽 | 값 16,000원

영화는 역사다
강성률 지음 | 288쪽 | 값 13,000원

친일 영화의 해부학
강성률 지음 | 264쪽 | 값 15,000원

한국 고대사의 비밀
김은석 지음 | 304쪽 | 값 13,000원

조선족 근현대 교육사
정미량 지음 | 320쪽 | 값 15,000원

다시 읽는 조선근대교육의 사상과 운동
윤건차 지음 | 이명실·심성보 옮김 | 516쪽 | 값 25,000원

음악과 함께 떠나는 세계의 혁명 이야기
조광환 지음 | 292쪽 | 값 15,000원

▶ 창의적인 협력수업을 지향하는 삶이 있는 국어 교실
우리말 글을 배우며 세상을 배운다

중학교 국어 수업 어떻게 할 것인가?
김미경 지음 | 340쪽 | 값 15,000원

토론의 숲에서 나를 만나다
명혜정 엮음 | 312쪽 | 값 15,000원

토닥토닥 토론해요
명혜정·이명선·조선미 엮음 | 288쪽 | 값 15,000원

이야기 꽃 1
박용성 엮어 지음 | 276쪽 | 값 9,800원

이야기 꽃 2
박용성 엮어 지음 | 294쪽 | 값 13,000원

인문학의 숲을 거니는 토론 수업
순천국어교사모임 엮음 | 308쪽 | 값 15,000원

▶ 4·16, 질문이 있는 교실 마주이야기
통합수업으로 혁신교육과정을 재구성하다!

통하는 공부
김태호·김형우·이경석·심우근·허진만 지음
324쪽 | 값 15,000원

내일 수업 어떻게 하지?
아이함께 지음 | 300쪽 | 값 15,000원
2015 세종도서 교양부문

인간 회복의 교육
성래운 지음 | 260쪽 | 값 13,000원

교과서 너머 교육과정 마주하기
이윤미 외 지음 | 368쪽 | 값 17,000원

수업 고수들 수업·교육과정·평가를 말하다
박현숙 외 지음 | 368쪽 | 값 17,000원

도덕 수업, 책으로 묻고 윤리로 답하다
울산도덕교사모임 지음 | 320쪽 | 값 15,000원

체육 교사, 수업을 말하다
전용진 지음 | 304쪽 | 값 15,000원

교실을 위한 프레이리
아이러 쇼어 엮음 | 사람대사람 옮김 | 412쪽 | 값 18,000원

마을교육공동체란 무엇인가?
서용선 외 지음 | 360쪽 | 값 17,000원

21세기 교육과 민주주의
한국교육연구네트워크 번역 총서 05
넬 나딩스 지음 | 심성보 옮김 | 392쪽 | 값 18,000원
2016 세종도서 학술부문

교사, 학교를 바꾸다
정진화 지음 | 372쪽 | 값 17,000원

함께 배움
학생 주도 배움 중심 수업 이렇게 한다
니시카와 준 지음 | 백경석 옮김 | 280쪽 | 값 15,000원

공교육은 왜?
홍섭근 지음 | 352쪽 | 값 16,000원

자기혁신과 공동의 성장을 위한
교사들의 필리버스터
윤양수·원종희·장군·조경삼 지음 | 280쪽 | 값 14,000원

함께 배움 이렇게 시작한다
니시카와 준 지음 | 백경석 옮김 | 196쪽 | 값 12,000원

주제통합수업, 아이들을 수업의 주인공으로!
이윤미 외 지음 | 392쪽 | 값 17,000원

수업과 교육의 지평을 확장하는 수업 비평
윤양수 지음 | 316쪽 | 값 15,000원
2014 문화체육관광부 우수교양도서

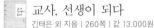
교사, 선생이 되다
긴태은 외 지음 | 260쪽 | 값 13,000원

교사의 전문성, 어떻게 만들어지나
국제교원노조연맹 보고서 | 김석규 옮김 392쪽 | 값 17,000원

수업의 정치
윤양수·원종희·장군 지음 | 280쪽 | 값 14,000원

학교협동조합,
현장체험학습과 마을교육공동체를 잇다
주수원 외 지음 | 296쪽 | 값 15,000원

거꾸로교실,
잠자는 아이들을 깨우는 수업의 비밀
이민경 지음 | 280쪽 | 값 14,000원

교사는 무엇으로 사는가
정은균 지음 | 292쪽 | 값 15,000원

마음의 힘을 기르는 감성수업
조선미 외 지음 | 300쪽 | 값 15,000원

작은 학교 아이들
지경준 엮음 | 376쪽 | 값 17,000원

감성 지휘자, 우리 선생님
박종국 지음 | 308쪽 | 값 15,000원

대한민국 입시혁명
참교육연구소 입시연구팀 지음 | 220쪽 | 값 12,000원

교사를 세우는 교육과정
박승열 지음 | 312쪽 | 값 15,000원

전국 17명 교육감들과 나눈
교육 대담
최창의 대담·기록 | 272쪽 | 값 15,000원

▶ 더불어 사는 정의로운 세상을 여는 인문사회과학
사람의 존엄과 평등의 가치를 배운다

밥상혁명
강양구·강이현 지음 | 298쪽 | 값 13,800원

좌우지간 인권이다
안경환 지음 | 288쪽 | 값 13,000원

도덕 교과서 무엇이 문제인가?
김대용 지음 | 272쪽 | 값 14,000원

민주 시민교육
심성보 지음 | 544쪽 | 값 25,000원

자율주의와 진보교육
조엘 스프링 지음 | 심성보 옮김 | 320쪽 | 값 15,000원

민주 시민을 위한 도덕교육
심성보 지음 | 500쪽 | 값 25,000원
2015 세종도서 학술부문

민주화 이후의 공동체 교육
심성보 지음 | 392쪽 | 값 15,000원
2009 문화체육관광부 우수학술도서

교과서 밖에서 배우는 인문학 공부
정은교 지음 | 280쪽 | 값 13,000원

갈등을 넘어 협력 사회로
이창언·오수길·유문종·신윤관 지음 | 280쪽 | 값 15,000원

오래된 미래교육
정재걸 지음 | 392쪽 | 값 18,000원

동양사상과 마음교육
정재걸 외 지음 | 356쪽 | 값 16,000원
2015 세종도서 학술부문

대한민국 의료혁명
전국보건의료산업노동조합 엮음 | 548쪽 | 값 25,000원

교과서 밖에서 배우는 철학 공부
정은교 지음 | 280쪽 | 값 14,000원

교과서 밖에서 배우는 고전 공부
정은교 지음 | 288쪽 | 값 14,000원

교과서 밖에서 배우는 사회 공부
정은교 지음 | 304쪽 | 값 15,000원

전체 안의 전체 사고 속의 사고
김우창의 인문학을 읽다
현광일 지음 | 320쪽 | 값 15,000원

교과서 밖에서 배우는 윤리 공부
정은교 지음 | 292쪽 | 값 15,000원

카스트로, 종교를 말하다
피델 카스트로·프레이 베토 대담 | 조세종 옮김
420쪽 | 값 21,000원

▶ 살림터 참교육 문예 시리즈
영혼이 있는 삶을 가르치는 온 선생님을 만나다!

꽃보다 귀한 우리 아이는
조재도 지음 | 244쪽 | 값 12,000원

선생님이 먼저 때렸는데요
강병철 지음 | 248쪽 | 값 12,000원

성깔 있는 나무들
최은숙 지음 | 244쪽 | 값 12,000원

서울 여자, 시골 선생님 되다
조경선 지음 | 252쪽 | 값 12,000원

아이들에게 세상을 배웠네
명혜정 지음 | 240쪽 | 값 12,000원

행복한 창의 교육
최창의 지음 | 328쪽 | 값 15,000원

밥상에서 세상으로
김흥숙 지음 | 280쪽 | 값 13,000원

북유럽 교육 기행
정애경 외 14인 지음 | 288쪽 | 값 14,000원

▶ 남북이 하나 되는 두물머리 평화교육
분단 극복을 위한 치열한 배움과 실천을 만나다

 10년 후 통일
정동영·지승호 지음 | 328쪽 | 값 15,000원

 선생님, 통일이 뭐예요?
정경호 지음 | 252쪽 | 값 13,000원

 분단시대의 통일교육
성래운 지음 | 428쪽 | 값 18,000원

 김창환 교수의 DMZ 지리 이야기
김창환 지음 | 264쪽 | 값 15,000원

▶ 출간 예정

근간 **한글혁명**
김슬옹 지음

근간 **학교 민주주의의 불한당들**
정은균 지음

근간 **어린이와 시**
오인태 지음

근간 **세계 교육개혁의 빛과 그림자**
프랭크 애덤슨 외 지음 | 심성보 외 옮김

근간 **서울 마을교육공동체 만들기**
박동국 외 지음

근간 민·관·학 협치 시대를 여는
마을교육공동체 만들기
김태정 지음

근간 **민주시민을 위한 역사교육**
황현정 지음

근간 **학교를 개선하는 교장**
마이클 풀란 지음 | 서동연·정효준 옮김

근간 **학교를 변호한다**
마스켈라인 J. & 시몬 M. 지음 | 윤선인 옮김

근간 **혁신학교 사전**
송순재 외 지음

근간 **핀란드 교육의 기적은 어떻게 만들어지나**
Hannele Niemi 외 지음 | 장수명 외 옮김

근간 **미국의 진보주의 교육 운동사**
윌리엄 헤이스 지음 | 심성보 외 옮김

근간 **역사 교사로 산다는 것은**
신용균 지음

근간 **경기의 기억을 걷다**
경기남부역사교사모임 지음

근간 **함께 만들어가는 강명초 이야기**
이부영 외 지음

근간 **민주주의와 교육**
Pilar Ocadiz, Pia Wong, Carlos Torres 지음 | 유성상 옮김

근간 **고쳐 쓴 갈래별 글쓰기 1**
(시·소설·수필·희곡 쓰기 문예 편)
박안수 지음(개정 증보판)

근간 **고쳐 쓴 갈래별 글쓰기 2**
(논술·논설문·자기소개서·자서전·독서비평·
설명문·보고서 쓰기 등 실용 고교용)
박안수 지음(개정 증보판)

참된 삶과 교육에 관한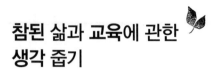
생각 줍기